MEINE SUCHE NACH DEM NICHTS

Lena Schnabl

Wie ich
tausend Kilometer auf dem
japanischen Jakobsweg lief und
was ich dabei fand

GOLDMANN

Dieses Buch ist die Geschichte meiner Pilgerreise und beruht auf meinen Erfahrungen und Erlebnissen, Tagebuchaufzeichnungen und Recherchen. Es ist meine persönliche Sicht auf mein Leben und die Menschen, die mich umgeben, und hat selbstverständlich keinen Anspruch auf Richtigkeit oder Vollständigkeit. Die Namen der meisten Personen habe ich aus Respekt vor ihrer Privatsphäre geändert. Keine Person und kein Ereignis sind erfunden.

Sollte diese Publikation Links auf Webseiten Dritter enthalten, so übernehmen wir für deren Inhalte keine Haftung, da wir uns diese nicht zu eigen machen, sondern lediglich auf deren Stand zum Zeitpunkt der Erstveröffentlichung verweisen.

Dieses Buch ist auch als E-Book erhältlich.

Verlagsgruppe Random House FSC® N001967

1. Auflage
Originalausgabe Juni 2019
Copyright © 2019 by Wilhelm Goldmann Verlag, München,
in der Verlagsgruppe Random House GmbH,
Neumarkter Straße 28, 81673 München
Umschlaggestaltung: UNO Werbeagentur, München,
unter Verwendung von Motiven von FinePic®, München, und
Autorenfotos von © Alexander Dixon
Karte: © Peter Palm, Berlin
Lektorat: Antje Althans
DF · Herstellung: kw
Satz: Vornehm Mediengestaltung GmbH, München
Druck und Einband: CPI books GmbH, Leck
Printed in Germany
ISBN: 978-3-442-15980-2
www.goldmann-verlag.de

Besuchen Sie den Goldmann Verlag im Netz

Inhalt

I 発心 (*hosshin*, Erwachen, Präfektur Tokushima)   7

II 修行 (*shugyou*, Askese, Präfektur Kochi)   157

III 菩提 (*bodai*, Erleuchtung, Präfektur Ehime)   281

IV 涅槃 (*nehan*, Nirwana, Präfektur Kagawa)   391

I
発心

(*hosshin*, Erwachen, Präfektur Tokushima)

1

»Man geht wandern.«

(Freund, Berlin/Neukölln)

Berlin – Ich steige in die U-Bahn ein. Kottbusser Tor. Bitte zurückbleiben. Gelbe Bahn, graue Kacheln. Es riecht nach einer Mischung aus Schweiß, Döner und Parfum. Ich schiebe mir meinen Schal vor die Nase und umklammere die Haltestange. Neben mir steht eine klapperige Omi mit Gehwagen, hinter mir ein paar Halbstarke, die sich gegenseitig YouTube-Clips mit fetten Bässen vorspielen. Auch einer dieser Akkordeon-Bettler ist eingestiegen. In die Bässe der Halbstarken mischt sich nun noch sein Gedudel. Mir ist heiß. Mir ist schlecht. Und auf einmal ist nichts von alledem mehr da. Keine Töne, kein Licht, keine Gerüche.

Plötzlich ist da nichts mehr.

Als ich wieder zu mir komme, liege ich auf dem Boden, Schweiß auf der Stirn. Die Omi, die Halbstarken, der Typ mit Akkordeon, alle über mich gebeugt, sorgenvolle Gesichter, sagen: »Mein Jöttchen!«, »Krass, Alter!« und »Katastroffff!«

Ich sage: »Passt schon« und denke: ›Was für eine Scheiße‹.

Hier, am grindigen Boden der Berliner U-Bahn, Linie acht, zwischen Kottbusser Tor und Schönleinstraße, beginnt meine Pilgerreise nach Japan.

Wobei, eigentlich ging es schon früher los. Der Schlag, dessen Nachwirkungen mich in der Bahn auf den Boden sinken ließen, kam ebenfalls an einem Oktobertag.

Ein Jahr vorher.

Ich war bereits ein paar Tage merkwürdig erschöpft gewesen, immer müde, Watte im Kopf. Aber an diesem grauen Tag, an dem die Sonne nicht aufzugehen schien, lag ich in meinem Bett in Berlin-Neukölln und konnte mich nicht bewegen. Als läge eine Decke aus Blei auf mir oder als würde das Blei direkt in meinen Adern fließen. Ich hob meinen Kopf und ließ ihn wieder sacken. Ich machte die Augen zu. Ich machte die Augen wieder auf und versuchte es nochmal. Und sackte wieder zurück ins Bett. Mein Herz raste, als wäre ich gerade in den zehnten Stock gesprintet. Halsschmerzen hatte ich. Und einen heißen Kopf. Vielleicht eine Grippe. Draußen war Herbst, und der Baum vor meinem Fenster verlor sein Laub. Tagelang dämmerte ich vor mich hin. Aus Tagen wurden zwei Wochen. Es war, als hätte mir etwas ins Gesicht geschlagen. Keine Ohrfeige. Eher ein K.o.-Schlag. Mit der Faust mitten auf die Zwölf.

Ich versuchte, mir einen Film anzusehen, konnte der Handlung aber nicht folgen. Die vielen Bilder rauschten an mir vorbei, überforderten mich. All die Personen, die auftauchten, und das, was die einander sagten, verstand ich nicht. Das war alles viel zu viel. Und ich viel zu wenig. Ein Totalschaden. Nicht nur der Körper, auch der Kopf funktionierte nicht. Ich klappte den Laptop wieder zu. Ich war ein Bleiklumpen und die Welt außerhalb meiner selbst ein schwerer Nebel. Eine Grippe also? Aber die geht doch schneller vorbei? Zwei Wochen lang zu schwach, mir einen Tee zu kochen? Zu fertig, um einen Film zu schauen? Zu erschöpft, um mitzubekommen, was mir die Freunde erzählen, die mir Krankenbesuche abstatteten?

Ich schleppte mich zum Arzt. Ein paar hundert Meter geradeaus, Sitzen auf Stühlen im Wartezimmer. Ich hätte mich gerne hingelegt, lehnte den Kopf an die Wand. Der Arzt, lascher Händedruck,

Lockenkopf, guckte mir in den Hals. »Sagen Sie mal Aaaah.« Klassiker. Außer »Ah« sagte ich noch: »Ich bin zu schwach, um zu sitzen.« Und er: »Belegte Mandeln und Erschöpfung? Ich tippe auf Mononukleose.«

»Mono-was? Und wie viele Tage dauert das?«

»Mononukleose.«

Ich schüttelte den Kopf.

»Epstein-Barr.«

Ich schüttelte den Kopf.

»Pfeiffersches Drüsenfieber«, sagte er. »Und um Ihre zweite Frage zu beantworten: Das kann Monate dauern.«

Bitte was?

»Manchmal auch Jahre.«

Pfeiffersches Drüsenfieber. Das hatte ich schon mal gehört. Eine Schulfreundin hatte das in der Oberstufe. Monatelang kam sie nicht in die Schule. Wir haben trotzdem gleichzeitig Abi gemacht. Zwei Jahre später. Aber in der Abi-Zeitschrift stand so etwas wie: »Die ist immer müde. Wenn man sie nachmittags anruft, schläft sie, und ab acht Uhr abends schläft sie auch.«

Heilige Scheiße!

»Brauchen Sie eine Krankschreibung?«

»Nein, ich bin selbstständig.« Und Krankengeld bekomme ich auch keins, dachte ich.

Und er: »Gute Besserung!«

Ich stolperte aus der Praxis, musste losheulen und rief Mama an. Die hilft ja meistens, wenn sonst nichts mehr hilft. Als sie durch das Geschniefe verstanden hatte, was gerade passiert war – »Monate hat der gesagt. Manchmal Jahre!!!!!« –, sagte sie, auf pragmatische Weise optimistisch: »Warte erst mal den Bluttest ab« und »Ist ja nicht gesagt, dass es bei dir auch so lange dauert«. Wir legten auf. Ich heulte weiter. Zuerst auf der Straße, die paar hundert Meter zur Wohnung, dann wieder im Bett. Bis selbst das Geheule zu anstrengend war und ich einschlief.

Ein paar Tage später, Bluttest abgewartet und die Gewissheit: Jupp, ich habe Mononukleose. Immerhin hatte ich jetzt einen Namen für die Bestie, die mich k.o. geschlagen hat. Eigentlich hat sie viele Namen: Mononukleose, Pfeiffersches Drüsenfieber, Morbus Pfeiffer, Kuss-Krankheit, Studentenfieber. Erst mal googeln, was das eigentlich bedeutet. Die Krankheit wird ausgelöst durch einen Herpes-Virus, den Epstein-Barr-Virus. Fast alle erwachsenen Deutschen tragen das in sich, 95 Prozent. Der Arzt sagt: »*Die Durchseuchung ist sehr hoch.*« *Kleinkinder kriegen es von ihren Eltern oder von abgelutschtem Spielzeug in der Kita. Erwachsene vom Küssen, vom Anhusten, vom Gläserteilen. Vor ein paar Wochen habe ich einer Freundin meinen Lippenbalsam geliehen. Ich beiße auch öfter mal vom gleichen Brot ab wie meine Freunde. Vielleicht hat mich aber auch nur jemand in der S-Bahn angehustet.*

Das Gute ist: Die meisten Immunsysteme unterdrücken den Virus. Und auch wenn er ausbricht, bemerken es die wenigsten, sind eine Woche »*erkältet*«*, und gut ist. Das Schlechte ist: In seltenen Fällen legt die Krankheit die Betroffenen komplett lahm, teilweise für Jahre. Und dann gibt es noch eine Steigerung, noch seltenere Fälle mit Leberversagen, Herzmuskelentzündung, Milzriss, Tod. Je später man es sich einfängt, desto schwerer ist in der Regel der Verlauf.* »*Karriere-Killer Drüsenfieber*« *ist ein beliebter Titel für Artikel über das Phänomen. Olaf Bodden, Fußballer bei 1860 München, spielte nach der Infektion nie wieder. Tennisspieler Roger Federer musste Monate pausieren.*

In jedem Fall war klar: Ich musste erst mal im Bett bleiben. Aber ich konnte ohnehin nichts anderes machen. Sitzen? War nicht drin. Tee kochen? Ging manchmal. Also ergab ich mich, ließ mich in die Untätigkeit fallen. Ich schrieb meinen Auftraggebern, dass meine Artikel später kommen würden. Zu meinen Freunden sagte ich Sätze wie: »*Ich war die letzten Jahre nie krank, also nehme ich das jetzt am Stück.*« *Und ich meinte das auch so. Freunde kamen mich besuchen, backten mir Pfannkuchen und kochten Kürbissuppe. Appetit hatte ich keinen, aber ich trank ganz gerne Orangensaft,* den sie mir eingekauft hatten. Aus Wochen wurden Monate. Und irgendwie war mir das herrlich egal. Vielleicht, weil auch mein Kopf lahmgelegt war. Jedenfalls war ich ganz Passivität, Stillstand und Ruhe.

Nach vier Monaten im Bett waren zunächst die Gedanken wieder da. Ich dachte an die Texte, die ich hätte schreiben können. Sieben Geschichten hatte ich während meines letzten Japanaufenthalts recherchiert. Die Reisekosten zahlt mir niemand, die muss ich erst mal wieder reinkriegen. Also Recherche-Marathon, einen Monat lang jeden Tag Termine, kein einziger freier Tag. Die Interviews waren auf Band, die Fotos auf Speicherkarten, die Notizen im Block. Und ich im Bett. Immerhin kam trotzdem etwas Geld auf mein Konto, weil alte Texte bezahlt wurden. An sich ist es nervtötend, wenn getane Arbeit erst nach der Veröffentlichung bezahlt wird, Monate oder Jahre später teilweise. Doch damals brachten mich diese Zahlungen in Warteschleife über die Runden. Trotzdem: Da war Arbeit, die ich machen könnte. Fertig recherchierte Geschichten, die geschrieben werden wollten. Nur: Ich konnte nicht. War immer noch nicht fähig, mich zu konzentrieren. Weder Filmschauen noch Buchlesen war drin. Wenn selbst sitzen zu anstrengend ist, wie sollte ich da arbeiten?

Vom Bett aus schaute ich mir meine Umgebung genauer an. Ich sah all den Dreck, der sich in der Wohnung angesammelt hatte, weil ich ja geschlafen und nicht geputzt hatte. Überall lagen Haare, Staubflusen sammelten sich in den Zimmerecken. Staub, das ist: Hautschuppen, Milben und Spinnenkacke. Wie ich das hasse. Einmal die Woche hatte ich mich in die Dusche geschleppt, mich in die Duschwanne gesetzt, mich abgebraust. Danach erst mal ausruhen, bevor ich Zähne putzen konnte. Das ging auch nur noch im Sitzen. Die Beine fingen sonst an zu zittern. Ich rief Papa an. Der ist seit der Pensionierung bei meinen Eltern fürs Putzen zuständig. Ich wollte eigentlich von ihm hören, dass Putzen echt anstrengend ist und es kein Wunder ist, dass ich das gerade nicht schaffe. Aber *er lachte ziemlich laut und ziemlich lange und sagte: »Ach Mädi, deine Wohnung ist echt klein. Ich glaube, du kannst es schaffen, da mal durchzusaugen.« An sich hatte er recht. Typische Berliner Ein-Raum-Wohnung. Nicht mal vierzig Quadratmeter. Also stellte ich den Staubsauger an. Ich begann mit den kleinsten Flächen. Saugte das Bad. Schweiß lief mir über den Rücken. Zwei Minuten Hausarbeit. Ich legte mich eine Stunde ins Bett. Dann saugte ich den Flur. Eine Minute Hausarbeit. Schweiß, Zittern. Ich legte mich eine Stunde ins Bett. Rief wieder Papa an. Der lachte jetzt nicht mehr, sondern sagte so was wie: »In dem Rhythmus ist die Wohnung morgen staubfrei.« Den Optimismus meiner Eltern bewundere ich sehr.*

Ein Problem an meiner Krankheit ist: Es versteht sie eigentlich keiner. Mich selbst eingeschlossen. In unserer Zeit sind ja alle ständig »erschöpft«. Meist heißt das: Man kann sich zusammenreißen, ein bisschen weiterpowern, und dann wird es schon. Im normalen Leben kann man Grenzen überschreiten, neu ausloten, verschieben. Aber mit dieser Bestie in mir geht das nicht. Ich konnte mich nicht zusammenreißen und noch das Wohnzimmer saugen. Egal wie lächerlich die Aufgabe erscheint. Ich konnte auch nicht für mich selbst einkaufen gehen. Ich war ein schlaffer Körper mit eingeschläfertem Geist, und ich konnte nach Monaten des Stillstands noch immer fast gar nichts machen.

Natürlich waren nicht nur negative Gedanken da. Mir fiel einfach vieles auf. Zum Beispiel, dass ich, seit ich freiberufliche Journalistin bin, keinen Urlaub gemacht hatte. Wenn ich weggefahren bin, dann beruflich. Auch feste freie Tage habe ich bisher nicht eingelegt. Man kann immer noch irgendeine E-Mail schreiben, ein neues Thema suchen, irgendeinen Plot entwickeln. Und es kann immer sein, dass eine Zusage kommt und ich gleich loslegen soll. Kann auch sein, dass ich einen Text überarbeiten soll, den ich vor Monaten geschrieben habe und der nun überraschend in die nächste Ausgabe soll, die übermorgen in den Druck geht. Ich liebe meinen Job, aber ich weiß eigentlich nie, was ich in der nächsten Woche mache, ob ich Arbeit haben werde, ob und wann wie viel Geld auf mein Konto kommt. Eine E-Mail kann alles verändern. Immer auf Abruf.

Das muss aufhören. Ich beschloss, ein paar Dinge zu ändern, wenn ich wieder arbeiten könnte: feste freie Tage und wirklich mal in Urlaub fahren. Insgesamt alles ruhiger angehen lassen. Mir auch mal etwas gönnen. Diese ständige Selbstkasteiung ist doch scheiße. Und ich wusste jetzt, dass das geht: Schließlich war die Welt nicht untergegangen, weil ich gerade vier Monate im Bett lag. Ich hätte genauso gut vier Monate durch Patagonien reisen können. Wenn ich wieder fit wäre, wollte ich also: mehr Spaß und weniger Druck.

Meine Eltern schickten mir ein Rückenkissen, mit dem ich im Bett sitzen konnte. Manchmal saß ich jetzt, statt zu liegen. Das war ein Fortschritt. An manchen Tagen hatte ich ein Tablett mit meinem Laptop vor mir und schaffte es, ihn aufzuklappen, ein Interview abzutippen oder ein paar Absätze zu schreiben. Danach kam wieder die große Erschöpfung. Als würde die Bestie wieder ihren schweren Arm auf mich legen, um mich zurechtzuweisen, dass ich es übertrieben hatte. Dann machte ich wieder tagelang nichts. Wie ein kaputter Handyakku, bei dem Gespräche plötzlich abbrechen oder eine einzige SMS das Batteriesymbol zum Blinken bringt. Man muss ihn stundenlang laden, aber das Ding ist hin. Ich war genauso, musste viel zu lange laden, um danach viel zu wenig Leistung zu bringen. Ich fragte mich: Wie tauscht man seine Batterie aus? Und kann man das auch im Liegen machen? Ich lag auf dem Rücken und schaute hoch zur Decke. Ich lag auf der Seite und schaute aus dem Fenster oder machte die Augen gleich zu.

Ich versuchte, selbst einzukaufen. Danach war ich wie benommen. Einen ganzen Tag brauchte ich, um mich von der Anstrengung, mir selbst eine Flasche O-Saft gekauft zu haben, zu erholen. An einem anderen Tag versuchte ich es mit Spazierengehen. Ich fühlte mich energiegeladen, in meiner Vorstellung flog ich in den Park, die Hasenheide, vorbei an Hundescheiße, Dealern und jungen Eltern mit Babys vor dem Bauch. Ich schickte ein Selfie an meine Familie. Ich im Park – fünfhundert Meter entfernt von meiner Wohnung – blasses Gesicht, fettes Grinsen. »Wow, du warst heute draußen! Bist du das alles gelaufen?« Mein Gefühl: Ich schaffe das, jetzt wird alles gut. Aber die Bestie holte zum nächsten Schlag aus. Jede Aktivität, die an ein normales Leben erinnerte, bestrafte sie sofort. Wieder verbrachte ich Tage im Bett, stand nur zum Teekochen auf und legte mich dann derart ermattet wieder hin, als wäre ich einen Marathon und nicht die paar Meter in die Küche gelaufen.

Fast wünschte ich mich zurück in die Zeit, als mein Geist ebenso benommen war wie mein Körper, sodass ich in buddhahafter Gleichgültigkeit vor mich hindämmerte. Jetzt ging im Kopf die Post ab, und mein Körper blieb schwer.

Eigentlich müsste ich doch, oder? Warum wurde es nicht besser?

Ich bemühe mich doch! Warum hilfst du mir nicht, Bestie? Warum kriegst du Kleinigkeiten immer noch nicht hin?

Das war das erste Mal, dass ich versuchte, mit der Bestie zu sprechen. Im Endeffekt brüllte ich sie an. Ich war traurig und wütend. Obwohl sie ganz nah war, wusste ich nicht, wie ich sie erreichen sollte. Und sie antwortete: Nichts. Wir hatten offensichtlich ein Kommunikationsproblem.

Außerdem fing ich mir jeden Infekt ein. Es waren Erkältungen, die mich wochenlang lahmlegten. Wieder zu schwach, um zu schreiben, spazieren zu gehen oder einzukaufen. Mein spärlicher Alltag fiel wieder weg. Seit einem halben Jahr hatte ich mich nun nicht mehr gesund gefühlt. Und irgendwie wurde es nicht wesentlich besser. Ich schlug wieder beim Arzt auf, frustrierter noch als vor ein paar Monaten. Ich wollte jetzt Lösungen hören. »Das Schlimmste haben Sie überstanden«, sagte er. So fühlte ich mich aber nicht! Es soll jetzt besser werden! Ich hätte gerne eine Kur! Er winkte ab. Kur heißt Anstrengung, und das sei nichts für mich. Ich solle mich ausruhen und warten. Ich kann doch nicht einfach jahrelang rumliegen! Ich verrotte noch in meiner Wohnung. Gibt es da keine Medikamente dagegen? »Die einzige Pille, die ich Ihnen verschreiben kann, ist die Geduldspille.« *Der will mich wohl verarschen. Er sagte, ein halbes Jahr unfit sein, das sei gar nichts.* »Durchschnitt sind eineinhalb bis zwei Jahre.« *Wie sollte ich das schaffen? Mir ging die Kraft zum Ausruhen aus.*

Heute, ein Jahr nach der Infektion, hilft mir die Omi aus der U-Bahn. Ich stütze mich auf ihre zerbrechliche Schulter und sie sich auf ihren Gehwagen. Sie führt mich zu einer Bank.

»Allet paletti jetze?«

»Ja, vielen Dank.«

Kann es sein, dass mein Körper ein volles Jahr nach dieser Virusinfektion immer noch nicht klarkommt? Es sah doch so aus, als würde es langsam besser werden … Ich sitze auf der Bank und warte, bis der Schwindel vorübergeht. Derweil versuche ich wieder, mit der Bestie zu sprechen. Ich verstehe nicht, warum sie das gemacht hat. Was willst du von mir?, frage ich, während ich mir den Schweiß von der Stirn wische. Stille. Ich verstehe dich nicht, sprich mit mir. Was ist dir zu viel? In eine U-Bahn einsteigen? Stille. Warum bist du so launisch?

Sie antwortet nicht. Sie antwortet nie. Jahrelang war ich nie krank, wunderte mich über die anderen, die ständig Taschentücher kauften, weil sie so oft Schnupfen hatten und die Verabredungen absagten mit: »Du, mir geht es heute nicht so gut.« Seit die Bestie da ist, habe ich keine Ahnung, was dieser Körper, den ich lange für unbesiegbar hielt, von mir will. Und weil sie nicht antwortet, weil sie offensichtlich keinen Bock hat, mit mir zu sprechen, werde ich irgendwann ausfallend, auch wenn ich mir vorgenommen habe, möglichst verständnisvoll mit ihr umzugehen. Du Scheißdiva, kannst du mal aufhören auszuticken?

Seit einem Jahr führe ich innere Monologe, die Dialoge sein wollen und scheitern. Aber durch mein inneres Gezeter hindurch höre ich noch eine andere Stimme.

Sie flüstert: Shikoku. Ich kenne diese Stimme schon eine

Weile. Immer wieder weist sie mich auf die Existenz dieser japanischen Insel hin. Aber dazu später.

Zu Hause lege ich mich ins Bett, die Beine hochgestreckt an der Wand, um den Kreislauf zu stabilisieren. Was bin ich für eine Versagerin. Ich heule. Nicht die Tränen, die leise runterlaufen, während man traurig guckt, sondern so, dass es einen schüttelt und man ständig ganz doll Luft holen muss und dabei komische Geräusche macht, weil auch noch die Nase läuft.

Irgendwie bin ich trotzdem eingenickt, und als ich nächsten Morgen aufwache, fühle ich mich schwach, aber gehe runter, aus dem Haus. Mein Blick heftet sich auf das Kopfsteinpflaster, damit ich nicht noch in Hundescheiße trete. Gibt jede Menge davon in meinem Viertel, in Neukölln nahe Hermannplatz. Ein Mann steht an einer dieser am Randstein entsorgten Matratzen, auch davon gibt es jede Menge hier, und pinkelt. Wie ich diesen Dreck, den ich normalerweise ausblende, gerade verabscheue. Eine tote Ratte liegt im Matsch, die Glieder steif, das Fell teils feucht, teils schon verkrustet.

Zurück in meiner Wohnung setze ich einen Tee auf und mich an den Schreibtisch.

Ich kam nach Berlin, weil ich das Gefühl hatte, dass hier die Freiheit zu Hause ist. Ist sie vielleicht auch. Jeder kann machen, was er will, und niemanden interessiert es. Ein Mann führt vor meinem Fenster gerade seinen Plüschhund an der Leine spazieren. »Ringo, bell doch nicht so laut, die Leute wollen dir doch nichts Böses«, ruft er. Natürlich bellt das Kuscheltier nicht. Die anderen gehen weiter an ihm vorbei. Was Böses wollen sie wohl wirklich nicht, aber keiner schaut den Mann an, keiner lacht oder wundert sich. Als wäre der Mann genauso wenig da wie das Bellen seines imaginären Hundes. Es ist kein weiter Weg von Toleranz zu Ignoranz. Die Gesichter, die ich aus meinem Fenster sehe, wirken fahl und grau, verlebt und leer. Ist es Berlin, diese Stadt, die das mit den Leuten macht?

Es gibt viele, die herkommen voller Hoffnung. In Berlin geht noch was. In Berlin ist alles möglich. Um wenig später im Prekariat zu versumpfen. Akademiker, die was reißen wollen, die keine klassische Karriere wollen, aber die große Selbstverwirklichung. Das Projekt, das sie aufziehen wollten, hat dann halt doch nicht geklappt, also jobben sie im Café. Wenn es hart auf hart kommt, machen sie bei medizinischen Studien mit, das gibt ein paar tausend Euro und damit ein paar Monate Lebensunterhalt.

So weit bin ich noch nicht. Ich habe Abgabetermine für meine Texte und klappe jetzt den Laptop auf, um zu schreiben. Nach ein paar Stunden kommen die Gedanken zurück. Was bringt mir eigentlich eine Stadt der Freiheit, wenn ich in diesem Körper gefangen bin, der ohnehin nichts auf die Reihe kriegt? Und was wird aus mir, wenn ich meinen Beruf, der zu einem beachtlichen Teil aus Unterwegssein besteht, gar nicht mehr ausüben kann, weil dieser Körper nicht mehr dazu in der Lage ist, unterwegs zu sein? Ich fühle mich gefangen in einer Version meiner selbst, die sich nicht richtig anfühlt. Mir selbst fremd. Muss ich mein Leben ändern?

Vielleicht zurück nach München gehen. Einen festen Job annehmen. Heiraten. Kinder kriegen. In München ist ein Verlorensein wie in Berlin gar nicht möglich. Weil man dort einen »richtigen Job« braucht, weil man sonst nicht überleben kann. Weil man dann seine Tage im Büro verbringt, danach zum Supermarkt, der macht ja um 20 Uhr zu. Auch wenn die *New York Times* kürzlich zur Debatte stellte, dass München nun vielleicht »cool werde« und dabei auf diverse In-Locations verwies: München ist für mich immer das Dorf meiner Eltern geblieben. Dort bin ich aufgewachsen und habe ich studiert. Wenn ich sie besuche, habe ich immer das Gefühl, dass in München alles langsamer läuft. Die Ampel schaltet derart schleppend auf Rot, dass man unfassbar geruhsam die Straße überqueren kann. Die Stadt ist gesättigt. Dass sonst nichts geht, heißt auch, dass ich dort nicht viel verpassen kann. Ich sehe Gesichter, die frisch sind und gesund. Sie sitzen in Straßencafés, wahlweise mit Aperol Spritz oder Caffè Latte in der Hand. Und die Leute lassen mir auf dem Weg zur Bahn den Vortritt, statt mir wie in Berlin die Ellenbogen reinzurammen. Warum sitze ich nicht mit Caffè Latte im Straßencafé und sehe dabei fantastisch aus? Habe ich wirklich Lust, weiter irgendwelchen Möglichkeiten hinterherzulaufen? Wie bei einer grindigen U-Bahn, deren Türen schon schließen, und ich weiß nicht mal, ob ich da, wo die Bahn hinfährt, überhaupt hinwill?

Oder sollte ich aufs Land ziehen? Vielleicht werde ich dort ein kleines Café aufmachen. Selbst gebackenes Sauerteigbrot und frisch gemahlenen Kaffee, dazu Matcha-Kuchen und Rote-Bohnen-Gebäck, vielleicht auch brasilianische Käsebällchen und Acaí-Smoothie, auf jeden Fall auf japanischer Keramik serviert. Das Beste aus meinen Wahlheimaten. Frühstück gäbe es auch. Und wenn ich aus dem Fenster gucke, würde ich die Ostsee sehen, und dort würde ich dann mit meinem Hund spazieren gehen. Muss ich mein Leben ändern? Ist die Krankheit ein Zeichen, dass jetzt mal Schluss ist mit dem prekären Lotterleben? Dass ich zur Ruhe kommen soll? Oder muss ich nur warten, bis der Körper wieder fit ist?

Oder ist genau das Gegenteil der Fall? War der eigentliche Fehler der, dass ich nach zehn Umzügen in sieben Jahren beschlossen habe, in Berlin ankommen zu wollen? Dass ich vor drei Jahren die Fahrradtaschen vollpackte, von München nach Berlin radelte, um ein Leben im ständigen Provisorium – in Wohnheimen und mit Zwischenmietverträgen – zurückzulassen und es gegen eines in Altbauwohnung – mit unbefristetem Mietvertrag und sogar Internetanschluss, der auf meinen Namen läuft – zu tauschen? Ich bin damals mit dem Fahrrad umgezogen, weil ich wollte, dass mein Kopf mitkommt. Nach dem ständigen Hin und Her, nach dem schnellen Reisen, von

Wien nach Tokyo, von Hamburg nach São Paulo, wollte ich auch mal langsam unterwegs sein. Und ich hatte auch nichts, was einen Möbelwagen gerechtfertigt hätte.

Jetzt besitze ich ein Bett (hat die Freundin einer Freundin zu Studienzeiten gebaut) und ein Sofa (stand früher im Wohnzimmer meiner Eltern). Eine Waschmaschine (ein Jahr nach dem Einzug endlich angeschafft, nachdem der Gang zum Waschsalon mir jedes Mal länger vorkam) und einen Kühlschrank (okay, gleich nach Einzug gekauft). Klar gibt es immer noch Dinge, die ich nicht besitze. Einen Schrank zum Beispiel, ein Regal oder einen Regenschirm. Aber für meine Verhältnisse habe ich verdammt viel. Passt das vielleicht gar nicht zu mir? Muss ich vielleicht also nicht mehr, sondern wieder weniger ankommen, um wirklich ich selbst zu sein? Ist es das, was die Buddhisten meinen, wenn sie sagen: Leiden entsteht durch Anhaftung? Habe ich zu viel angehäuft, an dem ich jetzt anhafte? Habe ich das Loslassen verlernt? Hindert mich meine Waschmaschine daran, glücklich zu sein? Und wenn ja: Warum lasse ich das zu?

Insgeheim beneide ich religiöse Menschen. Die gehen davon aus: Gott sorgt dafür, dass alles gut wird. Oder dass ihr Platz in der Gesellschaft auf Karma zurückzuführen ist. Auf jeden Fall ist da ein Grundvertrauen. Meine Eltern sind, zum Schrecken der Großeltern, aus der Kirche ausgetreten und meine Geschwister und ich wurden nicht getauft. An meiner Grundschule war ich im Bayern der Neunzigerjahre das einzige Kind ohne Religionszugehörigkeit. Während die anderen alles über Jesus und Gott lernten, hatte ich frei. Ich musste aber nachmittags extra noch mal hin zum Ethikunterricht, zusammen mit den drei anderen nicht christlichen Schülerinnen der Schule: einer Zeugin Jehovas und zwei Muslimas. Heute ist nichts glauben in meinem Umfeld normal geworden.

Die klaren Regeln der Religionen gelten immer weniger. Aus »Du sollst nicht begehren deines Nächsten Weib« wurde Polyamorie. Oft ist es in unserer Gesellschaft doch irgendwie so: Wir gehen davon aus, dass niemand von oben auf uns runterguckt und dass niemand auf uns aufpasst. Mal euphorisch, mal depressiv nehmen wir unser Schicksal selbst in die Hand und sind dann auch selbst und ausschließlich dafür verantwortlich, wenn es schiefgeht. Und am Ende führen wir Plüschhunde spazieren, und niemanden interessiert es. Oder sitzen mit Kreislaufproblemen heulend im Bett, während das Leben woanders stattfindet. Klar, theoretisch könnte man. Aber praktisch kann man eben nicht. Man braucht nicht nur Talent, Leistung und Fleiß, sondern auch Glück. Mein Blick fällt auf das Fensterbrett. Dort stehen Kakteen, klein, stachelig und grün, neben japanischen Winkekatzen aus Keramik mit rosa Schnäuzchen und zarten Schnurrbarthaaren. Und ein Buch aus Japan mit vielen leeren Seiten und den Kalligrafien von elf Tempeln. Ich blättere durch die schwarzen Tuschezeichnungen, auf die rote Stempel gedrückt sind.

Die Stimme, die vorher noch flüsterte, wird lauter. SHIKOKU!

Das erste Mal, dass dieser Name in meinem Kopf auftauchte wie ein Zauberwort, war sechs Monate nach meiner Infektion.

Ich saß mit einem Kumpel zusammen, jammerte über meinen Körper und sagte, ich brauchte eine Kur. Und er: »Ach, Kur, das macht man heute nicht mehr. Man geht wandern.« Und ich dachte mir: ›Wie cool wäre das denn? Wandern!‹ Ich war weit davon entfernt, wirklich die Stiefel zu schnüren und auf einen Berg zu rennen, aber der Gedanke an die Möglichkeit trat etwas los. Wenn ich nun tatenlos in meinem Bett lag, kamen da jetzt Bilder von Landschaften und Bergen. Ich dachte auch an Japan, das mir seit fünfzehn Jahren eine zweite Heimat geworden ist. Bei meiner ersten Japanreise war ich Anfang zwanzig, studierte Japanologie und wollte so viel wie möglich vom Land sehen. Ein bisschen wie die japanischen Touris, die Europa in einer Woche abhaken, fuhr ich im

Shinkansen-Schnellzug durchs Land. Von Tokyo fünfhundert Kilometer auf die Insel Sado an der Westküste Honshus. Von dort in die alte Kaiserstadt Kyoto, Tempel angucken und Geishas, Matcha und Zengärten. Abstecher nach Nara, auch alte Kaiserstadt, außerdem kann man dort Rehe füttern. Einen Tag nach Shikoku, die kleinste der vier japanischen Hauptinseln, etwa so groß wie Sachsen. Dort stieg ich aus dem Zug, besuchte drei Tempel, ging in ein Badehaus und fuhr weiter. Zur Burg Himeji, einem der ältesten Gebäude Japans, und von dort gleich wieder in den Zug zu den Ruinen der Atombombenkuppel in Hiroshima und nach Miyajima, einer Insel mit Shinto-Schrein und noch mehr Rehen. Weiter Richtung Süden bis nach Kagoshima am äußersten Zipfel Kyushus und dann wieder in den Norden zur Bucht von Matsushima, zwanzig Kilometer von Sendai entfernt, eine der drei angeblich schönsten Landschaften Japans. Zwei Wochen durchs Land gereist und die Lonely Planet Must-sees und etliche UNESCO-Welterbe abgehakt.

In meinem entschleunigten Leben im Bett wirkte diese Reise wie ein ferner Traum. Aber der Tagesausflug nach Shikoku ging mir nicht mehr aus dem Kopf. Shikoku. Die knallgrünen Reisfelder, die ich aus dem Bummelzug gesehen hatte, die dampfenden heißen Quellen mit den nackten japanischen Omis und die Tempel mit ihren Räucherstäbchen und Glocken. Ich sah mich, wie ich damals an einem Tempel stand und meine Hand auf einen Stein legte. Irgendwas war da, irgendwie musste ich da wieder hin. Vielleicht rief mich diese Insel zu sich. Vielleicht war Shikoku auch einfach das Erste gewesen, was mir eingefallen war. Vielleicht suchte ich wahllos nach irgendwas, woran ich mich festhalten konnte. Keine Ahnung.

Aber plötzlich suchte ich im Netz nach den Tempeln, die ich damals besucht hatte, und stellte fest: Da sind noch mehr, die gehören zu dem ältesten Pilgerpfad der Welt. Der führt seit mehr als tausend Jahren tausendzweihundert Kilometer über Berge und an der Küste entlang, vorbei an insgesamt achtundachtzig Tempeln — und ich hatte noch nie von ihm gehört.

Die Vorstellung, dass ich das machen könnte. Ich und mein Körper. Meine Bestie und ich. Wir gehen zusammen und finden auf dieser Reise wieder zueinander. Besser geht es doch eigentlich nicht.

In meinem Kopf war die Sache jetzt klar: Sobald ich könnte, würde ich auf diese Insel zurückkehren und es ganz anders machen als beim letzten Mal. Statt einer kurzen Stippvisite würde ich die gesamte Insel umrunden. Zu Fuß. Fünfunddreißig bis sechzig Tage soll das dauern. Der Weg vorgegeben von den durchnummerierten Tempeln, die sich wie auf einer Perlenschnur aufgereiht um die Insel verteilen.

Ein konkretes Ziel! Und mittlerweile war es Frühling geworden. Ich zwang mich, jeden Tag rauszugehen. Spazieren, wenn auch nur zehn Minuten, selbst einkaufen, die alltäglichen Dinge wie Duschen und Kochen wieder in den Griff bekommen. Statt Kur verabreichte ich mir ein individuelles Wohlfühl-Aufbauprogramm: einmal die Woche Sauna, einmal die Woche regeneratives Yoga und ab und zu Ausflüge an die Ostsee. Ich schlief immer noch übermäßig viel, sicher zwölf Stunden pro Tag, aber ich hatte das Gefühl, dass alles besser wurde. Ich traf meine Freunde wieder außerhalb meiner Wohnung, wir tranken Kaffee, gingen ins Kino. Danach ruhte ich mich aus. An vielen Tagen machte ich weiter: nichts. Alles auf Sparflamme, aber immerhin ein bisschen normales Leben.

Ich hatte immer ein enges Verhältnis zu meinem Körper gehabt, war vor dem Drüsenfieber sportlich gewesen. Ich machte Kampfsport, ging bouldern und zum Yoga. Das klingt heftig, aber im Endeffekt machte ich nur, worauf ich Lust hatte. Ich hatte jede Menge Kraft, und die nutzte ich. Jetzt versuchte ich es mit Radfahren. Alles blieb anstrengend. Mir wurde schnell schwindelig, und teilweise bekam ich nach Anstrengung Fieber. Wieder ging ich zum Arzt. Warum, verdammt noch mal, dauert das so lange? Warum wurde ich nicht fitter? »Wir wissen nicht, woran das liegt. Aber es ist normal«, sagte der Arzt. Normal fühlte sich das nicht an. »Sie sind nicht die Gleiche wie vor einem Jahr, also können Sie sich auch nicht so verhalten«, sagte der Arzt. »Geduld.« Ich fasste es nicht. Warum gab es da nichts, was ich tun konnte? Warum ist eigent-

lich »alles o.k.«, und warum ging es mir trotzdem nicht gut? Und von außen sah man nichts. Aber das unsichtbare Ding in mir hielt mich in seinem Griff. Meine Freunde wunderten sich genauso wie ich, dass ich immer noch viele Verabredungen sausen ließ, weil ich »erschöpft« war oder »nicht so fit heute«. Teilweise wollte ich deswegen nichts mehr ausmachen. »Wir gehen übermorgen ins Kino«, solche Sätze setzten mich unter Druck. Ich konnte nicht versprechen, dass ich das übermorgen könnte.

An schlechten Tagen heulte ich und motzte über diesen unfähigen Körper. Im Netz fand ich Selbsthilfegruppen, in denen Leute posteten, dass sie selbst nach zwölf Jahren noch nicht wieder normal lebten, immer noch diese Erschöpfung. Eine Lösung für mein Problem fand ich nicht. An guten Tagen fragte ich meine Freunde, ob sie mich vielleicht besuchen könnten, weil ich es nicht rausschaffte, und wir guckten Filme, quatschten und lachten. Oder ich telefonierte mit Leuten, die guttun, meiner Familie und Freunden, die in der Welt verstreut leben. Irgendwann versuchte ich es mit Akzeptanz. Wenn dieser Körper sich nicht bewegen ließ, musste ich auf ihn zugehen, mich anpassen. Ich schrieb wieder Mails, in denen ich Abgabetermine nach hinten schob. Statt ohnmächtig am Boden einer Trainingshalle lag ich beim regenerativen Yoga, immerhin optimal ausgerichtet auf Kissen. Ich ging spazieren. Ich machte zu Hause Gymnastik. Wirklich fitter wurde ich nicht, aber ich fühlte mich besser. Es war nicht so, dass ich die Herrschaft über die Bestie wiedererlangt hatte. Eher hatte ich mich der Herrschaft der Bestie in meinem Körper gebeugt.

Es wurde Sommer. Die vorab recherchierten Geschichten hatte ich mittlerweile geschrieben. Ein Reisemagazin fragte an, ob ich im Herbst zwei Japanthemen umsetzen könnte. Ich war nicht sicher, dass ich das konnte, aber sagte zu. Ich wollte nicht, dass das Jahr einfach so verging. Ich wollte etwas leisten. Und klar, auch finanziell war das letzte Dreivierteljahr eine Katastrophe gewesen. Ich konnte überleben, weil ich das Vorjahr fleißig gewesen war. Aber jetzt wurde es langsam knapp. Ich brauchte diese Aufträge. Und wenn ich damit durch war, könnte ich nach Shikoku fahren. Die Idee hing mir immer noch im Kopf. Und sie gab mir Kraft. Gehen, flanieren, spazieren, wandern, das mochte ich schon immer. Zwar war es ein weiter Weg um die Insel. Andererseits war es nicht der Pacific Crest Trail, der einmal von Mexiko nach Kanada durch die USA führt, 4300 Kilometer durch Wüste und über schneebedeckte Pässe. Mit Zelt und ohne Wasser oder Supermarkt. Nö, der Shikoku-Pilgerweg ist nicht der PCT, sondern in meiner Vorstellung so etwas wie die Rentnerversion davon. Tausendzweihundert Kilometer, der höchste Berg etwa tausend Höhenmeter hoch, Getränkeautomaten und Herbergen auf dem Weg. Vor einem Jahr hätte ich das belächelt und als ziemlich uncool abgetan. Aber ich war nicht mehr mein früheres Ich, das beim Kampfsport Bretter zerschlug und untrainiert von München nach Berlin radelte. Ich war mein jetziges Ich, das es teilweise nicht mal schaffte, die Wohnung zu saugen. Daran konnte ich eingehen, dachte ich, oder um Shikoku gehen.

»Ich werde dieses Jahr um Shikoku laufen. Tausendzweihundert Kilometer«, erzählte ich einem Freund.

»Spinnst du?«, sagte er, »Das ist eine typische Lena-Aktion.«

Ich glaube, er meinte damit: »Das ist eine überambitionierte Schnapsidee. Chill mal.« Ich grinste, aber seine Reaktion verunsicherte mich: Hatte ich schon wieder zu viel vor? Wollte ich zu viel? Obwohl ich so runtergebremst lebte? Obwohl die Tour gar nicht so krass sein sollte? Und: Konnte dieser Körper nicht endlich wieder normal sein? Vielleicht hätte ich dieser sanften Warnung mehr Gehör schenken sollen, aber damals dachte ich: Egal, ich brauche Ziele! Ich wollte es zumindest versuchen.

2

»Bitte nicht im Bademantel zur Messe erscheinen.«

(Mönch, Tempel der immerwährenden Freude)

Ein paar Monate später – Herbst. Meine Infektion war knapp ein Jahr her.

Mein Zustand war stabil, vielleicht ging es sogar langsam immer weiter bergauf. Spazierengehen zum Beispiel war unproblematisch geworden. Und die Meinung der Ärzte: Bewegung tut gut, raus aus dem Bett – aber bitte auf die eigenen Grenzen achten. Es sprach also nichts gegen ein bisschen Laufen in Japan.

Deswegen bin ich in ein Flugzeug nach Tokyo gestiegen. Später in Bus, Fähre und Bummelzug. Und noch später auf den Bahnsteig der Station »Bando«, frei übersetzt: »Brett des Ostens«. Shikoku! In der Ferne vereinzelte Palmen, ein paar Holzhäuser mit spitzen Dächern und am Horizont bewaldete Hügel.

Tempel Nummer eins. Von achtundachtzig. Kilometer eins von knapp tausendzweihundert.

Ich stand vor dem zweistöckigen, schweren Holztor. Den Tempeleingang bewachten zwei grimmig dreinblickende Statuen, eine links, eine rechts, mit Waffen in der Hand. Sie sollen die bösen Geister fernhalten. Aber davor stand noch etwas. Eine gruselige Schaufensterpuppe mit leerem Blick, bekleidet mit spitzem Strohhut, weißem Jäckchen, weißer Hose, in der Hand einen Wanderstab aus Holz. Der offizielle Pilgerdress, alles in Weiß, weil es bei der Tour, die ich vorhatte, ums Sterben und Neugeborenwerden geht. Im traditionellen Totenkleid sollte ich eine Transformation durchlaufen. Ein Schild wies mich noch darauf hin, dass ich im Tempel-Shop alles kaufen könnte, was ich zu meiner spirituellen Wiedergeburt brauchte. Zwei Rentner in Funktionskleidung hetzten an mir vorbei. Ich verbeugte mich vor den Tempelwächtern, ging links durch das Tor – die Mitte ist für die Götter reserviert – und trat in die Tempelanlage.

»Arme hoch! Eins, zwei, drei, vier. Zur Seite! Eins, zwei, drei, vier. Nach unten! Eins, zwei, drei, vier«, tönte eine blecherne Stimme vom Band über die heilige Stätte. Außerhalb der Tempelmauern dehnte eine Busreisegruppe auf dem Parkplatz ihre Glieder. Ich erreichte die Haupthalle. Hier mischte sich in die Aerobic-Kommandos noch ein dunkler, monotoner, rhythmischer Singsang. Es war das Ehepaar, das an mir vorbeigehetzt war. Die beiden hatten sich umgezogen und sahen jetzt, ganz in Weiß, aus wie die Schaufensterpuppe vor dem Tempel. Sie nickten mit den Köpfen im Takt und rezitierten aus den aufgeschlagenen Seiten eines Gebetsbuchs, das sie in den Händen hielten. Neben ihnen warf sich eine Nonne mit rasiertem Schädel und ockerfarbener Kleidung auf den Boden. Ich stieg an den dreien vorbei, warf Kleingeld in eine Box, läutete an einer Glocke und verbeugte mich. So, unter anderem, zeigt man den Göttern, dass man da ist und dass sie jetzt zuhören sollen.

Mir hat der entspannte Umgang mit Religion in Japan immer gefallen. Man wird shintoistisch geboren, heiratet christlich und stirbt buddhistisch. Alles ist möglich, und die meisten Japaner halten sich nicht für religiös. Sie kaufen Talismane, um Haus oder Auto zu schützen oder um eine wichtige Prüfung zu bestehen. Und wenn sie nicht gerade an der Glocke im Tempel ziehen oder ein Räucherstäbchen am Hausaltar anzünden, lassen sie die Götter Götter sein. Und die Götter sind mit ihrem eigenen Sein ohnehin zu beschäftigt, um ständig ein Auge auf die Menschen zu werfen. So viel zur Reli-

gion in Japan, wie ich sie bisher kannte. Was mich allerdings auf Shikoku erwartete, war eine komplett andere Nummer.

Auf dem Weg zum Tempelausgang kam mir die Busreisegruppe, die sich eben noch auf dem Parkplatz gedehnt hatte, wie eine Horde wilder Kühe entgegen. Ich sprang zur Seite. Kurz fühlte es sich so an, als sei ich gar nicht in der japanischen Provinz gelandet, sondern mitten in Tokyo auf dem Shibuya Crossing, der angeblich fußgängerreichsten Kreuzung der Welt. Aber nö, statt Teenies in Miniröcken marschierten hier ja weiß gekleidete Rentner im Gleichschritt. Und sie strebten auch nicht an Neonreklamen vorbei zum neuesten Popcorn-Laden, sondern zur Haupthalle eines Tempels. Und eine Reiseführerin hatten sie auch dabei. Die stellte sich nun vor sie, nannte die aufzuschlagende Seite in den natürlich allseits mitgebrachten Gebetsbüchern und gab mit einem Stöckchen schlagend den Takt des Gebets vor. Ich schaute noch kurz der Reisegruppe zu, die nicht nur im Gleichschritt lief, sondern auch im Gleichklang betete.

Das Ehepaar hatte sich von der Gruppe ein wenig zur Seite drängen lassen, versuchte derweil aber, seinen eigenen Flow beizubehalten. Und ich musste noch einmal ausweichen. Dieses Mal, um nicht über einen Mann zu stolpern, der auf den Knien voranrobbte und dabei immer wieder den Kopf zum Asphalt senkte. Ich fragte mich, ob er schwere Sünden begangen hatte. Oder ein buddhistischer Extremist war. Und dachte mir: ›Was für eine Freakshow.‹ Ich hatte laufen und in der Natur sein wollen. Nun fühlte ich mich fremd zwischen den Betenden. Wie ein Betrüger, der sich um den eigentlichen Weg, der offenbar ein religiöser war, drücken wollte, und wie ein Narr, der keine Ahnung hatte, worauf er sich hier eigentlich eingelassen hatte.

Eigentlich dachte ich, ich kenne Japan. Vor fünfzehn Jahren schrieb ich mich durch Zufall für Japanologie ein, ich machte dort das Kreuzchen, weil der Name des Fachs einen schönen Klang hatte, und vor allem, weil ich krankenversichert bleiben wollte. Viele Entscheidungen in meinem Leben treffe ich so. »Fühlt sich richtig an.« »Einfach so.« »Klingt doch gut.« Das sind für mich oft die einzigen Begründungen. Meist mache ich einfach, statt einen Plan zu haben, warum oder was ich damit in fünf oder zehn Jahren anfangen soll. Ich machte also ein Kreuzchen bei Japanologie und ging dann tatsächlich in den Unterricht. Ziemlich schnell kam dann noch Neugier dazu. Was ist das für eine krasse Sprache mit ihren zwei Silbenalphabeten und den chinesischen Schriftzeichen, die aussehen wie Kunstwerke? Kann ich das wirklich lernen? Und was ist das für ein Land, von dem man so viele Klischees im Kopf hat? Sushi, Samurai, Anime? Oder ist da noch mehr?

In den ersten Semesterferien reiste ich quer durchs Land. Ich quatschte mit kleinen Omis an Provinzbahnhöfen, die waren echt nett und schenkten mir Essen. Ich beobachtete Polizisten im Rotlichtviertel, weniger nett, aber eine neue und verborgene Welt. Ich sang Karaoke, was mehr Spaß machte, als ich erwartet hatte. Sechs Jahre, zehn Japanreisen und ein Austauschjahr später hatte ich meinen Magister in der Tasche. Ich befasste mich in meiner Magisterarbeit mit der konservativen Politik und ihren Bestrebungen, Nationalismus im Erziehungsgrundgesetz zu verankern. Dafür verwendete ich ausschließlich japanische Quellen. Auch sonst schnappte ich natürlich einiges auf. Ich begriff schnell, dass man Visitenkarten mit zwei Händen annimmt und nicht mit Toilettenschuhen durchs Haus rennt, um mal ein paar Basics zu nennen. Ich lernte die verschiedenen Stufen der Höflichkeitssprache und konnte Termine absagen, ohne Leute vor den Kopf zu stoßen. Nach dem Magister lebte ich lange in Tokyo, wurde Journalistin und kam zur Recherche immer wieder. Ich begleitete eine Frau, die sich selbst heiratete, Lastwagenfahrer, die gegen Atomkraft demonstrierten, und Senioren, die Tango tanzend ihr Glück suchten. Ja, nach fünfzehn Jahren dachte ich, ich kenne das Land. Aber nun stand ich hier, bei Tempel Nummer eins, umringt von weiß gekleideten, pensionierten, buddhistischen Fanatikern, die Räucherstäb-

*chen anzündeten und beteten, als gäbe es kein Morgen. Und ich
verstand gar nichts.*

*Ich war reingestolpert ins Pilgern und denkbar schlecht vorbereitet.
Bei den Tempeln, die ich bislang besucht hatte, reichte es immer,
mit ein bisschen Kleingeld zu werfen, an einer Glocke zu läuten
und sich zu verbeugen. Eigentlich wollte ich ja vor allem wandern,
aber auf dem Tempelweg galten offenbar andere Gesetze. Von den
weiß uniformierten Rentnern unterschied mich doch einiges.*
*Für mich wird es meistens in genau solchen Momenten spannend.
Fast alle meine Recherchen begannen ursprünglich mit der Frage:
»Was soll das?« Warum verdreschen sich Wrestler in einer Schul-
turnhalle in Neukölln? Warum stellt sich ein Mann im hautengen
Power Rangers-Kostüm an eine U-Bahn-Station, um Kinderwagen
zu tragen? Und auch auf Shikoku fragte ich mich ziemlich schnell:
Was ist los auf dieser Insel am Ende der Welt?*

*Vielleicht, dachte ich, verstand ich ja ein bisschen mehr nach meiner
Übernachtung in Tempel Nummer sechs, Anrakuji, dem »Tempel
der immerwährenden Freude«. Dort hatte ich eine Nacht reserviert.*
*Ein paar Kilometer weiter, bei Tempel zwei, erstand ich im
Shop das Buch, durch das ich ein paar Wochen später an meinem
Schreibtisch in Berlin blättern sollte. »Ist das wirklich alles?«, fragte
die Verkäuferin und sah mich an, als hätte ich in einer Metzgerei
eine Scheibe Wurst bestellt. Normalerweise sind Japaner diskret.
Niemals würden sie einem etwas aufdrängen. Aber zwischen uns
lag nur das Buch. Und es hatte auch nur achtundachtzig Seiten.
Leere Seiten. Auf die sollten Kalligrafien der jeweiligen Gotteshäuser kommen. Denn dort sitzen Angestellte täglich von sieben Uhr
morgens bis fünf Uhr nachmittags und pinseln und stempeln die
leeren Seiten voll. Die gibt es zwar bei jedem Tempel in Japan,
aber auf dem Pilgerweg schien mir die Anschaffung so eines Buches
erstmals sinnvoll. Der Gedanke dahinter: Am Ende der Reise hätte
ich ein einmaliges Andenken und den Nachweis, alle Tempel abge-*

laufen zu sein. Ein bisschen wie der Pilgerpass auf dem Jakobsweg, aber viel aparter: Tusche auf japanischem Reispapier. Und auch teurer: Für jede Zeichnung legt man 300 Yen auf die Theke. Etwa 2,50 Euro mal achtundachtzig, sind, nun ja, 220 Euro. Plus die zehn Euro, die das leere Buch erst mal kostet. Es geht nicht nur darum, ein Andenken zu haben, sondern das Gebet, den persönlichen Wunsch, den man am jeweiligen Tempel äußert, durch die Kalligrafie verinnerlichen zu lassen. 230 Euro und alle Wünsche des Weges von den Dienern Gottes abgesegnet, das ist alles in allem keine mickrige Anschaffung. Aber immer noch guckte mich die Verkäuferin eindringlich an. »Ist das wirklich alles?«, fragte sie wieder. Ich sah mich noch einmal genauer um.

Der kleine Laden war vollgestopft mit Zeug. Neben den Stapeln mit den leeren Büchern in verschiedensten Größen und Farben lagen Glücksbringer und Wanderstöcke, Kerzen, Räucherstäbchen, weiße Zettel, Kleider, Hüte. Immer noch irritiert von ihrer Entschiedenheit, stand ich bald vor einer Auslage mit Armbändern und Gebetsketten. »So eine Kette brauchen Sie auf jeden Fall«, sagte die Verkäuferin. »Das wäre besser. Wirklich.« Und wie benutze ich die? Sie bedeutete mir, die Kette zu beiden Seiten um meine Hände zu legen und sie beim Beten aneinanderzureiben. Mit dem Beten kannte ich mich nicht aus, aber sie machte ein schönes Geräusch, und ich griff zu. Dann fragte sie: »Und was ist mit Räucherstäbchen? Und mit Namenskarten? Und Kerzen? Und überhaupt mit weißer Kleidung?« »Hm!«, sagte ich. Und sie: »Na gut, vielleicht später!«

Bis Tempel sechs lief ich fünfzehn Kilometer durch die Vorstadt. Mal auf der Hauptstraße, im Schotter, den die Autos an den Rand fegten. Mal auf schmalen Pfaden, an Friedhöfen und an verlassenen Wohnhäusern vorbei, die verrammelt waren und verwildert. Mal an Rändern von Kosmeen- und Reisfeldern und in ein Bambuswäldchen hinein.

Tempel sechs. Der Mönch stürzte aus dem Gebäude, als er mich kommen sah. Mit geschocktem Gesichtsausdruck deutete er auf meinen Wanderstab und rief auf Englisch und ziemlich herrisch für einen Mann, der in meiner Vorstellung den ganzen Tag nur meditierte: »Clean!« Als ich auf Japanisch antwortete: »Klar, wo denn?«, entspannte sich sein Gesicht. »Also, hier ist das Wasserbecken«, sagte er nun sanft. »Einfach als würden Sie Ihre Füße waschen.« Ich benetzte den Stecken und trocknete ihn mit einem Waschlappen ab, der neben dem Becken lag. Er erklärte mir, dass der Stab den Heiligen repräsentiere, der mich auf meinem Weg begleite, und ich ihn deswegen gut behandeln sollte. Aufs Klo dürfe ich ihn nicht mitnehmen. Da sei es unrein. Heilige, die sich in Wanderstöcken aufhalten, müssen nicht auf Toilette, aber den Fuß muss man ihnen allabendlich waschen. Gut zu wissen. Jetzt durfte ich – nachdem ich meine Schuhe noch in einem Schließfach verstaut hatte und in bereitliegende Plastikpuschen geschlüpft war – das Gebäude betreten. An der Rezeption hielt mir der Mönch neben der Rechnung noch das Programm hin: 18 Uhr Abendessen, 19 Uhr Messe, 6:30 Uhr Frühstück, bis spätestens 8 Uhr Check-out. »Und bitte nicht im Bademantel zur Messe erscheinen.«

Ich bekam noch ein Tütchen, dessen Inhalt ich vorbereiten sollte, um an der Messe teilnehmen zu dürfen. Ich öffnete es, als ich bald darauf in meinem Zimmer auf Tatami-Strohmatten saß, und fand allerhand Zettel, die ich ausfüllen sollte. Auf einen einfach meinen Namen, easy. Auf einen anderen den Namen und Todestag eines Vorfahren, den sollte ich noch an einen kleinen Ast binden. Wenn ich die Daten nicht genau wisse, könnte ich aber auch einfach »Vorfahre von Lena« schreiben. Ganz charmant, dachte ich, diese Mischung aus supergenau und superlarifari. Schließlich kamen auf eine kleine Holztafel nochmals mein Name und dazu ein Wunsch. Ich wünschte mir Gesundheit.

Nachdem ich das Abendessen – Reis, Misosuppe und Fisch – verputzt hatte, ging ich zum Eingang des Gebetsraums. Schummriges Licht, durch das die Schwaden des Weihrauchs waberten, zwei Mönche knieten vorne, dahinter Sitzreihen, in denen noch niemand saß. Ich liebäugelte mit der letzten Reihe, als ein älterer Pilger kam, mich unterhakte und in die erste Reihe neben sich führte. Ein bisschen fühlte ich mich jetzt wie der Klassenclown, der neben den Streber gesetzt wurde, damit er sich ordentlich benahm. Oder war ich nur die Neue in der Klasse, zu der alle besonders nett sein sollten, weil die Lehrerin das am Anfang der Stunde so gesagt hatte? Ohne meinen Sitznachbarn hätte ich zweifelsohne nicht gewusst, welche Seite im Gebetsbuch ich aufzuschlagen hatte. Und auch nicht, welche Schrift ich da gerade in den Händen hielt. Ich konnte ja nicht mal das Vaterunser fehlerfrei aufsagen. »Das ist das Herz-Sutra«, sagte der Pilger neben mir, »darum geht es auf dem Pilgerweg.« Das war es also, was das alte Ehepaar und die Busreisegruppe und offenbar jeder hier ständig rezitierten. Es sei die Essenz des Buddhismus. Praktisch. Wenige Zeilen und alles drin, was es zu wissen gäbe. Könnte ich bald verinnerlichen, dachte ich. Die anderen Reihen hatten sich mittlerweile gefüllt. Und alle außer mir – allesamt Japaner über sechzig, die mich neugierig betrachteten – begannen, das Sutra gemeinsam mit den zwei Mönchen in dem tiefen, rhythmischen Singsang aufzusagen. Ich konzentrierte mich derweil auf den Text.

Es schien vor allem darum zu gehen, was alles nicht ist:
»Alle Dinge sind in Wahrheit leer«, wiederholten sie.
»Nicht sehen, hören, riechen, schmecken, fühlen oder denken«, hieß es später.
»Kein Altern, kein Tod.«
»Kein Leid und keine Ursache des Leidens.«
Wieder fingen wir von vorne an.
»Nichts entsteht und nichts vergeht.«
»Nichts ist unrein, nichts ist rein.«
»Nichts vermehrt sich und nichts verringert sich.«
Ein drittes Mal. Mal um Mal fielen mir mehr Details auf.
»Kein Auslöschen und kein Weg der Erlösung.«
»Keine Erkenntnis und auch kein Erreichen.«

»Weil der Bodhisattva nichts begehrt und sich in Prajnaparamita versenkt, ist sein Bewusstsein ohne Hindernisse. Ohne Furcht, fern von allen Illusionen und Träumen meistert er das Nirwana.« Nirwana ... Das kenne ich bisher nur vom Grunge der Neunziger. Strähnige, lange Haare, die nach Teen Spirit riechen. Oder duftet das Räucherstäbchen?

Ich verstand immer noch gar nichts. Aber vielleicht, dachte ich, ist das nebensächlich, wenn es ja laut dem Sutra ohnehin keine Erkenntnis gibt.

Wir standen auf und warfen die vorab vorbereiteten Zettel mit unseren Namen in einen Baumstamm neben einer Buddha-Statue. Der ältere Pilger bedeutete mir, ich solle die Statue anfassen. »Touch!«, sagte er auf Englisch und dann auf Japanisch: »Das bringt Glück.« Ich rieb am Buddhaknie, berührte die Hände. In der Hand trug der Buddha eine Schatulle. »Medizin«, sagte der Pilger. »Er heilt jede Krankheit.« Ich rieb noch ein bisschen doller.

Wir gingen in den Keller des Tempels. Dort floss ein künstlicher Strom, knallblau beleuchtet wie ein Airbrush-Gemälde, auf ihm verteilten sich kleine Inseln. Die Äste mit den Namen unserer Vorfahren sollten wir in eine der Inseln stecken. Dann eine Kerze in einem Plastikbötchen anzünden und warten, bis sie an unserem Zweig vorbeitrieb. Wir hielten noch das Hölzchen mit Wunsch und Namen in der Hand und sollten nun dreimal um eine goldene Statue des Amida Butsu, des Buddhas des Lichts, laufen und dabei ein Mantra wiederholen. Der ältere Pilger schubste mich in den Kreis und lief vor, und schon ging ich mit meinem Holzblättchen in den Händen – Wunsch: Gesundheit – um die Statue. Dabei murmelte ich vor mich hin, als würde ich, wie die anderen, ebenfalls das Mantra wiederholen. Nach der dritten Umrundung zog mich der Pilger wieder aus dem Kreis. Wir warfen unsere Hölzchen in eine Feuerstelle, falteten die Hände und baten darum, dass unsere Wünsche in Erfüllung gehen mögen. Ich möchte bitte wieder gesund werden. Ich möchte meinem Körper wieder vertrauen können. Ich möchte meine eigene Stärke wieder spüren. Dann war der Zauber vorbei, und wir gingen zurück in unsere Zimmer. Ich legte mich auf meinen Futon und schlief sofort ein.

Am nächsten Tag war ich nicht plötzlich wundergeheilt. Stattdessen war die Schwere zurück, das Blei in den Adern. Ich lief weiter. Bei Tempel acht traf ich einen älteren Pilger, dem ich von meinem Problem erzählte, und er sagte: »Aber hier gibt es doch kein Erreichen und daher keine Angst.« Es sei sehr üblich, die Strecke aufzuteilen und sie nicht auf einmal zu laufen. Die meisten Japaner machten das so. Jedes Jahr nur ein paar Tempel und irgendwann doch die Insel umrundet. Es gehe nicht darum, was man tue, sondern wie man es bewerte. An Tag drei wäre eine Gebirgskette zu überqueren gewesen. Drei Gipfel hintereinander, immer hoch auf achthundert Höhenmeter, wieder runter und wieder hoch. Alternativ könnte ich mit einem Bus fahren, aber das wollte ich nicht. Ich wollte aber auch nicht zusammenbrechen. Ich wollte nicht, dass die Bestie mich wieder k.o. schlug. Wahrscheinlich, musste ich mir eingestehen, war diese Strecke für mich noch nicht zu schaffen. Dunkelblau zeichneten sich die Berge sanft gegen den Himmel ab, eine Drohung und eine Verheißung gleichermaßen. Nach vielen Pausen erreichte ich am späten Nachmittag vollkommen abgekämpft Tempel Nummer elf, den Blauregen-Tempel. Der umliegende Wald verströmte Holzduft und Kühle, Mückenschwärme gaben ein bedrohliches Surren von sich. Ich beschloss, dass mein Weg dort endete. Dass ich zurückfliegen und in Berlin warten würde, bis es mir besser ginge. Dann würde ich wiederkommen, um den Rest des Weges zu laufen. Siebenundsiebzig Tempel und mehr als tausendeinhundert Kilometer lagen noch vor mir.

Ein paar Wochen später sitze ich also an meinem Schreibtisch in Berlin. Ich habe meine Pilgerreise abgebrochen, weil ich meine körperlichen Grenzen respektieren wollte, und nun bin ich in der U-Bahn umgekippt. Ich fühle mich wie eine Versagerin. Und ich denke darüber nach, was ich mit meinem Leben anfangen soll. Ich blättere durch das Tempelbuch mit den vielen leeren Seiten und den elf Stempeln. Und die Stimme flüstert naheliegenderweise wieder: Shikoku.

Alle. Dinge. Sind. In. Wahrheit. Leer.

Es. Gibt. Kein. Erreichen.

Im Kopf wiederhole ich die Fetzen des Herz-Sutras, die mir in Erinnerung geblieben sind. Bei meiner Abreise aus Japan vergangene Woche dachte ich, ich hätte das bereits verstanden. Aber ganz ehrlich, dieser Kollaps in der Bahn und die darauffolgende Frustration machen deutlich: Verinnerlicht habe ich das nicht. Wie fern Shikoku gerade wirkt. Die grünen Reisfelder, der Geruch der Räucherstäbchen. Wie war das noch mal? Die Suche nach dem Nichts und damit das Versprechen des höchsten Glücks? Ich muss zurück! Auf buddhistische Walz gehen. Mich diesmal wirklich einlassen und sehen, was ich dann finde. Festanstellung oder Lotterleben? Single bleiben oder heiraten? Erst mal weiterlaufen.

Weil ich mit diesem bizarr launischen Körper weit davon entfernt bin, gleich in den nächsten Flieger zu steigen, und die nächste Wandersaison glücklicherweise ohnehin erst im Frühling beginnt, lese ich. Zum Beispiel einen Outdoor-Pilgerführer. Den hat mir meine Freundin Steffi geliehen, die mal den Jakobsweg gelaufen ist. Was mich beruhigt: Jeder könne täglich zwanzig bis dreißig Kilometer gehen. Steht dort. Es brauche kein spezielles Training. Man solle wenig einpacken, als Frau nicht mehr als fünf Kilo, es am Anfang mit dem Laufen nicht übertreiben (und auch später nicht übermütig werden), vor allem solle man auf seine Füße achten. Orthopädische Einlagen seien zu empfehlen. Hochwertige Wandersocken oder Zehensocken. Ansonsten: Auf den eigenen Körper hören, ausreichend Pausen machen, ja, Ruhetage einlegen und die Zeit nicht zu knapp bemessen. Es könne schließlich passieren, dass man eine Woche irgendwo festhinge wegen entzündeter Sehnen, entzündeter Blasen, entzündeter Mandeln oder sonst was. Mit so etwas solle man rechnen.

Vielleicht war ich zu ungeduldig, als ich vor ein paar Wochen auf Shikoku rumlief. Vielleicht hätte ich einfach einen Ruhetag einlegen müssen, bevor ich hätte weitermachen können. Ich war schnell enttäuscht gewesen von meiner mangelnden Fitness und hatte das Rückflugdatum im Kopf, das mir nicht erlaubt hätte zu trödeln. Ich beschließe, mir mehr Zeit zu geben, wenn ich wieder hinfliege. Fünfunddreißig bis sechzig Tage sind normal. Ich rechne also mit mindestens zwei Monaten. Ich darf verweilen, ausruhen, langsam sein. Ich möchte schließlich auch etwas mitbekommen von der Umgebung, ihren Bewohnern und den anderen Pilgern. Und ich möchte lernen, was es mit diesem Buddhismus auf der Insel am Ende der Welt auf sich hat. Meine Lehrmeister in Sachen Nirwana, Leere und Loslassen werden Mönche, Einheimische und andere Pilger sein, denen ich auf meinem Weg begegne. Und die Schlangen und Wildschweine des japanischen Hinterlands. Wenn ich mich darauf einlasse, führt mich die Reise vielleicht tatsächlich in die spirituelle Glückseligkeit. Erleuchtung kann ich jedenfalls gebrauchen.

Knapp ein halbes Jahr später – mittlerweile ist es Mitte März, draußen schneit es, aber an den Knospen der Bäume ahnt man schon den Frühling – sitze ich inmitten eines Haufens Klamotten auf meinem Dielenboden. Ich verfluche, dass langfristige Planung noch nie mein Ding war. Gerade habe ich einen Flug nach Japan gebucht, und in zwei Wochen geht es auch schon los. Jetzt versuche ich, mich zu orientieren, was ich noch alles brauche. Wichtig: eine neue Kreditkarte, »dauert bis zu zehn

Werktage«, und orthopädische Einlagen, »in zwei Wochen sollten sie da sein, aber einlaufen müssen Sie die eigentlich auch«. Wird also knapp. Immerhin ist mein Reisepass noch ein paar Jahre gültig.

In Sachen Packen habe ich an und für sich Übung. Mein erster Backpacking-Trip – und meine zweite Flugreise überhaupt – ging direkt nach dem Abi mit neunzehn Jahren nach Neuseeland. Damals hatte ich einen Siebzig-Liter-Rucksack komplett vollgepackt, Isomatte und Schlafsack außen drangeschnallt. Wog gut fünfundzwanzig Kilo. Ich konnte den Rucksack alleine nicht aufsetzen, und wenn er mal oben war, bin ich rückwärts so lange gestrauchelt, bis eine Wand oder ein Mensch im Weg stand und mir Halt gab oder bis ich wieder auf dem Boden saß. Wenn ich mal stand, ging es einigermaßen, aber an Schultern und Hüften bekam ich blaue Flecken. In Neuseeland hatte ich ein halbes Jahr lang immer nur ein Outfit an – Jeans, T-Shirt, Fleecejacke – und tappte in Flipflops durch Farndschungel. Alles andere, inklusive Wanderschuhe, hätte ich mir also sparen können. Zu allem Überfluss kaufte ich mir relativ bald nach der Landung noch Rollschuhe. Die baumelten während der kompletten Reise an dem ohnehin viel zu schweren Rucksack und klackerten aneinander. Jahre später habe ich sie quasi ungetragen auf dem Flohmarkt verscherbelt. Seitdem packe ich leicht, und mein Rucksack fasst nur noch fünfundvierzig Liter.

Ich beschließe, dass ich kein Zelt mitnehme, weil ich nicht in der Wildnis abhängen werde, sondern im hochtechnologisierten Japan. Es gibt auf dem Weg Supermärkte, Getränkeautomaten und Badehäuser. Und zum Übernachten Schutzräume, leerstehende Garagen, Tempelherbergen, traditionell japanische Gasthäuser und Hotels. Einen Schlafsack brauche ich vielleicht, aber sicher nicht den fetten Daunenschlafsack, den ich bereits besitze und dessen Etikett verspricht, bis minus zwanzig Grad warm zu halten. Um mich herum liegen alle Sportklamotten, die sich prinzipiell eignen würden, mit auf Wanderschaft zu gehen. Aber hey: Fleece oder Softshell? Wanderstiefel oder Laufschuhe? Yoga-Leggings oder Wanderhose? Thermo-Oberteil oder atmungsaktives Longsleeve? Brauche ich noch eine Regenjacke oder reicht der überdimensionale Poncho? Dazu noch eine Daunenjacke? Oder nichts davon? Oder brauche ich alles, was ich da um mich verteilt habe?

Ich chatte meine Freundin Steffi an, die Jakobsweg-Expertin. Für 2020 plant sie den Pacific Crest Trail.

»Du solltest von jedem nur eins mitnehmen.«

Das heißt: eine Hose, einen Pulli, ein Oberteil und so weiter. Dann habe ich ja eigentlich gar nichts mehr im Rucksack?

»Einfach immer waschen.«

Und wie viele Paar Socken?

»Socken wäscht man nicht jeden Tag. Die trocknen sonst nicht, und außerdem stinkste die eh in drei Minuten voll.«

Ich antworte: »Ahahhahaa« und meine eigentlich: »Uff.«

Und sie: »Lieber stinken als zu viel schleppen. Gewöhn dich dran.«

Ich solle mir eine Kofferwaage zulegen und alles abwiegen. »Als Frau ist es fast unmöglich, nur zehn Prozent des Körpergewichts zu tragen. Aber das muss dein Ziel sein.« Außerdem möchte sie mir nächstes Mal, wenn wir uns sehen, noch einen »guten Trick« zeigen, wie ich Blasen austrocknen kann mit Nadel und Faden. Ich kann es kaum erwarten. Nehme den Haufen Klamotten und stopfe ihn erst mal in den Rucksack. So knapp, dass ich mich gleich entscheiden müsste, bin ich ja nun auch nicht dran.

Stattdessen schreibe ich meinen Freunden in Tokyo, dass ich bald wieder da sein werde und dass ich an meinem ersten Tag gleich mit allen in den Park will, zum *Hanami*, dem traditionellen Kirschblütenschauen. Seit Wochen checke ich online das »Kirschblüten-Radar«, das täglich aktualisiert wird.

Es zeigt an, wo und wann die Blüten anfangen und wann sie in voller Blüte stehen werden. Nach der aktuellen Berechnung werde ich am absoluten »Kirschblüten-Höhepunkt«-Tag ankommen.

In Blogs lese ich, wie unterschiedlich die Pilger auf Shikoku sind. Einer schreibt Sätze wie: »Ich bin im selben Jahr schon drei Marathons gelaufen und habe auch beim Fuji-Rennen mitgemacht. Die Pilgerreise war aber viel anstrengender als das alles.« Trotzdem war er in fünfunddreißig Tagen am Ziel. Andere brechen ab. Oder nehmen dann doch Züge oder Busse, zumindest teilweise. Lassen ihr Gepäck irgendwo, laufen ein Stück, fahren dann zum Gepäck zurück, übernachten dort, fahren mit dem Zug zur nächsten Unterkunft und so weiter. »Anders hätte ich es einfach nicht geschafft, aber ich schäme mich nicht deswegen!«, schreibt eine. Eine andere postet, dass es ihr jetzt reiche. Sie habe Pilger-Burnout bei Tempel vierzig. Sie könne es einfach nicht mehr ertragen, jeden Tag von der Sorge zerfressen zu sein, was sie essen oder wo sie schlafen soll, dazu die ständigen Schmerzen in Füßen und Rücken. Deswegen fahre sie nun in die nächste, größere Stadt, um dort »bis auf Weiteres« nichts zu tun. »Vergiss nicht, dass der heilige Kobo Daishi bei dir ist!«, kommentieren andere.

Körperlich geht es mir okay. Ich hatte im Winter wieder etliche Infekte, die mich wochenlang lahmlegten. Ich bin auch nochmal umgekippt, mitten auf der Sonnenallee, die bekannt ist für hochgetunte Autos und einen Fahrstil, den man sportlich, robust oder scheißgefährlich nennen kann. Ich war ein paar hundert Meter von meiner Wohnung entfernt mit einem Kumpel etwas essen. Plötzlich war es stickig und heiß. »Du, mir ist schwindelig, ich muss hier raus.« Ich legte einen Geldschein auf den Tisch und bin auf die Straße. Alles drehte sich, aber ich wusste beim besten Willen nicht, wo ich mich hier hinlegen sollte. Also Richtung Zuhause. Über die Sonnenallee, das sollte ich schaffen. Aber plötzlich war da wieder nichts mehr, keine

Geräusche, keine Lichter, kein Boden. Ich spürte einen Griff an meinem Oberarm. Mein Kumpel war mir nachgelaufen und zog mich von den uns umfahrenden, hupenden Autos weg auf den Gehsteig. Wir setzten uns. »Spinnst du?« Er brachte mich nach Hause. Ich sah wieder Ärzte. Sie versicherten mir, dass der Schwindel an sich unproblematisch sei, weder neurologische noch kardiologische Ursachen habe. Alles nicht so dramatisch. Kann passieren. Ein paar Tage lang war ich ziemlich verunsichert. Verlassen kann ich mich auf diesen Körper nicht. Aber solange ich nichts tue, geht es mir gut. Sport mache ich immer noch keinen, aber ich bin die letzten Wochen regelmäßig spazieren gegangen.

Eine Woche später träume ich einen seltsamen Traum. Ich quäle mich im kompletten Pilgerdress (weißes Leibchen, spitzer Hut und alles – sieht wahnsinnig albern aus) einen schmalen Pfad entlang. Ich bin offenbar irgendwo auf Shikoku. Unter mir Waldboden: Kiefernnadeln auf dunkler, feuchter Erde. Um mich herum hohe Bäume. Gedämpftes Licht. Der Boden ist an manchen Stellen aufgewühlt. Ein anderer Pilger, der plötzlich aufgetaucht ist und auch gleich wieder verschwinden wird, sagt: »Wildschweine!« Ich bin wieder alleine und steige den Berg hinunter. Ich versuche, Füße und Stab möglichst resolut aufzusetzen. Keine Angst jetzt, weiter! Ich hoffe, die Schweine zu verscheuchen, durch den Krach, den ich dabei mache, und die Erschütterung. Aber mulmig ist mir schon! Ich habe echt keine Lust, jetzt auch noch von einem wütenden Tier angegriffen zu werden. Der Pfad schlängelt sich den Hang herunter, und hinter der nächsten Kurve sehe ich es. Ein überdimensionales, knackiges Grillhähnchen! Es suhlt sich in der Erde. Es hält inne, ich auch. Wir schauen uns an. Das gesichtslose Hähnchen und ich, Pilger-Lena. Mit einem Surren, als wäre es ein Bienenschwarm oder eine Drohne, fliegt das Hähnchen in die Luft. Es riecht appetitlich und sieht mich vorwurfsvoll an.

Dann fliegt es in einer Wahnsinnsgeschwindigkeit auf mich zu und … Ich sitze aufrecht im Bett. Mein Herz rast. Ich hole mir ein Glas Wasser. Es ist drei Uhr nachts. Noch eine Woche bis zum Flug.

Ich treffe einen Romanautor. Nicht, weil ich aus der Grillhähnchen-Nummer ein Buch machen will, sondern weil mir seit Jahren eine andere Idee im Kopf rumschwirrt und ich mir dachte: Jetzt, wo ich so viel zu Hause rumsitze, hätte ich eigentlich Zeit, daran zu arbeiten. Es wäre keine Kehrtwende, wie ein Café an der Ostsee, sondern eine Weiterentwicklung. Der Autor schreibt jedes Jahr ein Buch und bekommt jedes Jahr einen Preis. Er kann davon gut leben. Ich weiß natürlich: Viele können das nicht, wie im Journalismus. Aber ich möchte wissen, wie das im Idealfall läuft, und habe ihn deswegen angeschrieben. Wir quatschen etliche Stunden, er hat super Ideen, wie ich das Thema drehen könnte, und findet meinen Ansatz »Ich habe jetzt Lust, ein Buch zu schreiben« schlüssig. »Du scheinst der Typ zu sein, der Entscheidungen einfach aus dem Bauch heraus fällt. Wie bei Japanologie. Das ist dann schon richtig so.« Der Typ ist mir sympathisch. Er sagt: Vor allem musst du jetzt anfangen zu schreiben. Das erste Buch schreibt man einfach, weil man muss. Das Verkaufen kommt später.

Ich sage: O.k., aber jetzt gleich kann ich nicht. Ich mache mich die nächsten Monate auf die Suche nach dem Glück.

Er: Nach der Liebe?

Ich: Nö, nach meinem Glück!

Er: Glück finden ist ohne Liebe nicht möglich.

Keine Ahnung, ob das stimmt. Ich habe ja derzeit genug mit mir selbst zu tun. Und mit der launischen Bestie in mir. Aber auf Shikoku kann ich vielleicht mal darüber nachdenken. Über die Liebe. Oder eben über den Roman, den ich danach schreiben will.

Abreisetag.

In meinem Rucksack befinden sich jetzt:

— eine Wanderhose, eine Sportleggings, eine Thermoleggings
— eine ultraleichte Daunenjacke, eine Windjacke, ein Regenponcho
— ein Fleece mit Kapuze, ein langärmeliges Thermoshirt, ein kurzärmeliges T-Shirt, zwei Unterhemden, ein Kleid
— 3-mal Unterwäsche und Socken, ein Bikini
— ein Paar Flipflops, ein Paar Laufschuhe, orthopädische Einlagen
— Reiseapotheke (Antiallergika, Nasenspray), Zahnputzzeug, Seife, Ladycup, Sonnencreme, Kontaktlinsenzeug, Wimperntusche, Kajal, Gesichtscreme, Lippenbalsam, Rasierer, Deo
— ein kleines Mikrofaser-Handtuch, ein normales Minihandtuch
— ein Schlafsack, Sicherheitsnadeln, Nähset
— ein Strandtuch aus Rio, das alles werden kann, vom Rock über ein Halstuch zu einer Decke
— ein Notizbuch und zwei Stifte, mein fast leeres Tempelbuch und die Gebetskette
— eine Spiegelreflexkamera mit 50 mm-Objektiv, das Handy dazu die jeweiligen Aufladegeräte und eine Powerbank

Insgesamt 8 100 Gramm, eigentlich schon zu schwer. Dazu kommen noch Wasser, Proviant und ein Reiseführer, den ich vor Ort kaufen werde. Und das ganze Pilgerzeug. Einen Teil der Klamotten werde ich anhaben, genauso die Schuhe. Sonnencreme und Kontaktlinsenlösung werden langsam leichter werden. Aber zehn Kilo werden insgesamt schon zusammenkommen.

Ich packe den Rucksack in meinen riesigen pinkfarbenen Schalenkoffer und stopfe noch Kleider, Schuhe, Laptop, Bücher und alles für vor und nach dem Pilgermarsch daneben. Eine Dose deutsches Bier für den Kumpel, bei dem ich die ersten Tage übernachte, eine Packung Quinoa für meine peruanisch-

japanische Freundin. Den Koffer kann ich in Tokyo lassen. So
muss ich nicht den gesamten dreimonatigen Aufenthalt aussehen wie das Stereotyp eines wanderfreudigen, funktionsbedach-
ten, deutschen Touristen. Ich zerre das Ding auf den Gang,
schlüpfe in Pumps und Lederjacke, lasse die Wohnungstür hinter mir ins Schloss fallen und sperre zweimal zu.

3

*»Du brauchst ein Handtuch auf dem Kopf,
sonst entweicht die ganze Wärme.«*

(Omi, Thermalbad/Tokyo)

Gepäckabgabe, anschnallen, Abflug. Schlechte Filme, schlechtes Essen, holprige Landung. Tokyo. Tokyo am Morgen. Hier beginnen eigentlich alle meine Japanreisen. Und deswegen auch meine Pilgerreise. In zwei Tagen werde ich diese Stadt, die eine zweite Heimat für mich ist, mein »normales Japan« quasi, verlassen und mich auf die Suche nach dem großen Nichts machen. Aber erst mal stehe ich ewig bei der Einreise an, drücke meine Zeigefinger in den Fingerabdruckscanner und hieve meinen Schalenkoffer vom Band. Ich rollere damit zur Bushaltestelle, Blick auf blühende Kirschbäume, und fahre mit einem seligen Grinsen durch das sanfte Frühlingslicht.

Um sechs Uhr dreißig bin ich an der Wohnung meines Kumpels John. Am Samstag. Vorhänge sind noch zu. Klar. Vor neun brauche ich nicht klingeln. Ich stelle meinen Koffer vor seine Tür. Obendrauf lege ich mein Handgepäck inklusive Laptop und Kamera. Ich will ohne Ballast frühstücken gehen. In einem Land wie Japan geht so was, ist ja nicht umsonst für seine niedrige Kriminalitätsrate bekannt. Außer Fahrrädern wird hier fast gar nichts geklaut. Wenn ich im Café sitze und aufs Klo muss, lasse ich meinen Geldbeutel auch direkt auf dem Tisch. Ich habe schon im Fundbüro eine Streifenkarte zurückbekommen, die ich verloren hatte. Wegen dieser Gutgläubigkeit werden Japaner in fast allen anderen Ländern ziemlich oft bestohlen. Irgendwann muss ich mal eine Reportage über japanische Fundbüros schreiben, aber jetzt stehe ich im FamilyMart, einem *Conveniencestore*, oder japanisch: *Combini*. Die hiesige Antwort auf den Berliner Spätkauf. Es gibt Tausende davon, oft an jeder Ecke und manchmal auch an einer Kreuzung gleich vier. In diesen Minisupermärkten kann man durchgehend alles kaufen, was man brauchen könnte. Von getrockneten Fischchen über Brot, gefüllt mit gebratenen Nudeln, zu Rindfleisch auf Reis. Alles steril in Plastik verpackt. Und natürlich auch Shampoo, Strumpfhosen, Kondome oder Notizblöcke. Ich brauche gerade: ein Sandwich mit Eiersalat, einen Joghurt mit Aloe vera, ein Getränk, in dem das Vitamin C von eintausend Zitronen stecken soll, und einen Eiskaffee. Ich bekomme dazu ein feuchtes Tuch, um die Hände abzuwischen, und einen Löffel für den Joghurt. »Kundenkarte?« »Nö, danke.« »Ich warte auf Ihren nächsten Besuch.« Der Verkäufer verbeugt sich, als ich den Laden verlasse, und ich bin gleich mittendrin im Abziehbild japanischer Höflichkeit.

Ich gehe an einem Politiker vorbei, der die Stunden vor der Rushhour nutzt, um Werbevideos von sich vor der Bahnstation zu drehen. »Tanaka. Für den Bezirk Ota. Stets zu Ihren Diensten.« Rushhour in Tokyo bedeutet, dass Bahnangestellte mit weißen Handschuhen die Fahrgäste in die Waggons drücken und der Fahrer bei jeder Haltestelle sagt: »Bitte Körper und Gepäck einziehen.« Tanaka, der Politiker, verbeugt sich tief und lange vor der Kamera, und ich überquere eine vierspurige Straße und setze mich auf eine Bank mit Seeblick. Rechts Tretboote in Schwanenform. Geradeaus eine Brücke, die auf eine Insel führt, auf der ein kleiner Shinto-Schrein steht. Über und vor mir und um mich Kirschbäume, manche davon verhalten blühend. Hinter mir Rentner, die mit Gewichten an den Handgelenken Runden um den Teich laufen. *Ohayo gozaimasu.*

Guten Morgen allerseits. Ich mampfe. Hier ist Tokyo, abgesehen von den Läden, die 24 Stunden am Tag geöffnet haben, und der vierspurigen Straße, wie ein Dorf. Die »kühle Hauptstadt«, der »Hochhaus-Dschungel« und der »Moloch im Neonlicht« sind hier allesamt weit weg. Es ist sieben Uhr, in Deutschland Mitternacht, und die japanischen Rentner sind so dynamisch und anregend, dass ich irgendwann auch anfange, um den See zu spazieren. Zwei Stunden später klingle ich bei John. Er unterrichtet Englisch in Tokyo, und wir kennen uns aus unserem letzten Wohnheim, einer sagenhaften Bruchbude, mit dünnen Wänden und Kakerlaken im Reiskocher. Mittlerweile ist es abgerissen. John ist daher in ein Studioappartement gezogen, zu dessen Tür er jetzt rauszwinkert. »Hi!« Feste Umarmung. »Tea?« John ist Brite, klar.

An John mag ich unter anderem, dass ich mich nicht groß erklären muss. Wir haben uns ein Jahr nicht gesehen, und ich sitze auf seinem Teppich, trinke Tee, und alles ist wie immer. Einsilbig, entspannt. Aber draußen ist Kirschblüte, heute sogar der per Kirschblüten-Radar vorausgesagte »Volle-Blüte-Höhepunkt«-Tag, und wir sind mit den anderen im Park verabredet. Wir steigen in die Bahn, eine kleine, in Gotanda dann in die Yamanote, die Tokyoter Ringbahn, und in Shibuya wieder aus.

Es ist wie eigentlich immer wahnsinnig voll. An der Statue des Hachiko-Hündchens stehen die Touristen für ein Foto an. Mit der in Bronze gegossenen Statue wird ein Hund namens Hachiko geehrt, der auch nach dem Tod seines Herrchens an exakt dieser Stelle noch treuselig auf den Verstorbenen wartete. Heute warten Touris auf ihr Foto, andere auf ihre Verabredungen. Wieder andere stehen ein paar Meter weiter im Raucherbereich, denn Rauchen auf der Straße ist verboten.

Wir überqueren die angeblich fußgängerreichste Kreuzung der Welt. Shibuya Crossing. Tausende Menschen sollen hier pro Ampelschaltung rüberlaufen. Eine der Besonderheiten ist, dass auch diagonal gekreuzt wird. Drei Bildschirme senden Werbung. Für einen Chart-Hit, für einen Ventilator und für einen Kaugummi. Was Tokyo von anderen Megastädten unterscheidet, ist unter anderem: Ordnung. Obwohl sich hier so wahnsinnig viele Leute begegnen, begegnet man gar niemandem. Niemand guckt, niemand drängelt, niemand rempelt. In den letzten fünfzehn Jahren hat sich vor allem verändert, dass mittlerweile wirklich viele Touristen da sind, um wirklich viele Selfies mit wirklich vielen Selfiesticks zu machen. Auch diese vermeintlichen Instagram-Stars werden elegant ignoriert und umgangen. Die, die stehen bleiben, genauso wie die, die ständig vor- und zurückrennen oder sich gleich auf die Kreuzung setzen und die Zunge herausstrecken, um so etwas wie Wildheit zu suggerieren. Wirklich Ruhe hat man hier nie, aber entspannter ist es, nachdem der letzte Zug gefahren ist. Das ist täglich kurz nach Mitternacht. Tokyo ist eine schräge Mischung aus völlig überdrehtem und gleichzeitig völlig reglementiertem Grundrauschen. Und jetzt ist auch noch Kirschblüte.

Sakura heißt das auf Japanisch. Und so heißt auch eine Ziege, die ein paar hundert Meter weiter auf der Terrasse eines Cafés wohnt. Ich habe sie bei einer Recherche über Tier-Cafés kennengelernt. Weißes Fell, rosa Schnäuzchen. Einmal am Tag hat sie Auslauf. Ich hatte sie also an der Leine, und wir sind gemeinsam einmal um den Block. Sie, Schnäuzchen auf dem Asphalt, hin zu Büschen, Müll und Zigarettenstummeln. Ich, beide Hände an der Leine, versuchte sie von dem Dreck der Großstadt wegzuziehen. Damen im Kimono knieten sich neben sie, und Geschäftsmänner im Anzug blieben stehen und streichelten sie. Auch dann noch, als *sakura* eine Ladung Kot aus ihrem Hintern schoss, der wie Kaffeebohnen an ihren Beinen abprallte. »So eine Schöne! Wo wohnt die denn?«, fragten sie. Die Ziege soll »Kundschaft akquirieren«, wie der Cafébetreiber mir im Interview sagte. Während in Deutschland noch Katzen-

Cafés eröffnen, ist man in Japan längst weiter: »Hausschweine sind zu bekannt, und Schafe haaren sehr stark, da könnte was in den Kaffee der Gäste fliegen«, sagte der Besitzer. Deswegen also *sakura*. Logisch. Die Städter finden in ihr ein Stück Idylle. Ich muss zugeben: Ich war in Tokyo selten so entspannt wie nach unserem fünfzehnminütigen Spaziergang. Das einzige Problem sei, dass *sakura* in der Brunftzeit ziemlich einsam sei und wahnsinnig laut mähe. Und das ist Lärmbelästigung für die Anwohner. Vielleicht sollte ich *sakura*, die Ziege, mal wieder besuchen, aber jetzt will ich *sakura*, die Kirschblüte, sehen.

Wir laufen Richtung Norden, Richtung Yoyogi Park. Am Wochenende tanzen hier Rockabillys mit aufgetürmten Haaren im Kreis, Nachwuchskünstler schrummeln auf ihren Gitarren, und Gothic Lolitas stehen mit Rüschen-Sonnenschirmen rum. Und alle wollen ein bisschen beachtet werden. Heute sitzen im Park sehr viele Menschen auf sehr vielen blauen Plastikplanen. Kirschblüte ist eigentlich keine da. Die Vorhersage lag daneben. »Zuerst war es zu kalt, dann plötzlich sehr warm, dann hat es geregnet«, sagt eine Freundin, die jetzt zu uns stößt. »Dieses Jahr gibt es überhaupt keine guten Blüten, auch letzte Woche nicht.« Den meisten geht es beim *Hanami*, dem alljährlichen Blumengucken, ohnehin weniger um die Blüten, sondern mehr ums Trinken. John kauft sich drei Bier. Ich kaufe eine Flasche *sencha,* Grüntee, und Eiskonfekt. Ich war nie besonders gut darin, Alkohol zu trinken, aber seit dem Drüsenfieber vertrage ich gar nichts mehr. Seitdem bin ich konstant nüchtern. Auf der Tanzfläche neben Druffis in Berlin, auf dem Oktoberfest in München, auf der blauen Plastikplane unter verblühten Bäumen in Tokyo. Mich stört das nicht. Mich stört aber, wenn es die anderen stört. Aber meinen Freunden hier ist es schnuppe. Einfach so sein können, wie man ist. Vielleicht nennt man das Heimat.

Wir tippeln um die ganzen Plastikplanen rum, vor denen

die Japaner ihre Schuhe auszuziehen, genau wie in ihren Hauseingängen. Darauf sitzen, allesamt strumpfsockig, Ladys in Pastellfarben, Businessmänner im Anzug und einen Tick zu sorgfältig gestylte Punks. Jede Gruppe hat ihre Plastikplane. Auf ein paar liegen auch Betrunkene mit roten Köpfen und schlafen. Einer wacht gerade auf und wankt auf uns zu. »Ich gehe nach Hause, aber ich hab was für euch! Bier für die Männer! Cocktails für die Frauen!« Drückt uns also warme Getränkedosen in die Hände. *Arigatou.* Danke. Mir hält er noch ein Peace-Zeichen vor die Nase. »Welcome! To Japan!«, sagt er. Die Touristen erkennt man an ihren verzückten Gesichtern. Klar, für jemanden, der noch nie gesehen hat, wie krass das ist, wenn man komplett umgeben von weißen Blüten zwischen den Bäumen steht. Wenn dann ein Windhauch kommt und die Blüten auf einen rieseln wie Schnee. Wenn einem plötzlich klar wird, dass alles und jeder vergänglich ist. Wenn das gleichzeitig großartig und unendlich traurig ist. Wenn dann auch noch ein Blütenblatt auf einem landet, das einem Glück bringen wird, weil darin bekanntlich die Seele eines Samurai steckt. Für jemanden, der das noch nicht erlebt hat, für den sind diese halbverblühten Bäume und die besoffenen Japaner darunter offenbar verzückend. Für uns sind vor allem die Schlangen vor den Toiletten sehr, sehr lang. Weil sich die Japaner auch nicht von verblühten Bäumen davon abhalten lassen, am zwar offiziellen, aber offensichtlich falsch berechneten »Kirschblüten-Höhepunkt«-Tag hier zu sein. Wir beschließen, essen zu gehen und uns danach noch im Elektrogeschäft auf Massagestühlen zu fläzen und uns für umme durchkneten zu lassen.

Um zwei Uhr nachts bin ich wieder wach. Ich spüre meine Füße. Sie brennen. Ich hatte gestern Sommerschuhe an und habe mir die Zehen aufgerubbelt. Keine Blasen, einfach rohes Fleisch. Morgen werde ich Richtung Shikoku aufbrechen, um dort tausendzweihundert Kilometer zu laufen, aber meine Füße habe ich vorab schon ruiniert. Um fünf Uhr morgens fegt eine Nachbarin die Kirschblüten von gestern in einen Müllsack von heute. Ich möchte heute baden, noch mal entspannen, bevor ich jeden Tag irgendwohin laufen werde. *Onsen* also, oder auf gut Deutsch: ein öffentliches Bad mit Thermalwasser. Da ganz Japan auf Vulkangebiet liegt, gibt es beinah überall welche. Auch in der Gegend, in der ich gerade wohne.

Am Eingang sperre ich meine Schuhe ins Schuhfach und kaufe barfuß an einem Automaten für knapp vier Euro ein Ticket, das ich der Frau an der Theke gebe. »Willkommen«, ruft die gerade. Ich gehe durch den roten Vorhang mit der Aufschrift *onna*, Frau, in den, klar, Frauenbereich. Die meisten Schließfächer sind bereits belegt. Auch hier merkt man, dass Tokyo dicht besiedelt ist. Auf einen Quadratkilometer Stadt kommen 15 073 Einwohner. In Berlin sind es 3 948. Und weil die Wohnungen so klein sind und die Wände so dünn, wird die Stadt das Wohnzimmer.

Wer eine Ziege streicheln will, geht ins Ziegen-Café. Wer lesen will, geht ins Manga-Café. Wer ungestört Sex haben will, geht ins Love Hotel. Und wer baden will, geht ins *Onsen*. Japaner baden eher, als sie duschen. Oder: Sie duschen, um anschließend zu baden. Ich habe mich inzwischen ausgezogen und meine Kleider im Spind eingeschlossen. Auf ein kleines Regal am Eingang des Baderaums lege ich mein Frotteetuch. In der Hand halte ich noch Seife und Shampoo. Ich schiebe die Tür auf und betrete den vollkommen vollgedampften Raum. Auf Hüfthöhe sind zwei Reihen mit Duschen, vor denen die Frauen auf kleinen Schemeln sitzen und sich abschrubben. Ich nehme mir einen Hocker und schiebe ihn vor eine freie Dusche. Einseifen, abbrausen. Schemel wieder aufräumen und Shampoo auf ein Regal im Innenraum. Drinnen gibt es noch ein Kaltwasserbecken und ein Schwarzwasser-Becken. Draußen ein kleines mit orangefarbenem Wasser für schöne Haut und Vitalität und eines mit hellgelbem Wasser, das unter anderem gegen Rheuma helfen soll. Ich setze mich ins schwarze Thermalwasser, das Altersssteife, Schnittwunden und Muskelkater beseitigen soll. Man liegt hier nicht im Wasser, man steht ja auch nicht beim Duschen, man kauert. Beine angezogen, Arme um die Beine. Die Omi neben mir deutet auf mein Gesicht. »Du brauchst ein Handtuch auf dem Kopf, sonst entweicht die ganze Wärme«, sagt sie. Zu kalt ist mir gerade eigentlich nicht, vielleicht, weil das Bad auch gegen Kälteempfindlichkeit helfen soll? Ich nicke der Omi zu, stehe auf und setze mich ins Kaltwasserbecken. Sie lacht. Wie vieles in Japan ist auch der *Onsen*-Besuch ziemlich reglementiert. Der größte Fauxpas wäre wohl, seine Schuhe beim Eingang nicht auszuziehen, dicht gefolgt von: beim Toilettenbesuch nicht die Toilettenpuschen anzuziehen, und vor allem, sie beim Verlassen des Raums nicht wieder auszuziehen. Sich nicht vorab waschen geht natürlich gar nicht. Ebenso Seifenschaum ins Thermalwasser zu bringen. Tätowiert darf man auch nicht sein, denn das erinnert an die Yakuza, die japanische Mafia. Und weil sich alles hier so öffentlich abspielt, hält sich jeder daran. Das Handtuch auf dem Kopf ist dagegen eher optional. Außerdem verwenden es die älteren Damen dazu, beim Laufen ihre Scham oder wahlweise ihren gesamten Oberkörper zu bedecken. Ich gehe in den Außenbereich. Weil das Rheumabecken mit nackten Leibern regelrecht verstopft ist und ich außerdem für meine Reise Vitalität gut gebrauchen kann, setze ich mich in das kleine. Ich löse den Griff meiner Arme und strecke die Beine aus. Ich atme, schließe die Augen.

Mein Glück währt wenige Sekunden, bald drängen mich drei Omas, die auch schöne Haut und Vitalität wollen, zurück in die Kauerposition. Nach zwei Stunden Altersssteife-Bad, kaltem Bad, Schöne-Haut-Bad, kaltem Bad, Rheuma-Bad, kaltem Bad, schiebe ich die Tür zur Umkleide wieder auf. Und auf dem Regal fehlt: mein Handtuch. Von wegen niedrige Kriminalitätsrate! Eine dieser japanischen Hausfrauen hat mich dreist bestohlen!

Und ich stehe wie eine Idiotin hinter der Tür und warte darauf
zu trocknen. Denn nass in die Umkleide latschen wäre: ein weiteres *Onsen*-No-Go.

4

»Kobo Daishi lebt. Dahinten sitzt er in ewiger
Meditation und wartet auf Buddha.«

(Mönch, Berg Koya, Präfektur Wakayama)

Heute werde ich Kobo Daishi begegnen. Das ist dieser Mönch
oder Heilige oder Superheld, dessen Erleuchtung die Pilger auf
Shikoku hinterherlaufen. Weil Kobo Daishi so etwas wie »Der
große Lehrer, der die Lehre verbreitet« heißt, nenne ich ihn von
nun an »Meister Kobo«. Heute beginnt also meine Suche nach
Meister Kobo und seinen Lehren. Ich schnalle meinen Rucksack um, rolle den Koffer durch Johns Wohnung, und da fällt
es mir wieder ein: Ich hasse schleppen. Ich zerre den Koffer in
der einen Hand über den Asphalt, in der anderen habe ich den
Wanderstab und komme fünf Minuten später völlig abgekämpft
bei einem anderen Kumpel an, der den Koffer die nächsten
Monate lagern wird.

Weiter zum Bahnhof. Warum drückt dieser Rucksack so dermaßen auf die Füße? Warum haue ich ständig mit dem Pilgerstab gegen mein Schienbein? Warum habe ich vergessen, dass ich
schleppen so hasse? Warum fahre ich jetzt auch noch in der Rushhour zum Zug? Die Windjacke ist gerade einfach nur schwitzig,
und mit dem Rucksack auf dem Rücken fege ich beim Proviant-
kauf ständig fast den Inhalt des Regals hinter mir weg. Im Geldbeutel kramen, während ich diesen unhandlichen Stock in der anderen Hand festhalten muss: auch nicht geil. Ich gehe zum Gleis.

Alle zehn Minuten fährt ein Schnellzug von Tokyo nach Osaka. Täglich fahren mehr als dreihundert Züge vom Tokioter Hauptbahnhof ab. Zwanzig Minuten vor Abfahrt meines Zugs haben sich bereits lange Schlangen mit Wartenden gebildet. Auf den Bahnsteig sind Markierungen gemalt. »Waggon fünf, Tür eins«, steht da zum Beispiel. Außerdem gibt es sowohl für den »nächsten Zug«, als auch für den »übernächsten Zug« eine eigene Schlange. Wir, die Wartenden von Schlange »nächster Zug«, Nozomi 213 nach Shin-Osaka, Waggon fünf, nicht reservierte Plätze, warten. Neben jeder Schlange stehen Bahnangestellte, schwarze Handschuhe, Tasche über der Schulter, Kappe auf dem Kopf, das gestreifte Hemd in die Hose gesteckt. Der Zug fährt ein. Sie verbeugen sich Richtung Zug. Die Türen gehen auf, die Angestellten rein, die Türen wieder zu. Sie sammeln den Müll, fegen die Sitze, wischen die Tischchen, den Boden, öffnen die Sonnenblenden, überprüfen, ob Gepäck vergessen wurde, und drehen die Sitze in Fahrtrichtung. Sieben Minuten dauert das insgesamt, zwölf Sekunden pro Sitzreihe. Die Türen öffnen sich wieder, die Saubermacher verbeugen sich, meine Schlange setzt sich in Bewegung. Ich setze mich neben einen jungen Mann im Anzug, der es geschafft hat, wenige Sekunden nach dem Einsteigen einzuschlafen. Meinen Rucksack klemme ich vor mich zwischen die Beine. Er hat tausend Schnallen, aber keinen Wasserhalter. Ich stecke die Flasche zwischen die Schnallen und hoffe, dass das hält. Wir fahren an.

Durch die Tür des Waggons kommt eine Japanerin in Kostüm und Schürze. Sie schiebt ein Wägelchen vor sich, verbeugt sich und singt mehr als sie es sagt: »Ich habe Tee und Kaffee. Bento-Boxen und Sandwichs.« Das klingt appetitlich, und ich esse gleich meinen, eben erst gekauften, kompletten Proviant auf. Auch andere essen, schlürfen *sencha*, Grüntee, und saugen Soba, Buchweizennudeln, direkt in den Magen. In Osaka steige ich in die Regionalbahn Richtung Koya-san, Berg Koya. Jetzt gibt es keine Vorhänge mehr, und ich sehe gesichtslose Vorstädte, das fahle Grün der Hügel und vereinzelt das fahle Pink der letzten Kirschblüten. Ich bin schon vier Stunden in Zügen und muss jetzt wieder umsteigen. Der Anschlusszug kommt erst in fünfundvierzig Minuten.

In dem einzigen geöffneten Café am Bahnhofsplatz weist ein Poster auf die positive Wirkung von Kaffee hin: Beugt Krebs vor, mildert Zorn, und auch nach dem Saufen helfe doch eigentlich nur eins: Kaffee. »Einen Kaffee, bitte«, sage ich.

Die nächste Bummelbahn bringt mich an die Seilbahn, die nun endlich durch Zypressenwald hoch zu Koya-san führt. Der Berg ist seit 2004 UNESCO-Weltkulturerbe und im Grunde gar kein Berg, sondern eine achthundert Meter hohe Ebene, umgeben von eintausend Meter hohen Bergen. Und auf dieser Ebene, drei mal sechs Kilometer groß, stehen 117 Tempel. Die Seilbahn braucht fünf Minuten, aber oben angekommen warte ich knapp eine Stunde auf den Bus, der zu meinem Tempel fährt, dem einzigen, der zwei Wochen vorher noch ein Zimmer für weniger als vierhundert Euro pro Nacht frei hatte. Dort werde ich also für hundert Euro übernachten. Es weht ein kühler Wind, es riecht nach Wald, und ich ziehe das Fleece aus dem Rucksack und einen heißen Milchtee aus dem Getränkeautomaten.

Viele Pilger besuchen Koya-san, weil Meister Kobo hier sein Hauptquartier gebaut hat. Die meisten erst nach ihrer Runde um Shikoku, um sich bei Kobo für die Gesellschaft zu bedanken. Einige davor, um Schutz zu erbitten. Und manche machen beides. Ich bin vor allem hier, um Meister Kobo besser kennenzulernen. Was ich bisher gehört habe: Er ist im Jahr 774 im heutigen Tempel Nummer fünfundsiebzig auf Shikoku geboren, das Zimmer erleuchtet von einem ungewöhnlich strahlenden Licht. Ein Priester hörte ihn schreien und erkannte darin Sanskritlaute, also: Gebete auf Altindisch. Wenn der kleine Kobo spielte, formte er Buddhas aus Ton und Tempel aus Ästchen. Kein Wunder, dass die Nachbarn ihn »Kind Gottes« nannten.

Kobo war ziemlich schlau, besuchte die Uni, lernte Chinesisch, Konfuzianismus, Taoismus und Politik und überflügelte bald seine japanischen Lehrer. Nimmersatt Kobo wollte neben Wissen auch etwas, »das ihm dauerhaft Frieden geben könnte«. Also aufs Boot Richtung China, viele Stürme auf See überstehen beziehungsweise »das Meer durch Gebete besänftigen« und dort einen neuen Lehrer finden. Der begrüßt ihn direkt mit den Worten: »Ich habe lange auf dich gewartet. Ich werde bald sterben, also mach dich gleich bereit für die Priesterweihe.« Der Lehrer erkennt in Kobo nicht nur einen Schlaumeier, sondern direkt die Wiedergeburt des Dainichi Buddha, der kurz gesagt für Licht und Leere steht. Kobo lernt jetzt den Esoterischen Buddhismus kennen. Der Hauptunterschied zu anderen buddhistischen Strömungen: Buddha ist in jedem Menschen und Erleuchtung im Hier und Jetzt möglich. Dazu nötig ist die richtige Praxis. Nicht Gebete auf Altindisch runterleiern, die eh kein Mensch versteht, sondern die darin steckenden Wahrheiten übertragen in Gebetsformeln (Mantra), Handzeichen (Mudra) und Bilder (Mandala). Ärzte, die Kranken aus medizinischen Büchern vorlesen, statt ihnen Medizin zu geben, brauche ja auch kein Mensch. Kobo selbst erleuchtete, nachdem er ein paar Monate lang in einer Höhle auf Shikoku meditierte. Wegen der damaligen Aussicht, Luft und Meer, nannte er sich anschließend »Kukai«, Luft und Meer. Bevor Meister Kobo, das ist im Übrigen erst sein posthumer Name, aber nach Japan zurückkehrte, warf er in China noch eine Art heiligen Dreizack in die Luft. Der sollte ihm den Ort zeigen, an dem der Rückkehrer sein Hauptquartier bauen und von wo aus er die Lehren verbreiten würde. Hier hing er im Baum, und Meister Kobo baute jede Menge Tempel.

Unnötig zu sagen: Vieles davon ist historisch nicht belegt. Mein Wissen ist fürs Erste erschöpft, genau wie der Milchtee. Der Bus fährt ein. Man kann das hier natürlich auch alles zu Fuß gehen, man kann diesen Berg hochwandern und, oben angekommen, alle Tempel passierend, die Hochebene durchschreiten. Aber es dauert ja so schon alles viel zu lang, und ich bin noch nicht bereit, die Wanderhose anzuziehen. Ich möchte meinen Rucksack abladen. Als ich am Tempel ankomme, ist es vier Uhr nachmittags, und ich bin schon über acht Stunden unterwegs. Ich klingle ein Glöckchen, und ein Mönch erscheint: »*Konnichiha*. Guten Tag. Gute Reise gehabt?« Er bringt mich zu meinem Zimmer im Nebengebäude. »Im ersten Stock schlafen die Mönche. Es wäre sehr freundlich, wirklich sehr, sehr freundlich, wenn Sie nicht deren Zimmertüren öffnen könnten«, sagt er. Der zweite Stock ist ein riesiger Tatami-Raum, und papierbespannte Schiebetüren trennen einzelne Zimmer ab, zumindest optisch. Eine Art elegantes Bettenlager. In meinem Zimmer steht ein Flachbildfernseher, auf den Strohmatten liegt eine Futon-Matratze samt Decke bereit, und auf einem Tischchen stehen eine Kanne Tee und Gebäck. »Das ist *sasamaki anpu*.« »Das ist was?« »Beifuß-Weizenkuchen, in Bambusgras eingewickelt und gefüllt mit Bohnenmus. Eine absolute Spezialität.«

Der Mönch entfernt sich, und weil »das Bad schon bereit« ist, schnappe ich mir Handtuch und Bademantel, *onemaki* auf Japanisch, was wörtlich so viel wie »ehrenwerter Schlafwickel« bedeutet, und gehe, Schlappen an, Schlappen aus, Straßenschuhe an, Straßenschuhe aus, Schlappen an, Schlappen aus, zu den Waschräumen im Hauptgebäude. Als ich fertig gebadet habe und mich in den Schlafwickel einpacke, kommt eine junge Frau mit wilden Locken herein. »Ciao!«, sagt die Italienerin. »Ist hier die Dusche?« »Ja, und die Badewanne.« »Wundervoll.« Sie zieht sich aus und geht in den Baderaum. Ich kämme mir die Haare, und dem mangelnden Duschgeräusch nach zu urteilen, steigt die Frau nun ungewaschen in die Wanne. Ich überlege kurz, ob ich jetzt ausrasten soll. Ihr wutentbrannt die diversen Baderegeln aufzählen und ihr dann noch empfehlen soll, ein Handtuch auf den Kopf zu legen – »Sonst entweicht die Wärme!« –, entscheide mich aber dagegen. Ich bin ja hier, um

Gleichmut zu lernen, oder? Außerdem war ich vor ihr in der Wanne.

Als ich in mein Zimmer zurückkomme, lege ich mich auf den Boden und wickle den Weizenkuchen aus dem dunkelgrünen Bambusgras. Dazu eine Schale hellgrünen *sencha*. Zwei Zimmer weiter dudelt der Fernseher. Eine Kochshow zum Thema Algen. Im TV rufen sie begeistert: »*Oishiiii*!!! Leckeeeer!!!« und »*Sugoiiiiiii*!!! Waaaahnsinn!!!« »As if someone could actually eat this shit«, kommentiert ein, dem Akzent nach, Ami, der eindeutig kein Fan der japanischen Kulinarik ist. Ich versuche derweil, leise zu schlucken, weil man hier offensichtlich alles mithört, doch die trockenen Weizenbrösel bleiben mir im Hals stecken, und ich huste stattdessen ziemlich laut. Im Nebenzimmer unterhält sich ein spanisches Paar über japanische Toiletten. »Ich meine, der Klodeckel, *la tapadera*«, sagt er, »der ist ganz von alleine aufgegangen.« Sie: »Und dann kommt das Geräusch der Wasserspülung, aber nur das Geräusch.« Er: »Einfach genial.« Sie: »*O idiota*. Oder bescheuert.« Dieser unfassbar heilige und kulturell aufgeladene Ort könnte eine größere Herausforderung für mich sein, als ich dachte.

Beim Abendessen geht es genauso weiter. In das Tatami-Zimmer latschen andere Gäste mit den Schlappen. Die Tempelangestellten bleiben höflich. »Excuse me, Schlappen nur in den Gängen, please, nie in Tatami-Räumen.« Manche beschweren sich, dass wir auf dem Boden sitzen MÜSSEN. »AUF. DEM. BODEN!!!« Deswegen wird vor ihnen jetzt eine Art Tablett-Turm aufgebaut, und es werden Stühlchen herangetragen, deren Unterseite so doll gepolstert ist, dass sie den empfindlichen Strohmatten nichts anhaben können. »Really sorry, Sir.« »That's alright. And can I have a spoon?«, bestellt der Typ auch noch Löffel für die Suppe. Die trinkt man doch. Aber gut, Hochmut ist sicher keine buddhistische Tugend. Das Tempelessen ist vegetarisch, wird in verschiedensten Schälchen serviert und schmeckt ziemlich

60

lecker. *Shojin ryori* heißt es, was so viel bedeutet wie »Küche der religiösen Hingabe«. Ich gebe mich neben der Suppe noch Reis hin und frittierten, gedämpften und gebratenen Gemüse- und Tofu-Portiönchen. Größenordnung: zwei Scheibchen Orange, zwei Stückchen eingelegter Rettich.

Beim Rausgehen frage ich den Mönch, der mich zu meinem Zimmer gebracht hat, wie er mit dieser »Herausforderung der vielen ausländischen Touristen« umgeht. Insgesamt leben in Koya 3500 Menschen, davon 600 Mönche. Es gibt auch ein Rathaus, eine Mittelschule und eine buddhistische Uni. Gleichzeitig wird die heilige Hochebene seit der UNESCO-Sache 2004 von Urlaubern quasi überrannt. Im Jahr 2017 waren es dreiundachtzigtausend internationale Besucher. Das sind fünfzigtausend mehr als 2012 und eine unfassbare Zahl, verglichen mit 1970, als es lediglich 131 waren. Japanische Touristen gibt es natürlich auch Zehntausende. Wie also umgehen mit diesen Massen? »Ach, das ist Training.«, sagt der Mönch und lächelt sanft. »Das ist ALLES Teil meines Trainings.« Ist der Trick einfach, alles, was nervt, als Teil der spirituellen Ausbildung zu begreifen? Und ist das nicht ein krasser Selbstbetrug? Ich muss jetzt wirklich mehr über diesen Meister Kobo lernen.

Es ist mittlerweile dunkel, und wenig später stehe ich trotz Fleece und Windjacke mit Gänsehaut vor einem anderen Tempel, am anderen Ende der Hochebene, in einer Traube Urlauber, der Spanier vom Nebenzimmer auch jetzt neben mir. Er zeigt immer noch Videos von Toiletten, seine Freundin verdreht mittlerweile die Augen. Wir machen bei einer Nachtführung zu dem heiligsten Ort mit. Viele Tempel haben so ein »Allerheiligstes«, einen *okunoin*, wörtlich »hinterer Tempel«. Da wollen wir jetzt hin. »Hallo Leute, ich bin Nobu, und ich erzähle euch heute was über Meister Kobo«, stellt sich unser Guide, rasierter Schädel, dunkelblaues Mönchsgewand, vor. Wir würden jetzt den größten Friedhof Japans besuchen. Mit dabei sei ein Filmteam von NHK, der einzigen öffentlich-rechtlich organisierten Rundfunkgesellschaft des Landes. Wer möchte, könne sich später interviewen lassen.

Man sieht: wenig. Es ist ja dunkel, und am Rand des mit Steinplatten ausgelegten Weges stehen nur funzelige Steinlaternen. Es gibt, sagt Nobu, zweihunderttausend Gräber überirdisch und noch mal zwei- bis dreihunderttausend unterirdisch. Die Laternen sind unter anderem deswegen so leuchtschwach, weil die Aussparungen verschiedene Mondphasen nachahmen. »Meister Kobo hat gesagt«, sagt Mönch Nobu, »seid wie der Vollmond: pur, rund, perfekt.« Die Sonne, die den Mond erstrahlen lasse, sei der Buddhismus oder das Universum. Doch die Stimmung der Menschen und damit die Mondform ändere sich ständig: Gestern noch ein wütender Sichelmond, heute ein superglücklicher Vollmond, aber morgen ein unförmiger, trauriger Dreiviertelmond. Die unregelmäßig leuchtenden Laternen erinnern daran, dass nur der Vollmond der wahre, weil bestmögliche Mond sei. Erste Lektion der Nachtwanderung also: immer so doll leuchten, wie es geht. Möglichst viel Vollmond sein, auch wenn das, rein astronomisch, überhaupt keinen Sinn ergibt.

Nobu ist nicht unbedingt witzig, aber er macht viele Witze. Zum Beispiel: »Guckt mal, da ist das Grab von Panasonic. Ermordet von Samsung.« Er erklärt uns auch, dass wir bei den Stufen, über die wir gerade laufen, aufpassen sollen, nicht zu stolpern. Weil wir, wenn wir stolperten, innerhalb der nächsten drei Jahre sterben würden. Manche lachen. Manche setzen ihre Schritte jetzt sehr vorsichtig. Ich stolpere: nicht. Über uns quietscht gerade ein Flugeichhörnchen in den Baumkronen der im Schnitt dreihundert bis sechshundert Jahre alten Zedern. Wie hoch sie sind? Lässt sich gerade nicht erkennen. »Jetzt kommen wir in den heiligsten Bereich«, sagt Nobu. Deswegen reinigen wir uns rituell. Wir machen das, indem wir nicht uns selbst, sondern Götterstatuen mit Wasser begießen.

Ich besprenkle die Amida-Statue. Ich erkenne sie, weil ich bei dieser abgefahrenen Zeremonie im Keller von Tempel Nummer sechs ja schon drei Mal um sie herumgelaufen bin. Wir verbeugen uns vor einer Brücke und schreiten, laut Nobu, jetzt in eine andere Welt.

Das Fernsehteam darf nicht mehr filmen, und auch die Smartphones, die vorher ständig aufblitzten, verschwinden in den Taschen. Würden wir hier links abbiegen, sagt Nobu, gebe es einen Stein, den wir hochheben könnten. Je nachdem, wie schwer unsere Sünden seien, würde sich das Gewicht des Steins verändern. Am Ende des Weges steht eine Absperrung, dahinter befindet sich das Heiligste des allerheiligen Ortes: das Mausoleum Meister Kobos. Man könnte denken: Hier ist Meister Kobo bestattet. Aber Nobu sagt:»Kobo Daishi lebt. Er sitzt dahinten in ewiger Meditation und wartet auf Buddha.« Seit über tausend Jahren ist Meister Kobo dort quasi untot.

Einmal habe ein Obermönch die Tür des Mausoleums geöffnet und festgestellt: Ja, der Meister meditiert noch. Er habe ihm neue Kleider angezogen und den wahnsinnig langen Bart und die Haare geschnitten. Seitdem sitzt Meister Kobo dort ungestört. Es gibt eine eigene Küche, die ihn täglich bekocht, und einen Bringdienst, der das Essen anliefert, jeweils um sechs und zehn Uhr dreißig morgens. Wir stehen vor einer Lotus-Skulptur, und Nobu sagt jetzt das Herz-Sutra auf. Es gibt kein Erreichen. Essenz des Buddhismus.»Kann man den Text kaufen?«, fragt eine junge Frau.»Ja«, sagt Nobu,»oder umsonst im Netz runterladen!« Er erklärt uns noch, dass wir nicht nur wie der Vollmond, sondern auch wie der Lotus sein sollen.»Der wächst auf Dreck und entfaltet trotzdem wundervolle Blüten.« Auch wir könnten unabhängig von unserem Umfeld in voller Pracht erblühen. Und jetzt könnten wir noch von NHK interviewt werden. Ich habe genug von meinem aktuellen Umfeld, entferne mich von der Gruppe und laufe allein über den Friedhof zurück. Das Eichhörnchen schreit. Der kühle Wind weht den

Zedernduft in mein Gesicht. Habe ich mich verlaufen? Nö, da ist ja das Panasonic-Grab, und bald bin ich wieder in meinem Tempel. Das spanische Pärchen hat Sex. Der Ami schnarcht. Ich krame nach Ohropax.

Nächster Morgen. Sechs Uhr dreißig. Messe. Der Raum ist ordentlich beheizt und beräuchert. Der junge Mönch vom Vortag, der alles Nervige als Training begreift, und ein alter Mönch, der tatsächlich guckt wie eine dieser selig lächelnden Buddha-Figuren, beten uns etwas vor. Leiser Singsang, sonst alles still. Wir sitzen auf Stuhlreihen davor wie Zuschauer eines Theaterstücks. So still ist es gar nicht, weil gerade ein Handy klingelt. Nach der Messe deutet der Alte auf kleine weiße Plättchen, die auf Stapeln aufgereiht liegen. »Nehmt euch hier je eines mit.«, sagt er, »Wenn ihr irgendwann in eine Katastrophe geratet, wird das Plättchen anstatt eurer zerbrechen. Ihr werdet heil bleiben.« Der Mann vor mir steckt sich vier Stück in die Tasche. Ob er Pessimist ist, Prepper oder Gierhals, vermag ich nicht zu beurteilen. »Und bitte: Habt Spaß heute, das Wetter wird suuuuper!«, gibt uns der Alte mit auf den Weg.

Ich laufe wieder Richtung *okunoin*, Allerheiligstes, Friedhof. Alles sieht viel beeindruckender aus als gestern Nacht. Vermutlich, weil ich jetzt tatsächlich etwas sehe. Pagoden, ein Tempel hinter dem nächsten. Manche prachtvoll, manche schlicht. Dazwischen Souvenirläden und Spezialisten für Devotionalien. Das Morgenlicht fällt durch die wirklich sehr hohen Zedern des Friedhofs und legt sich auf Steinstatuen, Tore und Grabsteine. Und was für abgefahrene Gräber es gibt: Auf einem steht eine Raketennachbildung, auf einem ein überdimensioniertes Yakult-Fläschchen, auf einem ein riesiger, traurig dreinblickender Hund. Ungeachtet der Konfession könne sich jeder hier bestatten lassen, hat Nobu gesagt. Wichtig sei nur, dass man mit den Lehren Meister Kobos d'accord sei. Soweit ich das bisher verstanden habe: unabhängig von Sonneneinstrahlung oder

Bodenbeschaffenheit immer die beste Version seiner selbst sein, aber gleichzeitig nichts erreichen wollen.

Pilger, also Personen im weißen Leibchen, habe ich bisher erst einen gesehen. Ich sollte vielleicht noch darum bitten, diesmal tatsächlich einmal heil um Shikoku zu gehen. Ich zünde also ein Räucherstäbchen an und falte die Hände. Ausstatten sollte ich mich auch noch, denn morgen geht es, gehe ich schließlich wieder los. Und diesmal will ich es ja richtig machen. Vielleicht war das leere Tempelbuch letztes Mal wirklich ein bisschen wenig, um den weiten Weg zu schaffen.

Kurz darauf stehe ich in einem der Läden der Hauptstraße: »Entschuldigung, ich bräuchte Pilgerkram.«

Ich bin der einzige Kunde, aber fünf Angestellte schauen sich jetzt an.

»Kerzen und so?«

»Genau.«

Ich bekomme hundert kurze weiße Kerzen, »Jeweils eine bei jeder Halle, also Haupthalle und Meister-Kobo-Halle, anzünden«, einen Pack Räucherstäbchen, »Jeweils drei bei den zwei Hallen anzünden. Für Vergangenheit, Gegenwart und Zukunft«, und hundert *Osamefuda*, »Bei den zwei Hallen in die Boxen werfen«. *Osamefuda*, oft übersetzt mit Visitenkarte oder Ticket, sind weiße Zettel, auf die ich, wie ich erfahre, das aktuelle Datum, meinen Namen, meine Adresse, mein Alter und meine Wünsche schreiben soll. Ich soll sie auch als Dankeschön verschenken.

»Freut sich wirklich jemand über so einen Zettel?«

»Klar, das bringt Glück!«

»Okay.«

»Noch etwas: Bitte schreib nicht deine ganze Adresse drauf, Datenschutz, okay?«

»Okay.«

»Und nicht jedem, den du treffen wirst, kannst du vertrauen, okay?«

»Okay.«

Der nächste Laden verkauft Kleider, also Mönchsgewänder.

»Hallo, ich hätte gerne ein weißes Leibchen.«

»*Hakui* oder *oizuru*?«

»Eines ohne Ärmel?«

»*Oizuru* also.«

»Genau.«

Das bucklige Mütterchen kommt hinter seinem Tresen hervor und mustert mich, 164 cm, europäische Größe S/36.

»Ich weiß nicht, ob ich XL vorrätig habe ...«

Sie durchforstet einen Stapel, schüttelt den Kopf und findet schließlich eine Weste in Größe L, und die passt »gerade so«, also kaufe ich die.

Um zehn Uhr dreißig setze ich mich vor den einzigen *Combini* der Hochebene auf einen Plastikstuhl und esse Rindfleisch auf Reis, samt Plastikverpackung in der Mikrowelle des Ladens erwärmt. Meister Kobo bekommt auf dem Friedhof auch gerade sein Essen geliefert. ›Mahlzeit, Kobo!‹, denke ich. Vielleicht bin ich ihm ja tatsächlich schon nähergekommen. Ich fahre mit dem Bus wieder zur Seilbahn, mit der Bahn zur Bummelbahn, zur Regionalbahn, zu einer anderen Regionalbahn, zu einer anderen Regionalbahn, zu wiederum einer anderen Regionalbahn, zur Fähre zum Hafen Tokushima/ Shikoku. Von dort weiter in den Bus nach Tokushima Bahnhof und von dort in die letzte Regionalbahn für heute, nach Kamojima, »Enteninsel«, dem Provinzbahnhof, der am nächsten zu Tempel elf liegt, wo ich letztes Jahr meine Reise unterbrochen habe. Als ich dort ankomme, habe ich die vergangenen zehn Stunden in Fahrzeugen verbracht. Ich gehe in den Bahnhofskiosk.

»Machen Sie gerade zu?«, frage ich eine Angestellte, die dort den Tresen abwischt.

»Genau.«

»Sind Sie nicht 24 Stunden offen?«

»Nein, wir machen jetzt zu. Nehmen Sie sich doch noch schnell, was Sie brauchen.«

»Haben Sie einen Pilgerführer?«

»Nein.«

»Wann machen Sie wieder auf?«

»Um sieben.«

Ich kaufe also nicht nur Abendessen und Frühstück, sondern auch Brotzeit und Getränke für die Wanderung morgen. Reisbällchen, Grüntee-Donuts, Brötchen, Müsliriegel, Nüsse, isotonische Getränke und Vitamindrinks.

Für heute Nacht habe ich mich im Businesshotel einquartiert. Im Prinzip eine Schuhschachtel mit Bett und Nasszelle. Die geschätzt ein Quadratmeter großen Nasszellen, oder Japanisch *»yunitto basu«* (*unit bath*) oder *»UB«*, sollen jedem Japaner, und sei die Wohnung auch noch so klein, ermöglichen, zumindest zusammengekauert zu baden. Und weil Wanne, Decke, Badewanne, also alles, aus einem einzigen Stück Plastik, eben einer *unit*, geformt sind, kann sich in den nicht vorhandenen Ritzen auch kein Schimmel sammeln. Ich könnte jetzt dort auf dem Klo sitzend ein Fußbad nehmen, aber ich dusche stattdessen. Ich lege mich ins Bett meiner (nach altem Rauch stinkenden Nichtraucher-)Schachtel und gucke an die Decke. Morgen werde ich loslaufen. Ohne Karte. Ich werde laufen. Und die Strecke zwischen Tempel elf und zwölf gilt als die überhaupt schwierigste Strecke des gesamten Pilgerwegs. Es ist nicht nur ein Gipfel zu erklimmen, sondern drei. Ich werde laufen. Außerdem soll es regnen.

5

**»Das Geheimnis des zufriedenen Lebens?
Ist ein achtzig Prozent voller Magen.«**

(Altes Mütterchen, Kamiyama Onsen)

Meine Güte, habe ich schlecht geschlafen. Seit ein Uhr nachts wache ich jede halbe Stunde auf. Um halb fünf nehme ich mir die Tüte vom *Combini* und frühstücke im Bett. Als Proviant habe ich noch zwei *onigiri*-Reisbällchen, vier Energieriegel, Nüsse und einen Liter Sportgetränk. Ich schlüpfe in die superenge Sportleggings, die soll die Knie schonen und die Muskeln unterstützen, und ziehe darüber noch die Wanderhose mit den abnehmbaren Beinen. Obenrum trage ich auch fast alles, was ich mithabe. Sport-BH, T-Shirt, Thermoshirt, Fleece, Windjacke, Pilgerweste. Ein kleines Handtuch binde ich mir als Schal um den Nacken. Ich schnüre die Laufschuhe, setze den Rucksack auf und gehe los. Um zu Tempel elf zu kommen, muss ich drei Kilometer Richtung Süden auf die Berge zugehen. Auf der Straße ist rein gar nichts los. Es dämmert, und ein paar Vögel zwitschern. Die Bergkette in der Ferne ist eingehüllt von Nebel, und mein Wanderstock tockt dumpf auf den Asphalt. Ich muss zugeben: Ohne den Stock könnte ich kaum laufen. Dieser krasse Druck auf Beinen und Füßen sorgt dafür, dass ich das Gewicht bei jedem Schritt behutsam verlagern muss, sonst komme ich ins Straucheln. Ein lässiger Wechsel von Standbein und Spielbein ist ausgeschlossen. Jetzt stehe ich also an der Straße, Füße parallel und hüftweit auseinander, Knie leicht gebeugt, verfluche meinen Rucksack und warte auf Grün. Man sagt in Japan »die Ampel ist blau«, obwohl sie grün leuchtet, weil das Licht früher blau war. In den meisten Teilen Japans ist das Vergangenheit, aber die Sprache hat sich der farblichen Veränderung nicht angepasst. In Kamojima bin ich das erste Mal in einer derart gestrigen Gegend, dass die Ampel, die ich überquere, tatsächlich auf Blau schaltet. Ich bin begeistert.

Ich tockere vor mich hin, weiter Richtung Bergkette, immer noch alles diesig, und mittlerweile säumen unbestellte Felder und nicht mehr Wohnhäuser und geschlossene Tankstellen respektive Läden die Straße. Ein Graureiher spannt die Flügel auf, in einem kleinen Kanal treiben Kirschblüten vor sich hin, die Bäume sind kahl. Eine Gruppe überraschend jugendlicher Pilger steht vor einem *ryokan*, einem traditionellen japanischen Hotel, im Kreis und dehnt sich. Die Straße wird schmaler und führt in einer Kurve bergauf. Sofort bremsen mich die Steigung und das Gewicht auf meinem Rücken runter. Ein Taxi fährt an mir vorbei, und als ich abbiege Richtung Tempel elf, Blauregen-Tempel, steigt ein älteres Pilgerpaar aus. Die zwei gehen beten, das Auto wartet. Nicht zu fassen. Taxipilger! Ich lasse mich auf eine Bank beim Tempeleingang plumpsen und stelle den Rucksack neben mich. Die eine Stunde Laufen hat mich wieder an den Punkt gebracht, an dem ich letztes Jahr die Reise abgebrochen habe.

Die jungen Leute kommen, und ich gucke ihnen zu, wie sie angeleitet von einem Guide Kerzen anzünden und Räucherstäbchen, wie manche beten und manche einfach nur die Toilette suchen. Der Guide teilt sie in Kleingruppen ein, jeweils drei sollen aufeinander aufpassen. Links der Haupthalle führt ein schmaler asphaltierter Weg den Berg hoch. Ich gehe ein paar Schritte, lasse aber, weil sich quasi augenblicklich eine Traube Pilger hinter mir staut, die Jungen vorbei. Schneller gehen könnte ich nicht. Ich bleibe alle paar Schritte stehen, um auf den Stab gestützt kurz durchzuatmen, und keuche dabei wie ein altes Pferd. Überall stehen kleine Steintempel am Wegrand. Das Gute an der Strecke ist: Verlaufen kann man sich nicht. Es gibt nur einen Weg, und alle paar Meter hängen Schilder in den Laubbäumen. »Pilgerweg« oder »Meister Kobos Weg« steht darauf, wahlweise auch: »Weg, der das Herz wäscht und poliert«. Man weiß direkt: Hier ist man richtig, und mittlerweile laufe ich auf Erde und nicht mehr auf Asphalt. Das Schlechte ist: Es geht immer weiter bergauf, und erst nach einer Stunde steht eine erste Bank am Wegrand. Ich streife den Rucksack ab, strecke die Beine durch, setze mich. Schaue auf das Tal, durch das ich vorher auf den Berg zugelaufen bin. Ein paar Häuser, ein paar Felder. Neben mir der Guide der Gruppe, er wartet auf Nachzügler.

»Sind das Studenten?«, frage ich ihn.

»Nein, frische *shakaijin*.«

Shakaijin heißt wörtlich »Gesellschaftsmensch« und bedeutet, dass jemand ein vollwertiges Mitglied der Gesellschaft ist, kurz: Er arbeitet. Der Weg dorthin ist geradlinig. Wer in eine angesehene Großfirma eintreten will, muss in der Regel eine angesehene Universität besucht haben, davor eine angesehene Schule und einen angesehenen Kindergarten. Die verschiedenen Etappen sind abgesteckt durch Einstellungstests, für die es eigens Paukschulen gibt. Jedes Jahr im Frühling stellen japanische Firmen neue Mitarbeiter ein. Das Auswahlverfahren startet ein Jahr vorher. Die Studenten bewerben sich deswegen in ihrem letzten Uni-Jahr, kaufen Ratgeber zu Höflichkeitssprache und Jobinterviews. Wenn sie zum Vorsprechen eingeladen werden, kaufen sie sich Kostüme und Anzüge, die in den Ratgebern genannt werden, und färben sich die Haare wieder schwarz. Unternehmen erwarten von den Neulingen keine Fachkenntnisse, sie erwarten ein weißes Blatt, das sie selbst beschreiben können. Die Mitarbeiter rotieren durch Abteilungen, probieren

sich unabhängig von Studium und Neigung in Finanz-, Rechts-
und Personalwesen aus. Das Gehalt steigt schleppend, bezahlt
wird Treue, nicht unbedingt Leistung. Wer den Job wechselt,
beginnt in der Rang- und Gehaltsordnung meistens wieder von
vorne, also unten. So wollen die Unternehmen ihre Angestellten
an sich binden, auch wenn die Sicherheiten, wie etwa lebens-
lange Beschäftigung bei einem Arbeitgeber, heute viel weniger
gelten als früher.

Die junge Pilgergruppe hat es also geschafft: Sie haben diesen
Frühling ihre erste Anstellung, der Spaß der Universität ist vorbei, sie sind vollwertige Gesellschaftsmenschen.

»Was machen die dann jetzt hier?«

»Ach, das ist Gruppenbildungsmaßnahme. Drei Tage pilgern.«

Das Gepäck und den Proviant der Gruppe transportiert
ein Minivan, und immer wieder gibt es Stationen, an denen
Erschöpfte oder Verletzte einsteigen könnten.

»Heute ist der letzte Tag. Tempel zwölf als perfekter Abschluss:
Sie überwinden gemeinsam einen *nansho*, einen schwierigen
Ort. Und bekommen dadurch das Gefühl, zusammen etwas
Großes erreicht zu haben.«

»Schöner Gedanke«, sage ich und schaue den Berg hoch. So
weit ist es vielleicht gar nicht mehr, immerhin bin ich schon drei
Stunden unterwegs. Ein Schild zeigt: Noch 11,6 Kilometer bis
zu Tempel zwölf. Der Weg führt jetzt wieder bergab. Ein war-
mer, kräftiger Wind. Das Gewicht des Rucksacks drängt mich
den Berg runter, meine linke Schulter sticht, und unter der
rechten Ferse bildet sich eine Blase. Ich sehe keine Kirschbäume,
aber inmitten der Zedern tanzen Kirschblüten um mich. Es
geht wieder bergauf. Dieser *nansho*, dieser schwierige Ort also,
hat mich letztes Jahr in die Knie gezwungen. Ich flog zurück
nach Berlin und fühlte mich wie ein Versager. Er ist nicht der
einzige *nansho* auf dem Weg, in jeder Präfektur gibt es mindestens einen. Sie sollen die Gesinnung und das Durchhaltever-

mögen des Pilgers testen. Wer sie überwunden hat, steht am Ende meistens auf einem Berg. Dieses Mal will ich es schaffen. Aber ich muss wieder ausruhen. Setze mich auf eine Bank aus Bambus zu zwei älteren Herren. Ich lockere meine Schultern. Erstaunlich, in wie kurzer Zeit sie vollkommen verkrampfen. Die Männer sind sympathisch und gut gelaunt. Vielleicht sind sie auch betrunken, denn sie stellen sich als »Trinkkumpane« vor. »Normalerweise trinken wir einfach zusammen. Jetzt pilgern wir eben und betrinken uns währenddessen.« Der Ältere, 74, rät mir, immer wieder Socken und Schuhe auszuziehen, der Jüngere, 60, den Rucksack so oft wie möglich abzusetzen. »Und immer viel trinken«, sagt der Ältere, »also Wasser.« Er zwinkert keck und erzählt noch von einer Unterkunft ein paar Kilometer von Tempel zwölf entfernt den Berg runter.

Als ich wieder aufstehe, wehen um mich keine Kirschblüten mehr, sondern Sand. An einem kleinen Tempel die nächste Rast. Alle Gesellschaftsmenschen-Pilger sitzen bereits dort, einer von ihnen den Kopf auf die Hände gestützt, vollkommen fertig. »Ich glaub, ich muss kotzen«, sagt er. »*Genki dashite!* Lass die Lebensenergie raus!«, erwidert eine aus seiner Gruppe und reicht ihm einen Energydrink. »Du auch?«, fragt sie in meine Richtung. »Nein, danke.« Von diesen Getränken lasse ich in Japan die Finger. Mir wurden die schon mal empfohlen, in Sapporo während meines Auslandsjahrs an der Uni. Es war Prüfungszeit, und es hieß, »Die helfen beim Lernen«. Schlafen konnte ich allerdings auch nicht mehr. Der Typ, der sich eigentlich übergeben wollte, kippt das Fläschchen in einem Zug runter.

»Leute«, sagt der Guide, »ihr müsst alle langsamer laufen. So langsam, dass ihr nicht aus der Puste kommt.«

Die Gruppe nickt. Ich glaube, würde ich langsamer laufen, würde ich den Berg runterfallen.

»Sind wir bald da?«, frage ich.

»Nein, etwa die Hälfte geschafft.«

»Puh!«, sage ich, der Guide lacht.

Er schenkt mir eine *buntan*, eine japanische Grapefruit. Man muss wissen: Shikoku ist außer für seine Abgeschiedenheit und den Pilgerweg bekannt für seine Zitrusfrüchte. Jede Präfektur, jedes Dörfchen scheint seine eigene Zitrusfrucht anzupflanzen und anzupreisen.

Neben mich setzt sich jetzt ein weiterer älterer Mann, der sich als 65-jähriger Oberschullehrer aus Saitama vorstellt. Die Stadt grenzt nördlich an Tokyo und gilt als ziemlich uncool. Als derart uncool, dass Tokioter, wenn sie etwas als uncool abtun wollen, sagen: »*Dassai*.« »Das ist Saitama.«

Ich mühe mich mit der Grapefruit ab. Er erzählt, dass er ein Jahr vor der Rente über »das Danach« nachdenken wolle. Deswegen laufe er ab jetzt in jeden Ferien einen Teil des Pilgerweges. Gerade sind Frühlingsferien, und heute ist sein dritter Tag.

»Und warum machst du das hier?«

»Ich mag Laufen«, sage ich. Das ist natürlich nicht die ganze Wahrheit, aber irgendwas muss man sagen.

»Das dachte ich auch«, entgegnet er, »aber ich habe solche Probleme mit den Füßen.« Er streift Schuhe und Socken ab und zeigt mir seine komplett in Pflaster gepackten und ansonsten rot geschwollenen Füße. »Ich habe das hier vollkommen unterschätzt. Ein bisschen Laufen, ein bisschen Denken, so habe ich mir das vorgestellt. Aber Pustekuchen! Das ist das Härteste, das ich in meinem Leben bisher gemacht habe.«

Ich esse meine zwei Reisbällchen, und der Lehrer schenkt mir Schokoriegel und Bonbons, »die füllen den Salzgehalt des Körpers wieder auf«. Ich weiß nicht, ob das total nett ist oder ob die Leute einfach nur Ballast loswerden wollen, aber eine der Pilgerregeln ist, dass man Geschenke nicht ablehnen darf. Und deswegen nehme ich auch noch einen grünen Stängel, den mir ein Einheimischer schenkt, der in der Nähe von Tempel zehn wohnt und der öfter in seinen »Hausbergen« wandert. Der Stängel sieht ein bisschen aus wie dunkelgrüner Rhabarber, ist aber, glaube ich, Gemüse. Man zieht die Schale ab, und es schmeckt wahnsinnig bitter, ist aber auf eigene Weise sehr erfrischend.

»Das macht mich ganz wehmütig«, ruft eine aus seiner Gruppe. »Meine Omi hat das auch immer gegessen. Die ist über neunzig geworden.«

Ich packe wieder zusammen, und weil ich noch die Wasserflasche auffülle, die Grapefruit und die anderen geschenkten Snacks samt dem Stängel in den Rucksack stecke, ist der wieder ein Kilo schwerer. Ich habe das Gefühl, kaum voranzukommen. Der Weg ist schmal, wahnsinnig steil und führt im Zickzack den Wald hoch. Ich klettere über Wurzeln und Felsen. Eine Steintreppe führt zu einer Statue von Meister Kobo. Da steht er, mit Pilgerhut und Wanderstab. Ist dahinter der Tempel? Eine halbe Stunde ist seit meiner letzten Rast verstrichen. Aber hinter der Statue steht kein Tempel, sondern eine riesige eingezäunte Zeder, deren Stamm sich immer wieder zu teilen scheint. Die Äste fächern sich auf wie ein Regenschirm. Um den Baum stehen ein paar Bänke. Es ist erst der zweite Gipfel für heute.

Die Pilgerreise auf Shikoku hat verschiedene Gründungsmythen. Eine davon lautet: Kobo ging sie selbst und erleuchtete. Eine andere: Er meditierte an verschiedenen Stellen auf Shikoku oder trainierte sonst wie spirituell oder vollbrachte Wunder. Aus diesem Grund wurden die vielen Tempel gebaut und zu einer Rundreise verbunden. Bei Tempel sechs zum Beispiel sprudelte eine heiße Quelle empor und heilte die Krankheiten der Anwohner, nachdem Kobo dort mit seinem Stab auf die Erde gestampft hatte. In der Nähe von Tempel zehn verbrachte Kobo eine Woche, während der sich eine junge Frau um ihn kümmerte, die dermaßen gütig und fromm war, dass er sie zur Nonne weihte, worauf sie prompt erleuchtete und sich zur Buddha-Statue wandelte. Kobo trug die Statue den Hügel hinauf und baute einen Tempel drumherum.

Und das Wunder von Tempel zwölf: Ein feuerspeiender Drache saß auf dem Berg und brachte Unheil und Verwüstung über die ganze Gegend. Als Meister Kobo nun in den Bergen wanderte, verfolgte ihn der Drache. Kobo formte eine Mudra-Geste: Daumen und Zeigefinger beider Hände berührten sich jeweils, die anderen Finger waren gespreizt, der Mittelfinger der rechten Hand lag am Zeigefinger der linken Hand. Ein starker Move, mit dem Kobo den Drachen besiegte und in eine Wächterfigur des Tempels sperren konnte. Seitdem beschützt das einst Verwüstung bringende Ungetüm den Tempel.

Es gibt noch eine andere Gründungsgeschichte des Shikoku *Henro*. Danach war Meister Kobo auf Shikoku als Bettelmönch unterwegs. Er klopfte bei einem wohlhabenden Mann, Emon Saburo, und bat ihn um Essen. Saburo sagte »Nö!« und knallte ihm die Tür vor der Nase zu. Eine Woche lang kam Kobo nun jeden Tag wieder, was den Mann irgendwann so aufregte, dass er Kobos Schale zu Boden warf und sie in acht Scherben zerbrach. Während Kobo in Gestalt des Bettelmönches weiterzog, starben in den folgenden acht Tagen alle acht Söhne des Mannes, einer nach dem anderen. Da wurde dem Geizkragen klar, dass er vielleicht jemand sehr Mächtigem die Hilfe verweigert hatte. Sollte das etwa der heilige Superheld Meister Kobo gewesen sein? Emon Saburo machte sich auf die Suche nach Kobo. Nicht, um sich an ihm für den Tod seiner acht (!!!) Söhne zu rächen, sondern um selbst um Vergebung zu bitten. Einundzwanzig Mal lief er um Shikoku, doch überall, wo er hinkam, war Meister Kobo schon wieder weiter. Saburo alterte und wurde schwächer, wollte aber nicht aufgeben und beschloss, kehrtzumachen und den Weg noch einmal, diesmal gegen den Uhrzeigersinn, zu gehen. Irgendwann müsste ihm Kobo so direkt in die Arme laufen. Und als er hier ankam, auf dem Weg zu Tempel zwölf, wo ich gerade sitze, legte sich Saburo vollkommen ermattet zum Sterben. Klar, dass Massenmörder Kobo, ganz der Gönner, jetzt doch noch vorbeischaute. Er vergab Emon Saburo, und die zwei machten einen Deal.

Saburo versprach, im nächsten Leben einen Tempel zu bauen, und wollte deswegen wieder reich geboren werden. Er schnappte sich einen Stein, schloss die Hand um ihn und starb. Wenig später wurde an einem anderen Ort auf Shikoku ein Kind geboren, das die Faust fest geschlossen hielt. Es dauerte Jahre, bis es einem Priester mithilfe eines buddhistischen Rituals gelang, die Hand zu öffnen. Ein Stein mit der Inschrift »Saburo Emon, wiedergeboren« fiel zu Boden. Der versprochene Tempel wurde gebaut, heißt heute »Steinhand-Tempel« und ist Nummer einundfünfzig der Pilgerrunde. Es gibt, finde ich, verschiedene Lehren aus dieser Geschichte. Nummer eins: Wer die Runde gegen den Uhrzeigersinn läuft, dem werden alle Sünden vergeben. Nummer zwei: Wer Pilgern, die letztlich alle mit Meister Kobo unterwegs sind, dumm kommt, muss mit Vergeltung rechnen. Nummer drei: Die Strecke zu Tempel Nummer zwölf ist wirklich beschwerlich und hat schon so manchen dahingerafft.

Ich setze den Rucksack wieder auf und den Wanderstab auf den Weg vor mir. Er führt nun wieder steil bergab. Auf den Schildern am Wegrand steht jetzt »Besondere Vorsicht!«, »Körperliche Unversehrtheit ist das Wichtigste« und »*Henro korogashi*«, übersetzt: dort, wo der Pilger fällt. Zusammengefasst also: Aufgepasst jetzt! Das Gefälle drückt auf die Knie, und die Bäume knarzen, als hätte jemand die Tür zu einem Geisterschloss geöffnet. Vielleicht ist Kobo hier irgendwo unterwegs. Unten angekommen quere ich ein Tal, ein paar Holzhäuser, die so auch in Oberbayern stehen könnten. Steinmäuerchen und Blümchen auf den Fensterbrettern. Der Minivan der jungen Gesellschaftsmenschen steht da, der Fahrer zählt die vorbeikommenden Nachzügler, bereit, die Erschöpften in den Wagen zu packen. Ein Schild weist in den Wald hinein auf eine Abflussrinne hin, die offenbar der Pilgerweg ist. Dann geht es wieder wahnsinnig steil bergauf.

Wurzeln und Felsen. Ein Schild »Noch ein Kilometer«, aber ich kann nicht weiter, muss mich setzen. Ich ziehe meine Schuhe aus und greife nach der Grapefruit im Rucksack, doch mit einem massiven Summen fliegen fette, orange-schwarz gestreifte Insekten in Richtung meiner Füße. In diesen Wäldern ist offenbar nicht nur Meister Kobo unterwegs, sondern auch Riesenhornissen. *Osuzumebachi* heißen sie auf Japanisch, große Sperlingsbiene. Sie sind zwar nicht so groß wie Vögel, aber bis zu achtmal größer als westliche Honigbienen. Im Jahr sterben etwa vierzig Menschen in Japan durch ihre Stiche. Die medizinische Versorgung dürfte auf diesem Berg wohl eher mau sein.

Also Schuhe wieder an und weiter. Ich krieche jetzt eher, als ich gehe, auch wenn der Weg wieder weniger steil ist, breiter und asphaltiert. »Endspurt«, ruft der Typ, der vorhin noch kotzen wollte, und rennt an mir vorbei – den überdosierten Energydrinks sei Dank.

Endlich das Tempeltor. Ich verbeuge mich vor den Wächterstatuen, in denen der feuerspeiende Drache versiegelt ist. Danach: Treppen. Ich setze mich direkt in ein Häuschen mit Bänken, das links vom Eingang steht. Ich schütte die übrigen Nüsse in mich hinein und eine kalte Cola, die ich mir aus dem Automaten ziehe. Ich bin seit acht Stunden unterwegs. Laut Internet sollte man den Weg in vier bis sechs Stunden schaffen. Nach einer halben Stunde Sitzen fühle ich mich bereit zu beten. Also schreibe ich meine Eckdaten auf die *Osamefuda*-Zettel und reiße die Räucherstäbchen- und die Kerzenpackung auf.

Ich wasche mir die Hände beim Tempelbrunnen, linke Hand, rechte Hand, Mund. Und dann, wie war das noch mal? Haupthalle, Kerze anstecken, drei Räucherstäbchen anzünden für Vergangenheit, Gegenwart, Zukunft, Zettel in die Zettelbox, Geld in die Geldbox, verbeugen, beten, verbeugen. Meister-Kobo-Halle. Gleiches Prozedere.

Wenn ich beten sage, dann meine ich eigentlich kurz innehalten, durchatmen. Vielleicht bin ich zu erschöpft, um mit

Gott, Göttern oder Kobo ins Gespräch zu treten, aber irgendwie beruhigt dieses »Stehenbleiben, Augen zu und atmen« ungemein. Als ich die Augen wieder aufmache, fühle ich mich frischer und wacher. Ich lasse noch mein Tempelbuch signieren, ziehe mir ein kaltes Wasser und freue mich darauf, bald in der Unterkunft zu sein. Falls die noch Platz haben. Und ich sie ohne Karte finde.

Also die Treppen des Tempels runter. Die Gesellschaftsmenschen steigen in den Minivan, winken und lachen.

Daneben steht ein Westler mit breitem Kreuz im engen T-Shirt, das Shirt so verschwitzt, dass es an seinen Bauchmuskeln klebt. Er sieht aus, als hätte ihn jemand direkt aus einer Men's Health auf diesen Berg gesetzt. Solche Pilger gibt es hier also auch.

»Hey, pilgerst du alleine?«, fragt er, dem Akzent nach eindeutig Franzose, auf Englisch.

»Ja.«

»*Amazing*! Wie cool. Und das als Frau!«

»Und du?«

»Ja, ich auch, aber mit dem Fahrrad.«

»Dann bist du wohl etwas schneller als ich.«

»Ein bisschen«, sagt er, fettes Grinsen, und setzt sich den Fahrradhelm auf. »Ich glaube, es dauert insgesamt zwei Wochen.«

Ich rechne mit zwei Monaten, denke ich, und sage: »Gute Fahrt!«

»Danke, vielleicht sieht man sich ja noch mal.«

Ich, Kriechschnecke Lena, die ich heute doppelt so lange gebraucht habe wie im Allgemeinen veranschlagt, bezweifle das.

»Genau, bis dann«, verabschiede ich mich.

Ich muss sagen, ich habe mir das Pilgern einsamer vorgestellt. Überall sind heute Leute gewesen. Jeder will quatschen, fragt, wo man übernachtet, warum man das macht, gibt irgendwelche Tipps oder schenkt einem irgendwas zu essen. Und da ist schon der nächste Typ, der zu mir aufschließt und sich auch irgendwie festhängt.

Diesmal ein kerniger Österreicher, schätzungsweise Mitte vierzig, zwei Köpfe größer als ich und »in der Finanzbranche tätig«. Er ist heute erst den zweiten Tag unterwegs. »Bis zu Tempel zehn sind es ja gerade fünfundzwanzig Kilometer. Das geht locker an einem Tag.« Warum zieht der Überflieger nicht weiter? Der macht doch viel größere Schritte als ich. Die Muskeln in meinen Beinen zittern, und ich will endlich ankommen.

Ein Stückchen Wald, ein Stückchen Straße, ein paar Häuser, ein Laden, vor dem verschiedene inseleigene Zitrusfrüchte in Plastikboxen angeboten werden. Darüber das Schild »Sudachikan«. *Sudachi* ist auch eine dieser Zitrusfrüchte, eine japanische Limette und Spezialität dieses Tals in der Präfektur Tokushima. Den »Japanische-Limette-Laden« hat der alte Trinker vom Vormittag als die beste Unterkunft der heutigen Strecke empfohlen. Kann das sein? Es ist ein winziges Zimmer mit Regalen voller Zeug. Kekse und Tütensuppen. An den Regalbrettern haften Geldscheine aus aller Welt und *Osamefuda*-Zettel in verschiedenen Farben. Davor ein runder Tisch. Bin ich hier richtig?

»Entschuldigung, kann ich hier übernachten?«, frage ich die Ladenbesitzerin.

»Ja. Ihr zwei?«

Ich schaue den Österreicher an. Du auch? Er nickt.

Sie führt uns hinter den Laden eine steile Eisentreppe hoch. Ein Tatami-Raum mit einem Haufen Futons und Decken. Hier könnten mehr als zehn Leute schlafen.

»Die Männer im Hinterzimmer, die Frauen vorne.«, sagt sie, »Später mache ich euch Abendessen, morgen Frühstück, aber jetzt fährt euch mein Nachbar ins *Onsen*.«

In solchen Momenten muss man Japan einfach lieben. Das Handtuch habe ich schon um den Nacken, also nehme ich nur was zum Umziehen mit. Mein Stadtkleid/Nachthemd. Schuhe und Socken lasse ich hier und schlüpfe stattdessen in die Flip-flops.

Wenig später liege ich im heißen Wasser. Ein Unterschied zu den Thermalbädern Tokyos: Man hat hier Platz. Kein Gekauere, alle breiten sich aus, legen sich ausgestreckt ins Wasser. Aber meine Füße brennen wie Feuer. Letztlich tut alles weh. Beine, Schultern, Nacken. Die Wege zwischen den verschiedenen Becken möchte ich kaum gehen. Wenn ich mich aufrichte, zittern die Beine. Die meiste Zeit sitze ich am Rand des kalten Bads und halte meine Füße hinein. Eine Oma setzt sich neben mich und startet die typische Unterhaltung: Woher kommst du, warum kannst du Japanisch, was ist dein Lieblingsessen und warum bist du überhaupt hier? Weil ich keine Lust auf Smalltalk habe, sage ich: »Ich suche hier das Glück, haben Sie da einen Tipp?«

»Aha!«, ruft sie, rutscht ein Stückchen näher und senkt die Stimme. »Erst mal glaube ich: Zufriedenheit ist wichtiger als Glück.«

»Okay. Und wie wird man zufrieden?«

»Das Geheimnis des zufriedenen Lebens«, sagt sie und rückt noch ein Stück näher, »ist ein achtzig Prozent voller Magen. *Hara hachibu!*«

Hara hachibu, das kenne ich, das wird immer aufgezählt, wenn es um die Frage geht, warum Japaner so alt werden. Dann heißt es: Sie essen sich nicht voll, sondern nur zu achtzig Prozent voll, das hält gesund, und wer außerdem noch ab und zu *Goya*, die japanische Bittergurke, isst, schafft es auf über hundert Jahre.

»Guck mal, alle Leute wollen immer mehr und mehr und mehr. Hundert Prozent reichen denen nicht mal. Dadurch bekommt man aber nicht mehr, sondern ist nur weniger zufrieden. Der Trick ist, mit achtzig Prozent zufrieden zu sein.« Die Oma meint das offenbar nicht als Diätratschlag, sondern als Lebensphilosophie.

Sie erzählt von einem französischen Restaurant im Dorf.

Teuer und elegant und eigentlich völlig fehl am Platz. Aber es funktioniert. Es hat nur ein paar Tage pro Woche offen. Drei Monate im Jahr ist der Laden ganz geschlossen, weil die Besitzer um die Welt reisen und neue Inspirationen suchen. Sie machen das Gegenteil von dem, was die meisten machen. Sie arbeiten nicht mehr, sondern weniger, um Erfolg zu haben. Und haben gleichzeitig viel mehr Spaß.

»Weißt du, Mädchen, achtzig Prozent von allem ist schon verdammt viel. Das reicht.«

Der Trick eines zufriedenen Lebens ist einfach: einfach zufrieden sein.

Ich denke noch mal an diese *Nansho*-schwieriger-Ort-Pilgergesinnungstest-Sache. Es kommt im Leben immer auf die Bewertung an. Für manche, wie den Österreicher, war die heutige Bergkette ein netter Spaziergang. Für mich war sie der Grund, warum ich letztes Jahr abgebrochen habe. Diesmal habe ich zwar doppelt so lange gebraucht wie andere und kann jetzt kaum noch stehen. Ich habe es aber geschafft. Wieder andere sagen: Das packe ich eh nicht, ich nehme den Bus. Vielleicht ist das Schwierigste am *nansho*, sich dazu zu überwinden, es trotzdem zu tun. Es auf seine Weise tun – das Restaurant schließen, den Bus nehmen, langsam gehen – und damit zufrieden sein.

Eine Stunde später sitze ich mit dem Österreicher, dem Oberschullehrer, dem sympathischen Trinker und einer beinah durchsichtigen Kanadierin am Tisch in dem winzigen Laden beim Abendessen. Es gibt Reis, Kartoffelsalat mit Mayo, Fisch und Suppe. Draußen prasselt Regen in schweren Tropfen auf das Dach der Hütte. Der Kanadierin ist das Bargeld ausgegangen, und der Lehrer wird morgen mit ihr den Bus nehmen, um sie zum nächsten internationalen Bankautomaten zu bringen. Die zwei verständigen sich offenbar ganz gut auf Englisch. Der Lehrer sagt zu mir, der Deutschen, dass er Heidi liebt und gerne nach Europa fahren würde, um dort Heidis Geburtsort zu suchen. Ich fasse es nicht. Ein 65-jähriger Heidi-Fan und ich sitzen gemeinsam beim Abendessen in der japanischen Provinz. »Also in die Schweiz?«, frage ich.

»Nein, ich müsste das suchen. Aber ich glaube, Heidi kommt aus Österreich oder Deutschland.«

Sein Argument: Die Berge in der Schweiz sehen anders aus als im Anime, und Klara komme schließlich auch aus Frankfurt. Ich muss zugeben: Ich habe überhaupt keine Ahnung von Heidi-Trivia. Klara kann irgendwann wieder laufen, und der Alm-Öhi lernt lesen, oder? Deswegen kann ich nicht dagegen argumentieren und sagen: Aber Klara und Heidi sind doch gar nicht verwandt oder: Aber der Alm-Öhi spricht eindeutig Schwyzerdütsch. Ich weiß es schlicht nicht und frage stattdessen, ob der Herr Lehrer denn schon im japanischen Heidi-Vergnügungspark war: »Nördlich von Tokyo, mit Matterhorn und Heidi-Hütte.«

»Geht's noch??? Vergnügungspark!!!«, ruft er. »Alles Nachahmung! Alles Quatsch! Ich. Will. Das. Original.« Auch das Heidiland in der Schweiz könne ihm nun wirklich gestohlen bleiben. »Wie gesagt: Die kommt nicht aus der Schweiz!« 65-jährige Heidi-Fans sind aufbrausend. Ich verkneife es mir, die Frage in den Raum zu stellen, ob es bei japanischen Anime-Serien, die auf Schweizer Romanen beruhen, wirklich ein »Original« gibt. Klar ist: Heidi ist in Japan ein Riesenerfolg. Läuft immer noch im Fernsehen, im Supermarkt gibt es Heidi-Käsefondue zu kaufen, und meine japanischen Freunde singen beim Karaoke gern den Heidi-Song aus den Siebzigerjahren. Inklusive Jodler. Holladihooo!

Um Mitternacht hänge ich über der Kloschüssel. Das heißt, weil es ein Hockklo ist, knie ich davor, und es ist gar nicht so leicht, da reinzukotzen. Zum Glück kommt nichts von dem Abendessen, sondern einfach reine Galle. Ich bin mit stechenden Kopfschmerzen aufgewacht und habe es gerade so zum Klohäuschen geschafft. Meine Güte, kommt mir mein Gelaber zu »schwierigen Orten«, die es im eigenen Tempo zu überwinden gilt, jetzt albern vor. Wahrscheinlich habe ich zu wenig getrunken. Es waren mehr als drei Liter, aber ich musste kein einziges Mal pinkeln. Ich muss mehr trinken. Ich setze mich auf den Boden vor das Klohäuschen und kippe mir einen Liter Wasser rein. In der frischen Bergluft beginne ich zu zittern. Ich gucke in den Himmel. Tausend Sterne. Der Mond zwei Drittel voll. Ich habe Angst vor dem nächsten Tag. Soll ich wie die Kanadierin den Bus nehmen? Soll ich eine weitere Nacht hierbleiben und mit noch mehr weisen Omis über das Glück sprechen? Wie soll ich das schaffen? Wieso hatte ich überhaupt diese Quatschidee, um Shikoku laufen zu wollen?

6

»Durch die Begegnung mit anderen begegnest du dir selbst.«

(Sinnspruch im Wald, Kamiyama)

Ich wache davon auf, dass der Wecker der Kanadierin klingelt. Sechs Uhr morgens. Wenig nervt mehr als ein schrillender Wecker. Höchstens ein schrillender Wecker, der eine Stunde durchläutet, weil die Leute, die er eigentlich wecken soll, über ihn hinwegschlafen. Als ich zum Frühstück komme, ist der sympathische Trinker bereits unterwegs. Die Kanadierin und der Hardcore-Heidi-Fan sitzen noch am Tisch, warten auf ihren Bus. Sie möchte, dass ich den Lehrer auf Japanisch frage, wo der Bus abfährt, obwohl er das mit einem schlichten »There!« und einem Fingerzeig auf die gegenüberliegende Straßenseite schon erschöpfend erklärt zu haben scheint. Der Österreicher sagt nichts. Und er isst auch nichts. Vor ihm auf dem Tisch steht ein typisch japanisches Frühstück: Misosuppe, Reis, rohes Ei und gebratener Fisch. Ich beschließe, nicht den Bus zu nehmen, sondern zu laufen. Nicht, weil ich mich besonders fit fühle, sondern weil ich keine Lust auf all diese Leute habe. Ich will kein weiteres Gespräch über Heidis Geburtsort führen, und ich will dieses Gespräch nicht auch noch übersetzen müssen. Ich. Will. Meine. Ruhe. Um die zu kriegen, würde ich liebend gerne noch mal acht Stunden über diverse Gipfel klettern.

Der Österreicher scheint das anders zu sehen. Er wartet, bis ich aufgegessen habe, und ich frage mich: Wie werde ich den wieder los? Ich sage also Sätze wie: »Du bist ja viel schneller als ich« oder »Du weißt ja, jeder muss seine eigene Geschwindigkeit laufen.« Ich lasse ihn vor, als der Weg schmal wird und wieder steil bergauf in den Wald führt. »Der Pilgerweg, der das Herz wäscht und poliert« ist für mich gerade der Pilgerweg, der mich wegen Kleinigkeiten die Fassung verlieren lässt. Vielleicht ist das Teil der Waschung.

Vielleicht wäre der Bus doch die richtige Wahl gewesen. Zumindest bin ich nach wenigen Metern wieder vollkommen fertig. Diesmal gibt es auch keine Energydrink-Verteiler, sondern nur den superfitten Österreicher, der vorrennt und an jeder zweiten Ecke auf mich wartet. Auf einem Zettel im Wald steht: »Durch die Begegnung mit anderen begegnest du dir selbst.« Was bedeutet das also für mich? Dass ich nicht nur eine Kriechschnecke, sondern auch ein asoziales Arschloch bin? Vielleicht. Ich laufe noch langsamer als nötig, damit der Österreicher davonrauscht. Das hier ist mein Pilgerweg, und ich möchte ihn alleine gehen. Ich kann nicht im Hier und Jetzt sein, wenn ich erzählen soll, wie mein Leben zu Hause aussieht. Ich kann nicht auf meinen Körper achten, wenn ich damit beschäftigt bin zuzuhören, was in der österreichischen Finanzbranche los ist. Gerade muss ich über glitschige Wurzeln und Felsen den Berg hochkraxeln und mich darauf konzentrieren, nicht abzurutschen. Das reicht. Alles andere ist mir ehrlich gesagt schnurzegal.

Nach etwa einer Stunde trifft der Waldweg auf eine Straße. Es geht jetzt bergab. In nicht enden wollenden asphaltierten Serpentinen. Das Gewicht des Rucksacks drückt mich den Hang herunter. Auf der rechten Straßenseite steht eine Hütte, das Tal überblickend. Der Österreicher geht daran vorbei. Ich lege mich auf die Bank, strecke die Arme über den Kopf und schließe die Augen. »Das ist das Härteste, das ich in meinem Leben bisher gemacht habe«, hat der Heidi-Fanatiker gesagt. Ich kann ihm nur zustimmen, wirklich alles tut weh. Die Schultern und der Bauch, auf die die diversen Rucksackgurte drücken. Die Beine, Füße und Knie, die zehn Kilo mehr als sonst zu tragen haben. Ein Lastwagen rast vorbei, das erste Auto des Tages. Der Fahrer hört *enka*, japanische Fünfton-Volksmusik, und reißt mich aus meinem Selbstmitleid.

Das Lied kenne ich. *Kushiro no yoru*, Abend in Kushiro. Wie die meisten *enka* handelt es von der Einsamkeit. Der Wind wehe kalt in Kushiro, der nördlichsten und offiziell tatsächlich kältesten Stadt Japans. Das perfekte Antisehnsuchtsmotiv. Der Sänger wünscht sich die Umarmung einer Frau, aber die ist genauso kalt wie der Wind, und deshalb läuft er allein durch diese trostlose Stadt und weint. »*Enka* ist Sake, Tränen, Mann und Frau« fasst ein Sprichwort das Genre zusammen. In den letzten zehn Jahren hat es ein Revival erlebt: Jero, ein schwarzer Vierteljapaner aus Pittsburgh, schoss 2008 mit seiner ersten Single »Meeresschnee« auf Platz vier der *enka*-Charts. Es war der höchste Neueinstieg aller Zeiten. In seinen Live-Auftritten trägt er nicht wie die meisten Schlagersänger Kimono, sondern Hiphop-Klamotten. Junge Leute finden ihn deswegen cool, und Senioren, die Hauptkäufer dieser Art Platten, schätzen an Jero, dass er pietätvoll von seiner japanischen Großmutter erzählt und von Frauen singt, die nicht zu ihm zurückkehren werden. Vielleicht hätte ich nach Kushiro und nicht nach Shikoku fahren sollen, um mal allein zu sein und über das Leben nachzudenken. Aber ich bin nun mal hier, der Österreicher sollte mittlerweile ordentlich Vorsprung haben, und meine Schultern fühlen sich auch wieder besser an. Weiter also.

Die Autos werden mehr, und es gibt wieder Geschäfte und Restaurants an der Straße, wenngleich alles geschlossen ist. Der Weg scheint direkt auf die nächste Bergkette zuzusteuern, schlängelt sich aber stattdessen gnädig von den diversen Gipfeln flankiert an einem Fluss entlang durch das Tal. Es gibt keinen Fußgängerweg, man läuft direkt am Straßenrand.

An einer Kreuzung steht an einen Zaun gedrückt ein seltsam unbeweglicher Mann. Auf den ersten Blick sieht er aus wie ein Verkehrspolizist, aber er trägt keine Uniform, sondern einen dunkelgrauen Anzug und eine Schirmmütze. Er hat die Beine durchgestreckt und die Arme unförmig an den Zaun gepresst. Als ich näher tockere, sehe ich: Das ist eine Puppe. Eine Vogelscheuche? Auf einer Bank hundert Meter weiter sitzt wieder so eine Gestalt, diesmal mit Baseballmütze, Regenjacke und verschmitztem Grinsen. Vor einem anderen Haus sitzt eine Gruppe von Omas, die aussehen, als würden sie den neuesten Klatsch austauschen, doch beim Näherkommen sind auch sie unbewegliche Stoffgestalten in Kimonos, die Augen angenähte Knöpfe. Bin ich hier im Tal der Puppen? Ein befreundeter Fotojournalist hat darüber vor Jahren ein Video gedreht.

Kein Zweifel, ich bin in der Gegend, in der »die Puppenmeisterin« Tsukimi Ayano aufgewachsen ist, als noch hunderte Menschen in den Dörfern lebten. Als es hier Firmen gab und Jobs. Wie viele in den abgelegenen Tälern zog auch Ayano als junge Frau fort, und als sie vor fünfzehn Jahren wiederkam, war kaum noch jemand hier. In ihrem Dorf lebten nicht mehr hunderte, sondern nur mehr siebenunddreißig Menschen. Die Puppenmacherei fing mit einer Vogelscheuche an, nur hörte Ayano nicht mehr auf. Sie stellte Verstorbene nach und Verzogene, baute in einer vor sechs Jahren geschlossenen Schule Unterrichtsszenen, ließ Puppen die Feldarbeit machen, auf den Bus warten, mit Gewehren in Bäumen sitzen, in Hängematten Mittagsschläfchen halten. »Ich hatte nicht wirklich viel zu tun«, sagt sie im Video meines Kumpels und dass sie Hunderte dieser Puppen gemacht hat. Vierhundertfünfzig könnten es etwa sein, aber alle paar Jahre muss man sie erneuern. Dennoch gibt es hier mehr Puppen als Menschen, und damit komme ich mir nun ziemlich bescheuert vor, wie ich mich vor fünf Minuten in einer derart verlassenen Gegend nach Kushiro gesehnt habe, der vielleicht kältesten Stadt, die allerdings ganze hundertfünfundsiebzigtausend und damit gar nicht so einsame Einwohner zählt. Außer den Pilgern, die hier zwar durchlaufen, aber das auch vor allem im Frühling und Herbst, gibt es in diesem Tal wirklich gar nichts. Ich setze mich neben die Puppen an eine Bushaltestelle, der Bus fährt vier Mal am Tag Richtung Tokushima-Stadt, und ich ziehe meine Schuhe und Socken aus.

Meine Füße sind geschwollen, rot und gequetscht. Die Adern treten dick hervor und pulsieren, kleinere sind durch den Druck offenbar geplatzt und hinterlassen ein blaues Muster unter der Haut. Zwei Mal die Stunde soll man rasten, hat Suzuki, der alte Trinker, gestern gesagt. Meine Wasserflasche ist bereits leer, und bis auf die vier Energieriegel, die ich mir gerade reinstopfe, habe ich auch keinen Proviant mehr. Außerdem müsste ich mal pinkeln. Die verschiedenen Grundbedürfnisse kämpfen in mir eine relativ unentschiedene Schlacht. Nach knapp vier Stunden steht da der erste Getränkeautomat. Ich ziehe mir einen überzuckerten Milchkaffee und ein Sportgetränk mit dem ansprechenden Namen *Pocari Sweat* und kippe beides nacheinander weg. »7,8 Kilometer bis Tempel 13« heißt es auf einem Steinpoller, auf dem oben außerdem ein Zeigefinger eingemeißelt ist, der in die zu laufende Richtung deutet. Weiter. Nach fünf Stunden unterwegs immerhin der erste *Combini*. *Convenient*, also praktisch, ist diese Gegend einfach nicht. Ich kaufe ein paar *Onigiri*-Reisbällchen, eines gefüllt mit Thunfisch-Mayonnaise und eines mit Ketchup und Ei. *Fusion kitchen*. Noch 3,6 Kilometer bis zu Tempel dreizehn. Warum dauert das so lange? Warum laufe ich so langsam? Und wo schlafe ich heute eigentlich? *Combinis* sind auch deshalb praktisch, weil es dort WLAN gibt und man Geld abheben kann. Im Netz finde ich eine Unterkunft in der Nähe von Tempel sechzehn. Knapp zehn Kilometer und vier Tempel entfernt.

Bei Tempel dreizehn herrscht Pilgervolksfest. Zwei Busgruppen beten im Kanon. Um zur Haupthalle zu kommen, muss ich mich anstellen. Tempel vierzehn liegt nur einen Kilometer entfernt. Es heißt, eine Frau habe ihren gelähmten Ehemann fünf Mal um Shikoku getragen und um Heilung gebeten. Sollte es beim sechsten Mal nicht klappen, wollten sich die zwei umbringen. Wundersamerweise kam die Heilung während der sechsten Runde bei Tempel vierzehn. Die Treppen zu diesem ab und an heilbringenden Tempel quält sich gerade ein alter Mann mit Sauerstoffgerät hoch. Ich hinke, ziehe mich eine Hand am Geländer dieselbe Treppe hoch. Wir sind gleich schnell und nicken uns zu. »Durch die Begegnung mit anderen begegnest du dir selbst.« Meine Fußsohlen brennen so sehr, dass ich kaum noch auftreten kann. Ich will einfach nur noch ankommen. Von Tempel dreizehn bis sechzehn sind es 6,5 Kilometer, und ich bin zu fertig, sie mir wirklich anzusehen. Bei Tempel fünfzehn, Baustelle, rügt mich der Guide der Buspilger dafür, dass ich meine Kerze an einer anderen bereits brennenden Kerze angezündet habe. Langsam, dachte ich, hätte ich dieses ganze Gebetsgedöns raus – Händewaschen am Eingang, Zettel hier, Räucherstäbchen da –, aber es gibt offenbar immer noch eine Regel, die ich noch nicht kenne. Der Guide sagt: Wenn du deine Kerze an einer anderen anzündest, nimmst du der anderen Person ihren Dank weg. Das möchte ich nicht. Jeder, der sich das hier antut, ob mit Sauerstoffgerät und Taxi oder brennenden Füßen auf den Stock gestützt, soll immerhin seinen Dank behalten dürfen.

Ein nächster *Combini* nach Tempel sechzehn – dieses Gotteshaus zieht wie die vorigen an mir vorbei, und seine Geschichte ist auch nicht so doll: Eine junge Pilgerin trocknete ihr weißes Leibchen über einem Feuer und verbrannte selbst, weil sie davor ihre Schwiegermutter geschlagen hatte. Eine meiner Meinung nach unangemessen harte Bestrafung. Aber ich bin ja schon wieder weiter, im Laden, und möchte nachsehen, wo genau meine Unterkunft ist. Bei der Gelegenheit esse ich ein zweites Mittagessen. Mikrowellen-Reisgericht, Joghurt, Saft, Kaffee.

Die letzten Meter zur Unterkunft sind reiner Schmerz.

»Lena? Hallo! Willkommen! Setz dich.«

Der Verwalter zeigt mir das Haus. Der Kühlschrank sei voll mit Getränken, »bedien dich!«, ich könne mir aussuchen, welches Zimmer ich haben wolle, in diesem Stock gebe es zwei, im Stock drüber noch mal drei. Waschmaschine, Toaster, Wasserkocher, Internet, Badewanne.

Er drückt mir eine Liste mit günstigen Unterkünften in die Hand. Ich hatte von DER Liste schon von Trinker Suzuki gehört. »Du brauchst DIE Liste«, hat er gesagt. »Ohne DIE Liste geht hier gar nichts.« Darauf stehen Campingplätze, Hütten, Tempel und Einheimische, die Pilgern für lau oder für kaum was einen Schlafplatz zur Verfügung stellen. Kleingedruckt, auf Japanisch und mit ziemlich rudimentären Ortsangaben. »Zwischen Tempel zehn und elf« oder »drei Kilometer vor dem Tunnel« zum Beispiel. Manchmal gibt es Telefonnummern, manchmal Preisangaben. Manchmal steht da auch: »Übernachtung nicht immer möglich« oder »Hier gibt es Futons«. Ich habe jetzt also DIE Liste. Meine heutige Unterkunft steht nicht drauf, aber der Verwalter sagt: »Die Übernachtung kostet nichts.« Er sagt auch: »Bitte male eine nette Karte für den nächsten Gast. Die hier ist für dich!« Er drückt mir eine mit Buntstiften bemalte Karte in die Hand. Regenbogen, Herzchen. Außerdem solle ich einen *Osamefuda*-Zettel dalassen.

Bin ich so dehydriert, dass ich direkt im Himmel gelandet bin? Und falls ja, bekommt man dort wirklich mit Regenbogen bemalte Grußkarten?

Der Verwalter erzählt jetzt seine Geschichte. Er selbst ist den *Henro*, den Pilgerweg auf Shikoku, gelaufen und wollte ihn später gerne noch mal mit seiner Frau gehen. Die wurde aber schwanger, und damit war das vom Tisch. Wer Pilgern Gutes tut, pilgert selbst indirekt, und daher ist dieses Haus, das seiner Firma gehört und das ohnehin leer steht, seit Kurzem Pilgerherberge. »Mir haben so viele Leute geholfen. Nicht nur beim

Henro, sondern auch bei Reisen in Europa. Ich möchte etwas zurückgeben. Hast du noch Fragen?«

»Ja, bin ich hier alleine?«

»Genau, das tut mir wirklich leid. Ich weiß, das ist gruselig und einsam. Aber wenn was ist: Ich wohne mit meiner Familie im Nebenhaus.«

Ich muss mir einen Freudenschrei verkneifen. Ein Haus für mich allein? Wie geil ist das denn! Ich glaube, das ist meine erste wirkliche Begegnung mit dem Prinzip »The trail provides«. Es heißt, auf solchen Reisen bekommt man immer genau, was man braucht. Ein halb Verdursteter findet eine Orange auf dem Weg, und hinter einem, der sich ein Bein bricht, läuft eine Krankenschwester. Und ich bekomme eine Nacht ohne andere Menschen. Mein Sehnen nach dem kalten Wind Kushiros hat gewirkt. Fantastisch. Der Verwalter guckt mich mitleidig an, weil ich jetzt gleich sehr einsam sein werde. Und nachdem er die Tür hinter sich geschlossen hat, hüpfe ich durch die Wohnung und rufe immer wieder: »Ich bin alleine!« Schmerzende Füße? Beine? Schultern? Spüre ich gerade nicht mehr. Ich hoffe, er hört mich nicht, aber: »Ich bin ALLEINE!« Man wird schon sonderlich auf so einer Pilgerreise. Und heute ist erst Tag zwei.

Ich stecke all meine Klamotten außer dem Stadtkleid in die Waschmaschine, nehme ein Bad und raffe mich auf, zum Supermarkt zu gehen. Ich betrete den Laden und bin sofort komplett reizüberflutet. Direkt nach dem Eingang liegen Berge von Erdbeeren, Ananas, Tomaten, Avocados. Wie appetitlich das aussieht. Und wie unwirklich. Ich würde gerne alles kaufen, so richtig aufkochen. Aber ich habe keine Wohnung und keinen Kühlschrank, nur meinen Rucksack. Alles, was ich kaufe, muss ich entweder bis morgen früh essen oder schleppen. Ich kaufe für heute eine Packung Sushi und eine Schale mit Obst. Für morgen früh ein Sandwich, ein Schokocroissant, einen Eiskaffee. Als Snacks für den morgigen Marsch mehr Energieriegel, wieder Nüsse, Gummibärchen, zwei Reisbällchen und eine Packung dieser Salzbonbons, die der Heidi-Fan mir geschenkt hatte.

Wieder in meiner heutigen Unterkunft, hänge ich die Wäsche auf und lese die Karte mit dem gemalten Regenbogen. Der Übernachtungsgast vor mir hat zusammengefasst, was er bisher auf dem *Henro* gelernt hat. Neben praktischen Tipps wie »Trink VIEL Wasser, du wirst dadurch weniger müde sein« oder »Atme tief« steht da allerhand Schnulz: »Achte darauf, dir deine Selbstlosigkeit und Abenteuerlust zu bewahren«, »Verbreite Liebe, Freundschaft und Lächeln auf dem Pilgerweg. Und der ganzen Welt«, »Mach jeden Moment zum Himmel«. Erstaunlich viele Erkenntnisse für so wenige Tage Pilgern.

Auf die Karte, die ich für den Nächsten male, schreibe ich schlicht »Durch die Begegnung mit anderen begegnest du dir selbst«. Ich bin noch dabei herauszufinden, wie ich diesen Weg gehen soll und wer ich auf diesem Pilgerweg eigentlich bin. Wie viel muss ich trinken, essen, rasten? Definitiv mehr von allem und demnächst vielleicht ein Pausentag. Wie weit kann ich pro Tag laufen und wie schnell? Wahrscheinlich sollte ich mir kürzere Strecken vornehmen und noch langsamer laufen. Heute komme ich auf knapp fünfundzwanzig Kilometer. Die letzten zehn humpelte ich nur noch vor mich hin. Das Ding ist: Wenn die Unterkünfte so weit auseinanderliegen, ist das nicht zu ändern. Und selbst wenn ich jeden Tag nur zehn Kilometer gehen und mich im Schlafsack an den Straßenrand legen würde, wäre ich insgesamt länger unterwegs, als mein dreimonatiges Visum gilt. Außerdem käme ich in die Regenzeit und den schwülheißen Sommer und müsste unterbrechen, vielleicht sogar bis zum nächsten Herbst. Ich muss, wenn ich das hier schaffen will, stärker werden. Und das schnell.

7

»Weißt du, was dein Problem ist? Du hältst dich nicht an die Regeln.«

(Kurz nach dem Brunnentempel)

Verkohltes Sandwich zum Frühstück und die noch feuchte Wäsche abhängen, es gibt bessere Morgen als diesen. Ich verteile die Klamotten auf dem Heizteppich, um sie zu trocknen. Nach einer halben Stunde muss ich zugeben, dass das nicht viel ändert: Ich habe jetzt feuchte und nicht mehr feuchtkalte Unterhosen. Dass die Heizteppich-Dichte in Japan relativ hoch ist, hat mit der Bauweise der Häuser zu tun. Sie sind meist aus Holz. Sie sind nicht isoliert. Und sie haben keine Zentralheizung. In modernen Gebäuden gibt es Klimaanlagen. In älteren Häusern stehen oft mobile Ölöfen. Die Zimmer werden dadurch tatsächlich warm, nur muss man alle zwanzig Minuten lüften, damit man nicht erstickt. In meinem Wohnheim in Tokyo hatte ich so einen Ofen in meinem Zimmer, und die Temperaturen fielen im Winter nachts auf vier Grad. Ich schlief mit Kapuze, schaltete den Ofen vom Bett aus an und kroch erst aus den Decken, wenn er schon eine Viertelstunde lief. Weitere, weniger effektive Alternativen sind Heizstrahler, Heizdecken und Heizteppiche. Weil der Heizteppich kein Wäschetrockner ist und ich nur sehr begrenzt Wechselwäsche dabeihabe, schlüpfe ich in die feuchten Klamotten. Ich flechte meine Haare zum französischen Zopf, weil das die praktischste Frisur der Welt ist, kann meine Arme aber kaum oben halten. Ich wusste, dass ich meine Beinmuskeln stark beanspruche, aber meine Arme? Muskelkater vom Stockhalten? Irgendwie armselig. Aber ich bin energetisch heute Morgen, ich will weiter.

Das Wetter ist bewölkt und kühl, und ich laufe zu Tempel siebzehn, *idoji*, Brunnentempel. Eine Stunde auf einer schmalen Straße zwischen Häuschen. Wenn ein Auto kommt, muss ich mich an den Straßenrand drücken, um es vorbeizulassen. Vom Namen her ist ja schon ziemlich klar, was in Tempelnähe passiert sein soll: Kobos Stab traf auf den Boden, und dort sprudelte ein Brunnen empor. Der Tempel selbst hat ein rotes riesiges Tor und schwer geschwungene Ziegeldächer. Als ich mein Tempelbuch signieren lasse und mich im Laden umsehe – es gibt hier nicht die ganze Ausrüstung wie bei den ersten Tempeln, aber ein paar Glücksbringer und Accessoires verticken sie fast immer – stelle ich fest, dass ich immer noch nicht vollständig ausgestattet bin. Mir fehlt noch eine *wagesa*, ein Brokatband, das man sich um den Hals hängt. Ich habe bisher nur welche gesehen, die mir nicht gefallen haben, meisten sind sie dunkelblau für die Männer, dunkelrot für die Frauen. Hier finde ich eines in beige mit neonfarbener Stickerei. Wie die *ojuzu*, den buddhistischen Rosenkranz, den ich dann zwischen den Händen reibe, soll ich die *wagesa* vor allem zum Beten tragen. Was sich zunächst wie Verkleidung anfühlt, lässt mich in eine neue Rolle schlüpfen. Diese ganzen Utensilien helfen mir. Ich bin nicht Tourist oder Wanderer, ich bin Pilger, *Henro-san*.

Als ich meinen Rucksack vom Tempeleingang hole und ein paar Meter gehe, ist die Energie vom Morgen jäh verpufft. Ich fühle mich derart schwach, dass ich mich gerade so auf den Beinen halten kann. Mir ist schwindelig. Ist das normal? Oder will die Bestie in mir andeuten, dass ich den Pausentag nicht bald, sondern eher gestern gebraucht hätte? Ich schleife mich an einer geschlossenen »Bäckerei Brezel« vorbei zu einer Bank, setze mich prompt wieder und überlege, was tun. Zurück zur Unterkunft von gestern? Den Bus nehmen? Besser gleich nach Hause fliegen?

»Hey, Pilger!« Eine bucklige Frau wankt auf mich zu. Ist die besoffen? Selbst gedrehte Kippe im Mundwinkel, löchrige Socken in abgelaufenen Sandalen. Abgewetztes Fleece-Shirt, Plastiktüte statt Handtäschchen.

»Hey, Pilger!«, wiederholt sie. »Ich zeige dir den Weg!« Sie deutet die Straße hinab.

Ich atme aus, stütze mich auf den Stock und taumle einen Schritt auf sie zu.

»Setz dich sofort wieder hin«, ruft sie.

Ich nicke und lasse mich wieder auf die Bank fallen.

»Du hast Schmerzen, und ich werde dir helfen. Aber lass mich mal eben zu Ende rauchen.«

Sie hockt sich auf den Randstein und qualmt vor sich hin.

»So, jetzt helfe ich dir.« Sie zieht ein durchsichtiges Tütchen mit gelben Kristallen aus ihrer Plastiktüte. Nimmt eine Prise davon zwischen die Finger und steckt sie sich in den Mund.

»Und jetzt du.«

Bevor ich darüber nachdenken kann, ob es schlau ist, irgendwelche Kristalle aus durchsichtigen Tüten anzunehmen, die mir Fremde auf der Straße anbieten, habe ich das Zeug schon im Mund. Schmeckt so ähnlich wie Salz, aber was weiß ich.

Die Frau kniet sich jetzt vor mich nieder. Sie faltet die Hände. Sie murmelt einige Minuten und sagt schließlich: »Meister Kobo, bitte rette diese Pilgerin.«

Sie nimmt ein bisschen Pulver und steckt es an meinen Füßen vorbei in meine Schuhe.

»Bitte lass diese Füße weniger schmerzen.«

Sie reibt meine Beine damit ab.

»Schenke ihr Kraft.«

Sie streicht das Pulver zwischen meine Schultern und die Rucksackgurte. Gibt eine Prise über meinen Rucksack.

»Mach, dass ihr Gepäck leichter wird.«

Irgendwann hat sie fertig gebetet und fragt: »Weißt du, was dein Problem ist?«

Ich denke: zu schwerer Rucksack, zu wenig trainiert, zu schwächlich?

Sie antwortet sich selbst: »Du hältst dich nicht an die Regeln.«

»Räucherstäbchen und so?«

»Nein! Ich rede vom Pilgergesetz. Hast du den Eid geleistet?«

Ich gucke vermutlich verwirrt, sie fährt fort: »ERSTENS! Ich glaube daran, dass Meister Kobo alle Lebewesen retten wird und immer bei mir ist.«

Ihr Blick wird eindringlicher. »Verstehst?«

»Ja?«

»Okay. ZWEITENS! Ich werde mich nicht beschweren, wenn während meiner Pilgerreise etwas schiefläuft, sondern es als Teil meiner asketischen Ausbildung begreifen. Verstehst?«

Ich nicke. Das ähnelt der Philosophie des Mönchs auf dem heiligen Berg Koya. Der hatte die Rambo-Touris auch als Training empfunden.

»DRITTENS! Ich glaube daran, dass alles und jeder hier und jetzt gerettet werden kann, und ich werde immer weiter um Erleuchtung bitten.«

»Puh!«

»Siehste, das ist dein Problem! Und dann gibt es noch die zehn Pilger-Gebote.« Dazu gehört neben den Klassikern wie nicht stehlen, lügen oder töten, auch nicht übertreiben, nicht ausfällig werden und die Wahrheit nicht aus den Augen verlieren.

»Jetzt weißt du, was dein Problem ist. Und da vorne bei der Brücke musst du rechts abbiegen.«

So lässt sie mich sitzen. Die sind hier doch alle vollkommen durchgeknallt, denke ich, aber ich merke auch, dass ich jetzt wieder stehen kann. Vielleicht hat Meister Kobo da tatsächlich was gedreht. Wahrscheinlicher ist, dass meine Pause lange genug war und es jetzt einfach wieder geht. Die Füße können wieder auftreten, die Beine können mich wieder tragen. Der Rucksack ist nicht mehr so schwer wie vorher, der Schwindel verflogen. Ich biege bei der Brücke rechts ab, wie die Frau mit den Zauberkristallen es mir gesagt hat, und eine halbe Stunde später laufe ich an einer Bushaltestelle vorbei. Ich setze mich ins Wartehäuschen, und ein Bus Richtung Tokushima-Bahnhof fährt ein. Dort bin ich vor drei Tagen angekommen. Es kommt mir vor wie eine Ewigkeit. Vor einer halben Stunde wäre ich vielleicht einfach eingestiegen. Den restlichen Tag in einem Hotel abchillen und morgen weiter. Ich bin fertig. Aber irgendwie habe ich das Gefühl, dass ich es der abgeranzten, betenden Frau von vorhin schulde zu laufen.

Die Straße führt direkt auf einen Berg zu, und ich denke: Ihr wollt mich doch alle verarschen. Ich hatte gehört, bis zum nächsten Bergtempel, Nummer zwanzig, ginge es flach dahin. Wo gibt es endlich diese Karte zu kaufen?

Eine Stunde später komme ich oben an, und die Straße führt wieder in Serpentinen bergab. Aussicht gibt es keine, aber viele Vogelstimmen. Ich wünschte, ich hätte einen Ornithologen dabei, doch stattdessen gibt es nur Lastwagen, die im ziemlichen Affentempo und mit superknappem Abstand an mir vorbeipesen. Randstein gibt es mal wieder: keinen. Ich bin seit gut drei Stunden unterwegs, habe erst fünf Kilometer zurückgelegt und hoffe, dass heute kein weiterer Berg mehr kommt. »Pilger, wie wäre es mit Ausruhen?« steht auf einem Schild, dahinter ein Tischchen mit Plastiktischdecke, und das Ganze auch noch überdacht. Klar, dass ich mich da jetzt hinsetze. Ich mache zwar ständig Pause, aber immer noch viel seltener als die zwei Trinker. Zwei Mal die Stunde, wie machen die das? Setzen die sich dann einfach auf die Bundesstraße? Wo die wohl mittlerweile sind? Ich packe meinen Proviant aus. Eine Banane, ein Reisbällchen, Gummibärchen. Ich gehe weiter, und an einem Balken zeigen rote Pilgerpfeile in allerhand Richtungen. Ich interpretiere den Pfeil, der nach links deutet, als den richtigen und biege von der Straße auf einen Trampelpfad ab.

Am Rand des Pfads Mikrofelder oder Schrebergärten. Das erste Mal heute habe ich Erde und nicht Asphalt unter den Füßen. Ein Pick-up fährt an mir vorbei und hält. Ein Mann steigt aus und packt seinen Schniedel aus. Ein japanischer Wildpinkler, der auf mich einredet, als ich an ihm vorbeigehe.

»Hier ist nicht der Weg«, sagt er, »hier ist Sackgasse. Du musst zurück. Oder durchs Gebüsch auf die Hauptstraße.« Ich wähle das Gebüsch und steige durch pieksige Gewächse hin zur Hauptstraße. Dort drehe ich mich im Kreis. Keine roten Pfeile! Das erste Mal sehe ich keine roten Pfeile. Und eine Karte habe ich ja keine. Nach dem Weg fragen kann ich auch nicht, denn die Straße ist sechsspurig und außer mir niemand auf der Straße. Aber ein Schild weist Richtung Kap Muroto. 132 Kilometer. Ich weiß, das liegt im Süden, und dass ich dort vorbeigehen muss auf meiner Runde. Es ist zumindest grob die richtige Richtung, und außerdem gibt es auf so einer Hauptstraße Geschäfte. Und weil ich gestern Abend erst beschlossen habe, nicht nur mehr zu rasten, sondern auch mehr zu essen, mache ich jetzt Mittag.

Mein Geschmack hat sich seit Beginn der Pilgerreise ziemlich verändert. Während ich in Berlin kaum Fleisch esse, bestelle ich gerade »Reis mit Rindfleisch und bitte die große Portion«. Ich bin in einem japanischen Fastfood-Laden. Statt Burger gibt es eine Schüssel Reis mit Zeug drauf. In meinem Fall hauchdünne Rindfleischstreifen mit BBQ-Sauce. Wahlweise könnte es auch Schwein oder Thunfisch sein. Man kann extra Käse bekommen, ein rohes Ei oder Beilagensalat. Und das Ganze kostet gerade mal drei Euro. Japan ist oft billiger, als man gemeinhin erwarten würde. Ich esse also mehr Fleisch als sonst und kaufe ansonsten alles mit Mayonnaise. Eiersalat, Thunfischsalat. Und Süßigkeiten. Das letzte Jahr habe ich eigentlich gar keinen Zucker gegessen, jetzt leere ich bei einer kurzen Rast eine ganze Tüte Gummibärchen.

Das Mittagessen hat mich gestärkt, aber die Straße ist trotzdem schwer zu ertragen. Es ist zwar superkalt und superwindig, die Sonne brennt trotzdem, und Schatten gibt es keinen. Ich ziehe die Kapuze meiner Windjacke tief ins Gesicht und halte den Kopf gesenkt. Ich sehe nur den Asphalt vor meinen Füßen und laufe tumb nach Süden. Und weil ich nicht weiß, wie ich das hier sonst schaffen soll, suche ich auf meinem Handy nach Musik. Da ist fast nichts.

A Trip to Brazil, der Sound meiner Mutter, wiegende Klänge, mit denen ich aufgewachsen bin.

London Grammar, der Sound einer lieben Freundin, emotional und kraftvoll genau wie sie. Mit ihr lebte ich ein paar Monate zusammen in Hamburg in einer Art platonischer Kurzzeit-Ehe, und wir hatten ziemlich viel Spaß.

Und Wolfmother, der Sound eines finnischen Kumpels, mit dem ich zusammen in Sapporo studierte. Power ohne Ende.

Außerdem eine Single: France Gall – Poupée de cire, poupée de son, der Sound eines meiner Lieblingsabende in Berlin, ein Grillabend mit Freunden in einer Künstlerkommune.

Die Auswahl ist begrenzt, aber die Wahl ziemlich einfach: Der treibende Sound von Wolfmother zwingt mich in die Bewegung, drängt mich die Straße hinunter. Und putscht mich dermaßen auf, dass ich gar nichts mehr spüre. Einfach immer weiter. Und als ich beim nächsten *Combini* auf Pause drücke und mich mit Eis und Kaffee in den Schatten auf den Parkplatz setze, sehe ich wieder ein Schild nach Muroto und stelle fest: Ich bin seit der letzten Abzweigung acht Kilometer gelaufen. Wie krass ist das denn? Und das im Lauf nicht mal eines Albums. Ich würde jetzt trotzdem gern mal wieder ein Pilgerschild finden. Aber erst mal kurbelt ein Typ, der exakt aussieht wie Mister Miyagi aus Karate Kid, das Fenster seines pinken Kleinwagens runter, winkt und ruft: »*Gambatte*! Halte durch!« Und ein Pärchen macht aus seinem Auto Fotos von mir, wie ich so erschöpft auf dem Boden sitze und Eis esse. Ich muss weiter, und muss der nächste Tempel nicht tendenziell westlich dieser Straße liegen? An der nächsten Ecke ist er dann. Nicht der Tempel, sondern »Kartoffelgesicht!« schreie ich und hüpfe auf einen Pfeiler zu. Wie gesagt, das hier macht wunderlich. Ich habe das Gefühl, einen alten Freund wiederzutreffen, denn auf dem Pfeiler klebt mein persönlicher Lieblingswegweiser: die Skizze eines Pilgers mit Hut, Stab und einem dreimal so breiten wie hohen Kopf. Kartoffelgesicht eben. Der spitze Hut deutet in die richtige Richtung. Einen Meter weiter klebt ein weiteres Schild: noch 2,4 Kilometer bis Tempel achtzehn. Und als die Abzweigung von der Hauptstraße weg auf eine kleinere Straße führt, klingt der letzte Akkord der Wolfmother-Platte dann auch aus.

Und sofort spüre ich wieder alles. Es ist angenehm, gleichzeitig mit der Umgebung runterzuschalten. Ich lasse die Schnellstraße hinter mir. Ich schiebe die Kapuze vom Kopf und sehe wieder meine Umgebung. Einfamilienhäuser. Dazwischen Wiesen. Vogelstimmen. Alles scheint sich zu verlangsamen. Auch meine Schritte. Und ich komme wieder zu mir. Heftiger als vorher sind die Schmerzen und die Erschöpfung zurück. Bei Tempel achtzehn hinke ich mal wieder völlig entkräftet durchs Tor.

Wie viele Tempel liegt auch dieser auf einem Hügel. Was fürs Ankommen beschwerlich ist, ist fürs Dasein umso friedlicher.

Es. Ist. Ruhig.

Umgeben von Wald, vor der Haupthalle Palmen. Meister Kobo soll hier siebzehn Tage ein Ritual abgehalten haben. Seine Mutter wollte ihn besuchen, aber das Problem war, dass Frauen damals nicht auf heilige Berge durften. Tempel zwölf mit seinem feuerspeienden Drachen und Koya-san, die heilige Hochebene, wo ich über Vollmond und Lotus gelernt habe, waren verboten für Frauen. Und der Hügel hier eben auch. Weil Kobo es wahrscheinlich fies fand, dass Muttern ihn nicht treffen konnte, hob er das Verbot für diesen Tempel auf. Sie war dermaßen von Dank erfüllt, dass sie sich flugs den Kopf schor und Nonne wurde. *Onzanji* heißt Tempel des dankbaren Berges.

Für eine baldige Unterkunft wäre ICH wirklich dankbar, und der Mönch vom Stempelbüro empfiehlt mir ein *minshuku*, ein japanisches Hotel, auf dem Weg kurz vor Tempel neunzehn. Der liegt viereinhalb Kilometer entfernt. Als ich das Gelände verlasse, kommt eine Gruppe Buspilger an, sofort irres Gewusel, und ich schaffe es noch ins Klohäuschen, bevor sich davor eine Schlange mit schwatzenden Rentnerinnen bildet.

Der Weg ist eine Zeit lang ganz nett: Bambuswald. Ich muss an meine erste Japanreise denken, bei der ich auf der Insel Sado bei einem traditionellen Sommerfest half. Wir waren eine Gruppe von sechs Freiwilligen, die Hälfte davon Japaner, und wir backten an einem Stand *okonomiyaki*, japanische Pfannkuchen mit Kohl und Fischstreuseln. Abends lagen wir nebeneinander auf den Futons, und eine der Japanerinnen erzählte uns eine Gutenachtgeschichte. Das *Taketori Monogatari*, die Erzählung vom Bambussammler, das älteste Märchen Japans. Es beginnt in so einem Wald. Während bei uns Märchen mit »es war einmal« anfangen, heißt es in Japan »*Ima ha mukashi*. Jetzt ist früher«. Und jetzt, also früher, geht der kinderlose Bambussammler wie jeden Tag in den Wald, um, klar, Bambus zu sammeln. Aber ein Bambus sieht besonders aus. Er leuchtet. Und in dem Stamm sitzt ein kleines Menschlein, nicht mal zehn Zentimeter groß. Der Sammler nimmt die Gestalt mit nach Hause zu seiner Frau. Die zwei beschließen, dass das ein Zeichen ist. Dass das das Kind ist, das sie nie hatten, und sie werden es aufziehen.

Beim Bambusschneiden findet der Sammler, eigentlich ein armer Mann, von nun an Goldstücke. Das zauberhafte Wesen wird schnell größer, wächst zu einem Mädchen heran, zu einer jungen Frau, so strahlend und so schön, dass die Leute sie Leuchte-Prinzessin (*Kaguyahime*) nennen. Was jetzt passiert, ist relativ Standard: Ihre Schönheit wird im ganzen Land bekannt, und alle möglichen Typen kommen angerannt und wollen sie haben. Weil Leuchte-Prinzessin sie zappeln lässt, sind am Ende nur noch fünf übrig, allesamt Prinzen, die es irgendwie ernst meinen. Um sich zu beweisen, sollen sie Aufgaben erfüllen. Der eine soll die Steinschale des Buddha bringen, der andere einen Mantel aus dem Pelz der Feuerratte. Die Typen bringen der Prinzessin aber irgendwelche Fälschungen oder geben ihre Suche auf, als sie bei der Mission fast verrecken, einer stirbt sogar tatsächlich bei einer Kletteraktion. Jetzt beginnt sich auch der Kaiser für die Dame mit der kalten Schulter zu interessieren.

Als er sich ihr einmal nähert, verwandelt sie sich in einen Schatten, und die zwei schreiben sich drei Jahre lang Briefe. Irgendwann, ein Vollmond steht am Himmel, erzählt die Strahlefrau ihren Adoptiveltern, wer sie wirklich ist. »Ich bin die Mondprinzessin, und bald werde ich abgeholt.« Der Kaiser schickt eine Armee, um sie auf der Erde zu halten, scheitert jedoch, und ein Wolkenwagen fliegt sie zurück in die Hauptstadt des Mondes, dorthin, wo sie offenbar hingehört. Ihren Eltern und dem Kaiser hinterlässt sie einen Unsterblichkeitstrank. Die Eltern sind so traurig, dass sie sterben, noch bevor sie daran genippt haben. Der Kaiser lässt den Trank zu einem Berg bringen, der den Wolken nah ist. Dort soll er verbrannt werden. Es ist der höchste Berg Japans, der Fuji. An manchen Tagen sehe man dort immer noch den Rauch dieses Feuers.

Mich hat diese Geschichte damals vollkommen verwirrt. »Was? Das ist das Ende?«, habe ich gefragt. »Das kann nicht sein!« Eine Prinzessin auf Abwegen, die am Ende ihre Pflegeeltern vor Gram sterbend zurücklässt? »Lena, sie war die Mondprinzessin. Sie musste zurück«, war die einzige Erklärung, die ich bekommen habe. Was sollte die Moral dieser Geschichte

sein? Akzeptiere die Dinge, wie sie sind? Alles ist vergänglich?
Man lebt nur einmal? Oder: Jeder muss immer dahin zurückkehren, wo er herkommt? Ich verstehe es immer noch nicht. Am
wahrscheinlichsten ist wohl, dass die Japaner erklären wollten,
dass ein Vulkan wie der Fuji ab und zu raucht.

In dem Bambuswäldchen, durch das ich laufe, gibt es jedenfalls weder helles Licht noch ein kleines Wesen. Zumindest sehe
ich keines. Bald bin ich ohnehin wieder auf Asphalt unterwegs.
Jeder Schritt ist einer zu viel. Um vier Uhr nachmittags, zehn
Stunden nachdem ich meine letzte Unterkunft verlassen habe,
komme ich im *minshuku* an.

»Lass den Rucksack hier und dann fix zu Tempel neunzehn«,
ruft die Herbergsmutter.

Ich streife den Rucksack ab und plumpse auf einen Hocker.

»Ich kann grad nicht.«

»Du musst aber, der Tempel hat nur noch eine Stunde offen.«

»Und morgen um sieben macht er wieder auf.«

»Nein, das geht nicht. Morgen musst du um fünf Uhr aufstehen und um halb sechs frühstücken. Sonst schaffst du es nicht
den nächsten *nansho* hoch und zu Tempel zwanzig und einundzwanzig.«

Hä? Mir war bisher nicht bewusst, dass es eine fixe Agenda
gibt, die ich ablaufen MUSS. Genauso wenig, dass der nächste
Tempel schon wieder ein »schwieriger Ort« ist. Und deswegen
starre ich einfach an die Wand. Die Frau weiß offenbar genauso
wenig wie ich, was tun. Dass ein Pilger das Pilgern verweigert,
scheint ihr noch nie untergekommen zu sein.

»Ich kann wirklich nicht. Ich möchte morgen gar nicht laufen.«

»Ja doch, du musst. Das wird passen, und jetzt schnell zu
Tempel neunzehn.«

Zehn Minuten später sitzen wir immer noch da, ich fertig,
sie überfragt.

Sie lenkt ein, will mir jetzt mein Zimmer zeigen. »Da kannst du kurz ausruhen und in einer halben Stunde zum Tempel.«

Ich gehe dann doch noch raus. Der Tempel ist fünf Minuten entfernt, aber es tut einfach alles weh. Auch ohne Rucksack. Auch mein Kopf ist Matsch, und nicht mal Innehalten klappt so wirklich. So bringt das nichts. Als ich zurück ins *minshuku* komme, ist das Bad eingelassen. Das heiße Wasser tut gut, aber irgendjemandes Schamhaare schwimmen im Becken. Die Pilger steigen wie bei den Thermalbädern einer nach dem anderen in die Wanne.

Eine Stunde später liege ich in meinem Zimmer auf dem Futon. Mein Magen ist mehr als achtzig Prozent voll: Es gab gedünsteten Kürbis, frittierten und rohen Fisch, Tofu in *mikan*-Sauce und Algensalat mit *yuzu* – beides wieder mal regionale Zitrusfrüchte, *mikan* geht in Richtung Mandarine, *yuzu* sieht aus wie eine kleine Grapefruit und schmeckt nach einer wilden Mischung aus Limette, Grapefruit und Zitrone. Dazu habe ich drei Portionen Reis intus. Mein Kopf dröhnt von all den Eindrücken. »Ich werde alles als Teil meiner asketischen Ausbildung begreifen«, sagt die abgeranzte Frau, dazu schwimmen Mr Miyagi und Kartoffelgesicht um mich rum, als ich die Augen schließe. Die Gitarren von Wolfmother, der Soundtrack des Tages, tönen im Hintergrund. Ich glaube, was ich heute vor allem gelernt habe, ist: Wenn ein Bus dasteht, steig einfach ein. Morgen möchte ich einen Pausentag.

8

»Eine gute Erfahrung wird es erst, wenn es nicht nach Plan läuft.«

(Gästehaus vor dem Kranich-Tempel)

Das Rumoren der Pilger, die heute tatsächlich über die nächsten Berge klettern wollen, weckt mich um halb fünf. Ich bleibe in mein *onemaki*, meinen ehrenwerten Schlafwickel, gepackt liegen. Nie wieder möchte ich etwas anderes anziehen. Keine enge Sportleggings, keine geschlossenen Schuhe. Vor allem möchte ich keinen Rucksack tragen. Meine Waden sind zu einem festen Klotz zusammengezurrt. Meine Zehen und Ballen schmerzen bei jeder Berührung. Der Futon, die Decke, das Kopfkissen, alles um mich ist weich und kuschelig. Wie ich so faul rumliege, fühle ich mich fantastisch und stelle mir vor, wie wunderbar das sein wird, hier heute den ganzen Tag zu faulenzen. Und ich denke darüber nach, was man von seinem Körper verlangen kann. Ich kenne hunderte Leute, die an ihrem Körper vorbeileben, die zu viel verlangen oder etwas, das nicht zu ihnen passt. Ich habe das Verhältnis zu meinem Körper immer als sehr eng empfunden. Vor der Krankheit haben wir selten gestritten, und meistens habe ich gemacht, was er mir gesagt hat. Ich konnte die Signale deuten und habe dementsprechend reagiert. Und ich wusste, im Zweifel ist mein Körper für mich da. Er funktioniert. Wir sind eins. Aber als ich krank wurde, habe ich ihn nicht mehr verstanden. Seitdem ist er mir oft ein Rätsel. Wir fingen an Knatsch zu haben. Ich wollte, aber er machte gar nichts mehr. Seitdem weiß ich nie, wie viel mein Körper eigentlich verträgt, wann die Diva wieder austickt. Ich würde gerne seine Sprache sprechen und ihn überreden zu tun, was ich will. Oder muss ich mich diesem launischen Ungetüm einfach beugen? In mir hat sich eine Unsicherheit breitgemacht. Es ist, als hätten mein Körper und ich uns nie gekannt. Als würde ich jetzt in etwas anderem wohnen. Ich muss ihn neu kennenlernen. Jeden Tag aufs Neue ausloten, was meine Grenzen sind. Heute ist die Message klar: Ich brauche eine Pause.

Um kurz vor sechs holt mich die *minshuku*-Betreiberin allerdings höchst persönlich mit einem »Bitte, iss jetzt endlich!« zum Frühstück.

Der obligatorische Ölofen brummt, ein japanisches Ehepaar trinkt gerade noch *sencha*, bereit zum heutigen Fußmarsch. Während ich mich im Schlafwickel an den Tisch setze, tragen die beiden schon ihre Funktionskleidung.

»Was ist denn mit dir los?«, fragt der Mann des Paares.

»Ich mach heute gemütlich.«

»Aber du gehst noch los?«, fragt die Wirtin.

»Eigentlich wollte ich bleiben. Es gibt doch noch einen Platz heute?« In den Augen der Frau entdecke ich Neid. Müde sieht sie aus. Die zwei anderen gucken derart entgeistert, als hätte ich nicht »Ich möchte gerne für eine weitere Nacht zahlen« gesagt, sondern: »Ich sehe nicht ein, dass ich für diese Übernachtung gestern zahlen soll, und übrigens übernehme ich den Laden, raus mit euch.«

Das Ehepaar schnallt die Rucksäcke um, seiner blau, ihrer rosa. Sie wollen heute über den nächsten *nansho*, zwei Gipfel, zwei Tempel.

Als wir zu zweit zurückbleiben, sagt die Wirtin: »Entschuldigung, aber das geht nicht, dass du bleibst.«

»Wieso nicht? Ich bin fertig. Ich kann heute nicht laufen, und Sie haben ein Bett frei.«

»Stimmt. Aber du musst.«

»Aber warum?«

»Entweder du läufst heute zu Tempel einundzwanzig und übermorgen zu zweiundzwanzig. Oder du musst morgen alles auf einmal laufen. Und das schaffst du nicht.«

»Aber ich könnte das doch auch übermorgen und überübermorgen machen?«

»Nein, entweder du läufst, oder ich muss dich fahren.«

Es klingt wie eine Drohung.

»Alle machen das so. Sonst kommt alles durcheinander.«

»Aber ich kann nicht«, sage ich. »Außerdem sind die anderen kein Maßstab für mich.«

Das ist ein Zitat meines Vaters. Der fand es immer unmöglich, wenn wir Kinder »die anderen«, die irgendetwas haben, machen, dürfen, als Vergleich herangezogen haben. Ich bin groß geworden mit dem Wissen, dass ich nicht das mache, was die anderen machen, sondern das, was für mich passt. Und jetzt sagt mir diese Frau, ich müsse etwas tun, einzig und alleine aus dem Grund, weil es alle tun?

Das ist bizarr, aber die Message ist klar: Ich bin hier keine zweite Nacht willkommen. Mein Traum vom Pausentag ist dahin.

Wir gucken uns gemeinsam die Karte an, die neben dem Tisch hängt. Das Problem ist wieder mal, dass es nicht überall Unterkünfte gibt. Wer läuft, muss eine gewisse Distanz zurücklegen können oder steckt im Nirgendwo fest. Ich zeige ihr eine Unterkunft auf DER Liste. Vier Kilometer entfernt von hier. Die nächste Möglichkeit danach liegt immer noch VOR der Bergkette und dazu in einer Siedlung. Zehn Kilometer von hier entfernt. Dort gebe es einige *minshuku*.

»Zehn Kilometer, das sind nur ZWEI Stunden«, sagt die Frau, die mich offensichtlich immer noch gnadenlos überschätzt. »Du machst einfach *chokochoko*.«

Chokochoko gefällt mir. Das ist Lautmalerei und heißt trippeln, tänzeln. Japanisch ist voll von Onomatopoesie wie dieser. Starker Regen schüttet nicht, sondern macht *zaza*. Der Frosch macht *gerogero*, statt zu quaken. Wer fließend Japanisch spricht, ist *perapera*. Wer vor einem Date aufgeregt ist, dessen Herz macht *dokidoki*. Immerhin würde ich heute nicht *noronoro* machen, also kriechen, sondern *chokochoko*, tänzeln. Das klingt geschmeidiger, leichtfüßiger. Noch lieber hätte ich *gorogoro* gemacht. Jugendsprache für Abchillen. Ich werfe einen wehmütigen Blick auf den weichen Futon, streife den Schlafwickel ab und packe zusammen.

»Sagen Sie mal, sind Sie eigentlich selbst gepilgert?«, frage ich beim Rausgehen.

»O ja!«

»Zu Fuß?«

»Nein, Laufen ist nichts für mich. Ich war mit dem Auto unterwegs. Zu ein paar Tempeln der Umgebung.«

Ich muss loslachen. Diese Frau, die selbst keine Ahnung von zittrigen Beinen und schmerzenden Ballen hat, schmeißt mich ernsthaft auf die Straße, auf der sie selbst nur mit dem Auto rumfährt.

Sei es drum. Mein neues Ziel: die nächstmögliche Unterkunft. Und das *chokochoko*.

Vielleicht gleich beim Tempel um die Ecke? Fünf Minuten später frage ich dort: »Habt ihr noch ein Zimmer frei heute?«

»Leider nicht.«

Schade, das wäre irgendwie witzig gewesen. Aber jetzt, wo ich im Morgenlicht auf dem Tempelgelände stehe, fällt mir auf, wie schön er ist. Gestern Nachmittag bin ich wie im Halbschlaf hergewankt. Jetzt sind meine Sinne scharf. Das Rosa und Grün der massiven Glockenbänder, die Pagode, die glatten Steinstatuen, die bunten Blumenbilder an der Decke der Haupthalle. Finde ich alles wunderschön.

Nach fünfzehn Minuten auf der Straße fläze ich mich auf die erste Bank. Jede Möglichkeit, mich auszuruhen, ist heute keine Einladung, sondern ein Befehl. Am Rand der Straße liegen geflutete Felder, sie werden für die nächsten Reispflanzen schick gemacht. Reis ist in Japan Grundnahrungsmittel und irgendwie auch Heiligtum. Den abgeschotteten Markt schützt ein immenser Importzoll, und Reis kochen gilt als Kunst, die mit Glaubenssätzen wie »Den Reis nach dem Waschen mindestens eine halbe bis eine Stunde ruhen lassen, sonst ist er nicht glücklich« durchsetzt ist. Es geht also um nichts Geringeres als um Glück. Letztes Jahr auf Shikoku standen die knallgrünen Gräser, die sich im Wind wiegten, kurz vor der Ernte. Jetzt sind die Felder wie quadratische Seen, die Welt spiegelt sich in ihnen. Ich komme an einem Kanal vorbei, das Wasser braun und dickflüssig, und Schildkröten, die sich eben noch am Rand gesonnt haben, lassen sich eine nach der anderen reinfallen.

Eineinhalb Stunden nachdem ich aus meinem Schlafwickel-Futon-Paradies vertrieben wurde, stehe ich vor der Unterkunft, die auf DER Liste angegeben ist. So eine Art Blechgarage. Ich schiebe das Tor auf und stehe in einem Tatami-Raum. Es stinkt nach Rauch. Staub treibt durch die Luft. Trotzdem ziehe ich meine Schuhe aus und lege mich auf den Boden, alle viere von mir gestreckt. Soll ich hierbleiben, ausruhen, *gorogoro* machen? Zu essen habe ich außer ein paar Energieriegeln und einem Liter Wasser allerdings nichts dabei. Einen Supermarkt gab es auf dem Weg nicht. Ich wedle mit den Armen um mich, denn da schwirren Mücken. Die mit den schwarz-weiß gestreiften Beinen, Asiatische Tigermücke. Sie überträgt in anderen Gegenden Zika und Dengue. Auch in Europa gibt es schon ein paar Exemplare. Wirklich entspannt ist das nicht. Wenn es tatsächlich nur noch fünf Kilometer zur nächsten Siedlung sind und es dort alles gibt, könnte ich das schaffen. Und eine Alternative scheint es ohnehin nicht zu geben.

Schuhe wieder an. Bin ich eigentlich der einzige Mensch, der diese Straße als Berg empfindet? Es ist gar nicht so unwahrscheinlich, dass Leute immer noch auf diesem Weg sterben. Denn während ich vor mich hin hinke, fahren mich ständig Lastwagen fast über den Haufen. Ein bisschen fühlt sich das an, als würde ich in Deutschland mit einer Ministranten-Kutte verkleidet die Bundesstraßen ablaufen. Auf einem Asphaltstreifen durch die Pampa. Es ist laut, es stinkt, es drückt auf die Füße. Und es ist saugefährlich. In einer Kurve kommt mir gerade ein Mitsubishi-Truck entgegen. Auf seiner Schnauze steht: Super Great. Es ist ein ziemlich schweres Ding. Von hinten kommt ein kleiner Canter der gleichen Firma. Wir drei versuchen in Sekunden auszuknobeln, wer sich wohin bewegen muss. Ich: so eng an die Leitplanke wie möglich. Canter: Tritt aufs Gas, um mich zu umkurven und noch vor dem Großen wieder auf seiner Spur zu landen. Super Great: bremst schwerfällig. Wer im Nirwana angekommen ist, ist angeblich derart frei von Bedürfnissen und Anhaftungen, dass er jeden Moment zu sterben bereit ist. Ich muss zugeben: So weit bin ich noch nicht. Und ich weiß auch gar nicht, ob die Einstellung so sinnvoll ist. Es geht doch darum, das Leben zu genießen, solange es da ist. Wer bereit ist zu sterben, ist innerlich schon tot. Oder ist diese Freiheit von allem wirklich das höchste Glück? Keine Ahnung. Die Szene auf der Straße jedenfalls fühlt sich für mich unwirklich an, fast wie Satire. Für Mitsubishi habe ich vor Jahren in der LKW-Entwicklung gearbeitet. Projektmanagement. Vielleicht sind die Bremsen und Achsen, über die ich PowerPoint-Präsentationen anfertigte, in den zwei Fahrzeugen verbaut, die mir hier fast das Leben kosten. Ich sehe mich in diesem trist graubeigen Großraumbüro von damals sitzen. Kollegen, die in der Mittagspause am Platz schlafen, statt mal rauszugehen. Und jeden Morgen kommt *rajio taiso*, Radiogymnastik, aus den Lautsprechern. Die Anzugträger stehen zwischen ihren Schreibtischen und dehnen sich zu fest vorgegebenen Bewegungsabläufen. Entwickelt wurde das Ganze in den Dreißigerjahren, um japanische Soldaten fit zu halten. So kamen die Übungen auch nach Taiwan, Indonesien, Hongkong. Nach 1945 wurden sie geächtet, aber Anfang der Fünfzigerjahre waren sie wieder da, diesmal weniger militaristisch und im nationalen Radio NHK, zugänglich für alle. Deswegen kommt man heute eigentlich nicht daran vorbei. Rentner im Park. Schüler auf dem Sportplatz. Angestellte zwischen den Schreibtischen. Alle machen die gleiche Gymnastik. Super Great!

Eine halbe Stunde später sitze ich auf der nächsten Bank unter verblühten Kirschbäumen und reibe mir die Füße. Es ist wirklich viel besser, langsamer zu laufen und viele Pausen einzulegen. Aber so ganz weiß ich immer noch nicht, warum ich keinen Spa-Aufenthalt auf Bali gebucht habe, statt mein Geld hier für Räucherstäbchen auszugeben und mir die Füße zu ruinieren.

Ein altes Mütterchen humpelt auf mich zu.

»Entschuldigung, darf ich mich zu dir setzen?«

Sie schenkt mir ein selbst genähtes Täschchen, exakt so groß wie eine Packung Taschentücher. »Darin habe ich ein Buddha-Bild versteckt. Es soll dich beschützen.«

Ich erzähle ihr, dass ich heute nicht laufen wollte.

»Gut, dass du weitergegangen bist.« Denn Tempel neunzehn, sagt sie, sei ein spiritueller und moralischer Prüfpunkt. Es habe mal eine Geisha gegeben, die mit ihrem zweiten Geliebten ihren ersten umbrachte. Manche nennen sie Ehebrecherin, manche einfach Prostituierte, wie auch immer, sie begingen einen Mord und wollten untertauchen. Weil es in Japan kaum eine abgelegenere Ecke gibt und hier sicher niemand nach ihnen suchen würde, entschieden sie sich für Shikoku. Sie liefen den *Henro*. Aber bei Tempel neunzehn verfing sich das Haar der Frau in der Glocke. Sie kam nicht los, musste sich den Kopf scheren, gestand alles und, klar, so enden die meisten Legenden hier, in denen Frauen vorkommen, und sie hatte ja nun schon die passende Frisur, wurde Nonne. Wer moralisch ein Problem habe, bleibe bei den Prüfpunkten (Tempel neunzehn, siebenundzwanzig, sechzig und sechsundsechzig) hängen, sagt die Alte. Sie sieht mein Weiterlaufen nun als Bestehen des ersten großen Tests.

»Diese Täschchen mache ich übrigens seit Jahren«, lenkt sie das Gespräch wieder auf sich. Einmal sei ein Abgeordneter des Oberhauses vorbeigekommen. »Ein ziemlich hohes Tier, aber den Namen verrate ich dir nicht.« Er habe bei ihr geklingelt und ein Täschchen verlangt. »Ich habe rebelliert. Einfach gesagt: Nö!« Sie wolle selbst entscheiden, wem sie etwas schenke. Egal, welche Position der Typ innehatte, das *osettai*-Prinzip habe er nicht verstanden.

Osettai. Die Gaben für die Pilger, die als heilig gelten oder zumindest Meister Kobos heilige Begleitung haben. Deswegen helfen die Leute den Pilgern. Wenn ich also ein selbst gemachtes Täschchen mit mir rumtrage, ist das eigentlich für den Heiligen, und die Schenkenden pilgern indirekt mit, ohne selbst den Weg auf sich zu nehmen. Es vergeht auf dem Weg kaum ein Tag, an dem man nicht irgendetwas bekommt. Das fing sogar schon an, bevor ich letztes Jahr Shikoku überhaupt betreten hatte. Ich wartete am Bahnhof auf den Zug, der mich zur Fähre bringen sollte. Eine alte Frau setzte sich neben mich und fragte, ob ich zum Pilgern fahre, wo ich zu übernachten gedenke, ob ich die Fahrt von der Fähre dorthin schon organisiert habe. Ich sagte so was wie: Ja, da und nö. Sie telefonierte. Danach sah sie mich spitzbübisch an: »O.k., also eine Freundin von mir holt dich von der Fähre ab und bringt dich zum Hostel. *Osettai*.«

Irgendwie verwirrt mich das. Ich habe Jahre in Tokyo verbracht, und die Leute dort empfinden es in der Regel gar nicht als so freundlich, jemandem zu helfen, sondern teilweise sogar als unhöflich. Bei meiner ersten Japanreise stürzte eine junge

Frau beim Aussteigen aus dem Zug, und die anderen Fahrgäste stiegen über sie hinweg, als sei nichts passiert, als gäbe es diese Frau gar nicht. Sie blieb derweil liegen. Als ich ihr die Hand reichen wollte, starrte sie mich fassungslos an und schüttelte vehement den Kopf. Sie kroch aus dem Weg, bevor sie aufstand und mich verdutzt zurückließ.

Später traf ich für eine Reportage einen jungen Japaner, der im Biomarkt jobbt und in seiner Mittagspause ein Power Rangers-Kostüm anzieht. Der Grund? Er möchte seinen Mitmenschen helfen. Im knallgrünen und hautengen Plastik-Outfit steht er dann im Westen Tokyos an einer U-Bahn-Station, an der es keine Rolltreppen gibt. Dort wartet er auf Passanten mit Kinderwägen oder Rollkoffern, denen er tragen helfen kann. Er habe es zuerst ohne Maske versucht, aber das habe nicht funktioniert. Kaum einer habe seine Hilfe annehmen wollen. Laut einer Umfrage ist es gut 62 Prozent der Japaner peinlich, mit schwerem Gepäck in die Bahn zu steigen. Sie haben Angst, anderen zur Last zu fallen und übermäßig viel Platz einzunehmen. 44 Prozent würden gerne anderen mit ihrem Gepäck helfen, trauen sich aber nicht. Wer hilft, dringt in die Intimsphäre der Menschen ein und gibt ihnen das Gefühl, in seiner Schuld zu stehen. Deswegen also zieht der junge Mann das grüne Kostüm an: Von Superhelden lässt man sich eher helfen. Sie sehen sein Gesicht nicht und verlieren deswegen ihres nicht. Trotzdem wirkten die, deren Gepäck er trug, peinlich berührt. Ein alter Tourist etwa, dessen Rollkoffer er zum Gleis brachte. »Wie kann ich Ihnen nur danken? Vielleicht eine Cola vom Automaten?«, fragte er. Aber der Power-Ranger wollte nichts. Der Alte verbeugte sich so tief, dass ich Angst hatte, dass er sich nie wieder würde aufrichten können. Helfer und Geholfener verbeugten sich immer weiter und tippelten sich weiter und weiter verbeugend voneinander weg. So lange, bis sie den anderen nicht mehr sehen konnten. So ist das Japan, das ich bislang kenne. Irgendwie höflich, aber auch ziemlich distanziert.

In Shikoku scheint das Gegenteil der Fall zu sein. Die Leute helfen so aufdringlich, dass ich mich kaum wehren kann. Sie drücken mir Postkarten zum Nachhauseschicken in die Hand und Schokoriegel. Für die Pilger bedeutet das, dass sie sich fallen lassen können. Auch darum gehe es bei diesem langen Weg, heißt es. Man werde Probleme haben, hadern, mal nicht weiterkommen. Allein sei es nicht zu schaffen. Und dann komme Hilfe von außen. Einfach so. Grundvertrauen entwickeln. Wird schon gut gehen. Und überhaupt erst mal nichts erreichen wollen.

Und manche Schenkenden erwerben offenbar eine gewisse Prominenz. Wie die alte Omi, die gerade neben mir sitzt und an deren Tür pilgernde Politiker klopfen, um auch ein Täschchen von ihr zu kriegen.

Sie schmunzelt. »Du siehst, ich bin berühmt.«

Ziemlich putzig diese Täschchen-Prominenz, denke ich und nicke.

»Ich komme mir vor wie eine Angeberin, aber, wenn ich in meinem Bett liege und aus dem Fenster schaue, habe ich einen optimalen Blick auf die Kirschblüten. Wirklich schade, dass du jetzt erst kommst. Letzte Woche waren sie schön. Und gestern war *hina matsuri*, der Mädchentag.«

Das ist seltsam, denn eigentlich ist *hina matsuri*, wörtlich Puppenfest, am 3. März, und wir haben den 9. April. Eltern einer unverheirateten Tochter stellen in den Wochen vor dem Fest Puppen auf, ein kaiserliches Ehepaar samt Hofstaat. Es heißt, wenn die Familie vergisst, sie bis zum 4. März wieder wegzuräumen, werde das Mädchen erst spät heiraten. Nicht auszumalen, was es für die Mädels auf Shikoku bedeutet, wenn das Fest einen ganzen Monat später stattfindet. Die Alte hat Puppen für ihre Enkeltochter rausgestellt. Ihre Tochter betreibt einen Friseursalon an der Ecke. Dauerwelle, Haare färben. Sie leben zu dritt. Sie und ihre Tochter sind jeweils geschieden. Auch das eher ungewöhnlich, denn in Japan wird nicht jede

114

zweite, sondern nur jede dritte Ehe geschieden, Tendenz allerdings steigend. Die Puppen habe die Alte heute pünktlich wieder in den Schrank geräumt, dem Eheglück der Enkeltochter soll schließlich nichts im Weg stehen. Mit einem »Tut mir leid, dass ich so geprahlt habe, und viel Glück!« verabschiedet sie sich.

Diese flüchtigen Begegnungen sind ungewohnt. Ein Heidi-Fan, eine abgerockte Hardcore-Buddhistin, eine Alte, die berühmt ist für ihre Mikro-Täschchen. Eben noch da und im nächsten Moment Vergangenheit. Im Wald habe ich auf einem Schild »*ichi go, ichi e*« gelesen, wörtlich »eine Zeit, ein Treffen«. Das Prinzip stammt aus der Teezeremonie und heißt übertragen: Nur jetzt. Kein Treffen gleicht dem nächsten. Keine Situation wird sich jemals wiederholen. Auf diesem Pilgerweg fließt alles vorbei. Die Landschaft, die Unterkünfte, die Bekanntschaften. Und jetzt stehe ich vier Stunden, nachdem ich aus der letzten Unterkunft gekickt wurde – im Schnitt bin ich offenbar lächerliche zweieinhalb Kilometer pro Stunde gelaufen –, vor der Siedlung und suche das nächste *minshuku*.

»Wir sind voll, lauf weiter«, sagt der kugelige Mann mit Glatze, der gerade den Eingang fegt.
»Ich kann nicht, wo kann ich sonst hin?«
»Okay, setz dich, *komatta-chan*.« Problemkind nennt er mich.
Er telefoniert jetzt mit seinen Freunden von den umliegenden Unterkünften. Alle Betten sind belegt. Nichts zu machen.
»Gibt es kein *zenkonyado*? Keine Umsonstunterkunft?«
»Im nächsten Tal ist eine Schule, wo du pennen kannst.«
Stimmt, die Schule steht auf DER Liste. Und liegt hinter dem nächsten Gipfel, da, wo ich heute in jedem Fall NICHT hinwollte.
»Schlafsack hast du dabei?«

Ich nicke. »Kann ich bisschen hier sitzen bleiben?«, frage ich. »Eine GUTE Erfahrung wird es erst, wenn es NICHT nach Plan läuft«, sagt der Wirt. »Du musst was ER-LEB-EN.« Ins Haus ruft er: »Mütterchen, hier ist ein Problemkind. Hast du was zu essen für sie?«

Ich schäme mich, die Schuhe auszuziehen, weil meine Füße sicher stinken, aber ich soll jetzt reingehen. In der Küche steht eine Hausfrau in Schürze. Wie aus einem Fünfzigerjahre-Bilderbuch. Sie verbeugt sich und sagt: »Es tut mir so leid, das Mittagessen habe ich bereits vor einer Stunde abgeräumt.«

»Es tut mir leid, dass ich so unangemeldet reinplatze.«

Nach und nach stellt die Frau vor mich: Eine Tasse Kaffee. Eine Schüssel Erdbeeren mit Sahne. Ein großes Stück Käsekuchen. Jedes Mal, wenn sie mit etwas Neuem ankommt, entschuldigt sie sich, dass sie – wie ich ja sehe – rein gar nichts im Haus habe.

Diese Koketterie ist typisch japanisch. Wenn man ein fremdes Haus betritt, sagt der Gastgeber vollkommen unabhängig vom tatsächlichen Zustand der Wohnung: »Entschuldige, dass es unordentlich und klein ist.« Wenn man jemandem ein Geschenk gibt, sagt man: »Entschuldige, es ist etwas Langweiliges.« Und als die Hausfrau mir jetzt sagt, dass ich fließend Japanisch spreche, »Wahnsinn, du bist *perapera*!«, sage ich nicht »Ja, danke!«, sondern: »Noch nicht, aber ich gebe mein Bestes.«

Wir wetteifern etwa eine Stunde darüber, wer sich mehr und unterwürfiger für Quatsch entschuldigt, bis ich beschließe, dass ich diesen Contest nur verlieren kann. Außerdem: Wenn ich tatsächlich über den nächsten Gipfel und Tempel ins nächste Tal muss, sollte ich das im Tageslicht machen. Die Bilderbuchhausfrau rückt meine Schuhe zurecht und rutscht am Ausgang auf ihren Knien rum, um sich von mir zu verabschieden. Sie drückt mir noch eine Flasche *sencha* und ein Stück Kuchen in die Hand.

Als ich mich zu meinem Rucksack runterbeuge, spüre ich einen Klaps auf meinem Hintern. Ich drehe mich um, und der runde Glatzkopf grinst.

»Hattest Dreck am Popo.«

»Klar ...«, sage ich, verdrehe die Augen.

»Ja wirklich«, sagt er und klatscht gleich noch mal drauf.

Ich muss wirklich weiter.

Bald führt ein schmaler Weg in den Wald und den Berg hoch. Asphaltierte, tiefe Stufen. Während ich mich Schritt für Schritt voranquäle, regt mich das alles hier immer mehr auf. Ich schreie in den Wald. In die Wut mischt sich Erschöpfung. Ich wollte heute Pausentag machen. Und als mich die Wirtin rausgekickt hat, wollte ich *chokochoko* bis zur nächsten Unterkunft machen. Jetzt stehe ich wieder auf einem verdammten Berghang, bin aus der Puste und weiß nicht, wo ich schlafen werde. Eine gute Erfahrung wird es erst, wenn es nicht nach Plan läuft? Am Arsch!

Als ich um kurz vor fünf auf fünfhundertfünfzig Höhenmetern aus den Büschen steige und völlig abgekämpft das Tempeltor erreiche, schaue ich die Pilger grimmig an, die dort gerade nicht aus Büschen, sondern aus dem Auto steigen. Alles Weicheier, umweht von frisch gewaschener Wäsche. Ich, eine Wilde, umweht von Schweiß und Zorn. Ich schmeiße meinen Rucksack auf die erstbeste Bank.

Ein Sonnenstrahl fällt durch die Bäume auf eine Gestalt. Sie schimmert golden. Ich bin nicht sicher, ob das ein Mensch ist, eine Statue oder eine Erscheinung. Sie dreht sich zu mir, lächelt. Ein Pilger.

»Schön, dich wiederzusehen«, sagt er, Rucksack und Spitzhut. Ich erkenne ihn nicht. Gehe näher. Und erkenne ihn dann doch. Er ist einer der älteren Männer, die im »Limetten-Laden« übernachtet haben. Weil er in der späten Abend- und in der frühen Frühschicht gegessen hat, haben wir uns nicht unterhalten.

Aber er fühlt sich vertraut an, und vor allem strahlt er Ruhe aus. Meine Wut verpufft wie ein überfälliger Pups.

»Wo schläfst du heute?«

»An der Schule aus DER Liste.«

»Ich auch! Dann bete mal in Ruhe, und wir gehen gemeinsam.«

Nummer zwanzig, *Kakurinji*, Tempel des Kranichwäldchens. Das Holz verlebt, die Statuen bemoost. Die anderen Tempel in der Präfektur Tokushima wurden alle irgendwann zerstört und neu aufgebaut, dieser hat diverse Feuersbrünste überstanden. Kein Wunder, dass er so verlebt aussieht. Ich mag ihn. Riesige Kranichfiguren stehen an Tor und Haupthalle und im übertragenen Sinne für langes Leben und Glück. Als Meister Kobo an diesem Tempel trainierte – also an Mudras, Mantras und Feuerritualen feilte, meditierte oder sich anderweitig spirituell betätigte –, erschien ihm, begleitet von weißen Kranichen, eine Jizo-Statue – der Buddha, der Wanderer und Kinder beschützt. Auch ich habe hier gerade das Gefühl, gerettet zu werden.

Es dämmert bereits, als wir an der Schule ankommen. Eine abgeblätterte Holzwand mit einer Uhr, die auf Viertel nach neun stehengeblieben ist. Ein Sportplatz mit zerfetzten Netzen in den Fußballtoren. Die perfekte Horrorfilmkulisse. Wo sollen wir schlafen? Ein Klohäuschen. Ein Wasserhahn. Eine Betontreppe hoch zum Eingang, darauf ein paar Holzplanken. Die Schultüren sind verschlossen. Von einem Nagel baumelt ein Notizheft. »Gästebuch« steht darauf. Unser Schlafplatz ist also das: Holzplanken auf Beton.

Ich ziehe mich im Klohäuschen um, verteile die nassgeschwitzten Kleider auf einem Mäuerchen und fülle meine Wasserflasche. Bisher weiß ich, dass mein Begleiter Ogawa heißt, neunundsechzig Jahre alt ist und dass er nicht nur die achtundachtzig

118

Tempel abgeht, sondern auch noch zwanzig zusätzliche Tempel. *Bangai* heißen die, »außerhalb der Reihe«.

»Hab gehört, die sollen besonders schön sein«, sage ich.

»Vor allem sind sie echt weit draußen. Fast alles Bergtempel.« So wirklich Spaß scheint ihm das Pilgern nicht zu machen. »Die Deutsche ist schnell«, hätten die zwei Trinker vom Limetten-Laden über mich gesagt. »Aber eigentlich«, sagt Ogawa, »waren die zwei nur suuuuperlahm.«

Obwohl Ogawa doppelt so alt ist wie ich und einiges an zusätzlicher Strecke macht, ist er gleichzeitig mit mir hier. »Falls du Schmerzen hast, mach das«, sagt er und klopft seine Waden ab. Er spreizt die Zehen mit den Fingern, dehnt sie vor und zurück. »Nach einer Viertelstunde passt wieder alles.« Ich bin hier nicht nur mit einem schnellen, sondern auch erfahrenen Wanderer gestrandet. Und er hat recht. Wenn ich mir mit den Fäusten seitlich auf die Waden haue, lockert sich der Muskelklotz. Ich probiere das mit den Zehen. Plötzlich höre ich einen Schrei.

Zwei *tanuki*, Marderhunde, rennen über den Sportplatz und fauchen sich an. Die kenne ich bisher nur als überzeichnete Comicfiguren. Ich hätte nie gedacht, dass sie so schnell rennen können. Sie sind pelzig und knuffelig, und ich habe sie mir viel größer vorgestellt. In der japanischen Sagenwelt gehören die *tanuki* zusammen mit den Füchsen zu den Verwandlungskünstlern. Während Füchse sich in schöne Frauen verwandeln und heimtückisch Menschen verführen und sie ins Elend treiben, gelten *tanuki* als gutmütig, derb und versoffen. Sie zaubern mit ihren überdimensionalen Hoden, trinken Sake, singen laut und bezahlen nie ihre Schuldscheine. Sie ändern ihre Form nicht aus Berechnung, sondern weil es ihnen Spaß macht. Die fauchenden Marderhunde auf dem Sportplatz klingen überraschend knarzig.

Ohne Sonne wird es schnell kalt. Kein Ofen oder Heizteppich heute, nicht mal eine schlecht isolierte Baracke. Wir sind einfach draußen in den Bergen. Ich rolle den Schlafsack aus, ziehe alle Kleider, die ich mithabe, übereinander und schlüpfe hinein. Ogawa hat trotz seiner dreizehn Kilo Gepäck keinen Schlafsack dabei, zieht stattdessen seine Regenkleidung drüber und legt sich auf eine dünne Notfalldecke, die er als Matte verwendet, neben mich auf die Holzplanken.

9

»Jeder, den du triffst, ist Meister Kobo.«

(Schild im Wald, kurz vor dem Tempel des Großen Drachen)

Die ganze Nacht verbringe ich im Halbschlaf. Zittere. Die Arme wegen der Kälte derart fest verkeilt, dass sie krampfen und einschlafen. Immer wieder durchfährt mich eine Gänsehautwelle wie Strom. Und das erste Mal in meinem Leben merke ich, dass das tatsächlich wärmt. Hatte ich bisher immer für eine Mär gehalten. Ich habe schon mal im Winter in Island gezeltet, am Fuße des größten Gletschers Europas, aber so doll gefroren habe ich noch nie. Irgendwann hole ich meinen Regenponcho aus dem Rucksack. Ein paar Millimeter Nylon mehr gegen die Kälte. Ich bibbere weiter, bis es dämmert.

Als ich vom Zähneputzen zurückkomme, hat Ogawa einen kleinen Kocher aufgebaut. Darauf ein Töpfchen Wasser. Er kippt Zucker und Kaffeesahne rein.

»Schmeckt besser, als man denkt«, sagt er und reicht mir einen Alubecher. »Ich hätte das Zelt aufbauen müssen, es hat auf fünf Grad abgekühlt.«

Das Wasser mit Kaffeesahne ist vor allem heiß. Wir schreiben ins Gästebuch und zücken unsere *Osamefuda*. Ogawas Zettel ist grün. Das bedeutet, dass er das Ganze zum fünften Mal macht. Je nach Häufigkeit ändert sich die Farbe. Meiner ist weiß. Ab fünf Mal sind die Zettel grün, ab zehn Mal rot. Silbern ab fünfundzwanzig, golden ab fünfzig. Ab hundert Umrundungen sind die Zettel aus Brokat. Das gibt den Pilgern eine Hierarchie. Je öfter man den *Henro* macht, desto schicker die Zettel.

»Immer gelaufen, mit Zelt und allem?«, frage ich.

»Ich laufe das erste Mal.«

»Aber du kommst immer wieder. Ist das *shikoku-byo*? Die Shikoku-Krankheit?« Ich habe davon gehört, dass sich manche diese »Krankheit« einfangen. Sie bekommen nicht genug von Shikoku. Machen immer wieder diesen *Henro*. Immer wieder im Kreis. Eine Pilgersucht. Vielleicht ist Ogawa davon befallen?

Der lacht und sagt: »Ich glaube nicht. Ich möchte das jetzt einfach EIN MAL laufen.« Er dreht die Runde zwar zum fünften Mal, kennt sie bisher aber nur aus dem Auto. Diesmal will er den Weg zwischen den Tempeln kennenlernen. Und die zwanzig *bangai*, die Außerhalb-der-Reihe-Tempel. »Dann habe ich wirklich alles gesehen«, sagt er.

Meine Beine und Füße fühlen sich mit seinen Tricks weniger krampfig an als die letzten Tage, und auch mein Rucksack ist leicht heute. Mir ist der Proviant ausgegangen.

Um kurz vor sechs brechen wir von der Schule auf. Auch während des Laufens gibt mir Ogawa Tipps. Bei den Stufen, die sich durch den Wald ziehen, soll ich vorab in die Knie gehen, um den Aufprall zu schmälern. »Sonst geht es zu sehr auf die Gelenke.« Er meint es gut, aber dieses Oberlehrerhafte beginnt, mich zu nerven. Wir queren das Tal. Steigen auf den nächsten Berg. Auf einem Schild steht: »Jeder, den du triffst, ist Meister Kobo.« Jeder ist also dein Lehrmeister. Jeder kann dir etwas beibringen.

Nach sechshundertzehn Höhenmetern und zwei Stunden Keuchen und Schwitzen erreichen wir Tempel einundzwanzig, den Großen-Drachen-Tempel. Als Fünfzehnjähriger rezitierte Meister Kobo hier eine Million Mal ein Sutra. Fünfzig Tage saß er dazu auf diesem Berg. Er versprach sich die Erleuchtung, geklappt hat es nicht. Verschiedene böse Geister seien ihm erschienen, getarnt als schöne Frauen oder Drachen, doch immerhin habe er sich dadurch nicht beirren lassen.

Ogawa geht Zähne putzen. Ich ziehe mich um. Ist gar nicht mehr so kalt in der Sonne und nach dem Anstieg, der hinter uns liegt. Ich trage ein paar Lagen weniger. Dafür hole ich die Pilgerweste aus dem Rucksack und mein Brokatband, die Gebetskette, die Räucherstäbchen und die Kerzen, die *Osamefuda*-Zettel und das Tempelbuch. Die meisten Japaner transportieren das alles in einer weißen Pilgertasche, die sie immer um den Hals tragen. Darauf steht »*dogyo ninin*«, »zwei Menschen gehen zusammen« oder »zwei Menschen, eine Praxis«. Der eine ist man selbst, der zweite Meister Kobo. Nie sei der Pilger allein, immer begleite ihn der Meister. Dasselbe steht im Übrigen auch auf dem Rücken der Pilgerwesten. Mich erinnert der Spruch an »You'll never walk alone«, den Musical-Song von 1945, der mittlerweile vor allem Fußballhymne ist. Den Rest des Tages werde ich einen Ohrwurm davon haben. Statt der Tasche hängt bei mir die Spiegelreflexkamera um den Hals. Die Pilgersachen habe ich in einer Plastiktüte vom *Combini*. Je nachdem, wie viele Tempel an dem Tag anstehen, liegt die Tüte mit Proviant oder die mit Gebetsutensilien weiter oben im Rucksack.

Nach dem Beten gucke ich mal wieder auf DIE Liste. Die nächste Unterkunft ist nach Tempel zweiundzwanzig. Das wären heute wieder knapp zwanzig Kilometer. Weit, wenn man seit Tagen pausieren will. Davor gibt es nichts oder nur die Unterkünfte, die gestern schon belegt waren. Ogawa sprach gestern davon, dass er täglich vierzig Kilometer machen wolle. Heute sagt er: »Lass uns erst mal gemeinsam weiterlaufen. Ab der Präfektur Kochi wird es furchtbar einsam auf der Strecke.«

Tempel zweiundzwanzig, wo wir mittags ankommen, ist an einen Hang gebaut, und bunte Bänder laufen von den verschiedenen Gebäuden runter zum Tor, als wäre er für eine göttliche Geburtstagsparty geschmückt. Da sitzt ein weiterer verrenteter Läufer. Er hängt am Telefon, möchte sämtliche Unterkünfte für die nächste Woche reservieren. Oft sind sie schon voll, aber nach einer halben Stunde blickt er sehr zufrieden drein und trägt alles in seinen Kalender ein. Die Umsonstunterkünfte sind auch deswegen praktisch, weil sie nicht ausgebucht sein können, denn reservieren kann man sie nicht. Und für die Buspilger, die für die Übernachtungs-Verstopfungen verantwortlich sind, sind sie ohnehin zu rustikal.

Als eine Ladung von ihnen am Tempel ankommt, packen wir zusammen und gehen zum Zimmer auf DER Liste. Es ist sonderbar, wie schnell jemand von einem goldglänzenden Retter zu einem nervigen Etwas werden kann. Ich wäre gern allein hier. All die Eindrücke verarbeiten. Tagebuch in mein Handy tippen. Ausruhen. Aber Ogawa möchte sich unterhalten. Er findet meinen Job »superspannend« und erzählt, dass er sein Arbeitsleben lang Elektrogeräte gewartet hat. »Ich bin auch viel gereist«, sagt er. Gemein haben wir wenig. Es fängt damit an, dass er vierzig Kilometer pro Tag läuft. Rein körperlich kommt das für mich nicht infrage. Warum jemand, der doppelt so weite Strecken macht wie ich, mit mir pilgern möchte, verstehe ich nicht. Hat der Typ Angst vor dem Alleinsein? Wie Leute, die ständig in unglücklichen Beziehungen festhängen?

Ich für meinen Teil nehme meine Umgebung nicht so intensiv wahr, wenn jemand anderes dabei ist. Vielleicht hat das mit meinem Unvermögen zum Multitasking zu tun, aber ich bin dann nicht da, im Moment, in der Umgebung, sondern bei der anderen Person. Ich sehe zwar die Farne am Rand des Waldwegs, der uns von der Schule den Berg hinuntergeführt hat, und den Tau auf ihnen, in dem sich einzelne Sonnenstrahlen spiegelten. Ich sehe das sanfte Morgenlicht, das sich über das gesamte Tal gelegt hat, das wir überqueren, den türkisfarbenen breiten Fluss und den Dunst auf den bewaldeten Bergen vor uns, der sich langsam verzog. Die Buddha-Statuen im Wald, die anzeigen, dass es noch ein Kilometer bis Tempel einundzwanzig war. Dann den Tempel mit den vielen Laternen und Drachenschnitzereien. Die Kirschblüten, die auf dem Berg noch nicht gefallen waren, sondern prall an den Bäumen vor dem Stempelbüro prahlten. Die ewige Straße zum nächsten Tempel und dort die golden ausgekleidete Haupthalle und die Ein-Yen-Münzen auf der Tempeltreppe, die Pilger dort verteilen, um Unglück abzuwenden. Und jetzt sehe ich die heutige Unterkunft, ein Zimmer, die Wände in einem Beige, das über Jahrzehnte gedunkelt sein muss. Ein paar Tatami-Matten, sonst fleckiger Teppichboden. Ein Haufen Futons und Decken. Ein Wasserkocher im Sonnengelb der Siebziger. Draußen ein Klohäuschen und ein Waschbecken. Und bei allem, was ich heute wahrgenommen habe, war dieser Rentnerhintern in der beigen Wanderhose vor mir und versperrte die Sicht auf irgendwas.

Ich habe Hunger und suche einen Supermarkt. Mit der Ausbeute – *futomaki*, Kekse und eineinhalb Liter Ionenzufuhr-Limonade – setze ich mich auf die Stufen neben ein Feld, das so überwuchert mit Unkraut ist, dass es lange her sein muss, dass es bestellt wurde. Ich hoffe, nicht gefunden zu werden, schaue in den Himmel, tiefblau mit schwarzen Wolken, und frage mich, wie man so eine Pilgerbekanntschaft stilvoll beendet. Ohne das Gegenüber vor den Kopf zu stoßen.

Ich stopfe die dicken Sushi-Röllchen, gefüllt mit Tofu, Ei, Thunfisch, Mayonnaise und Rettich, in mich rein. Wahrscheinlich ist mir auch deswegen dauernd schlecht, weil ich, wenn ich esse, viel zu schnell esse. Nach einer halben Stunde komme ich mir selbst lächerlich vor, wie ich vor einem Rentner davonlaufe, um allein in der Pampa zu sitzen, und gehe zurück zur Unterkunft, wo ich Ogawa mit einem Einheimischen finde. Der hagere Typ mit den orange gefärbten Haaren, der Zahnlücke und dem breiten Dialekt gibt uns kleine Schäufelchen. Wir sollen das Gras, das zwischen den Kieseln wächst, als Austausch für den Schlafplatz ausrupfen. »Ein bisschen reicht.« Ich mache also ein bisschen, aber Ogawa hört gar nicht mehr auf zu rupfen. Spätestens als Zahnlücke mir Fragen stellt und Ogawa an meiner statt antwortet, »Sie ist Journalistin und kommt aus Deutschland«, geht er mir so richtig auf den Zeiger.

»Ich kann selbst sprechen«, sage ich.

Und Zahnlücke: »Ich mache mir Sorgen um dich.«

Ich denke: ›Weil ich so vorlaut bin?‹ Aber seine Erklärung folgt prompt: allein reisende Frau. In dieser Art Unterkunft. Er lässt sich meine Liste zeigen und streicht mit Filzstift die Orte an, die bekannt sind für sexuelle Belästigung. Vor drei Typen müsse man sich in Acht nehmen, sagt er. Es gebe zum Beispiel ein Restaurant, dessen Besitzer nur Pilgerinnen übernachten lasse. Die bekämen zwar die Essensreste aus dem Restaurant obendrauf, würden im Gegenzug aber bedrängt. Auf einer kleinen Insel würde ein anderer ganze Wohnungen an allein reisende Pilgerinnen vergeben. Oft belästigen die alten Männer die Frauen mit Sprüchen wie »Soll ich deine Höschen waschen?« oder »Morgen stehe ich früh auf, damit ich dich schlafen sehen kann«. Ich muss mich vor Ekel kurz schütteln. Selbst wenn die Typen nicht wirklich handgreiflich werden, aber wie soll man da ruhig schlafen?

»Ich warne jede, die hier vorbeikommt, vor diesen Orten. Ich habe schon zu viele Geschichten gehört.«

»Vielleicht haben die Frauen das erfunden«, sagt Ogawa. Ich bin kurz davor, ihm eine reinzuhauen.

Zum Glück reagiert Zahnlücke vorher mit einem: »Spinnst du? Die sind auf der ganzen Insel bekannt für ätzende Aktionen. Gefährliche Typen.«

Er deutet auf mich: »Und du gehst da nicht hin!«

Ich muss an die Verkäuferin auf dem Berg *Koya-san* denken, die sagte: Nicht jedem kannst du trauen. Und an den Popoklatscher, der offenbar kein Einzelfall ist. Zum ersten Mal auf meiner Reise wird mir bewusst, dass ich nicht nur langsamer als die meisten Männer bin, sondern auch verletzlicher.

Japan ist ein sicheres Land. Aber nicht unbedingt für Frauen. Am deutlichsten sieht man das an den S-Bahnen der Großstädte. Dort gibt es Waggons, in die zur Rushhour nur Frauen einsteigen dürfen. In den vollen Zügen wird gegrapscht, und es kam sogar schon zu Vergewaltigungen. Und nicht nur dort. Wenige Frauen zeigen die Täter an. Man nennt es: Schamkultur. Die verfälscht die Statistik.

Etwas irreführend ist auch das japanische Wort für sexuelle Belästigung, *sekuhara* – die Kurzform des englischen *sexual harassment*. Als wäre sexuelle Belästigung etwas Ausländisches, etwas Fremdes. Dabei ist sie Teil des japanischen Alltags.

Japaner können auch verbal ziemlich unangenehm werden. In keinem anderen Land höre ich regelmäßiger Sprüche wie: »Hey, du Ausländerin mit den dicken Dingern.«

Auch als Journalistin bin ich teilweise mit grenzwertigen Männern konfrontiert. Am einen Ende der Skala: Ein Protagonist spricht nur mit mir, weil ich »süß« sei. Am anderen Ende der Skala: Ein Protagonist zeigt mir nach dem Interview ungefragt Schwanzfotos auf seinem Handy. Irgendwo dazwischen: Einer, der ansetzt, mich zu küssen, »weil wir uns so gut unterhalten haben«.

Ich war mir der Problematik bewusst, aber hatte nicht damit gerechnet, dass ich als Pilgerin ein Sexualobjekt darstellen würde. Ich dachte, die weiße Weste mache uns alle gleich, geschlechtslos. Wer sollte sich überhaupt an jemanden rantrauen, der mit einem Heiligen im Stock unterwegs ist?

Laut Zahnlücke sind es einige. Zahnlücke lehrt mich die Achtsamkeit. Zahnlücke ist Meister Kobo.

Er erzählt jetzt von »professionellen Pilgern«, die ein Geschäft mit Diebesgut machen. Ein vollgestempeltes Tempelbuch sei im Internet Tausende Euro wert. »Und viele Pilger haben hochwertige Ausrüstung. Die lässt sich gut verticken.«

»Wenn mir mein Rucksack geklaut würde … Es wäre eine Katastrophe«, sagt Ogawa, der plötzlich wieder zuzuhören scheint.

»Ich empfehle euch, ein Schloss zu kaufen. Nur wenn ihr den Rucksack anschließt, seid ihr in Sicherheit.«

»Ein Letztes«, sagt Zahnlücke, »Schlangen! Vorsicht vor *mamushi*!« Die *mamushi* ist eine giftige Vipernart. Ich hatte die Warnzeichen in den Wäldern gesehen. Meist überzeichnete Comicschlangen, denen eine rote Zunge aus dem Maul hing. Gefährlich sahen die nicht aus, eher putzig. »Einer von tausend Gebissenen stirbt«, sagt Zahnlücke. Das sind wenige, aber der Rest liege mitunter wochenlang im Krankenhaus, Nierenversagen, solche Sachen. Wahrscheinlich hätte man danach nicht mehr so viel Lust zum Weiterpilgern.

»Wie sehen die denn aus?«, frage ich.

»Grün oder grau. Rot, braun oder schwarz«, sagt Zahnlücke. »Unregelmäßige Flecken. Und Streifen.«

»Präziser geht es nicht?«

»Präziser geht es nicht. Aber man sagt, wer eine Schlange sieht, hat Glück.«

Aha. Wenn ich demnächst eine rote oder grüne oder schwarze Schlange sehe, die in irgendeiner beliebigen Weise gemustert ist, werde ich davon ausgehen, dass ich eine giftige *mamushi* vor mir habe. Und während ich wegrenne, werde ich mir denken, dass ich mich deswegen glücklich schätzen darf.

Zahnlücke lehrt nicht nur Achtsamkeit, er nimmt die Unbekümmertheit, mit der ich vor ein paar Tagen gestartet bin.

»Und nehmt euch schnell Futons, später kommen sicher noch mehr Pilger.«

Die Stimmung ist etwas gedrückt. Ogawa überlegt, sich vielleicht ein Schloss zu kaufen, als um sieben Uhr abends, draußen ist es bereits dunkel, Suzuki und sein Trinkkumpan die Köpfe zur Tür reinstrecken. Seit unserem letzten Treffen haben sie im oberen Stockwerk eines Taxiunternehmens, in einem Manga-Café und gestern auf einem Parkplatz vor den Bergen geschlafen.

Auf dem Weg nach Shikoku mache ich *Hanami* (Kirschblütenschau) aus dem Zug.

Der *Henro*, der japanische Pilgerweg, führt zu 88 Tempeln, die meisten davon weitläufige Anlagen mit schlichten Gebäuden aus Holz.

Oft gibt es an den heiligen Stätten Schicksalslose zu kaufen.

Morgenlicht an Tempel Nummer sechs. Glücklich ist, wer in den Tempeln übernachten darf.

Der heilige Kobo Daishi – unter seinem Schutz und auf seinen Spuren suchen die Pilger Erleuchtung.

Der Pilgerweg führt in knapp 1.300 Kilometern einmal um die Insel Shikoku. Auf ewigen asphaltierten Straßen am Meer entlang …

… auf schmalen Wegen über Berge und durch Wälder …

… und auf einspurigen Brücken durch verlassene Täler.

Wenn gerade keine
Busreisegruppe an den
Tempeln betet,
ist es dort herrlich ruhig.

Fast so friedlich wie die meisten
der unzähligen Bodhisattva,
Gottheiten und Heiligen,
denen die Pilger begegnen.

Eine Ausnahme macht *Fudo-myo*, vor dem ich mich
anfangs regelrecht gegruselt habe. Doch irgendwann erkannte
ich in ihm einen starken Beschützer.
Mit seinem Schwert soll er Probleme »zerschneiden«.

Reis ist in Japan Grundnahrungsmittel und irgendwie auch Heiligtum. Beim Reiskochen gibt es Glaubenssätzen wie: »Den Reis mindestens eine halbe Stunde ruhen lassen, sonst ist er nicht glücklich«.

Bald werden in dem Wasser knallgrüne Pflanzen stehen. Noch sind die Felder quadratische Seen, in denen sich die Welt spiegelt.

Meine Lehrmeister in Sachen Nirwana und Loslassen sind Mönche, Wildschweine und andere Pilger. Herr Ogawa lehrte mich, meine Zehen abends zu dehnen.

Und die milde Ausstrahlung eines Mannes, den ich »der Lässige« taufte, ließ mich augenblicklich entspannen.

Pilgern bedeutet: verwirrenden
roten Pfeilen zu folgen …

… und handgeschriebenen
Zetteln, …

… auf denen *Henro michi* steht,
»Pilgerweg« …

… und, dass »Kartoffelgesicht«
bald zum guten Bekannten wird,
dessen Hinweise ich
dankbar annehme.

Zu mir sagt Ogawa leise: »Die haben kein Gras gerupft.«

Und ich laut zu Suzuki: »Dann habt ihr ja heute beide Berge am Stück überquert ...«

»Ja, war ein weiter Weg. Und jetzt trinken wir ein Bier! Magst du auch?«

Ich schüttle den Kopf. »Ich kann nicht so gut trinken.«

»Und das als Deutsche ...« Suzuki guckt betrübt. Vielleicht gerät sein Weltbild gerade aus den Fugen.

Um ihn vollends zu schocken, sage ich: »Und ich esse keine Würstchen. Bin allergisch gegen Schweinefleisch.«

Suzuki schüttelt jetzt nur noch den Kopf.

»Man darf hier gar nicht trinken«, mischt sich Ogawa ein und deutet auf eine Benimmliste, die an der Wand hängt. Müll selbst mitnehmen, nicht rauchen, kein Alkohol, nach neun Uhr abends Licht aus und schlafen.

Suzuki lacht. »Ich verstehe das so, dass man nicht besoffen reinstolpern soll.«

Und Ogawa: »Ich denke, es ist ziemlich klar, was da steht: Keinen Alkohol trinken.«

»Okay, lass es mich so formulieren: An diese Regel halten wir uns NICHT.« Suzuki zieht eine Dose Bier aus einer Plastiktüte und lässt sie zischen.

Mir ist ehrlich gesagt vollkommen schnuppe, ob hier jetzt wer ein Bier trinkt oder nicht. Ich mag Suzuki, ich will schlafen, rolle einen Futon aus und breite meinen Schlafsack darauf aus. Krame nach den Ohropax.

Suzuki nimmt sich einen Futon und drei Decken aus dem Stapel und sitzt in seinem Haufen Plumeaus wie ein pensionierter Prinz auf der Erbse. Er nippt an seinem Bier, guckt auf mein vergleichsweise mickriges Schlaflager und sagt: »Deswegen habt ihr Deutschen den Krieg verloren.«

»Wegen Futons?«

»Ihr seid zu bescheiden.«

Ich glaube, dass nicht Genügsamkeit, sondern wenn, dann

129

eher Raffgier ein Problem während des Zweiten Weltkrieges war, bin aber zu erschöpft, das Diskutieren anzufangen. Die Ohropax haben mich mittlerweile ohnehin vollkommen abgedichtet. Ich winke noch ein Gutenacht in den Raum und ziehe die Schlafmaske über die Augen.

Im Traum stehe ich in einer Theaterumkleide. Ich setze mich auf einen roten Samtsessel vor einen dieser riesigen, mit Glühbirnen umrandeten Spiegel, schminke mich und weiß, ich habe gleich einen Tanzauftritt. Auf meiner Schulter entdecke ich ein kleines grünes Blatt. Ich ziehe daran. Es ziept, und ich hole nach und nach einen Ast mit vielen zartgrünen Trieben aus meiner Haut. Eine Freundin steht plötzlich neben mir, sagt »huch, da ist noch mehr«. Ich hole jetzt Ast um Ast aus mir raus. Ein Ende gibt es nicht. Überall, wo ich hingucke, finde ich noch ein weiteres grünes Blatt. »Sag den Auftritt ab, so kann ich nicht tanzen«, bitte ich die Freundin ruhig. In mir wächst ein Urwald.

Das Ganze hinterlässt mich wirr, aber irgendwie gefällt mir der Gedanke. Das Grün in mir hat sich nicht fremd angefühlt. Ich habe mich einfach verwandelt. Ich frage mich, ob mich diese Reise ähnlich stark verändern wird. Werde ich am Ende, wenn ich wieder bei Tempel eins einlaufe, eine andere sein? Ich ziehe die Schlafmaske vom Kopf, spüre jeden Muskel in mir und denke, vielleicht muss ich mit bescheideneren Fragen beginnen: Werde ich es überhaupt bis ans Ende schaffen? Und: Wo laufe ich heute hin?

10

»Nichts als Flöhe und Läuse! Und nah an meinem Kopfkissen pisst auch noch ein Pferd.«

(Matsuo Basho, Dichter und Pilger, 1702)

Es ist fünf Uhr morgens. Suzuki ist schon wach und checkt auf seinem iPad den Wetterbericht. Bewölkt mit starkem Wind.

»Wo schlaft ihr heute?«, frage ich.

»Wieder auf einem Parkplatz. Nach Tempel dreiundzwanzig.«

Ich habe seit Tagen nicht geduscht und hätte gerne mal wieder eine richtige Unterkunft. Vor allem will ich bald Frühstück, außer ein paar Keksen von gestern Mittag habe ich nichts mehr zu essen.

Mit einem »*Mata ne*! Bis dann!« will ich mich verabschieden.

»Welche Route nimmst du heute?«, fragt Suzuki.

»Es gibt mehrere Routen?«

»Wie nach Tempel siebzehn, als ein Weg durch die Stadt und einer über den Berg führte.«

Ah, da hatte mich die Buddhistin mit den Zauberkristallen über den verdammten Berg geleitet.

Er schlägt seine Karte auf. »Diesmal gibt es eine lange und angeblich schöne Meerroute. Und eine kurze, aber hässliche Bergroute.«

»Keine Ahnung.«

»Wir laufen die Bergroute. Ist schneller rum.«

Ich nicke. So wirklich Spaß scheint das hier bisher keinem zu machen. »Also dann …«

»Hey, willst du das?«, fragt er und hält mir einen gehäkelten Topflappen hin. Erdbeerform, größer als ein Handteller, knallrot, knallgrün.

Ich schüttle den Kopf. Ich habe schon drei handgenähte Täschchen in verschiedenen Größen. *Osettai.* Die Insel-Omis und ihre Handarbeit.

»Echt nett«, sagt Suzuki, »und alles für sich leicht. Aber mit der Zeit wird es Ballast. Und wegwerfen kann ich es nicht.«

»Und jetzt willst du deinen Ballast elegant loswerden?«

Ich grinse. Suzuki grinst.

»Aber hey, *ichi go!* Erdbeere!«

Das klingt wie der Anfang von *ichi go, ichi e*; eine Zeit, ein Treffen. Gleicher Klang, andere Bedeutung. Das passiert oft in Japan, wo beispielsweise *hana* je nach Zeichen und Kontext Blume, Beginn oder Nase heißen kann. Wer auf dem *Henro* handgehäkelte Erdbeeren verschenkt, erinnert an die Vergänglichkeit der Zeit und gibt gleichzeitig einen Kalauer zum Besten.

»Bis bald«, sage ich wieder und denke: ›Oder auch nicht?‹ Man weiß es nie. *Ichi go, ichi e.*

Wieder auf der Straße zu sein, fühlt sich großartig an. Die Autofahrer sind um halb sechs Uhr morgens noch im Bett, es dämmert, und die Frösche quaken *gerogero*. Zahnlücke meinte, dass bald ein *Combini* kommen würde, aber da ist nichts. Der Weg führt kurz von der Straße ab, vorbei an einer stillgelegten Fabrik, durch ein Wäldchen auf eine andere asphaltierte Straße. Auf einem Schild eine Wegbeschreibung: Meerroute: links ab, vierundvierzig Kilometer. Bergroute: geradeaus, fünfzehn Kilometer. Dann einmal kurz und hässlich, bitte.

Darauf muss ich nicht lange warten. Autos gibt es mittlerweile reichlich, und vor mir öffnet sich ein schwarzes Loch. Die Bergroute führt durch Tunnel. Ein bisschen ist das, als würde man im Münchner Luise-Kiesselbach-Tunnel oder im Berliner Tierpark-Tunnel einfach aussteigen. Das Gegenteil einer Spazierstrecke. Dunkel und beengt. Ich laufe auf einem vielleicht vierzig Zentimeter breiten Streifen zwischen Fahrbahnbegrenzung und Mauer. Die Luft ist schwer und gesättigt von den ganzen Abgasen und dem Getöse der Autos, die ohne Licht fahren, mich spät sehen, um dann halbherzig auszuweichen. Meine Brust zieht sich zusammen. Mein Herz rast. Ich gehe so schnell ich kann. Licht am Ende des Tunnels klingt klischeehaft, aber fühlt sich tatsächlich gut an. Noch ein Schritt aus dem drückenden Schwarz ans Tageslicht. Ich bleibe stehen. Es dauert ein paar Atemzüge, bis sich mein Herzschlag verlangsamt und die Beklemmung verschwindet. Aber da vorne kommt schon das nächste Loch. Diesmal gibt es einen Knopf, auf den Fußgänger drücken können. Am Tunneleingang leuchtet jetzt matt ein »Vorsicht Fußgänger«-Schild. Sicherer fühle ich mich dadurch nicht. »Man muss die Angst in den Tunneln wegsingen«, habe ich auf irgendeinem Blog gelesen.

Das einzige Lied, das mir gerade einfällt, geht so:

Ich hab Hände, sogar zwei,
und auch Haare mehr als drei,
ich hab einen runden Bauch,
und 'ne Nase hab ich auch …

Ein Kinderlied, das ich von meinen Nichten kenne. Letztes Jahr saß ich mit ihnen am Boden, wir bauten was mit Lego, und meine Schwester sah beseelt auf uns runter und sagte: »Schön, wie die Kleinen miteinander spielen.« Sie meinte ihre Kinder, damals ein und drei Jahre alt, und mich, eine über Dreißigjährige. Grotesk, aber für meine sechs Jahre ältere Schwester bin ich immer die Kleine geblieben. Es heißt ja, meine Generation will gar nicht erwachsen werden. Ewige Kinder, die statt an der Babyflasche am Coffee to go nuckeln. Aber was bedeutet

Erwachsensein? Mit sich selbst klarkommen? Verantwortung für das eigene Leben und Tun übernehmen? Oder muss man sich für etwas Größeres als sich selbst einsetzen?

Der Hall des Tunnels jedenfalls macht aus dem fröhlichen Kinderlied eine düstere Nummer. Und als ich rauskomme, freue ich mich, dass ich noch lebe. Ich sage es jetzt noch einmal und dann hoffentlich nie wieder: Während meiner Pilgerreise werde ich mir wirklich sehr bewusst, dass es schön ist, NICHT von einem LKW umgefahren zu werden.

Es heißt, die Pilger seien während ihrer Tour für den Rest der Welt gestorben. Der Pilger hat ohnehin seine eigene Welt. Die Straßen Shikokus. Gehen. Beten. Irgendwo übernachten. Weitergehen. Essen suchen, Unterkunft suchen. Einen Schritt vor den anderen. Füße massieren. Was trinken. Nach zwei Stunden auf der Straße sehe ich den ersten Getränkeautomaten des Tages. Das passt, mein Wasser ist alle.

»Guten Morgen!«, sagt der Automat, als ich mich vor ihn stelle.

Ich kaufe Milchkaffee aus der Dose, pappig süß, und eine Flasche *sencha*, zusammenziehend herb. Setze mich auf eine Bank und gucke mir an, was kurz vor acht so los ist in dieser Siedlung. Eine Oma trägt ein Gewehr über der Schulter, ein Opa zieht den Rotz hoch und spuckt auf den Boden. Beide schieben sich in Zeitlupe an einem geschlossenen Schnaps- und Tabakladen vorbei. Es gab noch keinen Ort auf der Strecke, an dem ich mir dachte: Hier würde ich gerne bleiben. Hier. Auch. Nicht. Vielleicht bin ich deshalb schon so weit gekommen. Hundertfünfzig Kilometer zu Fuß. Heute werde ich den letzten Tempel der Präfektur Tokushima besuchen. In ein paar Tagen die Grenze zur Präfektur Kochi queren.

»Vielen Dank! Ich warte auf Ihren nächsten Besuch!«, sagt der Automat.

Als ich weiterlaufe, komme ich wieder zu einer Abzweigung. Meerweg oder Bergweg? Die Kilometerzahl unterscheidet sich jetzt eher marginal. Es gab wohl mehr als zwei Routen. Diesmal wähle ich das Meer.

Es beginnt leicht zu regnen. Ich ziehe den Poncho über. Es braucht ein paar Versuche, ihn so über mich zu werfen, dass ich auch den Rucksack einhülle. Die Tropfen prasseln auf die Kapuze. Von der Stockhand tropft es in den Ärmel.

Da vorne ist das Meer. Da vorne. Hinter einer Mauer. Und hinter den Wellenbrechern, die aussehen, als hätte ein Riese wahllos mit Betonklötzchen um sich geschmissen. Die Wellen brausen wild und grau. Wasser vor mir, Wasser von oben. Wasser in mir. Ich muss pinkeln. Zum Glück kommt bald ein Strandklo. Und eine Telefonzelle. Ich organisiere mir eine Unterkunft. Die Schilder, die ich heute sehe, verwirren mich. Mal heißt es »noch vierzehn Kilometer«, später »noch sechzehn«, kurz danach »noch acht Komma drei«. Ich hoffe, es sind möglichst wenige. Komme jetzt durch ein kleines Fischerdorf, die Häuschen und Bötchen wirken, als hätte sie das Meer mit rostiger Patina angestrichen. Es ist zehn Uhr, ich bin seit über vier Stunden unterwegs, und bis auf ein paar Kekse habe ich heute noch nichts gegessen. Vor einem der Häuschen hält gerade ein kleiner Lieferwagen. Eine ältere Frau in Gummistiefeln und Schürze, die Haare rotbraun gefärbt, der Ansatz silbrig-grau rausgewachsen, läuft auf einen Stock gestützt auf ihn zu.

»Ich habe heute Kartoffelsalat und *yakisoba*-Sandwich, Brot, gefüllt mit gebratenen Nudeln«, ruft der Fahrer ihr entgegen.

Und ich: »Entschuldigung, kann ich hier was zu essen kaufen?«

Die Frau: »Du kannst bei uns was kaufen.«

Tatsächlich ist eines der Häuser ein Miniladen. Hätte der Lieferwagen nicht so einen Trubel gemacht, ich wäre hungrig daran vorbeigelaufen. Auf einer Fläche von vielleicht zehn Quadratmetern vertreiben zwei Damen vor allem Trockenfutter – Fertigsuppe, Kekse, Cracker. Aber auch ein paar frische

Sachen. Gemüse, das ich gerade nicht kochen kann, einen Apfel für vier Euro. Daneben belegte Brötchen. Ich nehme zwei mit Erdnussbutter und zartrosa Cracker, die aussehen wie Krabbenbrot. Direkt vor dem Laden drücke ich mir die weichen Brötchen aus Weißmehl in den Mund. Süß, Kalorien satt, perfekt für den Moment. Der Regen hat nachgelassen, und die Sonne brennt jetzt auf mich runter. Poncho aus, Sonnenbrille raus, Lichtschutzfaktor fünfzig aufs Gesicht. Ich versuche den triefenden Poncho irgendwie so über den Rucksack zu hängen, dass er während des Laufens trocknet. Eine beige Hose rückt in mein Sichtfeld. Die kenne ich doch. Ogawa. Kurze Panik meinerseits, aber er sagt nur: »Hallo, ist das dein Frühstück? *Combini* kam ja keiner …«, und geht weiter. Dann dreht er sich um: »Ich warte bei Tempel dreiundzwanzig auf dich.« Ich antworte irgendwas zwischen »nicht nötig« und »bis dann«.

Bei einer Rasthütte am Meer, ein paar hundert Meter weiter. Eine Rampe führt runter zum Wasser. Ich ziehe Schuhe und Socken aus, laufe über die pieksenden Steine. Die plattgelaufenen Füße stecke ich ins klare Wasser, setze mich auf die Kiesel, bis die Füße trocknen, und schaue auf den Horizont. Seit ich beschlossen habe, bei jeder Gelegenheit zu rasten, mache ich das gewissenhaft. Mit dem Vorsatz, mehr zu essen, funktioniert es bisher nicht so doll. Es gab einfach zu wenige Märkte auf der Strecke. Aber ich habe ja noch die Cracker. Die dünnen zartrosa Platten sind eine Mischung aus Pappe und Zucker. Staubtrocken kleben sie mir am Gaumen und schmecken nach überhaupt nichts.

Der Weg führt weg von der Straße, an der Küste entlang, hügelig, in den Wald. Immer wieder stehen da Pfosten mit Gedichten. Haiku. Die traditionell japanische Kurzform mit dem Silbenmaß 5-7-5 gilt als eine der ausgefuchstesten Arten Lyrik, die unser Planet zu bieten hat. Naturbeobachtungen gemischt mit Zen-buddhistischer Weisheit.

Das bekannteste Haiku geht so:
Ein alter Weiher, ein Frosch springt rein, Platsch.

Auch schön:
Nichts als Flöhe und Läuse! Und nah an meinem Kopfkissen
pisst auch noch ein Pferd.

Beide hat der berühmteste Poet Japans gedichtet. Matsuo
Basho. Gepilgert ist der übrigens auch. Tausende Kilometer
durchs japanische Hinterland. Er wollte ein anderes Japan kennenlernen, so wie ich. Und er glaubte, Poesie könnte ein Weg
zur Erleuchtung sein.

Kalter Wind, plötzlich Regen, müde. Vollkommen falsches
Versmaß, aber das fällt mir dazu ein.

Es ist erstaunlich, wie schnell auf diesem Weg immer alles kippt.
Im einen Moment bin ich voll Energie, freue mich über die
Wellen wie ein kleines Kind und glaube, ich hätte nie etwas
Leckereres gegessen als das Erdnussbutterbrötchen. Im nächsten spüre ich nur mehr meine Füße, friere und habe lächerli-
cherweise Angst, dass Ogawa tatsächlich beim Tempel wartet
und ich ihn nie wieder loswerde. Und dann ist an der Straße
zwar ein Thermalbad, das aber erst in drei Stunden öffnet. Alles
furchtbar. Alles Drama. Fünf Minuten später holen mich zwei
Damen in einen Raum am Wegrand, schenken heißen *sencha*
aus, geben mir Kekse. »Meine Güte, hast du große Augen«, »Du
läufst sicher sehr, sehr schnell«. Und alles ist wieder wunderbar.
Der Regen hört auf, ich finde meine Unterkunft, die eine Japanerin zusammen mit einem Franzosen betreibt. Ein liebevoll
restauriertes Holzhaus, die Wände verziert mit Vogelskulpturen.
Ich lege meinen Rucksack in meinem Zimmer ab, wieder traditionell mit Tatami, Futon und niedrigem Tischchen, und schaue
auf den grünen Innenhof. Alles sehr gepflegt, alles sehr schön.

Ich bin früh dran, aber sieben Stunden gehen, zwanzig Kilometer, das reicht.

Die Wirtin sagt, dass die meisten, die bei ihr ankommen, ziemlich erledigt sind. Noch haben sich die Pilger nicht eingegroovt, noch ist vieles schwierig, der Körper schmerzend und der Rucksack schwer.

»Ich glaube, es wird mit der Zeit besser«, sagt sie. »Für drei Uhr richte ich dir ein Bad.«

Yakuoji, Tempel des Medizinkönigs. Nummer dreiundzwanzig. Er liegt auf einem Hügel am Ende der Einkaufsstraße, in der alles geschlossen ist. Auch der Laden, der die volle Bandbreite an inseltypischen Zitrusfrüchten vertreibt. *Sudachi* (Limette), *mikan* (Mandarine) und *ponkan*, eine Kreuzung aus Pampelmuse und Mandarine, die aussieht wie eine Orange. Viele Stufen führen zur Haupthalle des Tempels. Zuerst geschlechtergetrennt: dreiunddreißig für Frauen, zweiundvierzig für Männer. Die Anzahl entspricht den angeblich unglücklichen Jahren im Leben. In ihnen seien die Menschen besonderen Gefahren ausgesetzt und müssten gut auf sich aufpassen. Mein Drüsenfieber habe ich mir mit dreiunddreißig eingefangen. Ich glaube, das ist Zufall, aber in jedem Fall ist es für mich zu spät, einen Zauber auf das Jahr zu legen und das Unglück abzuwenden. Vor mir steigt eine junge Frau langsam die Stufen empor. Sie wirft ein Ein-Yen-Stück auf jede Stufe und wiederholt das Yakushi-Mantra in Ewigschleife. *On koro koro sendari matogi sowaka.* Sie betet zu Yakushi, dem Buddha der Heilung. Ich gehe die nächste Steintreppe hoch. Diesmal für beide Geschlechter. Einundsechzig Stufen, das angeblich schlimmste Unglücksjahr von allen.

Weitere, wenn auch weniger dolle, sind: 1, 6, 7, 15, 16, 19, 24, 25, 28, 34, 37, 43, 46, 51, 52, 55, 60, 64, 69, 70, 78, 79 und 82.

Es beginnt wieder zu regnen. Wenn es nass von oben kommt,

ist es schwierig, die Kerzen anzuzünden und auf die Metallspitzen des Glaskastens vor der Halle zu stecken, die Räucherstäbchen anzuzünden und sie in die Schale mit Sand zu stecken. Das Ritual ist mir fast eine meditative Übung geworden. Ich könnte bald damit anfangen, das Herz-Sutra zu rezitieren. Bisher war ich mit diversen Zündeleien und Einwerfereien und Innehalten komplett ausgefüllt.

Als der Tempel 1188 abbrannte, sahen die Anwohner, wie die Buddha-Statue der Haupthalle davonflog. Sie brachte sich offensichtlich auf einem Berg in Sicherheit. Heute gibt es zwei Statuen im Tempel. Weil die alte zurückgeflogen ist, als die neue geschnitzt wurde. Außer »Rette sich, wer kann« birgt das, glaube ich, keine größere Lehre.

»Hey!«, schreit ein grauhaariger Mann, rennt auf mich zu und greift meinen Oberarm.

Ich weiche einen Schritt zurück, schüttle den Arm. Er lässt nicht los. Ich schüttle weiter, und er sagt: »Erkennst du mich nicht?«

Ich schüttle zusätzlich zu meinem Arm jetzt noch meinen Kopf, er lässt los, aber nur, um mich anschließend mit beiden Händen an den Schultern zu packen. Wieder trete ich einen Schritt zurück. Der Typ ist zu nah. Vor allem in einem Land wie Japan, in dem man sich nicht mal die Hand schüttelt, sondern sich berührungslos verbeugt, in dem man auch Freunde und Familie selten umarmt. Der Typ soll mich loslassen. Und wer ist das überhaupt?

Er erklärt es mir. Wir hätten uns beim Aufstieg zu Tempel zwölf getroffen. Er habe mir die rhabarberähnliche Gemüsestange geschenkt. Jetzt erinnere ich mich. Auch daran, dass er damals wollte, dass ich neben ihm sitze, und ich mich woanders hingesetzt habe. Er hatte einen unangenehmen Vibe.

»Der Stängel war lecker. Ich bin gerade am Beten.«

Er kommt mit hoch zur Pagode, wo man hinunter auf Dorf und Bucht sehen kann. Eine Meerenge, eingerahmt von bewaldeten Hügeln, auf einem davon ein Schloss, das in den Sechzigerjahren eigens für Touris gebaut wurde.

»Ich freu mich so, dich zu sehen«, sagt er, völlig übertrieben für eine so flüchtige Bekanntschaft. Er greift wieder meinen Oberarm und fängt an, ihn zu kneten. »Ich mag das nicht«, sage ich und versuche wieder, ihn abzuschütteln.

»Wo sind deine Freunde?« Er meint die frischgebackenen Gesellschaftsmenschen. »Die sind arbeiten«, sage ich. Und er: »Du bist jetzt ganz alleine? Ich zeige dir später das Schloss.«

Wir führen hier einen seltsamen Tanz auf. Ich immer zwei Schritt zurück, er zweieinhalb vor. Er lässt meinen Arm los, greift jetzt in Richtung Busen und sagt: »Oh, das ist sehr schön.« Ich halte mein *wagesa*, das Brokatband, von meiner Brust weg, und in ihm scheint der Wunsch, es zu berühren, augenblicklich zu verpuffen. Ich möchte jetzt bitte nicht weiter begrapscht werden, und ich möchte auch kein Touri-Schloss sehen, nicht mit so einem Typen, nicht, wenn in meiner Unterkunft ein Bad auf mich wartet.

Ich laufe in die Pagode, sie kostet Eintritt, und ich zahle. Egal, ich möchte weg. Ich laufe eine schmale Treppe in den Keller. Er folgt mir nicht. An den Wänden hängen Bilder. Wie es aussieht, bin ich in der Hölle gelandet. Hieronymus Bosch auf Japanisch. Dämonen schubsen nackte Menschlein ins Feuer, zwingen sie mit Speeren auf ein Drahtseil. Andere hängen kopfüber von einem Kreuz oder knien geknebelt und gefesselt auf einer Waagschale. Über ihnen thront eine Art Jüngstes Gericht. Ich wusste gar nicht, dass es das Konzept Hölle im Buddhismus gibt, aber die Japaner haben es im achten Jahrhundert verbreitet, in Zeiten der politischen Unruhe. Als Motivation, sich anständig zu verhalten. Die Sünder schmoren derweil im Höllenfeuer. Es gibt Dutzende dieser Bilder im Keller der Pagode, eines grausiger als das nächste. Aber besser unten in der Hölle als beim Grapscher da oben. Im nächsten Raum zeigen Bildrollen den Verwesungsprozess einer Leiche. Schluss jetzt. Hoch jetzt.

Er ist weg.

Ich atme auf. Ich atme aus.

Gehe die einundsechzig Stufen runter. Lasse das Tempelbuch kalligrafieren. Gehe die dreiunddreißig Stufen hinunter, verbeuge mich vor dem Tempeltor.

»Gehen wir jetzt zum Schloss?«

Meine Güte, da ist er wieder.

»Ich habe das schon gesagt: Nein.« Es ist nicht leicht, in einer Sprache deutlich zu werden, in der man eigentlich schwammig ist. In der man Sätze unvollendet lässt, weil man davon ausgeht, dass das Gegenüber sie im Kopf für einen vervollständigt. In der man auf die Frage »Magst du Reis?« nicht »Nein« antwortet, sondern »Nudeln mag ich lieber«. In der man in Geheimcodes spricht und trotzdem verstanden wird. In der jeder weiß, dass man, wenn man »*chotto*, ein bisschen« sagt, eigentlich »das finde ich richtig Scheiße« meint.

»Wo ist deine Unterkunft? Soll ich dich nachher zum Abendessen abholen?«

»Nein, wirklich nicht. *Sayonara.*«

Sayonara, auch das ungewohnt hart, man sagt es, wenn man davon ausgeht, dass man sich nicht wiedersieht.

»Bis bald!«, ruft er mir hinterher.

11

»Diese Reise wird dein Leben verändern.«

(Einheimischer, zwischen dem Tempel des Medizinkönigs und Shishikui)

Mit dem Pausentag ist es wieder nichts geworden heute. Meine Unterkunft war schon voll. Um sechs Uhr dreißig bin ich wieder auf der Straße. Und nach zehn mickrigen Minuten tut wieder alles weh. Mein Weg führt am Parkplatz vorbei, auf dem Suzuki und sein Kumpel gestern schlafen wollten. *Michi no eki*, Bahnhof der Straße, nennt man sie in Japan, und sie sind eigentlich eher Rast- als Parkplätze. Mit Läden, Toiletten, Bänken. Auf einer rollt ein Pilger gerade eine Isomatte zusammen. Es ist nicht Suzuki. Ich hätte ihn gerade gerne hier. Ein bekanntes Gesicht, jemand entspannt Unnerviges. Und das Gespräch über den Zweiten Weltkrieg könnten wir auch weiterführen. Am liebsten würde ich allerdings eine andere Pilgerin kennenlernen. Aber ich bin allein. Und irgendwie wütend. Und mache das Einzige, was mir hier gerade helfen kann: Ich lege Wolfmother auf. Und dann laufe ich.

Nach einer Stunde die erste Bank. Ich haue mir mit den Fäusten gegen die Waden und dehne die Zehen, wie Ogawa mir das gezeigt hat – jeder ist Meister Kobo. Und ziehe das erste Mal auf der Reise den Reißverschluss meines Fleece auf. Aus dem Dunst der Straße taucht eine Gestalt auf, am Spitzhut gleich als Pilger erkennbar. Sicher wieder so ein alter Sack. Aber als sie näherkommt, sehe ich: Das ist eine Frau. Und als sie den Hut absetzt, sehe ich: Es ist eine Nonne mit rasiertem Schädel.

»Ich habe solche Schmerzen«, beginnt sie das Gespräch. Sie zieht die Schuhe aus, trägt bunte Zehensocken darunter, holt eine Packung Taschentücher aus ihrem Rucksack und baut mit den Tüchern kleine Polster zwischen den Zehen. »Blasen an jedem Zeh«, sagt sie. Dann schaut sie mir in die Augen und sagt: »Du läufst schnell und machst lange Pausen.«

»Echt?«

»Ja. Wo willst du heute hin?«

»Ich weiß nicht, aber ich bräuchte mal einen Pausentag.«

»Das meine ich: Du rennst, du machst zu viel. Und bleibst dann stehen, weil du nicht mehr kannst. Du musst vorher aufhören.«

»Und was machen Sie?«

»Ich laufe langsam, aber stetig.«

»Ich bin jedenfalls froh, Sie zu treffen. Sie sind die erste Pilgerin, der ich begegne.«

»Ja«, sagt sie. »Frauen sind selten. Auto, Bus, Zug. Das Leben ist praktisch geworden. Warum also laufen?«

Die Nonne will noch rasten, ich gehe weiter, man trifft sich ohnehin immer wieder. Mit dem Schweiß auf der Haut ist es saukalt. Ich schließe den Reißverschluss des Fleece wieder, laufe durch Nebelschwaden. Es geht wieder bergauf, es gibt weiter Tunnel ohne Bürgersteig. Ich starte die Wolfmother-Platte noch einmal, ohne geht es einfach gerade nicht. Stimmt es, was die Nonne gesagt hat, mache ich zu viel und brauche dann Pausen? Ist das symptomatisch? Dieses planlose Losrennen auf irgendein Ziel hin, bis nichts mehr geht? Hat mein Körper deswegen die Reißleine gezogen?

Die Platte ist zum zweiten Mal zu Ende, und mich überholt ein Mann, schwarze Haare, sehnig-schlank, Tagesrucksack auf dem Rücken. Er kommt aus der Gegend und läuft jeden Tag vierzig Kilometer, »einfach als Training«. Ich denke so was wie:

Was zur Hölle? Und er fragt, ob wir ein Stück zusammen laufen wollen. Es sind noch mehr als siebzig Kilometer bis zum nächsten Tempel. »Gerne«, sage ich, kann Gesellschaft gerade gut gebrauchen.

Als Erstes frage ich ihn, warum so wenige Frauen den *Henro* laufen. »Es ist ja nicht so«, sagt er, »dass keine Frauen ihn laufen. Nur einfach wenige.«

Bei seinem Training gestern sei er einer jungen begegnet. Einundzwanzig erst. Bei der Uni wurde sie nicht genommen, deshalb ging sie zum Militär. Das hat ihr nicht gefallen, und deswegen läuft sie jetzt hier, um über die Zukunft nachzudenken.

Die klingt spannend, und ich frage: »Glaubst du, ich kann sie noch einholen?«

»Ehrlich gesagt nein. Sie läuft mit zwanzig Kilo auf dem Rücken und mehr als vierzig Kilometer am Tag. Ich sag ja: Die war beim Militär. Heute ist sie sicher schon in Kochi.«

»Hm!«

»Aber die Nonne ist da.«

»Ja, die Nonne läuft langsam und stetig.«

»Stimmt, das passt auch nicht.«

»Und warum machen Japaner keine Pausentage?«

»Machen sie doch. Wenn sie ins Krankenhaus müssen oder ein Taifun wütet.«

»Also sie brauchen einen echt guten Grund?«

»Ja, einen sehr guten. Warum bist du hier?«

»Ich denke auch über die Zukunft nach. Ich möchte einen Roman schreiben.«

»Fantastisch«, sagt er. »Ich bin sicher, diese Reise wird dein Leben verändern.«

»Hm!«

»Kennst du die Geschichte von der Holländerin? Die hatte Krebs, noch ein Jahr zu leben. Sie ist zuerst den *Camino* gelaufen, den Jakobsweg in Spanien, dann den *Henro*, und war geheilt. Später ist sie mit ihrem Mann und ihren Kindern wiedergekommen. Als junger Mann bin ich selbst den *Henro* gelaufen. Davor hatte ich viele Fragezeichen. Danach war alles klar. Ob du es willst oder nicht: Diese Reise wird dein Leben verändern.«

Er fängt jetzt an zu singen:
»Ich weiß nicht, was soll es bedeuten,
dass ich so traurig bin,
ein Märchen aus alten Zeiten,
das kommt mir nicht aus dem Sinn …«
»Ich war noch nie dort, aber der Rhein muss wahrlich schön sein«, sagt der Typ, der tatsächlich die Loreley Strophe für Strophe auswendig kann. Wir laufen ein paar Minuten schweigend. Dann sagt er: »Guck mal, die grünen Linien auf der Straße, die deuten die sichere Straßenseite zum Laufen an.« Er erzählt außerdem von Krebsen, die sich den Weg mit den Pilgern teilen. »Die sind schlau und gehen in die Berge, um ihre Babys zu kriegen. Da ist es wärmer, und die Kinderchen sind sicher. Wenn die groß genug sind, wandern sie zum Wasser.« Sie sitzen am Rande eines Flusses, den wir kreuzen und der milchigweiß schimmert. »Wegen der Reissetzlinge, die gerade in den Feldern austreiben.« Auf Brücken sollen die Pilger den Stock nicht aufsetzen, weil sie mit dem Tock-Tock Meister Kobo aufwecken könnten, der während seines legendären Pilgerns unter Brücken schlafen musste, sagt mein Begleiter. Dieser Mann versperrt mir nicht die Sicht auf irgendwas, er eröffnet mir die Sicht auf Neues. Erklärt mir die Welt, wie Papas das oft machen. »Guck, das ist ein Kormoran.« »Siehst du, hier sind Koi-Karpfen.« »Schau mal, da ist wieder einer der Krebse, von denen ich dir erzählt habe.« Ich habe das Gefühl, er weiß alles, aber hier ist ja auch sein Kiez. In Neukölln könnte ich schließlich auch eine Bar empfehlen.

Wir kommen an eine Hütte. »Hier lässt du dich von den Omis aufpäppeln, und ich gehe zurück.«

Die Omis, es sind drei, kennen ihn schon.

»Na? Hast du die arme Pilgerin zugelabert?«

»Ja, habe viel gequatscht. Aber konnte ihr viel zeigen.«

»Zum Beispiel?«

»Die Krebse!«

»Was?? Die waren schon unterwegs? Ist ja noch gar nicht Saison.«

»Ja, noch klein und orange, aber da.«

»Weißt du«, sagt eine der Omis in meine Richtung, »im Sommer, da sind sie groß und rot.«

»Willst du noch irgendwas wissen?«, fragt mein Begleiter.

»Ja. Wie sicher ist das hier für Frauen? Die Umsonstunterkünfte und so.«

»Ich glaube, es passt schon«, sagt er.

Eine Omi mischt sich ein: »Da muss ich widersprechen. Es gibt allerhand Leute da draußen.«

Eine andere Omi: »In dieser Hütte haben auch schon zwei Australierinnen geschlafen.«

Die Dritte: »Gut, hier ist was anderes. Hier haben WIR ein Auge drauf.«

Das heißt insgesamt also: Kommt. Drauf. An.

Die drei Omis lachen plötzlich los. Das heißt, sie kichern in sich rein. Erzählen von den zwei Australierinnen. Drei ganze Tage waren sie hier. Regenzeit. Kein Weiterkommen. Und obwohl an der Wand der Hütte ein Schild »No sleep please« hängt, die zwei Mädels konnten sie doch nicht auf die Straße setzen. »Ganz süße waren das«, sagt die Jüngste der drei, Anfang sechzig vielleicht, das Haar kurz, schwarz, dauergewellt. »Überall in der Hütte hatten sie ihre Socken verteilt«, fügt die Größte der drei hinzu, die immer noch einen Kopf kleiner ist als ich. »Und über dem Eingang der Hütte«, meldet sich die Zierlichste der drei, die zu Boden blickt und sich die Hand vor den Mund hält, wenn sie lacht, »hängten sie ihre Höschen zum Trocknen«. Mit ihrem verhuschten Lächeln, ihrer geblümten Schürze und

146

ihrer Bobfrisur sieht sie aus wie ein Schulmädchen. »Die Höschen!« »Über dem Eingang!«

»Irgendwo müssen die trocknen, wa.«

»Darf ich dir was sagen?«, fragt das ältliche Schulmädchen jetzt.

»Klar.«

»Ich finde«, setzt sie an, blickt wieder zu Boden, hält sich die Hand vor den Mund und presst hervor: »Du siehst aus wie ein Model!«

Spätestens jetzt lache ich laut los. Ich habe mir gegen Wind und Sonne ein Handtuch um den Kopf gewickelt und glaube, ich sehe eher aus wie ein verrückter Bauarbeiter. Immerhin habe ich gestern gebadet, aber nach Stunden auf der Straße ist die Frische sicher schon dahin.

»Ja, das stimmt«, sagt die Jüngste der drei und drückt mir ein Plastiktütchen mit Nüssen und Crackern in die Hand. »Aber dein Rucksack ist falsch eingestellt.«

Sie zuppelt ein paar Sekunden an den diversen Gurten herum. Und mein Rucksack scheint in den Himmel zu verschwinden, mit jedem Zug wird er leichter.

»Besser?«

»Besser!«

»Musst du noch aufs Klo? Wir haben eines hinterm Haus.«

Es ist das sauberste Dixi-Klo, das ich je gesehen habe. Die Ladys haben sogar frische Blumen an die Wände gehängt. Und einen Spiegel gibt es. Da schaut mich ein Totenkopfäffchen mit Glubschaugen und knochigem Gesicht an. Wer soll das sein? Ich sehe ausgezehrt aus. »Du siehst aus wie ein Model.« Wahrscheinlich meinten die Damen das: Ich sehe aus wie jemand, den man gerne füttern würde, dem man besser ein Tütchen mit Snacks in die Hand drückt.

Ohne meinen Begleiter ziehen sich die nächsten Kilometer ewig. Mittlerweile sind es noch sechzig zum nächsten Tempel. Es wird jetzt richtig heiß auf dem Asphalt, und Schatten ist auch keiner da. Es fühlt sich an, als würde ich direkt in einer Bratpfanne spazieren, mittlerweile im T-Shirt. Vielleicht brauche ich doch so einen Kegelhut? Zusammen mit Leibchen (Totengewand) und Stock (Grabstein) kennzeichnet er die meisten Pilger. Gemeinsam bilden sie ein morbides Trio. Der Hut steht symbolisch für einen Sarg. Und er verdeckt das Gesicht. Lässt jeden Pilger gleich aussehen. Vor allem wäre ein Sonnenschutz gut. Das einzige Überdachte ist eine Stunde später eine Busstation aus nacktem Beton. Mir ist übel, als ich mich dort hinsetze. Mein Kopf sticht. Und irgendwas pulsiert an meinem Fuß. Eine Blase an der Unterseite meines kleinen Zehs. Ich bin hin- und hergerissen, ob ich jetzt was essen oder mich gleich übergeben soll.

Ich versuche es mit den Erdnüssen, die mir die Omis mitgegeben haben. Dann gucke ich noch mal den Fuß an. Eine selten doofe Stelle, um eine Blase zu bekommen. Bei jedem Schritt Druck auf ihr, noch mehr Schmerzen. Ich denke an meine Freundin, die den Jakobsweg gelaufen ist, und an ihren »tollen Trick« mit der Nadel. Hole das Reise-Nähset raus, eine Nadel und steche rein. Das Wundwasser spritzt mir ins Gesicht. Es brennt wie Sau. Ich drücke mit einem Taschentuch, das ich von der Täschchen-Omi nach Tempel neunzehn geschenkt bekommen habe, auf die Haut, bis keine Flüssigkeit mehr kommt, bis die Blase leer ist. Scheiße, tut das weh!

Ich schiebe mir ein paar Salzbonbons rein, die ich gleich zerbeiße, und drei Rosinenbrötchen, die ich gestern im Supermarkt entdeckt habe. Dort habe ich auf dem Rückweg vom Tempel Vorräte eingekauft. Sogar »Cup Ramen«-Instantnudelsuppe als Notfallabendessen. Bei der nächsten Bank, wieder eine Stunde später, gibt es einen Wasserhahn, an dem ich meine Flasche auffülle, wahrscheinlich trinke ich schon wieder zu wenig. Außerdem esse ich den Rest der rosa gefärbten Pappe und ein paar Cracker. Mir ist immer noch übel, aber ich merke beim Essen, dass das an sich eine gute Sache ist, dass ich mehr brauche, noch mehr, als ich ohnehin schon esse. Ich brauche Kraft für das hier, und ich will, dass das Totenkopfäffchen wieder von meinem Hals verschwindet.

Eine Siedlung und die Hoffnung, dass ich da irgendwo schlafen kann. Noch zweiundfünfzig Kilometer zu Tempel vierundzwanzig. Ich komme an einem Hundert-Yen-Shop vorbei, also an einem Ein-Euro-Laden, und da muss ich jetzt rein, Hut kaufen oder so. Die Auswahl ist riesig und mit der deutschen Variante auf keinen Fall zu vergleichen. Während meines Studiums in Sapporo habe ich fast alles dort gekauft. Schälchen für die Küche, einen Hammer, Fahrradlichter, Hausschuhe, Currypaste, Getränke, Kräutersamen. Und am Ende meines Aufenthalts: jede Menge Mitbringsel. Auch in Sachen Sonnenschutz gibt es zu dieser Jahreszeit alles, denn Japanerinnen werden nicht gern braun. Zuerst hat es mich verwirrt, dass sie, sobald das Wetter wärmer wurde, nicht weniger, sondern mehr anhatten. Stulpen an den Armen, Stiefel an den Beinen, vor dem Gesicht ein runterklappbarer Schweißer-Sonnenschild und in der Hand noch einen Sonnenschirm.

Auch als ich bei dem Sommerfestival auf der Insel mitgeholfen habe, beschwerten sich die Japanerinnen, dass sie nach zwei Wochen an der frischen Luft braun geworden waren. »Ich habe doch Lichtschutzfaktor siebzig verwendet. Und Bleichcremes ...« Die Sonnencremes im Laden heißen nicht »Sunblocker«, sondern gleich »Sunkiller«, und es ist insgesamt verdammt schwierig, Kosmetikprodukte zu finden, die nicht mit *bihaku*, weißer Schönheit, werben. Ich stehe also vor einem Regal mit Hüten, Käppis und Stulpen. Und entscheide mich für eines dieser riesigen, herunterklappbaren schwarzen Schilder, mit denen man ein bisschen aussieht wie Darth Vader. Eigentlich ganz geil, das gesamte Gesicht bedecken zu können. So ein bisschen wie Kinder, die sich die Augen zuhalten und denken, sie sind unsichtbar. Oder wie wenn man eine komplett verspiegelte

Sonnenbrille trägt. Im Anschluss gehe ich in einen *Combini*, kaufe Fruchteis, Cola, ein Eiermayonnaise-Sandwich und *Pocari Sweat*, haue mir mal wieder alles direkt auf dem Parkplatz rein.

»'Tschuldigung, kann man hier irgendwo übernachten?«, frage ich eine der Verkäuferinnen.

»Nee, da musste in die nächste Siedlung.«

»Wie weit ist das noch?«

»Keine Ahnung, mit dem Auto dreißig Minuten?«

Zu Fuß in meinem Tempo vielleicht drei Stunden? Ich weiß es nicht, aber mir reicht es eigentlich schon dicke. Ich fange jetzt an, nicht nur in den Tunnels, sondern einfach auf der Straße zu singen. Wie im Delirium wanke ich weiter, die Bratpfannen-Straße führt seit Kurzem direkt am Meer entlang, eingerahmt von bewaldeten Inseln. Ich muss seit Ewigkeiten pinkeln, und der Wellensound macht das natürlich nicht besser. Es ist halb vier. Das heißt, dass ich seit neun Stunden laufe. In der prallen Sonne. Mit dieser ätzenden Blase am kleinen Zeh. Die sich schon wieder gefüllt hat. Auf der rechten Seite tauchen jetzt Baracken auf. Das waren wohl mal Restaurants. Da soll jetzt bitte was geöffnet haben! Über einem steht »Café« und »von neun bis einundzwanzig Uhr«. Ich ziehe an der Tür, und drinnen guckt mich eine Frau mit Kurzhaarfrisur verdutzt an.

»Willst du hier rein?«

»Habt ihr offen?«

»Nur, wenn du nichts essen willst, bin grad am Chillen.« Sie hockt im Schneidersitz vor dem Fernseher und ist mir sofort sympathisch.

»Nee, was zu trinken wäre super, kann grad nicht mehr laufen.«

»Alles klar, komm rein.«

Ich setze den Rucksack ab und fläze mich vor den Fernseher. Ewig nichts geglotzt. Es kommt eine Krimiserie, eher Police Academy als Columbo, in der sich gerade ein als Frau verkleideter Mann, wahnsinnig aufgedonnert mit engem roten Kleid und

blonder Perücke, unauffälliger geht es ja kaum, in ein Frauenge-
fängnis schleicht. Das Café hat den Touch einer Tiki-Bar. Alles
aus Bambus. Muscheln und Palmenblätter als Deko. Über der
Theke hängt ein Surfbrett.

»Was magst du trinken? Kaffee, Tee, Bananenmilch?«

»Bananenmilch!«

»Okay, ich mache das mit Bananensaft und Soja-Milch,
passt?«

»Passt!«

Hojicha-Eistee, gerösteten grünen Tee, gibt es umsonst dazu.
Er schmeckt eher nussig als grasig. Alte Leute und Kinder trin-
ken ihn, weil er mild ist und koffeinfrei. Ein bisschen wie in
Deutschland Kamillentee.

»Weißt du schon, wo du heute schläfst?«

»Ehrlich gesagt nein, es hieß, in der nächsten Siedlung gäbe
es was.«

»Ja, da gibt es ein Businesshotel.«

»Gibt es auch was Gemütlicheres. Ich würde morgen gerne
ausruhen.«

»Hang loose?«

»Hang loose!«

»Ich weiß da was.« Sie telefoniert und sagt: »Hab dir was klar-
gemacht. Ein, zwei Kilometer von hier, Surfer-Pavillon, direkt
am Strand.« Ich liebe diese Frau.

Sie erzählt jetzt von dem letzten Westler, der reinkam und
was trinken wollte. »Vor zwei Jahren. Ein Balte. Er konnte kein
Japanisch. Aber ›Ich spreche kein Japanisch‹ konnte er sehr
schön sagen. Wirklich sehr, sehr schön.«

Nach einer halben Stunde glaube ich, weitergehen zu können. Und nach fünf Minuten auf der Straße bin ich wieder krass
fertig. Statt zu singen, bleibe ich kurz stehen und schreie einfach
mal. Wie lange bitte kann ein Kilometer sein? Aber da ist erst-
mal nur das Businesshotel, von dem die Frau erzählt hatte. Echt
hässlich. Echt wenig einladend.

Eine Unterführung weiter, und die Straße sieht aus, als wäre ich plötzlich in Los Angeles gelandet. In der absoluten Miniaturversion, aber der Strandvibe stimmt. Ich passiere eine Galerie, ein italienisches Restaurant, ein anderes, das Bowls anbietet, also Hipster-Küche aus der Schüssel, und einen Sneakerladen. Vor dem nächsten Geschäft, mit Surfbrettern und Strandklamotten, steht auf einer Tafel: Übernachtung 2 800 Yen die Nacht. Einundzwanzig Euro.

»Lena? Willkommen! Wie viele Nächte willst du bleiben?«

»Zwei«, sage ich bestimmt und denke: Hang loose!

»Zahlst du mit Kreditkarte?«

Das ist ungewöhnlich, nicht nur auf Shikoku, sondern in ganz Japan. Angeblich zahlen Japaner selbst Autos in bar. Ich habe das Gefühl, gar nicht mehr auf dem *Henro* zu sein, die Frau an der Kasse sieht so modern aus. Könnte in jeder schicken Großstadt leben. Die weiß sicher nicht, wie das Herz-Sutra geht. Dafür zeigt sie mir ein Foto der letzten Deutschen, die sie untergebracht hat. »Die sahen ganz anders aus als du.« Zimmermänner auf der Walz. Zylinder. Staude. Krawatte. Weste. Schlaghose. »Wir dachten, die würden sich vielleicht frisch machen und was anderes anziehen«, sagt sie, »Aber sie sind in den Klamotten auch zum Einkaufen und zum Strand gegangen. Und wir alle haben uns sehr darüber gefreut.«

Ich bekomme einen eigenen Pavillon mit zwei Einzelbetten. Es gibt Hängematten auf der Terrasse, eine Kaffeemaschine in der Küche, eine Waschmaschine ums Eck, zwanzig Meter weiter einen *Combini*, hundert Meter weiter ein *Onsen*. Das Thermalbad ist im zweiten Stock eines Hotels, und ich kann von den blubbernden Becken direkt übers Meer sehen. Dort geht gerade die Sonne unter.

Nächster Morgen, fünf Uhr dreißig.

Gestern habe ich auf dem Rückweg vom *Onsen* noch alles Mögliche eingekauft. Eine Packung mit sieben Buttercroissants,

fünf Bananen, vier Matcha-Pfannkuchen gefüllt mit Bohnenmus, Joghurt mit Aloe-vera-Stückchen, Jelly mit allen Mine-
ralstoffen der Welt und eine kleine Dose mit allen Vitaminen,
die es gibt, konzentriert auf wenige Milliliter mit Grapefruit-
geschmack. Es ist fünf Uhr morgens, und mir ist immer noch
schlecht von dem Marsch gestern. Wie ich ausgerechnet habe,
bin ich unglaubliche dreiunddreißig Kilometer gelaufen, in der
prallen Sonne. Ich greife nach der Tüte neben meinem Bett. Esse
die komplette Packung Croissants. Esse die Pfannkuchen. Esse
den Joghurt. Esse vier der fünf Bananen. Und die Vitamine und
Mineralstoffe kippe ich mir auch rein. Dann sacke ich zurück
in die Kissen, nicke ein. Bis acht Uhr bleibe ich liegen. Als ich
mich auf die Füße stelle, kann ich mich kaum aufrichten. Die
Welt dreht sich, die Blase am kleinen Zeh ist prall und glasig,
und die Knochen unter den Fußballen fühlen sich an, als hätte
jemand mit einem Hammer auf sie eingedroschen.

Ich setze mich zurück aufs Bett. Breite auf dem anderen,
leeren Bett alles aus, was in meinem Rucksack seit Tagen vor
sich hin müffelt. Ich möchte heute alles waschen, muss dabei
allerdings strategisch vorgehen, irgendwas muss ich schließlich
immer noch anhaben. Als Erstes schmeiße ich alle Wanderklamotten in die Trommel, setze einen Kaffee auf und gehe im
Stadtkleid, drüber die Daunenjacke, zum *Combini*, um dort ein
zweites Frühstück zu kaufen, das ich später mit an den Strand
nehmen möchte: mein übliches Eier-Sandwich, dazu Baguette
bestrichen mit *mentaiko*-Mayonnaise, Pollackrogen, Chips mit
Nori, Algenstreusel, dazu einen Liter kalten Jasmintee, einen
halben Liter Orangensaft und *Pocari Sweat*.

Mit einer riesigen Tasse Filterkaffee lege ich mich in die Hängematte auf der Terrasse. Was zu lesen wäre geil. Ich gucke in
der Küche. Da stand ein Bücherregal. Das einzige, was nicht
Surfer-Literatur ist, ist ein Jugendbuch. *Sarada no hibi*, Salat-
tage. Es ist laut Klappentext der Nachfolger von »Eine Katze
hat keine Zukunft« und handelt von einer kurzsichtigen jungen

Frau, die gerne geht und mit einer Katze zusammenlebt, die sie *usagi*, Hase, nennt. Sie hasst die Frage »Wozu?«. Mit dieser verschrobenen Einzelgängerin kann ich mich gerade beängstigend gut identifizieren.

Die Waschmaschine piept, und ich wasche jetzt mein After-Pilger-Outfit, das Kleid, das Thermoshirt und die Leggings. Mit Bikini und Daunenjacke obenrum und brasilianischem Strandtuch untenrum gehe ich das Meer begrüßen. Mein Blick auf den Horizont wird von Bauklotz-Wellenbrechern in Schwarz jäh gestoppt. Es ist windig wie Sau, und nach zehn Minuten ist alles voller Sand. Meine Augen, meine Kamera, die Pollackrogen-Mayo. Ich versuche im Buch zu schmökern, muss die Seiten aber wahnsinnig festhalten, damit sie nicht wild durcheinanderflattern. Juju, so heißt die Heldin, trinkt jeden Morgen Löwenzahnkaffee, lese ich da, und schon ist die Seite wieder weggepustet. Wenn ich ehrlich bin: Ich bin eigentlich zu kaputt, um zu lesen, und ich habe auch keine Lust, Augen und Nase den ganzen Vormittag zukneifen zu müssen, also gehe ich zurück in die Hängematte und nicke dort ein. Als ich aufwache, ist mir immer noch schwindelig. Diva, bist du's?

Ich versuche wieder mit der launischen Tante in mir ins Gespräch zu treten. Also ihr gut zuzureden und ihr zuzuhören, damit sie mich nicht auflaufen, sondern weiterlaufen lässt. Ich weiß ja, ich mute dir gerade viel zu, sage ich. Aber kannst du mir nicht helfen? Können wir das gemeinsam durchziehen? Wäre doch auch cool für dich, wenn wir zwei Hand in Hand wieder bei Tempel eins einlaufen.

Du meinst, wirft sie ein, ICH soll DICH dahin laufen und du guckst zu?

Beruhige dich, heute kannst du ausruhen, und ich werde dir Essen geben, so viel ich kann, aber hilf mir bitte. Und wenn wir laufen, mache ich überall, wo es möglich ist, Rast, und so was wie gestern, dreiunddreißig Kilometer ohne Schatten, das mache ich auch nicht mehr. Ich versuche, dir bessere Herbergen zu besorgen. Und werde immer viel trinken und viel essen. Versprochen!

Die Diva murrt: Ich überlege es mir, jetzt will ich schlafen, also laber mich nicht zu.

Diese launische Mimose, denke ich. Wie kann etwas, das so zerbrechlich ist, so furchteinflößend sein? Oder ist gerade das der Trick? Wie bei Terroristen, unberechenbar, eigentlich mickrig, aber am Ende fallen Hochhäuser in sich zusammen, und niemand darf mehr eine Flasche Wasser ins Flugzeug mitnehmen. Aber immerhin hat sie überhaupt mal geantwortet.

Halt endlich die Klappe, sagt sie. Wir nicken weg.

Mittagessen, wieder so ein Mikrowellengericht, nachmittags ins *Onsen, futomaki* als Nachmittagssnack, danach die weißen Sachen waschen, die Handtücher, die Pilgerweste. Das soll man eigentlich nicht – weiß nicht, vielleicht wäscht man dabei einen Segen weg oder so –, aber mal ehrlich: Wäre ja schon ekelig.

Abendessen beim Italiener. Penne mit Sardellen-Sahnesauce. Total übersteuerter Italo-Pop aus dem Radio. Das ist so europäisch, dass ich mich fast wie zu Hause fühle. Als ich zurück zu meinem Pavillon komme, sitzt davor ein Surfer und raucht. Und grinst.

»Ich bin hier Surflehrer, und wer bist du?« Schon witzig, dass die weltweit die gleiche Ausstrahlung haben.

»Ich pilgere.«

»Soso. Dann wahrscheinlich kein Bierchen für dich.«

»Genau.«

»Du gehst jetzt schlafen?«

»Genau.«

»Ein anständiges Mädchen?«

Ich muss lachen. Er auch.

»Gute Nacht.«

»Kannst es dir ja noch überlegen. Ich sitze noch 'ne Weile hier draußen. Schlaf schön.«

II
修行

(*shugyou*, Askese, Präfektur Kochi)

12

»›Weil ich jung bin, kann ich alles schaffen?‹ Das ist Unsinn!«

(Nonne, zwischen dem Tempel des Medizinkönigs und
dem Tempel des ehrenwerten Kaps)

Ich kann es kaum fassen, ich laufe heute nach Kochi. Die zweite
Präfektur der Runde. Steht für Askese. Kein Wunder, denn es
ist die größte der vier Präfekturen, fast ein Drittel der gesamten Strecke führt durch sie hindurch, die komplette Südküste
entlang. Wenige Tempel, viel laufen. Das verlangt Durchhalte-
vermögen oder eher Hornhaut. Noch bin ich in Tokushima, das
steht für »Erwachen«, und deswegen frage ich mich jetzt: Wie
spirituell erwacht bin ich bisher? Ich muss sagen: Schon ganz
ordentlich. Als ich losgelaufen bin, wusste ich nicht mal, dass
ich hier nicht wandern, sondern pilgern würde. Jetzt trage ich
weiße Westen, verschenke weiße Zettel und kenne weise Worte.
»Durch die Begegnung mit anderen begegnest du dir selbst«,
»Jeder ist Meister Kobo«, »Der Pilgerweg, der das Herz wäscht«,
all den Kram. Ich weiß jetzt, dass ich meine Kerze nicht an einer
anderen Kerze anzünden darf, weil ich sonst Wünsche weg-
nehme. Oder, dass ich die Glocke beim Betreten des Tempelgeländes läuten muss und nicht beim Verlassen, weil ich sonst
meinen Wunsch direkt wieder zermatsche. Ich weiß außerdem,
dass hier Grapscher unterwegs sind, Riesenhornissen und giftige
Schlangen. Und, dass zumindest die Schlangen Glück bringen.

Ja, Erwachen ist nicht immer vergnüglich, aber das ist seit dem Baum der Erkenntnis nichts Neues.

»Ab jetzt wird es wild«, sagte die schicke Surfladenfrau gestern noch.

»Ab jetzt gibt es gar nichts mehr«, sagte heute Morgen der Verkäufer beim *Combini*.

»Ab Kochi wird es furchtbar einsam«, sagte Ogawa.

Trotzdem mache ich einen Hüpfer, als ich das Schild »Kochi« passiere, und rufe »Ich bin spirituell erwacht! Ich bin spirituell erwacht!«, das Ganze in der Ätschibätsch-Melodie, was das Gesagte natürlich sofort lächerlich erscheinen lässt. Irgendwo kräht ein Hahn.

Route 55. Das ist meine Straße heute. Einfach stur geradeaus. Um halb acht humple ich auf eine Hütte zu. Mit der Blase am kleinen rechten Zeh und dem seit dem Gewaltmarsch vorgestern irgendwie angeknacksten Ballen des linken Fußes weiß ich gar nicht mehr, wo ich auftreten soll. Die Hütte hat Licht, eine USB-Ladestation und eine Toilette und steht auch noch auf Tsunami-Evakuierungsgebiet. Das ist die Sache mit der japanischen Küste. Immer alles tsunamigefährdet. Alle paar Meter stehen Warnschilder oder Fluchtempfehlungsschilder oder Beruhigungsschilder. Auf denen steht dann, dass die »geschätzte Tsunami-Höhe« hier nicht ankommen wird. Oder: »Renn weg.« Auf der Tür meines Pavillons gestern stand: »Fliehe, sobald ein Beben kommt.« Man solle etwa drei Minuten die Straße runterrennen und dann einen Berg hoch. Ich lese zwischen den Zeilen: Sonst wirst du sterben. Ich hasse diese Schilder.

Ich hasse sie seit dem 11. März 2011, den Deutsche vor allem wegen der Kernschmelze von Fukushima erinnern. Es ist ein Irrglaube, dass Japaner bei diesem Datum nicht an den Reaktorunfall denken. Aber Japaner denken vor allem auch an die vielen Todesopfer, die es nicht geschafft haben, diesen verdammten Tsunami-Warnschildern zu folgen und auf den nächsten Berg oder Schutzturm zu kommen. Und an die zehntausenden Menschen, die acht Jahre später immer noch deplatziert in Notunterkünften sitzen und nicht in ihre Heimat zurückkönnen, weil dort nach wie vor die Geigerzähler ausschlagen.

Bis zum Frühling 2011 hatte ich keine Angst vor Erdbeben, nicht mal Respekt davor. Und eigentlich auch nicht den blassesten Schimmer, was im Fall des Falles zu tun ist. Bei meinem ersten Erdbeben lag ich in einem Stockbett in Kyoto, der alten Kaiserstadt. Ich wachte davon auf, dass das Metallgestell wackelte und klackerte, wie wenn es beim Zugfahren gerade rumpelt. Das Mädel im Bett unter mir sprang auf. Sie atmete hörbar hektisch und stellte sich in den Türrahmen des Schlafsaals. Auf dem Flur liefen die anderen Backpacker auf und ab. Ich machte die Augen wieder zu.

Seit März 2011 ist mir sehr bewusst: Nach Erdbeben können Häuser einstürzen, und es kann Tsunamis geben, die ganze Landstriche platt machen und Menschen töten. Und nach Tsunamis kann es Kernschmelzen geben, die noch mehr Leben zerstören. Seitdem habe ich Respekt vor Erdbeben.

Im März 2011 war ich in Deutschland. Ich hatte den Job im Projektmanagement bei Mitsubishi Fuso in Tokyo geschmissen, weil ich beschlossen hatte, Journalistin zu werden. War so eine Art Eingebung. Ich saß in dem graubeigen Großraumbüro, die Radiogymnastik war gerade rum, und ich dachte: Das ist alles Käse hier. Ich muss zurück nach Deutschland. Ich muss Journalistin werden. Mit Ende zwanzig machte ich deswegen noch mal unterbezahlte Praktika. Gerade war ich in Wien beim *Standard* gewesen, Ressort Internationale Politik. Nun machte ich Zwischenstation in München, schrieb Bewerbungen und wartete darauf, dass ich für ein Volontariat genommen werden würde oder an einer Journalistenschule, als auf meinem Handy die Nachricht einer Tokioter Freundin aufleuchtete:

»Laufe gerade von der Arbeit nach Hause. Starkes Erdbeben. Keine Züge!«

Ich klappte den Laptop auf und sah diese Welle. Sie vergrub die Küste unter sich und ließ Japan dabei aussehen wie die Insel von Jim Knopf bei der Augsburger Puppenkiste. Genau, die Insel mit zwei Bergen. Rundherum Wasser. Die Welle riss fahrende Autos mit als wären sie Spielzeug, in ihrem Strudel trieben gigantische Frachtschiffe ins Landesinnere. Facebook, Twitter, Livestream. Ich saugte alles auf, konnte nicht aufhören, konnte nicht schlafen. Wartete nicht mehr auf die Nachrichten von Journalistenschulen, sondern auf die von Freunden. »Alles o.k.?« »Bist du schon zu Hause?« Nichts. Ich las, dass das Handynetz zusammengebrochen war und dass die Anwohner nach dem Tsunami-Alarm zwölf Minuten Zeit hatten, um sich in Sicherheit zu bringen. Vor allem alte Leute haben das nicht geschafft. 30 000 Menschen starben.

Wenn ich diese ach so freundliche und doch so bedrohliche Comic-Welle auf dem Schild heute sehe, die mir sagt, dass ich rechts hoch auf den Berg rennen muss, denke ich jetzt daran. Zwölf Minuten. Ich würde den Rucksack fallen lassen, wahrscheinlich auch den Stock, in dem angeblich mein heiliger Begleiter steckt. Sorry, Meister Kobo. Ich weiß, ich soll daran glauben, dass du alle rettest, und ich habe diese alberne weiße Weste an, die gleichzeitig Totengewand ist. Aber die Wahrheit ist: Ich will leben. Ich würde rennen.

Ich denke auch an das kurze Ende einer langen Beziehung. Ich saß mit meinem damaligen Freund auf einer Bank im Englischen Garten in München. Wegen Fukushima hatte er Japan gerade überstürzt verlassen. Er hatte noch gewaschen, die Wäsche dann aber nicht mehr aufgehängt, sondern sie einfach auf dem Bett verteilt. Dann saß er am Flughafen in Tokyo auf dem Boden, bis er einen Flieger nach Deutschland bekam. Viele Expats haben das damals so gemacht. Nun saß er neben mir auf der Bank. In meiner Erinnerung war es ein kalter, diesiger Tag, und der Lack unserer Parkbank war abgesplittert. Ob das stimmt? Keine Ahnung. Aber ich weiß, dass die Stimmung bedröppelt war und kühl. Irgendwie freuten wir uns gar nicht, dass wir uns wiedersahen. Ich dachte an die Tsunamiopfer. 30 000 Menschen. Er sagte: »Was ich wirklich bereue, ist, dass ich diesen Kaninchenfellhut nicht gekauft habe.« Der Hut sei sehr schick gewesen, habe vierhundert Euro gekostet, und wer weiß, ob er ihn nun noch jemals kaufen könnte. Vielleicht könnte er niemals nach Japan zurückkehren, und wenn, wisse er nicht, ob der Hut dann noch unverstrahlt wäre. Und falls er ausverkauft sein würde, ob jemals wieder so tolle Hüte aus unverstrahlten japanischen Kaninchen hergestellt werden würden. Dann sprach er darüber, dass er unglücklich in unserer Beziehung sei. Ich dachte an meine Freunde, die noch in Japan waren, teilweise sogar im Norden. Ich machte mir Sorgen um sie. Ich sagte: »Dann lassen wir es halt.« Er sagte: »Okay.« Und dann ließen wir es. Nach sieben Jahren. Fukushima zwang uns zu diesem Moment völliger Klarheit auf der Parkbank im Englischen Garten. Er wollte einen Kaninchenfellhut. Ich wollte, dass meine Freunde leben. Und zurück an meinen Laptop. Wir waren kein besonders gutes Paar.

»Mir geht es gut«, postete mein Kumpel Kazu auf Facebook. »Ja!«, schrie ich. Er bekam dafür innerhalb von Minuten hunderte Likes. »Aber ich kann Yoko nicht erreichen.« Seine Freundin Yoko war in Sendai, im Nordosten Japans. Seit Kurzem war das: Katastrophengebiet. Mit dabei ihr wenige Monate altes Baby. Scheiße! Ich weinte. Ich wollte, dass sie leben. Ich schrieb: »*Gambatte kudasai!*«, diese nichtssagende Arschloch-Floskel, die Leute zum Durchhalten motivieren soll. Bitte, halte durch!

Der Betreiber des AKW Fukushima schrieb auf seiner Homepage, es habe mit hoher Wahrscheinlichkeit eine Kernschmelze gegeben.

In den Nachrichten stand, das Trinkwasser in Tokyo wäre verstrahlt.

»JA! Yoko lebt!«, schrieb Kazu.

Seit der Katastrophe waren zwei Tage vergangen, und meine

Wirklichkeit war ins Internet abgewandert. All meine Gedanken kreisten um eine Welt, die sich mir nur per Mausklick offenbarte. Ich lebte wie einer dieser Freaks, die ihr Zimmer nicht verlassen und die ihre gesamte Gefühlswelt aus dem Netz beziehen: Sorge und Verzweiflung, Erleichterung und Euphorie.

Und Kazu:»Freunde, ich fahre jetzt nach Sendai.«

Darunter kommentierte jemand:»Super-Kazu wird Yoko und das Baby retten!«

Eine Japankarte zeigte ihn als blauen Punkt, wie er gerade Tokyo verließ, und zwei rote Punkte in Nordjapan: Yoko, das Baby.»Oh, so weit bis Sendai.« Im Shinkansen dauert es normalerweise nur zwei Stunden, aber Züge fuhren nicht. Kazu musste in einem Zickzackkurs in den Norden, von Tokyo an der Ostküste nahm er einen Bus in den Nordwesten nach Niigata. Dort steckte er, der blaue Punkt, erst mal fest.

»Wie komme ich mit dem Auto/Fahrrad nach Sendai?«, fragte er uns.

»Lass die Straße den gewöhnlichen Menschen. Super-Kazu kann hinfliegen«, kommentierte ein Freund. Ich lachte und bewunderte Kazu sehr.

Dann bewegte sich der blaue Punkt wieder, Kazu stieg in einen Essenstransporter. Sieben Stunden später war er bei Yoko. »Erste Mission erfüllt. Die Betriebszeiten von Super-Kazu sind für heute vorbei.« Eine Woche lang las ich die Geschichten von »Super-Kazu«. Jeden Morgen startete sein System, abends fuhr er es herunter:»O.k., System sleep … zzz«.

Er hatte Missionen zu erfüllen wie »Aufräumen & Menschen helfen« oder »Essen und Alltagsgegenstände (vor allem Windeln!!!) sammeln«. Als er mal vier Portionen Reis ergatterte, gab er sich selbst einen »Super-Bonus!!!!« Kazu war zum Helden seiner eigenen Facebook-Geschichte geworden. Er lud auch Fotos hoch. Eingestürzte Häuser, aufgebrochene und gesperrte Straßen, zersplitterte Fenster, überall Müll. Ein Bild zeigte seine Turnschuhe, die Sohle hatte sich abgelöst, er hatte sie mit gel-

bem Klebeband umwickelt: »Super-Kazu's limited edition.« Ich
fragte mich, wie er es schaffte, nicht nur ruhig, sondern auch
noch witzig zu sein. In Deutschland waren derweil Jodtabletten
und Geigerzähler ausverkauft.

Einen Monat später lebte Kazu mit Yoko und Baby wieder in
Tokyo. Später sagte ich ihm, dass ich ihn damals sehr bewun-
dert habe. Er erwiderte: »Super-Kazu hat mir Kraft gegeben.
Der kann bis zur totalen Erschöpfung hundert Prozent geben.
24 Stunden am Tag.« Und dann: »Ich hatte echt Angst.«

Ich hasse Tsunami-Schilder.

Und ich fände es gut, wenn jetzt auch langsam bei mir irgendeine Superheldenkraft einsetzt. Vielleicht fliegen?

Der letzte *Osamefuda*-Zettel im Gästebuch der Hütte ist
grün, gestern hat Ogawa hier geschlafen. Ich laufe an Bauarbeitern vorbei – ich liebe ihre weiten Hosen und die roten Leucht-
schwerter, mit denen sie Passanten vorbeiwinken – und fotografiere sie. Und sie fotografieren mich. Kurz versetzt mich das
in den Norden Vietnams. Eine Recherche zusammen mit einer
Kollegin, die gleichzeitig eine gute Freundin von mir ist. Satt-
grüne Reisterrassen mit verstreuten Siedlungen, bewohnt von
Indigenen. Sie standen vor dem Bus, als wir ausstiegen, Korb
auf dem Rücken, Kamm in der Hochsteckfrisur, Stulpen aus
schwarzem Samt. Sie wollten uns mit nach Hause nehmen, uns
zeigen, wie ihre Welt aussieht. Für Geld. Ganz authentisch. Da
saßen wir ums Feuer einer Holzhütte mit Lehmboden. Zusammen mit kleinen Kindern, die dreckige Füße hatten und glit-
zernde Ohrringe. »You look at us«, sagte unsere Gastgeberin,
»and we look at you.« Du schaust uns an, und wir schauen dich
an. Mit uns, dachten wir damals, sitzt eine fremde Welt in dieser Hütte. Auf Reisen ist man nie nur Beobachter, immer auch
Botschafter. Man muss aufpassen, was man mitbringt.

Ich muss heute über viele Brücken gehen. Und weil ich
mich wirklich bemühe, mich an die »Kein Stock-Getockere auf
Brücken«-Regel zu halten (»Man muss das nicht machen«, hat

der Welterklärer vorgestern gesagt, »aber ulkig ist es schon«), ist der Weg noch beschwerlicher als sonst. Ohne Stock kann ich immer noch kaum laufen, auch wenn ich mich insgesamt stabiler fühle. Ich bin keine Schnecke mehr, sondern eine Schildkröte, denke ich. Immer noch langsam, immer noch kriechend unterwegs, aber robuster. Ich humple an einer überdachten Automatenparade vorbei, einer für Schnaps, einer für Bechersuppe, einer für Batterien, fünf für Softgetränke und drei Spielautomaten. Alle davon rostig. An der Küste sehe ich Surfer auf ihren Brettern sitzen und auf Wellen warten. Aus einem Gewächshaus kommt eine Welle Orangenblütengeruch, der sicherlich eigentlich *buntan-* oder *pokan-*Blütenduft ist.

Ich habe lange keinen Tempel besucht, noch immer sind es über dreißig Kilometer bis zum nächsten, und fast habe ich Angst, alles Gelernte schon wieder vergessen zu haben, da kommt der Außerhalb-der-Reihe-*bangai-*Tempel Nummer fünf gerade recht. Er liegt auf keinem Berg, sondern einfach platt auf dem Pilgerweg. Der Tempel sieht aus wie der Kleingarten einer blumenverliebten Romantikerin. Es gibt weiße, schnörkelig geschwungene Gartenmöbel mit Sitzkissen, überdacht von einem Teppich aus Blauregen, Bienen surren, in den Beeten daneben Rosen und Lavendel. Vor der Haupthalle schläft ein karamellfarbener Riesenhund auf einem pinkfarbenen Futon. Ein Mönch mit Gießkanne, die Romantikerin also, kommt aus dem Nebenhaus. Wir quatschen über die heilige Hochebene Koya-san. Der Mönch wurde dort ausgebildet und erzählt, dass es vor fünfzig Jahren dort einen *pachinko-*Salon gegeben habe. *Pachinko* ist eine Mischung aus Geld- und Bagatelle-Spiel und neben Karaoke eines der wenigen Dinge, die tatsächlich original japanisch sind. Die Spieler kaufen Metallkügelchen, die sie in einen Automaten füllen, und können mit einem Hebel bestimmen, wie schnell sie auf das Spielfeld und durch ein Labyrinth nach unten fallen. Vor den Automaten stehen Plastikbottiche, in die der Gewinn, noch mehr Metallkügelchen, fällt. Die können am Ende gegen

Sachpreise, zum Beispiel Shampoo oder Goldbarren, getauscht werden. Glücksspiel ist verboten, direkt Geld einsacken geht also nicht, aber in der Nähe der Hallen gibt es Tauschbuden, die die Sachpreise schließlich zu Barem machen. Es ist in diesen Hallen wahnsinnig laut, verraucht, und alles blinkt. Die totale Reizüberflutung. Ich habe einmal einen Spielhallenbetreiber interviewt, der der Meinung war, die Selbstmorde im Land würden sich verdoppeln, wenn es kein *pachinko* mehr gäbe. »Eine so ernste Gesellschaft wie die japanische braucht Orte, an denen sie sich abreagieren kann«, sagte er. *Pachinko* also, auf der heiligen Hochebene voller Mönche, jahrhundertealter Zypressen und Tempel. Wo, wenn nicht dort, muss man den angestauten Stress des Lebens entladen?

Außerdem gibt mir der Mönch den Tipp, öfter in Tempeln zu schlafen. Nicht im *shukubo*, dem Tempelhotel, in dem man für die Küche der religiösen Hingabe ja doch einiges hinblättert, sondern im *tsuyado*, schlicht und gratis, vor allem »im Schutz des Tempelgeländes«, dadurch supersicher. Stünden auch auf DER Liste. »Sonst wird das Pilgern sehr teuer«, sagt er, »vor allem, wenn du langsam bist.« Ich habe mal gelesen, dass fast jede andere Art zu pilgern nicht nur angenehmer und schneller, sondern auch günstiger ist. Selbst Taxi-Pilgern kommt billiger. Lediglich Helikopter-Pilgern ist teurer als Gehen. »Und Fußprobleme hat fast jeder Läufer«, sagt der Mönch, »Der ganze Asphalt … Da kann man nichts machen.«

Der ganze Asphalt … macht mich auch heute wieder fertig. Ich habe gehört, auf dem Jakobsweg führen insgesamt zehn Kilometer von achthundert eine Straße entlang. Der Rest seien kleine Wege, auf denen, weil das Ganze UNESCO-Weltkulturerbe ist, nicht mal Pestizide verspritzt werden dürfen. Hier führen lediglich hundertfünfzig Kilometer der gesamten Strecke NICHT an einer dieser Straßen entlang. Mehr als tausend Kilometer teilt man den Weg mit Autos und Lastwagen. Bei einem Getränkeautomaten ein paar Kilometer später wird auf Japanisch und

Englisch davor gewarnt, dass der nächste Automat zehn Kilometer entfernt liegt. Also ziehe ich mir Ionenzufuhr-Limonade, Wasser und Eiskaffee und esse ein Pollackrogen-Brötchen und Cracker. Die Strecke heute ist supereintönig und führt endlos diese eine Straße entlang, hinter jeder Kurve kommt einfach nur das Ewigselbe. Noch mehr Asphalt. Route 55 klingt nach Roadtrip, fühlt sich nach ein paar Kilometern aber nach Folter an. Es stimmt schon, was die Frau vom Surfladen meinte, es wird jetzt wild. Im Sinne von: Da ist nüscht. Irgendwann kommt ein Shinto-Schrein mit Plumpsklo, an dessen Wand ein Plakat hängt. Eine mutmaßlich buddhistische Gottheit, das Gesicht eine verzerrte Fratze, in der Hand ein Schwert, hinter ihr Flammen. Einladend. Daneben ein Zettel: »Pilger, entspanne hier in aller Ruhe.« Ich würde mich tatsächlich gern auf die Bank setzen, aber mich packt ohne ersichtlichen Grund die blanke Panik. Ich glaube, ich gucke ähnlich drein wie Frauen in Horrorfilmen, die vor lauter Grausen dämlich genug sind, tumb in die Keller zu rennen.

Hier. Muss. Ich. Ganz. Schnell. Weg.

Warum auch immer. Noch achtundzwanzig Kilometer zum nächsten Tempel. Später lese ich, dass Pilger Kochi früher »Teufelsland« nannten. Die Einwohner galten als heißblütig und gefährlich. Wegen einer Zwei-Kinder-Politik mussten sie viele ihrer Kinder töten. Außerdem hatten die Leute keine Lust auf Religion. Denn Buddhismus wurde in der japanischen Geschichte mitunter streng verfolgt, angeblich nirgends heftiger als hier. Die Einwohner hatten wenig Interesse daran, nach dem Gemetzel alles wiederaufzubauen. Für die Pilger gab es teilweise gar keine Wege. Sie kletterten über glitschige Felsen, damals noch ohne Anti-Tsunami-Bausteine. Und sogar Meister Kobo wurde hier von diversen Dämonen verfolgt. Vielleicht also kein Wunder, dass sich dieses Plumpsklo in Kochi direkt gruselig anfühlt. Statt vor dem Schauerschrein raste ich wenig später auf einem Seitenstreifen. Ich esse mal wieder meine Vorräte auf. Ein trockenes Brot gefüllt mit Kartoffelkroketten, Energieriegel, die restlichen Snacks der drei Omis. Kann es sein, dass da schon wieder nichts mehr in der Plastiktüte ist? Ein glatzköpfiger Alter isst in seinem Kleintransporter gerade zu Mittag, sicher irgendeine leckere Bentobox, kurbelt das Fenster runter und sagt: »Ach, ihr Pilger, was tut ihr euch das an? Wenn ich nicht wüsste, dass du eh nein sagst, würde ich fragen, ob ich dich mitnehmen kann. Aber ihr Pilger ... Ihr wollt ja immer laufen.« Bevor ich sagen kann: »Öh, nö, Mitfahrgelegenheit wäre super!«, ist er schon wieder weg.

Links der Straße ist das Meer, kein Strand, sondern einfach Felsen und rechts der Straße dichter Wald. Irgendwas sitzt da hinter der nächsten Kurve. Ein Affe? Oder halluziniere ich vor Erschöpfung? Es ist wirklich ein kleines braunes Äffchen mit rotem Gesicht, ein Japanmakake, der da seelenruhig hockt und irgendetwas mampft, und jetzt kommt noch einer, fasst seinen Schwanz, und die zwei setzen sich gemeinsam in Bewegung Richtung Wald. Ich schaue genauer hin und sehe lauter Affen hüpfen von Baumkrone zu Baumkrone. Manche schwingen sich auch an Lianen entlang. Die Herde beginnt derb zu schreien. Wahrscheinlich so was wie: »Macht euch dünne, da kommt einer dieser durchgeknallten Pilger.«

Ein LKW hält neben mir, und der Fahrer drückt mir ein kleines *Calpis Soda* in die Hand, das ist so was wie in sprudeliger Limonade verdünnter Joghurt. Ich persönlich finde es lecker und kippe es in einem Zug runter. In Zukunft sollte ich meine *Osamefuda*-Dankeszettel immer griffbereit haben, auch wenn kein Tempelbesuch ansteht. Der Freundlichkeit der Inselbewohner sollte ich immerhin einen windigen Zettel entgegensetzen. Der Strand ist, wenn man ihn hinter den Tsunami-Mauern ab und zu sieht, mittlerweile schwarzsandig. Runter ans Wasser kann man nirgends. Außer einer von Polizeimotorrädern flankierten Harley-Parade, einem dreibeinigen, wild bellenden Hund und einem Laster, der Zedernstämme geladen hat und deswegen einen ziemlich guten Duft hinter sich herzieht, passiert in den nächsten Stunden nicht viel. Ich krieche dahin, alles schmerzt mehr und mehr, und irgendwann beginnt es wieder heftig zu regnen.

Das *minshuku*, in dem ich heute schlafe, liegt direkt neben der Straße. Der junge Wirt begrüßt mich mit einem Handtuch in der Hand. Er nimmt mir Poncho und Turnschuhe ab, die er gesondert trocknen wird, und ich ziehe meine nassen Socken aus, bevor ich in die obligatorischen Schlappen schlüpfe. Mein Zimmer ist riesig, geschätzte zwanzig Quadratmeter Tatami-Wüste. Und auf dem Boden liegt eine Plastikplane, auf die ich den »eventuell feuchten Rucksack« legen kann. Als er mich zum Bad ruft, sitzt dort bereits die Nonne auf einem Schemel und seift sich ab. »Öhm.« Sie guckt, als hätte ich die Tür zum Klo aufgerissen und sie säße auf der Schüssel. »Wir baden zu mehreren?« Tatsächlich ist die Badewanne nicht besonders groß, aber es gibt drei niedrige Duschen samt Schemel und Bottichen, und ich wurde nun mal vom Wirt in den Waschraum geschickt und stehe da jetzt nackt in der Tür. »Offenbar …«, murmle ich und setze mich auf den Schemel neben ihr.

»Wohin bist du denn neulich gelaufen?«, fragt sie.

»Shishikui …«

»Shishikui! Über dreißig Kilometer?«

»Ja, früher gab es nichts. Es war weit. Gestern konnte ich gar nicht laufen.«

»Ah, du hast pausiert. Ich hätte nicht gedacht, dass wir uns wiedersehen.« Sie steigt in die Wanne.

Ich auch nicht, denke ich. Langsam und stetig läuft sie. Und kommt vor mir an.

»Du musst auf dich achtgeben«, sagt sie. »›Weil ich jung bin, kann ich alles schaffen?‹ Das ist Unsinn! So darfst du nicht denken. Da machst du dich kaputt.«

Die Nonne verabschiedet sich, und ich lasse mich in der Wanne einweichen. Im Endeffekt höre ich, seit ich losgelaufen bin, immer wieder dasselbe. Sei mit achtzig Prozent zufrieden. Gib auf dich acht. Hör auf, BEVOR es zu viel ist. Es gibt kein Erreichen. Es macht keinen Spaß zu akzeptieren, dass sie recht haben. Und es macht noch weniger Spaß, währenddessen von den übrigen pensionierten Nasen überholt zu werden. Beim Abendessen sitze ich einem dieser Senioren gegenüber. Irgendwann heute Mittag ist der lange, schlanke Typ mit schwarz gefärbten Haaren, darunter erkennbar grauhaarig, mit federnd großen Schritten an mir vorbeigestürmt. Jetzt erzählt er mir, dass er, wer hätte das gedacht, gern wandert. Seine Frau finde es auch ganz gut, dass er nach der Pensionierung ein paar Monate aus dem Haus ist. Dann möchte er über Politik reden. Die deutsche Teilung, die geteilten Koreas, die Gefahr für Japan durch nordkoreanische Raketen. An einem anderen Tag würde ich jetzt erzählen, wie ich zusammen mit zwei Kolleginnen in Seoul nordkoreanische Flüchtlinge begleitet habe. Mich würde auch interessieren, ob mein Gegenüber für die Abschaffung des Friedensartikels und damit für Aufrüstung ist. Aber mein Kopf ist Matsch. Und überfordert mit der Weltpolitik, die sich mit uns an den Tisch setzt. Da stehen schon so viele Schälchen: Misosuppe, Reis, Sashimi, Tempura, Tintenfischsalat, Gemüse in Sesamsauce, Tofu, ein Fischkopf. Es ist sieben Uhr abends, und ich muss dringend ins Bett.

13

»Das hier ist kein Wettrennen, weißt du?«

(Kassenwartin, kurz vor dem Tempel des überaus
ehrenwerten Kaps)

Als ich aufwache, fühle ich mich fantastisch, renne um vier Uhr
dreißig als Erstes im ehrenwerten Schlafwickel auf die Straße,
um den Sonnenaufgang zu beobachten. Die Wellen brausen
im schwarzen Nichts, und Sonne sehe ich auch keine, zu viele
Wolken. Egal, mir kann heute nichts die Laune verderben.
Der Wirt hat mir eine Unterkunft in Tempel sechsundzwanzig
reserviert und hält beim Frühstück – Misosuppe, Reis, gebratener Fisch, rohes Ei, fermentierte Sojabohnen – eine Rede
über jede einzelne Zutat. Die Eier stammen von nebenan, der
Reis vom eigenen Feld, das Gemüse hat die sechsundachtzig-
jährige Omi selbst eingelegt, die gerade den Kopf ins Esszim-
mer streckt, um sich Komplimente abzuholen. Ich esse zwei
Schüsseln Reis, gestern Abend waren es drei, und trotzdem bin
ich nachts hungrig aufgewacht und habe eine Packung Cracker
verdrückt. Der Wanderliebhaber an meinem Tisch erzählt, dass
Südjapaner genau wie ich kein *natto* essen, diese schleimig fer-
mentierten Sojabohnen, die Fäden ziehen und abartig stinken.
»Wer es nicht von klein auf gewohnt ist«, sagt er, »findet es ekelig.« Ich kenne sehr wohl Westler, die den Schleim lieben, aber
ich gehöre definitiv nicht dazu. Japaner fragen oft: »Kannst du
natto essen?«, und ich antworte meist so etwas wie: »Ich KANN

natto essen, aber Honigbrot mag ich lieber.« Und damit ist alles gesagt.

Nach dem Frühstück bietet der Wirt den Pilgern einen Gepäcktransport-Service an, und ich denke: ›Das gönne ich mir.‹ Ich bin immer noch aufgekratzt, als ich den Tagesrucksack schultere und draußen aufs Meer gucke. Es fühlt sich alles so richtig an. Vielleicht bläst der starke Wind gerade alle negativen Gedanken über schmerzende Füße und schwächelnde Körper weg. Ich mache tausend Fotos, weil ich die Felsen so unglaublich schön finde, die schwarz im türkisfarbenen Meer liegen, und dazu die dramatischen Wolken am Himmel. Aber ich verweile auch deswegen länger, weil meine Kamera seit dem windig-sandigen Strandausflug nicht mehr jedes Bild scharf bekommt.

Ohne Gepäck ist es, als würde ich fliegen. Ich balanciere auf der Tsunamiwand, weil ich das Meer sehen will, wenn ich schon daneben laufe, und lasse die anderen Pilger vorbeiziehen. Neben dem Wanderliebhaber und der Nonne auch ein französisches, älteres Pärchen. Er hat eine Art Geschirrtuch um den Kopf gebunden, auf das das Herz-Sutra gedruckt ist. Sie trägt den typischen Kegelhut. Als Einzige haben sie ihr Gepäck nicht geschickt. »Wir sind das gewohnt«, sagen sie. Sie sind den Jakobsweg gelaufen und quer durch England, kommen aus einer bergigen Gegend und laufen auch dort die Berge hoch und runter.

Eine nackte Betonbushaltestelle als erste Rastmöglichkeit nach eineinhalb Stunden. Da sitzen schon drei männliche Pilger, die zusammenrutschen, damit ich mich setzen kann. Es beginnt zu regnen. Keiner von uns hat Regenzeug dabei, im Wetterbericht, den der Wirt beim Frühstück vorgelesen hat, hieß es: Südwind, kein Regen. Die Nonne winkt uns, packt ihren Strohhut in eine Plastikhülle und wirft eine Regenjacke über. »Die Nonne«, sagt einer der Männer, »die ist schlau.« »Die spürt so was«, sagt ein anderer. Der Dritte nickt. Die drei passen überhaupt nicht zusammen, und ich frage mich, wie sie einander kennengelernt haben. Der eine sieht nach ehemaligem Konzernchef aus, ich sehe ihn im Anzug neben mir sitzen, selbst wenn er gerade Wanderklamotten trägt. Den Zweiten mit braungebranntem Gesicht und graumelierten Haaren würde ich in die Kategorie Trinker Suzuki einordnen. Und der Dritte ist ganz in Weiß gekleidet und hat ein beseeltes Lächeln auf den Lippen. Ich taufe ihn sofort »der Heilige«. Als der Braungebrannte meinen Wanderstab sieht, wird er sofort euphorisch. Er hatte selbst auch einen Fuji-Stock dabei, sagt er, hat ihn aber ziemlich schnell irgendwo vergessen und musste dann auf einen Normalo-Stock umsteigen, den alle haben. Als ich in Shikoku gelandet bin, wurden ich und mein Stock noch komisch angeschaut. Eine Frau kommentierte: »Na ja, du bist Ausländerin, da ist es okay, dass du einen FALSCHEN Stock hast.« Aber je weiter ich laufe, desto cooler finden ihn die Leute.

Mich erinnert der Stock an das Tollste und gleichzeitig das Dümmste, das ich seit dem Drüsenfieber gemacht habe: Ich war auf dem Fuji. Es war einer der zwei Aufträge, die ich letztes Jahr hatte. In meinen fünfzehn Jahren mit Japan habe ich es irgendwie nie geschafft hochzuklettern. Vor allem, weil der Aufstieg nur im Sommer möglich ist und es zu dieser Zeit in Japan unerträglich schwül und heiß ist. Ich hatte den Auftrag also angenommen, weil ich schon immer auf den Fuji wollte und weil ich mich gnadenlos überschätzt habe. Der Bus setzte uns auf 2300 Höhenmetern ab, in meinem Kopf pochte es wild, und jeder Schritt fühlte sich wie Watte an. Die Bergführerin, die der Fotograf und ich dabeihatten, erzählte von der Höhenkrankheit – Symptome: Kopfschmerz, Schwindel, Übelkeit –, die wir vermeiden wollten. Wir liefen deshalb langsam, und ich sagte ihr nicht, dass alle diese Symptome bei mir bereits vorhanden waren. »*Yukkuri*, mit Muße, Lena!«, sagte sie immer, wenn es ihr zu schnell ging, und ich war froh, keinen überambitionierten Personal Coach, sondern eher eine umsorgende Mutti dabeizuhaben. Der Fuji ist seit 2013 UNESCO-Weltkulturerbe, wurde tausendfach gemalt und bedichtet. Er sei ein »weißgesichtiges Wunder«, von »göttlichem Atem berührt«. Wir liefen auch deswegen langsam, weil wir die meiste Zeit im Stau standen – immerhin stiefeln 300 000 Wanderer da jährlich innerhalb von ein paar Monaten hoch –, und trotzdem war es ein seltsam erhebendes Gefühl, nachts in der klirrenden Bergluft zu stehen, über den Wolken, alle mit müden Gesichtern und Stirnlampe. Meine Höhenkrankheit-Symptome waren irgendwann weg, dafür konnte der Fotograf nicht schlafen, weil er sich die ganze Zeit fast übergeben musste. Aber nun waren wir Teil einer Schildkröten-Kriechprozession auf dem Weg nach oben. Jetzt sprach keiner mehr. Keiner drängelte. Jeder schien bei sich zu sein. Unverhofft fand ich eingepfercht in der Menschenschlange eine meditative Stille. Auf dem schwarzen Vulkansand rutschte ich später Richtung Tal, als würde ich auf den Wolken laufen. Uns umgab die Weite des blauen Himmels. Und Wolkenformationen, die man sonst nur vom Flugzeug aus sieht. Und nachdem ich wieder in Tokyo ankam, lag ich eine Woche lang mit Fieber im Bett.

Daran erinnert mich der Stock. Ich kann Sachen schaffen, aber ich muss mitunter teuer dafür zahlen. Der Stock spricht zu mir nicht unbedingt mit der Stimme von Meister Kobo, sondern mit der Stimme der Bergführerin von damals und sagt: »Mit Muße, Lena!«

»Aber nachdem ich den Fuji-Stock vergessen hatte«, sagt der Braungebrannte, »ist mir aufgefallen: Der ist echt schwer!« Stimmt, er wiegt sicher das Doppelte wie normale Pilgerstöcke, und das erklärt vielleicht auch meinen Muskelkater in den Armen. Der normale Stock verliert acht Zentimeter bei einer Runde um Shikoku, sagt einer der Männer. »Aber dein massives Ding sicher weniger.«

Die nächsten Stunden sind ein Stop-and-go. Ich raste bei jeder Bank und immer wieder begegne ich der Nonne und den drei Männern. Die Männer gucken auf die Uhr, sagen »soso, du machst *yukkuri*« oder »soso, du willst heute noch zu Tempel sechsundzwanzig, schon bisschen knapp«, während der Heilige in Weiß weiter beseelt lächelt. Ich beobachte Fischer, die ihre Netze flicken, und einer davon rennt später aus seinem Haus und ruft »Bitte fotografiere meinen Fisch«, den er mithilfe des geflickten Netzes gefangen hat. In der Tat: ein schöner Fisch. Silbrig glänzend mit einem neongrünen Streifen über seine gesamte Länge. Die letzten Kilometer zu Tempel vierundzwanzig laufe ich auf eine riesige Meister-Kobo-Statue zu, die auf einem Berghang steht und in die Ferne Richtung Horizont blickt. Der Himmel ist wolkenlos. Und ich frage mich, ob ich doch statt der Pilgerweste besser ein Leibchen mit Ärmeln tragen sollte, so doll, wie die Sonne auf meine Arme knallt.

»Hallo, ist das hier Tempel vierundzwanzig?«, frage ich eine Frau, die in einem Kassenhäuschen zu Fuße der Statue sitzt.

»Nein, aber es gibt allerhand zu sehen!«

»Was denn?«

»Die Statue. Noch eine andere Statue. Und im Keller Mandalas und so was.«

Okay, was soll's. Ich will nicht alles auf dem Weg verpassen, was nicht zu den achtundachtzig Tempeln gehört. Außer mir ist hier niemand, und ich laufe die vielen Stufen hoch zur Kobo-Statue. Ein bisschen erinnert sie mich an den großen Cristo mit den ausgebreiteten Armen in Rio de Janeiro. Kobo ist wie üblich mit Hut und Wanderstab dargestellt. Da liegt auch die andere Statue, ein goldener Buddha, ähnlich riesig, friedlich schlafend auf den eigenen Arm gestützt. Unter der Statue ein dunkler Rundgang, der von Hunderten bunt leuchtenden Buddha-Bildern sanft erhellt ist. Auch hier bin ich allein. Beim Rausgehen bedankt sich die Kassenwartin für meinen Besuch. Die meisten rennen einfach vorbei, sagt sie, sie genießen die Reise nicht, sondern denken immer nur an den nächsten Tempel auf der Liste. Als wären die achtundachtzig heiligen Stätten nur Punkte auf einer To-do-Liste, hinter die man schleunigst ein Häkchen setzen will. »Das hier ist kein Wettrennen, weißt du?« Ja, ich weiß, *yukkuri*, mit Muße.

Vor der Abzweigung zum nächsten Tempel liegen noch zwei Höhlen. Hier hat Meister Kobo meditierend die Erleuchtung gefunden. Er sah den Morgenstern, wurde eins mit allem Sein und nannte sich wegen der Aussicht fortan Kukai, Luft und Meer. Außerdem hat er den Wind gedreht, um den Einheimischen zu helfen. Das Ganze hat drei Jahre gedauert. So viel Muße bringe ich dann doch nicht mit, aber wegen der vielen Steinschläge in der letzten Zeit sind die Höhlen ohnehin abgesperrt. Und da ist der Aufgang zum nächsten Tempel, nach zweieinhalb Tagen und unglaublichen 75,8 Kilometern seit dem letzten. Das heißt, es geht hoch in den Wald hinein, sacksteil.

Stufen, Stufen, Stufen. Mir ist heiß, diese Treppen sind ermüdend, und auch ohne Gepäck bin ich sehr, sehr langsam. An einer Kurve lasse ich einen Westler vorbei. Er hat an seinem Stock eine Glocke und allerhand anderes Klimbim befestigt. Bing-dock-bing-dock, ich habe ihn also schon eine Weile näherkommen hören. Er trägt sein Käppi verkehrt herum und stiefelt mit geschätzten 1,90 Metern Länge (und darin enthalten die längsten Beine, die ich bisher auf Shikoku gesehen habe) in einem Affentempo den Berg hoch. Zwei Stufen auf einmal? Kein Problem für ihn. ›Vollidiot!‹, denke ich. Natürlich bin ich neidisch.

Ich überhole meinerseits einen Japaner, der röchelt: »Du bist die Deutsche, die Japanisch spricht? Wir schlafen heute in der gleichen Unterkunft.« Die drei Männer vom Bushäuschen hätten ihn informiert. Pilger-Buschfunk. Er hat einen robusten Körperbau und einen massiven, runden und von der Anstrengung tiefroten Kopf.

»Ich heiße Bando. So wie der Bahnhof bei Tempel Nummer eins.«

»Du heißt Brett des Ostens? Das ist ja großartig!«

»Genau! Hast du dein Gepäck geschickt?«

»Ja, heute das erste Mal.«

»Ich habe keine Kohle«, sagt Brett des Ostens, »deswegen sterbe ich tragend.«

»Bei meiner Unterkunft gestern war das inklusive. Machst du *nojuku*? Campst du?«

»Nein, da würde ich noch mehr Tode sterben. Also bis heute Abend!«

Als wir uns oben beim Tempel wiedersehen, keucht er mir ein »Ich will sterben!« entgegen. Ja, die Freude des Pilgerns.

Hotsumisakiji, Tempel des überaus ehrenwerten Kaps. Ich bin jetzt an dem ersten der zwei Kaps der Südküste. Ab jetzt werde ich in einem langgezogenen Halbkreis Richtung Westen bis zum nächsten Kap laufen, bevor es wieder nach Norden geht. Zum nächsten Tempel gibt es mal wieder zwei Wege. Die drei vom Bushäuschen nehmen (»Wenn wir schon mal in der Nähe sind«) den langen Weg an einer Art Nationalpark vorbei, die Nonne (»Es ist überall hier schön, und mein Fokus liegt auf den Tempeln«) nimmt den kürzeren und direkteren Weg. Weil der Mönch vom Stempelbüro besorgt auf die Uhr guckt, als ich ihn nach seiner Empfehlung frage, entscheide ich mich ebenfalls für den kurzen Weg.

Hinter dem Tempel stehen ein paar Frauen im Kimono und wollen, dass ich mich auf einen der Stühle setze, die sie aufgestellt haben. »Wir machen dir einen Matcha.« Angeblich regt Tee an und Kaffee auf, aber Matcha, der grasige Pulvertee aus der Teezeremonie, enthält doppelt so viel Koffein wie eine Tasse Filterkaffee. »Sehr gesund, viel Vitamin C«, höre ich. »Noch ein Schälchen?« Ich kann nicht lange sitzen bleiben, weil ich ziemlich schnell ziemlich aufgeputscht bin. Ewige Serpentinen führen den Berg runter. Es ist mittags, und am letzten *Combini* bin ich vorgestern vorbeigelaufen. Und auch in der Siedlung, durch die ich gerade gehe, ist nichts außer einem geschlossenen Beauty-Salon und einer geschlossenen Postfiliale. Immerhin ein Getränkeautomat, der einen Schatten wirft, in den ich mich fläze. Irgendwie verschwimmt schon wieder alles. Ich brauche Essen, Zucker, was auch immer. Also esse ich ein paar labbrige Chips, die noch in der Tüte kleben, und ziehe mir eine Cola. Mir ist übel, und alles ist so komisch hell. Ob das jetzt langsam mal die Erleuchtung ist? Ich stehe auf und kämpfe mich Schritt für Schritt voran, irgendwo muss was zu essen sein.

»Wo kaufen Sie ein?«, frage ich eine Alte, die sich auf einen Rollator gestützt vorbeischleppt. »Da vorne!«

Tatsächlich. Da ist noch einen Kilometer weiter ein Laden. Und davor sitzen die drei Männer und das französische Pärchen. Alle grinsen und sehen fertig aus. Drinnen gähnen mich leer gefressene Regale an. Wenn ich ehrlich bin: Es ist immer noch genug da, aber die Auswahl ist ungewohnt klein. Ich nehme alles, was ich kriegen kann. Süßkartoffelbrötchen, *Onigiri*-Reisbällchen, Sandwichs, Eistee, hochdosiertes Vitamin C.

»Ich dachte schon, es kommt gar kein Laden mehr«, sage ich und lasse mich zu den anderen auf die Bank fallen.

»Hast du keine Karte?«, fragt der Typ, der wie der ehemalige Konzernchef aussieht.

»Noch nicht.«

»Ist schon praktisch, da steht so was drauf. Auch wo ein Klo ist oder eine Unterkunft.«

An uns läuft jetzt der Westler mit den immens langen Beinen vorbei. Wir verfolgen seine Schritte wie einen Tennisball, der übers Spielfeld saust, und sagen: »Der ist schnell«, »Der braucht keine Pause«, »Der ist aber auch sehr groß«. Und schon ist der Typ verschwunden. Ich dachte, in Kochi würde es einsam werden, aber ich hatte seit Tempel zwölf nicht mehr so viel Gesellschaft wie heute. Noch sechshundert Meter bis Tempel fünfundzwanzig. Ein kleines Fischerdorf, ein rot gestrichenes Tor und eine hohe Steintreppe nach oben. Von der Haupthalle des Tempels des erleuchtenden Hafens, *Shinshoji*, sehe ich auch mal wieder das Meer hinter der schwarzen Tsunamimauer. Bei einem kleinen Mütterchen kaufe ich in einem Devotionalienladen eine langärmelige Pilgerbluse.

Sie zwinkert mir zu: »Darunter reicht ja ein Tank.«

Das Leibchen ist wirklich viel besser als ein Sportshirt plus Pilgerweste. Die Ärmel sind weit und luftig. Und man verbrennt sich nicht die Haut. Vorn habe ich eine Reißverschlusstasche. »Für *Osamefuda*«, sagt die Alte, »oder Bonbons.« Und steckt mir gleich eine Handvoll gepressten Zucker zu.

Tempel sechsundzwanzig werde ich nach weiteren quälenden Kilometern kurz vor Büroschluss erreichen. Obwohl ich heute ohne den schweren Rucksack laufe, ist die Sache mit der Blase ärgerlich. Ich habe das Gefühl, dass sich jetzt stündlich neue Wunden bilden, und als ich bei einer Pause einen Blick auf die Füße werfe, habe ich tatsächlich seitlich der Ballen und am anderen kleinen Zeh prall gefüllte Knubbel. Um das Blasenpflaster der ersten Wunde hat sich eine gelbe, nässende Kruste gebildet. *Kongochoji*, der Tempel des Vajra-Gipfels, liegt auf einem Hügel, und in einem Kampferbaum soll ein Dämon versiegelt sein. Und ein *tengu*, ein japanisches Fabelwesen mit roter Haut und phallisch geformter Riesennase, soll erst hundert Jahre hier gelebt und dann nach einem Streit mit Meister Kobo direkt zum nächsten Kap geflogen sein. Der Weg hinauf ist wegen der Bäume immerhin schattig, Insekten zirpen. Die Brandung höre ich immer noch. Vor dem Tempeltor stehen meterhohe Strohsandalen. Im Stempelbüro kaufe ich ein Gebetsbüchlein und spreche erstmals das Herz-Sutra bei der Haupthalle. Angeblich soll der Klang, sollen die Laute unabhängig vom Inhalt etwas in einem bewegen. Dafür, dass es die auf wenige Zeichen geschrumpfte Essenz des Buddhismus ist, kommt es mir gerade ziemlich lang vor. Kein Wunder, dass viele Pilger das so runterleiern. Ich bin einfach fertig. Verhaspie mich öfters. Aber danach fühle ich mich anders, einen Tick ruhiger. Vielleicht weil man so selten Luft holt, vielleicht Einbildung, vielleicht wirklich die Wirkung des Gebets.

Im Keller des *shukubo*-Tempelhotels sitzt Brett des Ostens immer noch mit rotem Kopf und einer Dose Bier im Schlafwickel auf dem Sofa. Alle tragen nach dem Baden das Chill-Outfit, die Uniform der Entspannung. Wie der Pilgerdress hilft es, in einen anderen Modus zu schalten. Ich mache die Tür zum Speisesaal auf. Lange, leere Tafeln und ein kleiner runder Tisch, an dem schon der lange Japaner sitzt, der gerne wandert. Brett des Ostens und ich setzen uns dazu, und dann kommt noch ein junger japanischer Individualpilger, der mit dem Auto in einem fort um Shikoku fährt, kaum Zähne hat und den ich deswegen überhaupt nicht verstehe, wenn er spricht. Das Gespräch dominieren ohnehin die Läufer. Wer ist wann losgelaufen? Die anderen ein paar Tage nach mir. Wer läuft wie viele Kilometer pro Tag? Für den Langen sind dreißig Kilometer kein Problem, für Brett des Ostens ist die Grenze des Angenehmen bei fünfundzwanzig erreicht, bei mir sind es zwanzig. Deswegen werde ich morgen nicht bis zum nächsten Tempel laufen, denn der liegt schon wieder in mehr als siebenundzwanzig Kilometern Entfernung auf einem Berg. Wer kriecht eher und wer tanzt? Brett des Ostens findet, ich »hüpfe leichtfüßig«. Wie unpraktisch ist dieser Kegelhut, und braucht man den wirklich? Die einhellige Meinung ist: super unpraktisch, schwer, unbequem, braucht kein Mensch, aber gehört irgendwie dazu. »Was? Du hast noch keinen???«

Die Tür wird aufgestoßen, und wie eine Horde Bullen stürmen jetzt tattergreisige Buspilger in den Saal. Ihr Guide schreit: »Bitte durchlaufen bis zum nächsten freien Platz und dann nach und nach aufschließen!«, weil sich manche einfach sofort hinsetzen und andere so was maulen wie: »Aber ICH wollte neben Yamada-san sitzen!« Als alle endlich sitzen, spricht der Guide ein Tischgebet, und alle Rentner brüllen mit.

14

>>**Ich schwitze mir hier den Arsch ab, und die Tussi hüpft mit Minirucksack, Kamera um den Hals und einem albernen Sonnenschild durch den Wald.**<<

(R, kurz nach dem Tempel des Vajra-Gipfels)

Nachdem die Blasenpflaster die Blasen eher noch unnötig aufgeplustert haben wie eine dicke Daunenjacke im Sommer, habe ich gestern den »tollen Trick« meiner Freundin Steffi ausprobiert, die den Jakobsweg gelaufen ist. Man sticht mit Nadel und Faden durch die Blase, der Faden bleibt drin, und das Wundwasser kann ablaufen. Das brannte unglaublich, aber mein Hauptproblem ist, dass der Faden während des Schlafens wieder rausgeflutscht ist. Die Blasen sind prall wie eh und je. Das schreibe ich Steffi. »Passiert«, schreibt sie zurück. Bei ihr sei es andersrum gewesen, der Faden war über Nacht in der ausgetrockneten Blase festgewachsen. Ich bin mittlerweile so weit, dass mich das alles nicht mehr ekelt, sondern rege interessiert. »Und haste alles brav desinfiziert davor?«, fragt sie. Nee, Desinfektionszeug habe ich keins dabei. Ist ja schwer. »Das ist sehr dumm! Kauf dir welches.« Jedenfalls: Meine Blasen sind weiterhin da, weiterhin prall, und ich werde heute weiterhin direkt auf ihnen laufen müssen. Frauenwaschraum. Zähneputzen. Es ist fünf Uhr morgens und draußen schon länger Radau, die Buspilger rennen den Gang auf und ab. Der Raum füllt sich, vor allem, weil die

Damen an der einzigen westlichen Toilette anstehen. Ich gehe an ihnen vorbei in eines der vier Hockklos, und eine zerbrechliche Alte tut es mir gleich.

»Was, du kannst noch aufs Hockklo, Tanaka-san?«

»Ja, das ist für mich kein Problem!«

»Dann bist du ja noch topfit.«

»Ja, Knie und Hüfte, alles gut in Schuss«, sagt sie nicht ohne Stolz. Chapeau, Tanaka-san.

So langsam verstehe ich, was die Buspilger hier machen. Die spielen Schullandheim. Oder eher Kirchenfreizeit für Betagte. Die Frauen ratschen mit den anderen Frauen, die Männer mit den anderen Männern. Gestern beim Abendessen saß kaum ein Ehepaar zusammen. Aber es wurde viel gekichert, alle tranken Schnaps und amüsierten sich prächtig. Und dann wird gebetet, so wie jetzt.

Die Stühle des Gebetsraums sind um Viertel vor sechs bereits voll besetzt. »Oh, da kommt die Frau Ausländerin. Macht ihr bitte einen Platz frei!«, ruft der Guide.

Das Zimmer ist dermaßen von Weihrauch durchzogen, dass es einem sofort in den Augen brennt. Eh schon egal, ich zünde drei Räucherstäbchen an. Jeweils eines für Vergangenheit, Gegenwart, Zukunft. Tanaka-san, deren Knie und Hüften, wie ich ja bereits weiß, top in Schuss sind, kniet sich derweil auf den Boden, um mir ihren Stuhl zu überlassen. Ich setze mich neben sie, also auf den Boden. Wie sie im japanischen Fersensitz *seiza*. Und hinter mir wispern sie jetzt: »Ah, eine anständige Person« und »Ihr ist offenbar bewusst, dass wir sehr alt sind«. Tanaka bleibt trotzdem im Fersensitz, sie und ihre Knie haben einen Ruf zu verlieren.

Als der Obermönch um Punkt sechs den Raum betritt und zu beten beginnt, schreien die Alten den Text auswendig mit. Sie murmeln ihn nicht, sie sprechen ihn nicht andächtig, sie brüllen ihn. Es ist wie bei einem schlecht abgemischten Rockkonzert, wenn die Zuschauer so laut mitsingen, dass man die Band überhaupt nicht mehr hört. Immer wieder schlägt der Obermönch eine Klangschale, und dann ebbt das Geschrei kurz ab. Ich halte zwar mein eigenes Gebetsbuch in den Händen, habe aber keine Ahnung, was die da schreien, alles geht superschnell, und deswegen lasse ich mich von den Stimmen und dem Weihrauch zudröhnen.

Egal wie alt man ist, *seiza* ist ungemütlich oder zumindest gewöhnungsbedürftig. Man sitzt dabei auf den Fersen und dem Spann, macht mit den Füßen quasi eine Schüssel für den Popo, rechte große Zehe über die linke große Zehe, Beine zusammen, Rücken aufrecht, Schultern und Arme entspannt. *Seiza* heißt wörtlich: richtig sitzen. Teezeremonienmeister sitzen so, Samurai beim rituellen Selbstmord sitzen so, und die Mönche und Rentner in diesem Gebetsraum sitzen, sofern sie keinen Stuhl abgekriegt haben, auch so. Nach wenigen Minuten muss ich mein Gewicht millimeterweise verlagern, um nicht in einen unschicklichen Schneidersitz zu wechseln. Nach der Messe brauche ich ein paar Minuten, bis meine eingeschlafenen Beine mich wieder tragen wollen.

Während sich die Abfahrt der Buspilger verzögert (»Nicht alle Stempel wurden gestern vor Büroschluss geschafft, und erst ab sieben Uhr wird wieder gestempelt«, im Übrigen »hat jemand im Frauenwaschraum eine Zahnbürste vergessen, rosa, dem Anschein nach weiche Borsten«), bin ich frei, direkt nach dem Frühstück den Rucksack zu schultern. Das Gute ist: Es geht erst mal bergab.

Der schmale Waldweg über Wurzeln, Steine und, obwohl Frühling ist, gefallene Blätter trifft bald wieder die Bundesstraße. Und von hinten höre ich »bing-dock-bing-dock«. Der Westler mit den langen Beinen. Er bremst runter, läuft neben mir und startet ein Gespräch. Er ist Franzose, freiberuflicher Grafikdesigner, fünfunddreißig Jahre alt, lebt in Brüssel und erzählt mir als Erstes, dass er bereits drei Mal »kurz vor dem Burn-out« stand. Er wirkt leicht depressiv, wie jemand, der sich ohne Grund viele Sorgen macht. »Ich bin hypersensibel, und ich glaube du auch!«, sagt er als Nächstes. O Gott, auch noch einer dieser Typen, die vorschnelle Urteile fällen. »Ich habe eine sehr gute Menschenkenntnis. Manche halten mich deshalb für ein arrogantes Arschloch, aber ich habe immer recht.« Alles klar … Man könnte jetzt denken: Ah, Designer, Franzose, da erwartet man diese Mischung aus völliger Selbstüberschätzung und Selbstmitleid, bei der man sofort weiß: Dieser Mann wird mich ins Unglück stürzen, nichts wie weg. Ich kenne diese Typen en masse aus Berlin. Aber er hat den Sexappeal eines rosa Plüschhasen mit aufgeplatztem Futter. Sein Körper ist birnenförmig, sein Gesicht schmal, sein Haar schütter. Dieser Typ wirkt kauzig, aber harmlos.

Was er sagt, ist alles gleich ein bisschen drüber, aber er ist der erste Gleichaltrige aus einem ähnlichen Kulturkreis, den ich treffe. Und das ist sofort fantastisch. Endlich gibt es jemanden, der auch nicht versteht, warum Japaner keine Pausentage einlegen. Oder warum Meister Kobo die acht Söhne von Emon Saburo umgebracht hat und warum der sich dann auch noch bei dem Massenmörder entschuldigen wollte.

Und, das ist ein seltsames Detail, auf das wir in den ersten zehn Minuten unseres Gesprächs auch schon gekommen sind: Wir lieben beide *daruma*-Figuren. Kugelige Talismane, die Wünsche erfüllen sollen. Meist aus Pappmaché und mit großen weißen Augen. Wer sich etwas wünscht, malt der Figur ein Auge schwarz an. Wenn der Wunsch in Erfüllung gegangen ist, folgt das zweite Auge. Danach lässt man sie in einem Tempel verbrennen. *Daruma*, vom indischen Namen Bodhidharma, war ursprünglich ein Zen-Mönch, der laut Überlieferung so lange meditierte, bis ihm Arme und Beine abfielen. Deswegen ist die Figur so kugelig. Neun Jahre in einer Steinhöhle. Dreimal so lange wie Meister Kobo. Die großen Augen rühren daher, dass Bodhidharma sich die Augenlider abschnitt, als er einst bei der Meditation einschlief.

Es überrascht mich nicht, dass ich auf Shikoku Franzosen kennenlerne. Ich lerne IMMER und ÜBERALL vor allem Franzosen kennen. Vielleicht Zufall, vielleicht auch eine Prägung, die man von seiner Familie mitbekommt. Meine Eltern fuhren jedes Jahr mit uns Kindern im vollgestopften Auto – einem Peugeot, mein Vater fährt ausschließlich Peugeot – zum Zelten nach Frankreich. Meine Cellolehrerin war Französin, meine beste Freundin in Tokyo ebenso. In Berlin zog ich als Erstes in eine Franzosen-WG und wurde direkt in einen deutsch-französischen Freundeskreis absorbiert. Immer wieder dachte ich mir seit dem Abi: Der Spanisch-Leistungskurs, das war totaler Unsinn. Eigentlich müsste ich Französisch lernen. Und der Franzose, der gerade neben mir läuft, setzt auch immer wieder in seiner Heimatsprache an und wechselt dann ins Englische.

»Sorry, ich weiß nicht, wieso, ich will mit dir Französisch sprechen. Du hast so einen French Vibe ...«

Auch wenn mich und den Franzosen, den ich R taufe, weil ich aufgrund meiner sehr mangelnden Französischkenntnisse, seinen Namen nicht aussprechen kann, so manches verbindet, in vielen Dingen unterscheidet sich unsere Erfahrung auf dem *Henro* vollkommen. Unser erstes Gespräch läuft folgendermaßen ab:

Ich: »Am meisten hasse ich die Tunnel.«

Er: »Ich liebe sie.«

Ich verziehe mein Gesicht und hoffe, dass er das ironisch meint: »Hä?«

Und er, ebenfalls mit irritiertem Gesicht, entgegnet auf Französisch, gleicher Klang und gleiche Bedeutung: »Hain?«

Ich: »Diese dunklen Löcher, in denen man fast immer überfahren wird ... Schlechte Luft, erdrückende Stimmung. Einfach widerlich.«

Er: »Sie sind kühl und schattig. Und eben. Man kann mit dem Hall experimentieren. Ich fühle mich so geborgen in diesen Tunneln.«

Ich: »Selten freue ich mich so sehr, am Leben zu sein, wie wenn ich wieder draußen bin.«

Er schüttelt den Kopf und bleibt kurz stehen: »Also, was ICH am schwierigsten finde, sind diese kurzen Pilgerbekanntschaften.«

Ich: »Ja, stimmt, dass sich ständig Leute an einen dranhängen wollen, ist nervig. Das lenkt total ab! Ich bin noch gar nicht zum Nachdenken gekommen.«

Er: »Hain?«

Ich: »Hä?«

Er: »Nein, ich meine, ich bin immer total deprimiert, wenn sie enden. Wenn ich mit jemandem einen Tag laufe, bin ich danach zwei Tage lang traurig, wieder allein zu sein. Trennungsschmerzen ohne Ende auf diesem Weg. Richtig schlimm.«

Ich: »Oh!«

Er: »Ich fände eine App praktisch, auf der sich die Läufer einchecken und auf der man die Wege der anderen verfolgen könnte. So würde man sich nicht aus den Augen verlieren und müsste sich nicht so allein fühlen.«

Ich: »Hm!«

Ich bleibe stehen, erhebe den Zeigefinger, verstelle meine Stimme und ziehe das Gesagte durch einen Spruch ins Lächerliche: »*Ichi go, ichi e.* Das Teewasser ist nie dasselbe. Sind wir nicht alle auf dieser höchst spirituellen Reise, um das Loslassen zu lernen, mein Freund?« Und dann lachen wir unsere ungleichen Meinungen aus dem Weg.

Was mir an der Begegnung gefällt: R eröffnet mir eine völlig neue Perspektive auf den *Henro*. Dieser Weg ist ein subjektiver, jeder erlebt ihn anders. So viel ist klar.

Während ich (»Entschuldige, aber ich brauche dringend eine Pause«) gerade den Rucksack abwerfe, mich auf eine Bank lege, die Schuhe ausziehe und die Augen schließe, steht R samt Wanderschuhen und Rucksack vor der Bank, läuft auf der Stelle und braucht offensichtlich überhaupt keine Rast.

»Ernsthaft?«, fragt er.

»Kannst du dich bitte hinsetzen, das macht mich nervös«, sage ich und denke ein ›oder weiterlaufen, bist ja eh schneller als ich‹ dazu.

Er setzt sich, und ich inspiziere meine Blasen, auf die heute von oben das volle Gewicht des Rucksacks und von unten der ewige Asphalt drücken. Es haben sich schon wieder neue gebildet, jeweils an den großen Zehen und den Fersen. »Vielleicht hab ich da was für dich«, sagt R und hievt aus seinem Rucksack einen wasserfesten Seesack. »Hier hab ich die Medizin drin.« Er reicht mir eine Salbe gegen Reibung.

Ich massiere meine Zehen damit ein. »Was ist da noch alles drin?«, frage ich.

»Alles.« R transportiert Mittelchen gegen Durchfall, Kopfweh, Mückenstiche, Sonnenbrand, Muskelkater. Und bei Tempel zwölf hat er einer Frau mit Kreislaufzusammenbruch Notfalltropfen verabreicht.

»Bist du der Krankenpfleger des Weges?«

»Story of my life«, die Geschichte seines Lebens, sagt er. »Helfersyndrom.«

Passend also, dass ich ihn heute treffe, als die Fußprobleme schier unerträglich werden, auch wenn die Creme nicht wirklich hilft. Aber eigentlich haben wir uns ja gestern schon getroffen.

»Ich dachte«, sagt R, »what the fuck? Ich schwitze mir hier den Arsch ab, und die Tussi hüpft mit Minirucksack, Kamera um den Hals und einem albernen Sonnenschild durch den Wald.«

»Ich dachte«, sage ich, »der Vollidiot rennt den Berg hoch, während ich krasse Schmerzen habe und kaum vorankomme.«

Wir lachen laut los. Und wir lachen insgesamt ziemlich viel an diesem Vormittag.

Irgendwann kommen wir an einer Art Müllhalde vorbei. R bleibt stehen und sagt: »Wahnsinn, das muss ich mir anschauen!« Ich freue mich vor allem darüber, den Rucksack ein wenig abzusetzen. In einem Schuppen stehen Regale mit

aufeinandergestapeltem Geschirr, Teeschälchen, gefüllt mit siffi-
gem Regenwasser, in einer anderen Ecke reihen sich afrikanische
Figürchen, ein Globus, ein Tyrannosaurus Rex aus Plastik und
eine Aikido-Schutzmaske aneinander.

»Ich würde gerne etwas kaufen«, sagt R.

Ich hebe die Dino-Figur hoch und die Augenbrauen: »Den
hier vielleicht?«

Er zieht eine Grimasse.

»Okay, okay«, sage ich, »vielleicht ist hier ja irgendwo
jemand.«

Gegenüber dem Schuppen steht ein Häuschen offen, das
wahrscheinlich eine Werkstatt oder der Verkaufsraum ist. Wir
laufen an Glocken vorbei, die wir von Shinto-Schreinen kennen. »Wow!«, sagt R an traditionellen Holzmasken aus dem
Kabuki-Theater. »Auch nicht schlecht.« An einem riesigen *daruma* aus Holz. »Was würde ich für den geben …«

Auf den Gedanken, mir hier auf dem Pilgerweg Sachen zu
kaufen, bin ich noch gar nicht gekommen. Man muss ja alles
schleppen, und mein Rucksack ist so schon zu schwer. Aber hier
ist ohnehin keine Menschenseele. Niemand, der R etwas verkaufen könnte. Wir gehen weiter.

Ich zwinge R noch einmal, Pause zu machen. Wir sitzen auf
einer Tsunamimauer und gucken aufs Meer, aber als ich vor dem
nächsten *Combini* »schon wieder« rasten möchte und es nur
noch einen Kilometer bis zu seiner Unterkunft ist, fügt er mich
als Facebook-Freund hinzu, und wir verabschieden uns. Durch
die Begegnung mit anderen begegnest du dir selbst. Der Spruch
aus dem Wald hinter Tempel zwölf stimmt immer noch. Ich.
Kann. Wirklich. Nicht. Weitergehen. Und R halt schon. Was
für den einen Geborgenheit ist, ist für den nächsten Beklemmung. Was für den einen Einsamkeit ist, ist für den nächsten
Ruhe.

Deswegen sitze ich wie im Delirium mit einer Tonne Essen
an einer Bushaltestelle und warte, bis es wieder geht. Es dau-

ert zwei Sandwichs, einen halben Liter Milchkaffee, einen Liter Ionenzufuhr-Limo, einen Vitamindrink, eine Packung Cracker und zehn Salzbonbons, bis es so weit ist. Zwei Stunden sind vergangen, und trotzdem ist jeder Schritt eine Qual. Ich hinke, ich humple, ich kann nicht mehr und halte mich auch sicher nicht an die »Kein Stock auf Brücken«-Regel, um die letzten Meter zur heutigen Unterkunft zurückzulegen.

Da sitzt R bereits im Wohnzimmer und guckt mich verdutzt an.
»Kennt ihr euch?«, fragt Momoka, die Wirtin.
»Haben uns heute Morgen getroffen.«
R hat im Internet ein sogenanntes *Henro House* reserviert, während ich Momoka angerufen habe. Ihre Nummer stand auf einem der Weblogs. R murmelt: »*Ichi go, ichi e*« (Eine Zeit, ein Treffen), und ich denke: ›Man trifft sich immer zweimal im Leben.‹ *Henro House* ist ein relativ neues System, ursprünglich dazu gedacht, die vielen leerstehenden Häuser Shikokus zu nutzen und so vor dem Verfall zu schützen. Das riesige Haus bei Tempel siebzehn, in dem ich allein übernachtet habe, gehörte dazu, aber offenbar auch einige private Gästehäuser. Man weiß nie, was man bekommt, aber die Übernachtung kostet fast immer fünfundzwanzig Euro, und man kann bis dreizehn Uhr desselben Tages online reservieren, was vor allem für Ausländer praktisch ist, die selten auf Japanisch telefonieren, geschweige denn DIE Liste lesen können.

Heute schlafen wir bei Momoka, haben also eine Art Homestay. Mit Kurzhaarfrisur und Jeans sieht sie handfest aus wie eine richtige Anpackerin. Und redet ab der ersten Minute ununterbrochen. »Ihr könnt gleich zum *Onsen*«, sagt sie. »Fünf Minuten entfernt ist das, ah, da ist ja ein koreanischer Pilgerführer, den hat wohl irgendwer vergessen, also ihr müsst raus, links hoch und dann aufpassen, dass ihr nicht ins Altersheim geht, das ist das gleiche Gebäude, aber ihr müsst in den ersten Stock, also Erdgeschoss, wollt ihr eigentlich mit mir abend essen? Kostet sechs Euro extra, und wenn ihr eure Klamotten in die Waschmaschine werft, dann wasche ich sie. Oft fahre ich die Leute auch, also zum *Onsen*, weil sie nicht mehr laufen wollen, aber mal ehrlich, es sind nur fünf Minuten zu Fuß.« Während sie spricht, sehe ich mich in ihrem Wohnzimmer um. Alles ist voll mit irgendwelchen Papieren, dazwischen Dressing-Flaschen, ein Salzstreuer und Küchenkrepp, irgendwoher zieht Momoka die Fernbedienung hervor, schaltet auf Golf. Und daneben entdecke ich ein Fünf-Liter-Einmachglas mit getrockneten Pflaumen. Momoka spricht immer noch, und zwar auf Englisch, und das Sprachdurcheinander, das in meinem Kopf gerade entsteht, scheint das Durcheinander, das im Wohnzimmer herrscht, in absurder Weise zu spiegeln.

»*Onsen?*«, frage ich, und R nickt.

15

»Ihr solltet heiraten. Das passt perfekt!
Ich schwöre es dir.«

(Mittvierzigerin im Antiquitätenladen)

Um Punkt fünf Uhr morgens kräht ein Hahn. Und dann krähen viele Hähne. Es ist unmöglich weiterzuschlafen. Die Wäsche ist nicht über Nacht getrocknet. Momoka holt deshalb aus der Spüle unter alten Zeitungen ein Bügeleisen hervor, legt ein Sitzkissen als Bügelbrett auf den Boden und fängt an, meine Tops, Höschen und Socken zu bügeln. Wie der Heizteppich bei Tempel Nummer sechzehn ist auch ein Bügeleisen kein Wäschetrockner. Ich ziehe alles feucht an und fädle die diversen Blasen auf Schnüre. Damit sie diesmal nicht wieder rausflutschen, verknote ich die Enden. »Das erinnert mich an irgendwas«, sagt R, der gerade verschlafen ins Wohnzimmer stolpert. »Chucky!« Die Horrorpuppe mit den vielen Nähten im Gesicht. Statt in einen illuminierten Zen-Mönch verwandle ich mich in ein Spielzeug, das vom Geist eines Massenmörders besessen ist.

Nach dem Frühstück und ein paar Kilometern geradeaus suchen wir ein Haus von Momokas Freundin. Wir könnten unser Gepäck dort lassen, weil der Hin- und Rückweg zu Tempel siebenundzwanzig, natürlich wieder ein Bergtempel, identisch seien. Die Freundin wohne am Fuße des Berges: Es sei das fünfte Haus von irgendeiner Kreuzung aus gezählt. Wir irren so rum, ich gucke in diverse Gärten. Irgendwann finden wir einen, auf den die Beschreibung »eine Einfahrt mit Garage und wahrscheinlich hängen Omaschlüpfer an der Wäscheleine« passt. Außerdem hat Momoka gesagt: »Eigentlich könnt ihr euer Gepäck sicher bei jedem in den Garten stellen, ist doch egal.« Eine Dänin, die gestern ebenfalls bei Momoka übernachtet hat, und ich laden unsere Rucksäcke ab, nur R macht keine Anstalten. »Ich glaube, ich möchte mich selbst bestrafen, weil ich den Zug genommen habe zwischen dreiundzwanzig und vierundzwanzig«, sagt er. Verschwurbelte Argumentation. Komplizierter Typ. Jedenfalls sind seine langen Beine nicht die drei Tagesetappen gelaufen, auf denen ich mir meine erste Blase geholt habe. Tempel siebenundzwanzig liegt auf vierhundertzwanzig Metern Höhe, gilt als *nansho* und *sekisho*, gleichzeitig körperlich schwierig und moralisch prüfend. Ein supersteiler Asphaltweg, ein noch steilerer Waldweg.

Die Dänin ist zwar viel schneller als ich, möchte aber nicht alleine im Wald gehen, weil sie sich vor Schlangen fürchtet. »Das letzte Mal, als ich eine gesehen habe, bin ich blind vor Angst immer tiefer in den Wald gerannt«, erzählt sie. Bis sie eine Straße kreuzte, ein Ehepaar sie beruhigen konnte und mit dem Auto wieder zum *Henro* führte. Ja, jeder erlebt diesen Weg anders.

Mit meinem humpelnden Kriechschritt falle ich zurück, aber sie und R warten immer wieder. »Alles okay?«, fragen sie mich, und ich frage mich nach jeder Kurve, wo dieser verdammte Tempel ist.

Tempel siebenundzwanzig, *Konomineji*, Tempel des Göttergipfels, würde jeden deutschen Kleingärtner neidisch machen: akkurat zu Kugeln oder Rechtecken geschnittene Büsche. Beete in perfekten rechten Winkeln mit üppigen Blumen. Die Treppengeländer frisch rot gestrichen. Die Dänin verabschiedet sich, sie möchte noch fünfundzwanzig Kilometer machen, und ich packe erst mal ein Erdnussbuttersandwich aus. Momoka hat uns außerdem *onigiri*-Reisbällchen mit Sauerpflaume mitgegeben, und die verdrücke ich auch. Auf Momokas Anraten gehen R und ich noch weiter hoch, dort steht ein verwitterter Shinto-Schrein, und es gibt eine Aussichtsplattform, von der wir, weil es diesig ist, überhaupt nichts sehen. Luft und Meer verschwimmen ineinander. »Hätte Meister Kobo hier seine Erleuchtung gefunden, er hätte sich nicht Luft und Meer nennen können«, sage ich.

»Sondern Bäume und Wolken«, sagt R.

Beim Abstieg fällt mir auf: Plötzlich bin ich superschnell und muss auf R warten. Runter ist er die Schnecke. Er hat Angst umzuknicken, er hat Angst zu fallen, er hat Angst, irgendwo draufzutreten. Als wir wieder an der Garage ankommen, ist mein Rucksack weg. Dafür sitzt eine winzige alte Frau in Stoffhose mit lila Leopardenprint dort und steckt jeweils zwei perfekt geformte Auberginen in Plastiktüten. Hinter ihr hängt ein Poster mit dreiundzwanzig verschiedenen Auberginensorten. Rund bis länglich und rot bis dunkelviolett.

»Sind Sie Momokas Freundin?«

»Ja. Wollt ihr eure Rucksäcke hierlassen?«

»Nein, wir kommen gerade zurück vom Berg.«

»Ah, dann habe ich deinen Rucksack ins Haus getragen.«

»Können wir Momoka anrufen?« Sie wollte sich wegen der Müllhalde erkundigen, von der R so begeistert war, und ihrer Freundin Bescheid geben. »Warum das denn?«, fragt die nun. Unsere dauerquasselnde, zupackende Wirtin hat es offenbar vergessen. Die Alte telefoniert, deutet uns an zu warten, und währenddessen quetsche ich sie aus.

Sie ist vierundachtzig Jahre alt und produziert gemeinsam mit ihrem Mann drei Sorten Auberginen. »Die lassen sich am ehesten zu Geld machen.« Ihr geschiedener Sohn lebt im Nebenhaus, ein Enkel in Kyoto, keiner wolle die Farm übernehmen. »Deswegen möchte ich sie enterben.« Sie klingt nicht verbittert, eher abgrundtief enttäuscht. Selbst kann sie nicht mehr aufs Feld. Ihr Mann mache das, der sei selbstredend auch nicht jünger als sie, und bald ginge vielleicht gar nichts mehr.

Ich wechsle aus den Laufschuhen in die Flipflops und gleichzeitig das Thema: »Wie haben Sie und Momoka sich angefreundet?«

Eine Zeit lang hätten sie im gleichen Dorf gelebt, Momokas Exmann ist auch Auberginenfarmer. »Sie ist eine sehr laute Person«, sagt die Alte. »Sehr besonders, sehr nett und total verballert. Und ich mag sie. Sehr.« Und da biegt sie auch schon in ihrem zierlichen gelben Nissan auf die Einfahrt ein, großer Stoffhut auf dem Kopf und Schürze um den Bauch gebunden, kurbelt das Fenster runter und ruft: »Steigt ein, ich fahre euch zu diesem Ort.«

Wir schmeißen die Rucksäcke in den Kofferraum und erfahren, dass Momoka vier Söhne hat, alle aus dem Haus, alle leben irgendwo in Japan verstreut, nur einer ist verheiratet. »Ist offenbar schwierig geworden, den richtigen Partner zu finden.« Momokas Mann war auf Dauer auch nicht richtig für sie. »Als die Kinder aus dem Haus waren, wollte ich wieder arbeiten. Mein Exmann wollte mir das verbieten ... Eine Frechheit!« Nach der Trennung arbeitete sie wie zuvor als Englischlehrerin, später leitete sie ein Frauenhaus. Jetzt buckelt sie nachmittags ein paar Tage die Woche in einem Büro, hilft Bauern und hat ansonsten noch ihr Gästehaus. »Vergesse aber oft abzukassieren.«

Wieder bei der Müllhalde.

»Von HIER willst du etwas haben?«, fragt Momoka, und R nickt so begeistert, als wäre er ein kleiner Junge im Actionfigurengeschäft. Derweil bestätigt ein Tattergreis, der offenbar der Inhaber des Geschäfts ist, R seinen exquisiten Geschmack. »Grafikdesigner, klar, der hat ein Auge für so etwas.« R hat sich eine olle Holzkiste ausgesucht, zwei Teeschalen und eine Backform für schildkrötenförmige Kekse. »Du weißt, was das ist?«, fragt Momoka. R nickt. Er möchte aber nicht backen, sondern seine Wohnung damit schmücken. Eine halbe Stunde lang überlegt er außerdem, auch noch Schreinglocken zu kaufen, eine oder mehrere, und irgendwann fange ich auch an zu überlegen, ob ich nicht auch eine kaufen sollte. Sind Shinto-Schreine nicht immer viel atmosphärischer als buddhistische Tempel? Sind Shinto-Götter nicht noch entspannter? Aber die kleinste kostet dreißig Euro, und das ist doch etwas viel für etwas, was man nach der Landung in Flughafen Tegel oder spätestens in der Berliner Altbauwohnung albern findet.

Eine Frau, die ich auf Mitte vierzig schätze, betritt den Raum. Ob sie die Ehepartnerin oder die Tochter des Greises ist, vermag ich nicht zu beurteilen, auf jeden Fall will sie nachsehen, was der Krach hier soll. Momoka redet laut, ich lache laut, und das ist man hier nicht gewohnt. Als Erstes fragt sie mich, ob R und ich verheiratet seien.

»Nein, wir haben uns gestern erst kennengelernt.«

»Dann seid ihr ein Paar?«

»Wir haben uns gestern kennengelernt.«

»Aber das passt!«

»Wir haben uns gestern kennengelernt.«

Es wird langsam ermüdend, immer die gleiche Antwort zu geben. Ich weiß nicht, ob sie mich nicht versteht oder ob ich sie nicht verstehe, aber jetzt greift sie meinen Arm, zieht mich näher zu sich und sagt: »Ihr solltet heiraten. Das passt perfekt! Ich schwöre es dir.«

Natürlich verstehe ich, was diese Frau mir sagt, aber ich verstehe überhaupt nicht, was sie damit meint. Ich bin ja nicht mehr die Fünftklässlerin, die sich am zweiten Schultag denkt: Moritz hat schöne blonde Haare und lacht immer so nett, den heirate ich mal. Und ganz konkret: R und ich? Heiraten? Das kann ich mir nun wirklich nicht vorstellen.

Oder hat da ein Orakel den Raum betreten? Weiß diese Frau mehr über meine Zukunft als ich? Ich schaue rüber zu R, der über ein Regal gebeugt dasteht. Wäre das hier unsere Liebesgeschichte, so ganz klassisch, würde er jetzt den Kopf heben. Wir würden uns anlächeln, von irgendwoher würde eine sanfte Musik einsetzen, und die Sache wäre klar. Aber so eine Geschichte ist das hier nicht.

Stattdessen verhandelt Momoka den Preis. Zuerst wollte der Greis achtzig Euro, dann sechzig, schließlich will er R alles schenken, um am Ende wieder bei sechzig zu landen.

Als wir wieder im Auto sitzen, fragt Momoka: »Stört es euch, wenn wir einen Zwischenstopp einlegen?« Sie fährt uns zu einem traditionellen Holzhaus, einem Café, das »leider geschlossen ist«, aber sie schenkt dem Betreiber ein paar Auberginen, und der lässt uns jetzt ins Nebenhaus, einen ehemaligen Reisspeicher mit dicken Wänden, der als Museum fungiert. Wenn ich es richtig verstanden habe, wird hier an einen Mann erinnert, der den Zugverkehr nach Shikoku gebracht hat. Da sind sein alter Gitarrenkoffer und sein Golfequipment ausgestellt, frühere Schuldscheine und viel buntes Porzellan mit Goldrändern aus dem achtzehnten und neunzehnten Jahrhundert. Spätestens bei unserem nächsten Stopp, der Fujimura-Seidenfabrik (die haben unter anderem »für das Kaiserhaus produziert«), wird klar, dass die verballerte Momoka sich heute als unsere Touristenführerin versteht. Vor zwölf Jahren erst hat die Fabrik die Arbeit eingestellt, auf einem Teil des Geländes wird heute Solarenergie produziert, ein anderer ist Museum. In der Mitte der Halle stehen schwere Maschinen, die Wände sind mit Fotos tapeziert, unfassbar viele junge Frauen zuerst in Schwarz-weiß, datiert auf Juli 1959, im *Yukata* (Sommerkimono) im Garten, in Badekleidung am Meer, ein Fahrrad schiebend mit Faltenrock auf der Dorfstraße. Eine milde lächelnde Nachkriegsidylle. Aber wie wir erfahren, lebten die hundertfünfzig Mädchen und Frauen, die jeweils gleichzeitig in der Fabrik beschäftigt waren, in einfachen Wohnheimen und mit schlechten Arbeitsbedingungen. »Die Bauern hatten viele Kinder«, sagt Momoka. »Die ältesten Söhne übernahmen den Hof, und die anderen mussten arbeiten.« Eingestellt wurden die Mädchen ab einem Alter von dreizehn Jahren.

Unsere aufgedrehte Touristenführerin bringt uns nun zu einer Salzfabrik, die ein Surfer aufgebaut hat, der mit seiner Familie aus Yokohama, einer Nachbarstadt von Tokyo, hergezogen ist. Sein Salz sei sehr erfolgreich, sehr lecker, sehr teuer. »Und jetzt zu Monets Garten.« So langsam dröhnt mir der Schädel, es ist fünfzehn Uhr, und ich fühle mich mal wieder schwach. Die Nachbildung des berühmten Gartens in Giverny, in dem Monet immerzu Seerosen malte – weltweit dürfe sich sonst keine andere Einrichtung so nennen. Siebzigtausend Pflanzen auf dreißigtausend Quadratmetern. Aber »leider geschlossen«.

»Dürfen wir dich zum Mittagessen einladen, Momoka?«

»Ja, aber guckt euch die Bäume an, jetzt kommen so viele Farben raus. Im Frühling. Wir nennen das *yama ga warau*, die Berge lachen.«

Sie fährt uns an einem »berühmten Puddingladen« vorbei, an einem weiteren geschlossenen Museum und an einem *michi no eki*, Bahnhof der Straße, wo R ein halbes Kilo regionalen Zitrustee kauft. Ich probiere außerdem einen Fisch-Hotdog, frittierte Fischwurst im Brot, eine weitere regionale Spezialität, und schließlich landen wir an unserer heutigen Unterkunft. Sie hat zwei Zimmer mit je drei Stockbetten, zwei Duschen, zwei Waschbecken und einen Wasserkocher.

»Und jetzt Essen?« Momoka bringt uns zum »besten Restaurant der Gegend«, zweihundert Meter weiter. Die dortige Spezialität sind Soba, Buchweizennudeln in Suppe. Phänomenal, nicht nur die Suppe, sondern auch das Mobiliar. Als wären wir direkt in die Fünfzigerjahre versetzt worden. Dunkle Holzbänke, ein antiker Fernsprecher in der Ecke und auf der Theke gläserne, kugelige Kaffeekocher, in denen heutzutage jeder ordentliche Hipster stilecht seinen Filterkaffee durchtropfen lässt. Momoka erzählt, dass sie erst einmal im Ausland war. Hochzeitsreise nach Paris. Ihr Mann hatte zwar keine Lust, »er kann kein Brot essen«, aber Momoka setzte sich durch. »Es war das einzige Zeitfenster, das wir hatten.« Danach kamen die Kinder, die Feldarbeit, die Scheidung. Durch die hiesigen Fenster überblicken wir das Meer. Und plötzlich ist alles klar. Dieses Dorf, das mit einer Größe von zwei mal vier Kilometern das kleinste Dorf Shikokus ist, könnte meine nächste Heimat werden. Ich sehe mich hier sitzen, aufs Meer schauen und schreiben.

Als R und ich schließlich wieder allein sind und die paar Meter am Meer zu unserer heutigen Unterkunft laufen, sprechen wir kein Wort. Beide sind wir zugedröhnt von den Infos, den Sehenswürdigkeiten, den Spezialitäten. Beide haben wir uns auf die Stille gefreut.

Er setzt einen Tee auf, ich schalte die Heizung an. Und dann ist es plötzlich dunkel. Sicherung rausgeflogen. Die nächste halbe Stunde läuft R ums Haus, Taschenlampe und Schraubenzieher in der Hand, der Typ ist wirklich gut ausgerüstet, murmelt »ausgezeichnet ... so etwas muss ja passieren«, flucht, wie es sich gehört, ein bisschen auf Französisch und findet keinen Sicherungskasten.

Ich teste derweil, ob wirklich alle Lampen am selben Stromkreis hängen. Im Notfall hätten wir eine Tonne Tempelkerzen. Ich schleppe noch mehr als hundert Stück rum. Eine einzige Klemmlampe an einem Stockbett funktioniert tatsächlich, und wir verlagern das Teetrinken dorthin. Ich finde es erstaunlich, was dieses Dorf uns heute geboten hat. Von dieser elenden Bundesstraße aus betrachtet, sah es so aus, als gäbe es gar nichts. Und plötzlich waren da dreiundzwanzig Sorten Auberginen, eine überdrehte Englischlehrerin, fünf Museen und ein Café, in dem ich mir vorstellen konnte zu verweilen. Und alles nur, weil R sich für einen Müllhaufen interessierte, an dem wir gestern vorbeigelaufen waren. Durch die Begegnung mit anderen begegnet man nicht nur sich selbst, man begegnet vielen Dingen. Vielleicht sogar einer neuen Heimat. Der Abend hat eine unschuldige Romantik, so als ob man in der Grundschule mit einem Klassenkameraden im Garten der Eltern zeltet. Ein bisschen Abenteuer, ein bisschen Gemeinschaft. »Ich glaube, Momoka redet deswegen ununterbrochen, weil sie die eigene Einsamkeit übertönen möchte«, sagt R. Und der Rest ist Stille.

Als ich aufwache, ist Rs Bett bereits leer. Die nächste Übernachtungsmöglichkeit ist bei Tempel achtundzwanzig, so ein Umsonstraum, den mir der gärtnernde Romantik-Mönch empfohlen hatte, und liegt in vierunddreißig Kilometern Entfernung. Ich betrachte meine Füße. Grässlich geschundene Dinger. Obwohl ich gestern einen Großteil ohne Rucksack lief oder mit dem Auto rumgefahren wurde, komme ich heute nicht in die Laufschuhe. Meine Füße sind zu dick. Ich muss in Flipflops pilgern. Schultere den Rucksack, und ziemlich schnell ist klar: Das geht auf keinen Fall. Das geht gar nicht. Da gehe ich zugrunde. Die Schlappen haben null Profil. Ich rutsche ständig hin und her. Ohne den Halt von unten drückt der Rucksack noch derber. Und innerhalb von fünf Minuten ist der Zwischenraum von großem und Zeigezeh aufgerieben. Der Weg führt vorbei am Café von gestern. Wollte ich nicht ohnehin hierbleiben, übers Meer schauen und schreiben? Das ist meine neue Heimat, habe ich doch gedacht, als ich dort Nudeln geschlürft habe.

Und. Das. Café. Hat. Ruhetag.

Ein purer Zufall sorgt also dafür, dass ich nicht nach siebenundzwanzig Tempeln meine Reise abbreche und in das kleinste Dorf Shikokus ziehe, im Café anheuere, aufs Meer schaue und schreibe.

Es hilft nichts, ich muss weiter. Vorbei an Gewächshäusern, in denen vermutlich Auberginen gezogen werden. Ich gehe rechts ab auf einen Bahnsteig zu. Es ist nicht so, dass es auf Shikoku keine öffentlichen Verkehrsmittel gibt. Es gibt Busse, es gibt Züge, und manchmal fahren die sogar die Pilgerroute entlang. Ich will mit dem Zug zur nächsten Apotheke, irgendein Wundermittel für meine Füße besorgen.

Es gibt zwei Bahnsteige, zwei Gleise und keine aufgemalten

Linien für den nächsten und übernächsten Zug wie in Tokyo. Es gibt auch keinen Ticketautomaten, keine Anzugträger, die innerhalb einer Minute im Zug einschlafen könnten, und keine Saubermänner, die sich verbeugen, nachdem sie alle Tischchen im Zug abgewischt haben. Und die nächste Bahn fährt erst in einer Dreiviertelstunde. Ich gucke auf dichten Laubwald, der die Hänge hochwächst. *Yama ga warau*, die Berge lachen.

Eine halbe Stunde später. Neben mich haben sich zwei ältere Frauen in Jogginghosen gesetzt, und die frage ich: »Wo kaufe ich hier ein Ticket?«

»Na, direkt beim Schaffner im Zug. Aber du musst hinten einsteigen und ein Zettelchen ziehen.«

»Also so wie im Bus?«

»Genau! Wo kommst du her?«

Normalerweise fragen Japaner diese Frage so: »*Okuni ha*?«, wörtlich übersetzt: »Das ehrenwerte Land?« Die Frage impliziert, dass das Gegenüber weiß, dass man aus einem anderen Land als Japan stammt, dass man Ausländer ist. Aber sie fragt schlicht »*Doko kara?* Woher?«, und ich antworte: »*Doitsu*. Deutschland.«

Sie runzelt die Stirn: »Deutschland … Ist das in der Nähe von Tokyo?«

»Nein, Deutschland liegt in Europa.«

»Europa … Bist du mit dem Zug gekommen?«

»Nein, mit dem Flugzeug.«

»Mit dem Flugzeug! Nach Kochi-Flughafen? Dann wohnst du ja wirklich sehr weit weg.«

Ich spare es mir, ihr zu erklären, dass internationale Flüge nicht in Kochi-Flughafen landen, sondern lediglich in Osaka oder Tokyo, und sage: »Ja, das ist sehr weit weg.«

»Und wo ist deine Mama?«

»Die ist in Deutschland.«

»Oh! Und hast du eine Schwester?«

»Ja. Die ist auch in Deutschland.«

»Oh!« Die zwei machen traurige Gesichter und gucken so

betreten Richtung Boden, als hätte ich ihnen gesagt, dass ich Vollwaise sei und selbst bald sterben werde.

»Und wo kommen Sie her?«, frage ich.

»Na, von hier. Ist schön hier. Auf dem Berg. Wir sind Schwestern, und wir verstehen uns sehr gut!«

»Ja, wir verstehen uns sehr gut«, stimmt die andere jetzt ein, die bisher noch gar nichts gesagt hat, »wir haben uns noch nie gestritten.«

»Ich mag meine Schwester auch sehr!«, sage ich, aber die zwei schauen immer noch so traurig. Wie furchtbar muss das in ihrer Vorstellung sein, durch die Welt zu reisen und nicht dort zu sein, wo die Schwester ist. Die war doch immer da, auf diesem Berg. Und Streit gab es nie. »Deutschland«, »Mit dem FLUG-ZEUG hergekommen«. Die zwei wiederholen ungläubig Fragmente unserer Unterhaltung und schütteln die Köpfe.

Und ich denke über Heimat nach. Mein Großvater hat immer gesagt: »Lena ist in Deutschland geboren und in der Welt zu Hause.« Und das fühlt sich für mich auch so an. Ich bin recht gut darin, unterwegs zu sein, mich schnell zurechtzufinden, mir Neues zu eigen zu machen. Und mich dann wieder zu verabschieden. Ist Heimat wirklich dort, wo die Schwester ist? Oder wie bei der Mondprinzessin dort, wo man geboren wurde? Ich glaube, Heimat ist ein Gefühl der Geborgenheit, und man kann es fast überall finden, wenn man in sich selbst zu Hause ist. Und es ist dieses Gefühl, das mir abhandengekommen ist, als mein Körper plötzlich ein anderer war. Und dieses Gefühl möchte ich mir auf dieser Reise vermutlich wiederholen.

Der Zug besteht aus genau einem Waggon. Die zwei Schwestern und ich steigen hinten ein, wo wir ein Ticket ziehen, das unseren derzeitigen Bahnhof anzeigt, und wir setzen uns. Die Schaffnerin kommt, will wissen, wohin ich fahre. »Bis zur nächsten Apotheke«, sage ich. Sie überlegt kurz und nennt mir eine Station. Mit einem Taschenrechner kalkuliert sie den Preis, kassiert und schreibt mir von Hand ein Ticket. Aus dem Fenster sehe ich manchmal das Meer, aber meistens fahren wir durch Tunnel. Die Stationen, die wir passieren, heißen »rotes Feld«, »westlicher Teil« oder »japanisches Essen«. »Du musst raus«, ruft die Schaffnerin, und zusammen mit mir steigen drei andere Pilgerinnen aus dem Wagen. Sie sprechen chinesisch und sind quasi vollverschleiert: Gesichtsmaske, Handschuhe, das volle Programm. Ihr Gepäck schließen sie am Bahnhof ein. Ich bin eine halbe Stunde gefahren, und wenn ich das richtig sehe, hat mich die Schaffnerin nicht nur an einer Apotheke aussteigen lassen, ich habe mich auch Tempel achtundzwanzig bis auf wenige Kilometer genähert. Wenn ich heute dort im *tsuyado*, der Umsonsttempelunterkunft, schlafen möchte, darf ich nicht zu früh aufkreuzen. »Die schicken einen weg«, hat der gärtnernde Romantik-Mönch gesagt. »Es ist noch früh, lauf weiter!«, sagen die. Auf keinen Fall solle ich vor fünfzehn Uhr nachfragen, aber je später es werde, desto wahrscheinlicher sei es wiederum, dass der Schlafplatz, oft gibt es nur einen oder zwei, schon belegt sei. Und ab siebzehn Uhr ist das Büro geschlossen. Die Chance hat ein flüchtiges Zeitfenster wie so oft im Leben.

Es ist noch nicht mal zehn Uhr morgens. Ich habe noch massig Zeit, mich mit Wundermitteln für die Füße einzudecken. Direkt neben dem Bahnhof gibt es ein einstöckiges Einkaufszentrum. Aber die Apotheke ist noch zu.

Dafür hat ein Donut-Laden offen. Da hole ich mir einen überbackenen Toast mit Thunfisch-Mayonnaise-Paste, zwei Donuts und einen Milchkaffee. Es ist nicht das Café am Meer, in dem ich mich gestern habe schreiben sehen. Und ich beginne hier nicht, an dem Roman zu arbeiten, über den ich während des Laufens nachdenken will, sondern schreibe nur Tagebuch. Es gibt kaum Momente wie diesen, wo ich einfach Zeit habe, unabgelenkt zu reflektieren. Meist bin ich zu beschäftigt mit dem jeweiligen Augenblick, um nachzudenken. Stundenlang ordne ich nun meine Notizen, tippe wie eine Irre auf mein Handy ein. Ich will nichts vergessen, und je mehr ich schreibe, desto mehr fällt mir ein. Wie seltsam das gestern war, im Auto rumzufahren und immer wieder auf der Straße die abgekämpften Gesichter der Pilger zu sehen, die sich mühsam voranschleppten. Wir sind kein schöner Anblick für die Einheimischen, dachte ich mir. Oder dass R die Schmetterlinge so liebt. Mir waren die bisher gar nicht aufgefallen, aber seit er es gesagt hat, sehe ich sie überall. Riesige schwarze Flatterer und kleine gelbe.

Mittags gehe ich rüber zur Apotheke.

»Ich habe Fußprobleme«, sage ich dem Apotheker. Der guckt auf meine Flipflops und sagt: »Was? So laufen Sie?«

»Nein, eigentlich nicht.« Ich deute auf die Laufschuhe, in die ich wegen der Blasen heute nicht reinkam. Er drückt mir Wunddesinfektionsmittel in die Hand, Blasenpflaster, normale Pflaster und Tape. Außerdem empfiehlt er Zehensocken, damit die Zehen nicht aneinanderreiben. Kniffelig sei, dass es in den Schuhen umso enger würde, je mehr man drumwickle, und dann gäbe es noch mehr Druck, noch mehr Schmerzen, noch mehr Blasen. Deswegen seien die gepolsterten Blasenpflaster suboptimal. Und eine wirkliche Lösung scheint es auch in der Apotheke nicht zu geben. »Wenn Sie jeden Tag laufen, wird es kaum heilen«, sagt er noch. Das Wundermittel, das ich mir erhofft habe, gibt es nicht.

Die Masse käuflicher Produkte im Einkaufszentrum überfordert mich komplett. Kleidchen, Schühchen, Täschchen. Omaschlüpfer, Anti-UV-Blusen, Sport-Zehensocken. Und ich könnte alles kaufen. Diese ganzen Sachen, von denen man denkt, sie zu wollen, machen das Leben in einer Stadt teuer. Nie sieht man das klarer, als wenn man vorher ein paar Tage durch die Pampa läuft. Und nie berauscht es mehr.

Nach dem Mittagessen, Thunfisch-Bowl und Nudelsuppe, kaufe ich noch Essen für heute Abend und morgen Früh ein und humple dann gemächlich Richtung Tempel achtundzwanzig, *Dainichiji*, der Tempel der Großen Sonne. Die Straße ist trist. Ein Schild weist zum »*Anpanman*-Museum«. *Anpanman* heißt übersetzt »Rote-Bohnen-Brot-Mann«. Er ist Held einer Comicserie aus den Achtzigerjahren und sein Kopf ein mit roter Bohnenpaste gefülltes Brötchen. Sein Hauptgegner »Bazillus« möchte diesen appetitlichen Kopf dreckig machen oder gar zum Schimmeln bringen, wodurch Brotmann seine Superkräfte verlieren würde. Solange er fit ist, fliegt *Anpanman* durchs Land und kämpft gemeinsam mit seinen Freunden »Toastbrot-Mann«, »Currybrot-Mann« und »Frau Melonenbrot« gegen das Böse. Wenn er Hungrige auf seinem Weg trifft, gibt *Anpanman* ihnen ein Stück seines Kopfes. Und wenn der aufgegessen ist, backt »Onkel Marmelade« einen neuen, und alles beginnt von vorne. Japanische Anime sind Exportschlager, und *Anpanman* ist in vielen muslimischen Ländern ein Hit. Nur während des Ramadans wird zensiert: Die Brotgesichter sind dann verpixelt, sonst wären sie zu appetitanregend.

Ich komme an einem Geschäft für Mini-Reistraktoren vorbei und biege – zwei Stunden habe ich für zwei Kilometer in den Flipflops gebraucht, meine Fußsohlen brennen wie Feuer – rechts ab Richtung Hügel, wo der Tempel ja meist liegt. Es heißt, hier könne man für die Heilung von Krankheiten des Kopfes beten. So gesehen schade, dass ich Fußschmerzen habe und keine Migräne. Der Tempel ist sehr aufgeräumt und hat geschwungene Ziegeldächer.

Herz-Sutra. Alle Dinge sind in Wahrheit leer. Kein Altern, kein Tod. Nichts ist unrein, nichts ist rein. Kein Weg der Erlösung. Keine Erkenntnis und auch kein Erreichen.

Ich verbeuge mich, öffne die Augen, drehe mich um, und R kommt die Treppen hoch.

»Das war die Hölle, ich mache nie wieder mehr als dreißig Kilometer am Tag«, sind seine ersten Worte.

»Schön, dass du da bist! Dann lass mal gucken, ob wir hier übernachten können.«

Die Tempelangestellte führt uns in eine Hütte neben dem Klo. Holzduft und zwei Bänke, an der Decke Leuchtstoffröhren. Sonst nichts. Bevor sie Feierabend macht, bringt sie uns noch eine Thermoskanne heißes Wasser vorbei. »Falls ihr Tütensuppe dabeihabt.«

R und ich erzählen uns, wie unser Tag war.

Ich: Alte Frauen, die nicht wissen, wo Deutschland liegt, Donuts und Schreiben.

Er: Asphalt und mit jedem Kilometer schlechtere Laune.

Wir albern rum, und ich haue mir am Hütteneingang den großen Zeh blutig. Ich esse mal wieder Unmengen und er gerade mal drei Mandarinen. Wir gehen in einen Devotionalienladen, in dem eine Verkäuferin wie auf Speed rumwimmelt, und ich sehe das erste Mal einen Hut, der mir gefällt. Die darauf gemalten Zeichen sind wild und individuell. Er ist dunkel lackiert, seine Spitze mit Leder verstärkt. Und weil ich die ganzen Täschchen und Kleidchen im Einkaufszentrum nicht gekauft habe, hole ich mir jetzt diesen Hut. Damit bin ich komplett ausgestattet. Okay, Hardcore-Pilger tragen dazu noch eine weiße Hose, Tabi-Schuhe, bei denen der große Zeh abgetrennt ist, oder gleich Strohsandalen und weiße Gamaschen. Aber das morbide Trio – Stab (Grabstein), Leibchen (Totengewand), Hut (Sarg) – ist komplett. Vor ein paar Monaten dachte ich noch, ich brauche nichts davon. Ich weiß nicht, wie die Japaner das machen, aber im Verkaufen von Dingen sind sie sehr, sehr gut. Ich bin schon oft mit Sachen nach Deutschland zurückgekommen, die ich in Japan zu brauchen glaubte. Der Avocado-Schneidelöffel ist in der Tat ganz praktisch, aber den reindrehbaren Sprühaufsatz für Zitronen benutze ich nie. Und während Ohrringe mit kleinen Törtchen in Japan Komplimente bekommen, weil sie so *kawaii*, so süß, sind, ist man damit in Deutschland ein Freak. Überhaupt dieser ganze *kawaii*-ismus. Fast alles ist hier niedlich. Angeblich haben Japaner nach der Kapitulation und dem Trauma des Zweiten Weltkrieges eine Möglichkeit gesucht, ihre Verletzlichkeit positiv zu interpretieren. In den Siebzigern wurde *Hello Kitty* entwickelt, das Kätzchen ohne Mund. Klassisches Kindchenschema, wenig Emotionen und umso mehr Raum für Interpretation.

Seitdem gibt es hunderte Figuren. Brutale Kuschelbären, die um sich schlagen, depressiv dreinblickende Hühner und Bären, die einfach nur faul rumliegen. All das ist *kawaii*, putzig, süß. Ziemlich beliebt ist gerade *gudetama*, ein melancholisches, halbweiches Ei, das Sätze sagt wie »Mir ist kalt« oder »Ich will nach Hause«. Man kann in Japan fast jedes Produkt mit dem Ei drauf kaufen, Rucksäcke, Taschen, Anhänger, Aufsteller, und man kann in Osaka sogar in ein *gudetama*-Café gehen. Ich werde gerade selbst zum *gudetama*, zum antriebslosen Ei, möchte nach dem Hutkauf nicht mehr aus der Hütte raus.

R geht noch ein paar Kilometer zu einem *Onsen*. Ich ziehe derweil meine Blasen auf Fäden. Mit dem Desinfektionsmittel brennt das zwar noch mehr, aber ich habe Steffi versprochen, es zu kaufen und dann auch zu benutzen. Ich richte meinen Schlafplatz her. Das heißt, ich ziehe alles an, was ich dabeihabe, inklusive Daunen- und Windjacke, breite den Schlafsack auf einer der Bänke aus und wickle noch meinen Regenponcho darum. Als R wiederkommt, hat er eine hellblaue Yogamatte dabei, die er in einem Billigladen erstanden hat. Er hat keinen Schlafsack mit, und jetzt liegen immerhin ein paar Millimeter zwischen ihm und der Bank.

Als wir im Dunkeln liegen, sagt R: »Ich bin übrigens in Psychotherapie.«

Natürlich weiß ich, dass nicht jeder, der in Therapie ist, ein Massenmörder ist, und wenn, dass Therapie vermutlich eher friedlicher als gewalttätiger macht. Aber ich merke sofort, wie mich dieser Satz anspannt. Ich liege auf meiner Holzbank, presse die Arme an meine Seiten und lokalisiere meinen Wanderstab, der im Fall eines Angriffs eine gute Waffe darstellen könnte. Auch den kürzesten Fluchtweg überlege ich. Innerlich schreie ich.

Wir sind hier komplett allein, in einer Hütte auf einem ver-

lassenen Tempelgelände. Und auch, wenn ich schon einem
Orakel begegnet bin, das sich für unsere baldige Hochzeit aus-
gesprochen hat: Ich kenne diesen Typen überhaupt nicht. Was
weiß ich, was der für eine Störung hat … Und welche Trigger
was bei ihm auslösen.

Ich versuche, mich selbst zu beruhigen. ›Der Typ ist harmlos‹,
wiederhole ich in meinem Kopf. ›Der Typ hat die Ausstrahlung
eines Plüschhasen‹, denke ich an meinen Eindruck bei unserer
ersten Begegnung. Aber so ganz kann ich mich nicht von dem
mulmigen Gefühl befreien.

Ich entscheide, dass ich hier und in diesem Moment nicht
auf seine psychischen Probleme eingehen möchte. Stattdessen
fülle ich die Dunkelheit damit, dass ich R etwas völlig anderes
erzähle. Ich lenke uns quasi beide damit ab, dass mir seit Shikoku
die Idee im Kopf rumschwirrt, in Deutschland ein *Onsen* aufzumachen. Japanische Omis müsste man meiner Meinung nach
dazu importieren. Auf die Kacheln würde man stilecht den Fuji
malen. Oder man würde es völlig untraditionell aufziehen wie
in einem meiner Lieblingsbäder auf Naoshima. Die Insel liegt
in der japanischen Inlandsee und gehört zu Shikoku, Präfektur
Kagawa, die pilgertechnisch für Nirwana steht und als Letztes
durchlaufen wird. In den letzten Jahren haben sich diese Inseln
gemausert. Alle drei Jahre findet ein Kunstfestival statt. Neben
riesigen getupften Kürbissen der Künstlerin Yayoi Kusama gibt
es auf Naoshima ein *Art House Project*, bei dem die traditionellen Holzhäuser zu Kunstwerken werden, außerdem ein Museum
des Architekten Tadao Ando und eines des Bildhauers Lee Ufan.
Moderne Kunst in der Provinz. Mein Favorit sind die Kürbisse
und das »I ♥ Y«. Das »Ich liebe heißes Wasser«-Bad. Auf der
Mauer zwischen Männer- und Frauenbad steht ein riesiger Ele-
fant. Im Boden der Badewanne sind alte Bilder eingelassen und
ein Monitor, der Sequenzen aus Schwarz-Weiß-Filmchen über
japanische Muscheltaucherinnen zeigt. Das Glas des Oberlichts
ist bunt bemalt, und durch ein Fenster blickt man auf Kakteen.

Könnte so etwas Ähnliches nicht auch in Berlin und anderen westlichen Metropolen funktionieren?

Vielleicht macht Pilgern einfallsreicher. Zumindest kommen durch die viele Lauferei und den Abstand zum Alltag Ideen hoch, die man sonst nicht aufsteigen lässt. Ich bin zwar mit den Gedanken zu dem Roman, über den ich ja immer behaupte nachdenken zu wollen, kein Stück weiter, aber es kommt alles Mögliche andere. Was ist eigentlich Heimat? Wer war noch mal *Anpanman*? Und soll ich ein Badehaus aufmachen? Und wie soll ich mit diesen Füßen weiterlaufen?

Pilgern beantwortet meine ursprünglichen Fragen bisher nicht, sondern stellt täglich neue.

16

>»Der Mond ist auch voll erleuchtet voller Krater
und Unregelmäßigkeiten.«

(Ich, Tempel der Weisheit)

Eine unruhige, kalte und harte Nacht auf der Holzbank. Ständig
tut was weh oder schläft ein. Dazwischen seltsam bunte Träume.
Mit R war alles ruhig. Der Typ IST harmlos. Gerade lächelt er
nett und packt eine Frühstücksmandarine aus dem Rucksack.
Es ist seltsam, wie mächtig die Morgensonne gegen mulmige
Gefühle ist und wie unnötig einem die nächtlichen Gedanken
in ihrem Licht vorkommen. Ich starte den Tag mit Nudelsuppe.
Heißes Wasser aus der tempeleigenen Thermoskanne und Ins-
tant-Chicken-Ramen im Plastikbecher. Auf der Innenseite des
Deckels lese ich die Geschichte der Mutter der Instant-Suppen.
1958 kamen die blitzgebratenen und getrockneten Nudelblöcke
auf den Markt. Ein absolutes Novum, mit einem Preis von fünfunddreißig Yen, nicht mal dreißig Cent, allerdings ein Luxus-
produkt. Frische Suppen kosteten ein Sechstel davon. Ich habe
den Chicken-Ramen nicht wegen seiner langen Geschichte ausgesucht, sondern weil er einer der wenigen Sorten ist, die ich
trotz der Schweinefleischallergie essen kann.

Ich kann mich nicht erinnern, dass ich vor dem Pilgern überhaupt jemals eine Fertigsuppe in Japan gekauft hätte. Zu groß
ist die Auswahl an wirklich leckeren Sachen. Zu sehr bin ich an
sich Fan von frischem, gesundem Essen. Aber gerade ist heiß,

nahrhaft und fettig perfekt. Perfekt, um sich von einer kalten Nacht zu verabschieden. Dazu verdrücke ich Kuchen, Käsebrot, Apfel, Trinkjoghurt, Multivitamingelee und Milchkaffee. Den Plastikbecher der Nudelsuppe benutzen wir später als Teeschale. *Sencha* mit leichtem Hühnchen-Aroma. Derweil isst R eine Banane.

»Du bist ja viel schneller als ich«, setze ich an. Der Beginn meines üblichen Pilger-Trennungsgesprächs. Weiter komme ich allerdings nicht. »Ja und nein«, wirft R gleich ein. Klar, wenn er einen Schritt macht, mache ich zwei. Andererseits, zwanzig Kilometer, höchstens fünfundzwanzig, mehr wolle er auch nicht laufen. Das Ergebnis sei am Ende des Tages dasselbe. Und ich wisse doch, wie Männer sind. Sie preschen vor, machen zu viel, seien am Ende fertig. »Und dann überholen sie dich im Wald. Du bist frisch wie eine Blume, und sie denken sich: Wozu der Stress?« Es scheint, dass R in mir so etwas wie einen Lehrmeister der Langsamkeit gefunden hat, und so kommt es, dass wir zusammen weiterlaufen. Wir werden heute die erste richtige Stadt seit Tokushima erreichen: Kochi, sechshunderttausend Einwohner. Um sie herum reihen sich eine Masse an Tempeln. Es mag verwirrend sein, dass ich von Tokushima und Kochi spreche und damit abwechselnd Städte und Präfekturen meine. Das ist relativ typisch für Japan. Auch Fukushima benennt sowohl eine Stadt als auch eine Präfektur und dazu noch die allseits bekannten Kernkraftwerke, die lediglich mit dem Zusatz »Nummer eins«, »Nummer zwei« usw. näher gekennzeichnet werden. Also noch mal: Heute laufen wir weiter durch die langgezogene Präfektur Kochi, die für Disziplin steht, und erreichen Kochi-Stadt, die erste wirkliche Stadt bisher.

Die Blasen sehen besser aus, aber wegen des blutig aufgeschlagenen Zehs ist heute wieder nichts mit geschlossenen Schuhen. Stattdessen Flipflops und dazu Zehensocken. Eine Kakerlake flieht aus Rs Käppi, wir lassen *Osamefuda*-Zettel in der Hütte und machen uns auf den Weg Richtung Tempel neunundzwanzig. Auf vielen gefluteten Feldern sind jetzt hellgrüne Reissetzlinge in Reihen, wie sehr ordentliche Grasbüschel platziert. Im Wasser verdoppeln sich die Bauernhäuser und der klare blaue Himmel. Die Gegend ist ländlich, und schmale Straßen führen uns an Einfamilienhäusern vorbei und wie auf Stegen mitten durch die Äcker.

R und ich reden über unser Leben zu Hause. Für mich fühlt sich das seltsam an. Berlin, Schreiben, das ist gerade sehr weit weg. Deswegen erzählt meist R, und ich kommentiere. Das Schwierigste an der Freiberuflichkeit, so R, ist es, Leerlauf zu genießen. Das kenne ich, Phasen, in denen nichts geht, in denen ich warten muss, aber mich unter Druck fühle, doch etwas zu tun. R fährt in der Hinsicht die absolute Selbstkasteiungsschiene. Nur, wenn er viel leistet, glaubt er, sich ausruhen zu dürfen. Und eigentlich ruht er sich deswegen gar nicht aus. Zuerst denke ich: ›Was für ein Idiot. Kein Wunder, dass der ständig kurz vorm Burn-out steht.‹ Dann fällt mir auf, dass ich das vor der Krankheit genauso gemacht habe. Erst kürzlich hatte ich beschlossen, es anders machen zu wollen: mehr Muße, weniger Stress! R erzähle ich nichts von der Krankheit, wohl aber von meiner Erkenntnis, dass man sich gerade dann etwas gönnen sollte, wenn es nicht so läuft. »Sich behandeln wie ein guter Freund, verstehst du, und nicht wie ein Arsch, der zusätzlich auf einen eindrischt.«

»Das ist sehr weise«, sagt R.

»Jeder, den du triffst, ist Meister Kobo«, sage ich.

Und dann lachen wir.

Wir reden auch über die *osettai*-Geschenk-Kultur und die ganzen netten bis überfreundlichen Leute, denen wir schon begegnet sind. Anzunehmen, ohne selbst zu geben, das »gehe gar nicht«, sagt R, das sei »verdammt schwierig« und jeden Tag wieder eine Herausforderung. Er habe mal in Paris bei einem Freund auf der Couch gewohnt und hatte ständig das Gefühl, etwas zurückgeben zu müssen, weshalb er den gesamten Haushalt geschmissen hat. An irgendjemanden erinnert er mich, wie er so redet, und plötzlich fällt mir auf: Ich war früher genauso. Auch das hat die Krankheit verändert. Ich musste Hilfe annehmen, um an Essen zu kommen. War darauf angewiesen, dass mich Freunde mögen, selbst wenn mit mir fast nichts anzufangen war. Passiv sein, nichts zurückgeben zu können war früher ein Albtraum für mich. Nach ein paar Monaten Bettlägerigkeit flog unnötiger Stolz zum Fenster raus, und Sätze wie »Kannst du bitte Orangensaft für mich einkaufen?« oder »Morgen hätte ich gerne Pfannkuchen!« gingen mir plötzlich erstaunlich leicht von den Lippen. Das erste Mal wird mir bewusst, dass diese Diva, diese Bestie und dieser idiotische Körper nicht nur abträglich sind. Dass ich, ohne es zu wollen, ein paar Dinge gelernt habe, während ich zum Rumliegen gezwungen war. Und wenn mir jetzt diese Frau, in der Schürze mit bunten Katzen drauf, eine *buntan*-Grapefruit schälen will, kann sie das gern tun. Sie winkt uns in eine Rasthütte, wo bereits Brett des Ostens und der Heilige in Weiß sitzen.

»Du kannst doch nicht in Flipflops pilgern«, sagt Brett des Ostens, der mal wieder mächtig erledigt aussieht, während der Heilige wie üblich sein seliges Lächeln auf den Lippen trägt. Die Einheimische schält und schält. Eine regionale Zitrusfrucht nach der anderen macht die Runde, wir gucken alle ein bisschen überdrüssig, und irgendwann beginnt sie, die bereits geschälten Früchte wie Opfergaben aufzureihen. »Für die nächsten Pilger.«

Kokubunji, Staatstempel und Nummer neunundzwanzig, liegt nach zehn Kilometern Weg ebenerdig in einer hohen Baumgruppe. Sonnenschirmchen schützen Rosen am Wegrand vor der Sonne, und eine Busgruppe leiert ihren gewohnten, monotonen Singsang des Herz-Sutras runter. Als Brett des Ostens den Tempel erreicht, sagt er noch mal, dass er sterben möchte.

»Was hat er gesagt?«, fragt R, dessen Japanisch sich auf einen Volkshochschulkurs beschränkt. Nach eineinhalb Jahren Unterricht hat er es nicht mal geschafft, eines der zwei Silbenalphabete zu verinnerlichen.

»Dass er sterben möchte.«

»Ernsthaft?«

»Ernsthaft.«

Wir laufen erst kleine Straßen, dann eine Hauptstraße entlang. Es ist sehr heiß geworden mittags auf dem Asphalt, und in Flipflops bin ich noch langsamer als sonst. Je abgekämpfter ich werde, desto öfter zitiere ich Brett des Ostens' Todeswunsch, ich bin eine Karikatur meines eigenen Leidens, es ist auf erbärmliche Weise witzig, und ein paar Stunden später stehen wir an einem Rastplatz und blicken hinunter auf die Stadt.

Zunächst sieht es gar nicht städtisch aus, sondern nach ein paar kleinen Häuschen, die jemand in ein Tal gequetscht hat. Da müssen wir runter. Da liegt Tempel dreißig, *Zenrakuji*, der Tempel der wahren Freude. Hier gab es vor allem eine ziemliche Tempel-Benennungs-Konfusion. Der Originaltempel wurde während der Buddhisten-Verfolgungen plattgemacht und die Heiligtümer deswegen zu Tempel neunundzwanzig gebracht, der sich fortan Tempel dreißig nannte. Es ging munter hin und her, mal war Tempel dreißig *Zenrakuji*, mal nicht, mal hatte der eine Tempel die Meister-Kobo-Statue, mal der andere, mal fungierte der eine als *okunoin*, als heiligster Hintertempel für den anderen, mal war er einfach ein »historisch wichtiger Ort«. Je nachdem, wann die Pilger ihre Runden drehen, haben sie unterschiedliche Tempel besucht. Obwohl der Pilgerweg seit über tausend Jahren besteht, scheint er wandelbar zu sein. Mal schwebt eine Statue selbst davon, um sich vor Feuer zu schützen, mal bringen Kraniche eine vorbei, mal ändert das den Status des Tempels, mal nicht.

Etwas willkürlich, genau wie die achtundachtzig Tempel überhaupt. Warum ist es eigentlich genau diese Anzahl?

In China ist die Achtundachtzig eine Glückszahl. Auch für Deutsche ist es keine beliebige Zahl: Achter Buchstabe des Alphabets, HH, getarnter Hitlergruß. Mit Nazis hat die Nummerierung in Japan allerdings genauso wenig zu tun wie das Symbol der buddhistischen Tempel, die Swastika. Dennoch ist es ungewohnt, auf dieser Reise ständig davon umgeben zu sein. Aber zurück zu Japan. Warum diese Nummerierung?

Eine Theorie besagt: Ist ja klar, achtundachtzig ist die Summe der unglücklichsten Jahre, 13 (Kind) plus 33 (Frau) plus 42 (Mann). Eine andere: Es gibt im Buddhismus achtundachtzig weltliche Begierden, die auf dem Weg zur Erleuchtung überwunden werden müssen. Durch jeden Tempelbesuch wird man eine los. Eine weitere: In China hat Meister Kobo gelernt, dass die weltlichen Überreste des historischen Buddha in acht Grabhügeln verteilt sind. Er visualisierte sie und fügte seiner Achter-Vision die ursprünglichen acht hinzu. Acht und acht nebeneinander sind achtundachtzig. Nichts davon ist historisch belegt. Irgendwann hat also irgendwer aus irgendwelchen Gründen die Idee gehabt, und das Nummerieren begann. Und weil die meisten Pilger im Hafen Naruto, nahe der heutigen Stadt Tokushima, ankamen, beginnt die Runde mit dem nächstgelegenen Tempel, *Ryozenji*, eben Tempel Nummer eins.

Jedenfalls hat *Zenrakuji* seit den Siebzigerjahren seine Heiligtümer zurück, ist wieder Tempel dreißig der Route, und da stehen wir jetzt. Eine wahre Freude ist er, wie sein Name behauptet, zunächst nicht. Es sieht eher so aus, als hätte jemand ein paar buddhistische Gebäude und ein Klo auf einen Parkplatz geklatscht. Ich weiß nicht, ob es die Stadtluft ist, die Hitze oder das nicht vorhandene Charisma des buddhistischen Abstellplatzes, aber spirituell fühlt sich das nicht gerade an, und ich vergesse sogar, das Herz-Sutra aufzusagen. Der nächste Tempel liegt in mehr als sechs Kilometern Entfernung, wäre zeitlich also noch knapp zu schaffen. Aber R und ich gehen lediglich noch zwei Kilometer zum Bahnhof, insgesamt waren es heute ohnehin zwanzig, fahren zwei Stationen zum Hauptbahnhof und mieten uns in ein Hotel mit *Onsen* ein.

»Die Stadt ruiniert alles«, sagt R. Seine leicht deprimierte Ausstrahlung hat sich über den Tag zu einer vollends deprimierten Ausstrahlung ausgewachsen.

»Wie meinst du das?«

»Das Pilgergefühl. Keiner grüßt einen hier. Ich fühle mich wie ein Geist.«

»Ich habe eher das Gefühl, die anderen sind Geister.«

Aber es stimmt schon. Sobald ich in Kochi aus dem Zug steige, die Einkaufspassagen sehe, die Hochhäuser und *Combinis*, dazwischen überall der Rote-Bohnen-Brötchen-Mann, bin ich plötzlich nicht mehr Pilger. Ich fühle mich im weißen Leibchen unpassend. Ich sehe keine roten Pfeile mehr. Ich falle aus der Rolle. Und während auf dem Land fast jeder Passant mit einem freundlichen »*Konnichiha*! Guten Tag!«, »*Gambatte*! Halte durch!« oder »*Gokurosama*! Gute Arbeit!«, grüßt, ernten wir hier fragende Blicke. Die Leute starren oder schauen betreten weg. Kochi hat Palmen, aber kein Flair.

Etwas besser wird es nach Einbruch der Dunkelheit. Vielleicht, weil Neonlicht den japanischen Städten steht. Frisch gebadet laufen wir durch die überdachte Einkaufspassage. Wir gehen in einen *izakaya*, eine Mischform aus Bar und Restaurant. Japaner wundern sich in Deutschland, dass es dieses Entweder-oder gibt, dass man nicht zum Bier etwas isst, dass man nicht zum Snack etwas trinkt. Dass man entweder essen geht ODER saufen. In Japan verschmilzt beides miteinander, ein bisschen wie in einer Tapasbar. Die oft überschaubaren Portionen kommen in die Tischmitte, jeder hat ein kleines Tellerchen vor sich, und alles wird geteilt. Genau wie die Rechnung am Ende, unabhängig davon, wer wie viel getrunken oder gegessen hat. R und ich sitzen in einem winzigen Imbiss für *kushikatsu*, frittierte Spieße, eine Spezialität aus Osaka. Und so riecht es dort auch, brutzeliges Öl mischt sich mit Zigarettenrauch. Wir setzen uns auf Barhocker an die klebrige Theke, an der insgesamt vielleicht zehn Personen Platz nehmen könnten, doch außer uns sitzt da nur ein einzelner Mann im Anzug mit gelockerter Krawatte und kippt ein Bier. Bei Nachspeisen-Donuts sprechen wir darüber, wie es weitergeht. R hat insgesamt einen Monat weniger Zeit in

Japan als ich und möchte nach dem *Henro* noch zum Koya-san, nach Kyoto und Tokyo. An meinem eigenen Rhythmus ist nicht zu rütteln, ich muss langsam laufen, ich muss ausruhen. Anders könnte ich das gar nicht schaffen.

»Nach Kochi möchte ich etwas zügiger sein«, sagt R.

Damit ist eigentlich klar: Wir werden morgen alle Stadttempel besuchen und übermorgen getrennt voneinander weitermachen. Aber erst mal übernachten wir gemeinsam in einer Schuhschachtel.

Wahrscheinlich haben wir die Klimaanlage falsch eingestellt, aber es ist einfach nur unerträglich heiß. Jedes Mal, wenn ich nachts aufwache, bin ich verwirrt, wo ich eigentlich bin. Ich bin ziemlich verschwitzt und wache oft auf, auch weil R öfter aus dem Zimmer geht, weil er in der Schachtel keine Luft bekommt. Bisher habe ich keine Nacht auf dem *Henro* durchgeschlafen. Zumindest ist mein Futon sehr gemütlich, und wer schlecht schläft, kann früh aufstehen. Ich verpflastere alle meine Zehen und die Fersen, ziehe die Laufschuhe an. Unser Gepäck lassen wir im Hotel und fahren mit der Trambahn in etwa dorthin zurück, wo wir gestern aus dem Pilgerpfad ausgestiegen sind. Der nächste Tempel, *Chikurinji*, Bambuswald-Tempel, liegt auf einem Hügel, was ich ohne das Gewicht des Rucksacks nicht besonders steil oder schwierig finde. Die laufenden Pilger betreten den Tempel nicht durch das übliche Tor mit den Wächterstatuen, sondern gehen an einem Teich vorbei und stehen plötzlich mittendrin. Der Tempel ist der Nachbau eines berühmten chinesischen Tempels und gefällt mir mit seiner roten Pagode, seinem Moosgarten und seinen vielen Buddha-Bildchen.

»Ich frage mich«, sagt R, der an der Pagode sitzt und in sein Skizzenbuch zeichnet, »was ich mir wünschen würde, wenn ich einen Wunsch frei hätte.«

Ich sage: »Glück?«

»Nein. Ich glaube, für mich brauche ich gar nicht so viel. Mir geht es gut, solange die Leute um mich rum glücklich sind.«

Das eigene Glück vom Glück anderer abhängig zu machen, finde ich gefährlich. Macht das das Glück nicht noch fragiler? Ist das nicht noch schwieriger zu erreichen? R betet an den Tempeln nicht für sich, sondern immer für jemand anderen. Er schließt die Augen und schickt Wünsche für seine Freunde und Familie Richtung Buddha. Ich erzähle ihm von der Sache mit dem Lotus. Dass man laut Kobo in jeder Umgebung erblühen soll. R sagt, er sehe sich in dieser Gleichung nicht als der Lotus, »sondern eher als der Matsch, auf dem er wächst«.

Und zum Mond, der möglichst voll sein soll, sagt er: »Ich finde bei Menschen, je unperfekter, desto besser.«

Und ich: »Der Mond ist auch voll erleuchtet voller Krater und Unregelmäßigkeiten.«

Und dann lachen wir.

Der Hauptbuddha dieses Tempels ist im Übrigen der Weisheit gewidmet. Vielleicht kommen wir deshalb gerade ins Philosophieren. Nur alle paar Jahre wird die Statue der Öffentlichkeit präsentiert. Dann sind siebenfarbige Bänder um sie gebunden. Nach dem obligatorischen Tempelstempel kaufe ich zwei Beschützer-Armbänder, kurze Abschnitte dieser Buddha-Bänder.

Zum nächsten Tempel gehen wir zunächst den Hügel wieder hinunter und dann in der prallen Sonne an einem zubetonierten Fluss entlang. Außer einem Anzugträger auf dem Fahrrad begegnen wir niemandem. Schilder warnen Angler vor den Stromleitungen mittels Comiczeichnungen mit Blitzen und elektrisiert abstehenden Haaren. Die Kilometer ziehen sich durch Wohnsiedlungen und an Hauptstraßen entlang. Schließlich geht es wieder einen Hügel hinauf, immerhin mal kurz Waldweg unter den Füßen, und da ist der Tempel, *Zenjibuji*. Alles sehr felsig, die Tempelgebäude wie meist verwittertes Holz. Von einem Bänkchen haben wir eine fantastische Aussicht über die Bucht, auf den Horizont und schwere Tanker. Ich hatte schon fast vergessen, dass die Stadt am Meer liegt. Und der Heilige in Weiß sitzt auch schon dort.

»Wie kommt ihr zum nächsten Tempel?«, fragt er.

»Wir folgen den Pfeilen.«

»Ja, aber nehmt ihr die Fähre?«

Sie tuckert nur zweihundert Meter über einen Fluss, und angeblich ist selbst Meister Kobo hier auf ein Boot gestiegen. Der Heilige in Weiß möchte konsequent jeden Meter des Weges laufen. Er wirkt dabei nicht herablassend, er macht einfach sein Ding. Bewundernswert. Wir beschließen, die Fähre zu nehmen. Am Fuße des Hügels treffen wir das französische Pilgerpärchen wieder. Auch R kennt sie aus einem Gästehaus. Die drei schnattern jetzt auf Französisch, ich verstehe kein Wort.

»Sie hat gesagt«, übersetzt R später, »du machst sehr viele Fotos. Und dass es schlau ist, dass wir das Gepäck heute in der Unterkunft gelassen haben.« Ich finde, die zwei sahen etwas müder aus als bei unserem letzten Treffen. Vielleicht macht diese langgezogene Disziplin-Präfektur mit den vielen Kilometern und wenigen Tempeln wirklich allen zu schaffen. Der Weg zur Fähre ist die reine Tristesse, die Gegend wirkt bis auf unfassbar laute Schlagermusik aus einem Gewächshaus wie ausgestorben.

Ich bleibe stehen, um das ins Handy zu tippen, und R sagt: »Liebes Tagebuch, der Franzose folgt mir immer noch. Wie werde ich den wieder los?«

»Wir haben doch schon ausgemacht, dass wir uns bald trennen«, sage ich grinsend.

Er guckt halb amüsiert, halb bedröppelt und beschließt dann, dass ich ein Buch über die Pilgerei schreiben werde. »Du schreibst ohnehin alles auf.« »Aber ich weiß nicht, ob ich die Runde schaffe«, sage ich. Und er: »Aber ich weiß es.« Er hat das Buch einer Französin gelesen, die quasi auf Regenbögen und Einhörnern um Shikoku zu fliegen scheint, ständig von Dankbarkeit erfüllt. Oft weine sie vor Glück. Während des Lesens habe ihm die Vorstellung gefallen, aber als er auf Shikoku ankam, fiel ihm auf, wie weit das von seiner Pilgerrealität entfernt ist. Fast jeden Tag habe er bisher überlegt abzubrechen. »Meistens ist es einfach nur hart. Also, falls du ein Buch schreibst, bitte ›the real deal‹, mit allen Schmerzen und allen Zweifeln.« Ich verspreche es ihm.

Wir kommen an die Fähre. Dass sie erst in einer halben Stunde fährt, nutze ich für eine Essenspause. *Onigiri*, Banane, Apfel, Cracker. Mit uns sind vier Mofafahrer, ein älterer Fahrrad-Pilger und eine ältere Frau auf einem elektrischen Rollstuhl eingestiegen, und fünf Minuten später sind wir wieder an Land. Der heutige Tag fühlt sich mittlerweile wie ein Wettlauf an. Als wollten wir die Gotteshäuser nicht besuchen, sondern einfach nur noch abarbeiten.

Die Stempelfrau von Tempel Nummer dreiunddreißig ist ähnlich demotiviert wie wir und klatscht die Kalligrafie lieblos aufs Papier. Sie scheint in einer düsteren Wolke zu sitzen. Ich weiß nicht, ob man beim Pilgern empfänglicher für allerhand Müll wird, ich zumindest fühle mich durchlässiger und empfindlicher als sonst. Ihre Laune bedrückt mich unmittelbar. An diesem Tempel erlöste ein Zen-Mönch einen Geist, der deshalb nicht in Frieden ruhen konnte, weil er sich nur an die Hälfte eines Gedichts erinnerte. Sobald der Mönch ihm die zweite Hälfte aufsagte, entschwand der Geist selig. Vielleicht schwirrt hier immer noch irgendwas rum, jedenfalls habe ich nach dem Tempelbesuch das dringende Bedürfnis, mich nochmals spirituell zu reinigen.

Derweil fangen die Blasen wieder an, in den Schuhen zu pochen, aber wir laufen weiter, noch knapp sieben Kilometer bis zum letzten Tempel für heute. Ein paar Reisfelder, vor allem einfach Straße, ein minimales Wegstück im Schatten, ein paar ausrangierte Getränkeautomaten auf einem Parkplatz. Es gibt nichts zu sehen, keiner grüßt uns zurück.

In der Präfektur Kochi soll man das Durchhalten lernen. Askese im Energieloch. Ist das alles eine Prüfung oder was?

Auf einer Brücke sitzt eine alte Frau ohne Zähne. Sie quatscht uns an. Erzählt, dass ihre vier Kinder sie nur einmal im Jahr besuchen, zum Todestag ihres Mannes. Das Fest auszurichten koste sie jedes Mal wahnsinnig viel Geld. Schon allein die Beerdigung habe Unsummen verschlungen. »Ist das in euren Ländern auch so?« Die Frau ist die Einsamkeit in Person. Schon wieder legt sich die Negativität eines Mitmenschen auf mich. Ich möchte dringend weg, habe aber gleichzeitig ein schlechtes Gefühl, sie so zurückzulassen. Ich mache also irgendwas dazwischen, lasse sie ein bisschen reden und sage dann, dass wir weitermüssen. »Alles Gute Ihnen!«

»Wahrscheinlich«, sagt R, »hast du ihr schon mehr Aufmerksamkeit geschenkt, als sie normalerweise bekommt.«

»Glaubst du, sie sitzt den ganzen Tag auf der Brücke, um mit Pilgern zu sprechen, weil sonst niemand mit ihr redet?«

»Das halte ich für wahrscheinlich.«

Um kurz vor vier kommen wir bei Tempel vierunddreißig, *Tanemaji* an, Tempel der Saatkörner, an dem Meister Kobo fünf Sorten Samen gesät haben soll und an dem Schwangere für eine einfache Geburt beten. Vor dem Tempel sitzt eine Frau zwischen einem Eiswagen und einem riesigen hölzernen Penis. Wahrscheinlich wird am Tempel nicht nur der Geburt, sondern bereits der Fruchtbarkeit gedacht. Aus den knisternden Lautsprechern ihres Miniradios kommt Schnulzenmusik, und ich kaufe mir ein Eis in der Geschmacksrichtung der Kochi-Zitrusfrucht: *mikan*-Mandarine. Auf dem Weg zur Bushaltestelle kommen wir an einem Haus vorbei, in dessen Vorgarten ein elektrisch betriebenes Karussell steht. Darin sitzen Hunde- und Eisbärenfiguren. Auf dem Haus thront ein riesiger Adler, vor der Eingangstür posiert ein Pferd samt Reiterin in Pesade. Was, bitte, ist hier los, frage ich mich, als ein Mann in Gummistiefeln aus dem Haus gerannt kommt. »Guck dir auch mein Wohnzimmer an!« An der dortigen Decke schlängelt sich ein riesiger goldener Drache entlang. »Das ist ein Gott«, sagt der

Mann, und als wir wieder draußen in seinem Vorgarten stehen und ich auf das Tierkarussell deute, sagt er: »Und das ist nur Spaß!« Ein paar Meter weiter ist ein Haus beinahe aggressiv mit Blumen geschmückt. Hauswand, Garten, Zaun. Kein Raum ist leer, überall stehen Pflanzen. Die Leute hier scheinen Muße zu haben, ihre Hobbys auf die Spitze zu treiben.

Auf den Bus, der eine Stunde braucht, um uns an siebenundvierzig Stationen vorbei zurück in die Innenstadt zu bringen, warten wir eine Stunde. R sagt, alles wäre besser, hätten wir den Bus davor erwischt, und mir reicht es jetzt langsam mit der schlechten Laune neben mir. Ich halte es da mit Lothar Matthäus: »Wäre, wäre, Fahrradkette. Oder wie auch immer.« Wir sind jetzt hier und nicht vorher. Und zumindest sitzen wir. Erst auf der Straße, dann im Bus. Die Aussicht: zunächst Reisfelder und Gewächshäuser, später McDonald's.

In der Stadt machen wir dann, was wir nur in einer Stadt machen können. Wir gehen Pasta essen. Keinen Reis. Keine Ramen-, keine Udon-, keine Soba-Nudeln. Spaghetti mit Tomatensauce, dazu Salat. In einem Laden namens »Very berry soup«, in dem es außer Nudeln noch Käsefondue gibt. Derweil laufen sentimentale Neunzigerjahre-Songs. Lauryn Hill singt: »It could all be so simple. But you'd rather make it hard. Loving you is like a battle. And we both end up with scars.« Mein Gesicht hat langsam wieder Farbe, aber R guckt immer verzweifelter. Wie um die Frau aus dem Stempelbüro scheint sich auch um ihn eine dunkle Wolke gelegt zu haben. Er sagt, er sei insgesamt schon lange nicht mehr so glücklich gewesen wie auf Shikoku, aber die Stadt erschlage ihn.

Ich denke gerade gar nichts so Tiefschürfendes. Ich muss heute noch Fotos übertragen. Das französische Pärchen hat recht, ich mache viele Fotos. Sogar so viele, dass mein Handy bereits voll ist. Etwas später sitze ich also vor dem Hotelrechner und ziehe Daten auf einen USB-Stick. Immer wieder bricht er ab, teilweise fährt sich der Computer auch direkt runter. Ich habe keine Ahnung, was übertragen wurde und was nicht. Eine ziemlich zermürbende Angelegenheit, die ich irgendwann einfach abbreche. R war derweil baden und in einer Spielhalle, ein Trommelspiel machen. Jetzt versucht er, sich eine Unterkunft für morgen zu organisieren, was nicht klappt, weil wegen des Wochenendes wieder die Buspilger auf der Insel eingefallen sind. Währenddessen streite ich mit einem Hotelangestellten. Ich möchte ein paar Dinge nach Tokyo schicken, kann allerdings keine Telefonnummer angeben, weil ich kein japanisches Handy besitze, woraufhin der Typ den Versand für unmöglich erklärt. Ich sage: »Ja, doch, das machen wir trotzdem. Ich weiß, dass es ankommt, dass bei Paketen vor allem die Adresse zählt.« Er schreit mich unvermittelt an. »Ich garantiere für NICHTS!«, brüllt er. »Also MEINE Schuld ist das NICHT!«, brüllt er. »Wo ist die TELEFONNUMMER????«, brüllt er. Das ist dermaßen untypisch für Japan, dass ich vollkommen überfordert bin. Etwa eine Stunde geht das so hin und her (Ich: »Bitte schicken Sie es einfach.« Er: »Ich mache das nicht, gehen Sie doch morgen Früh zur Post«), als die Schicht eines älteren Kollegen beginnt, der sich meines Pakets, einer zugeklebten Papiertüte ohne Absender-Telefonnummer, dankenswerterweise annimmt. Und klar: Zwei Tage später kam sie heil bei John in Tokyo an. Es ist halb zwölf Uhr abends, so lange war ich, seit ich losgepilgert bin, noch nie wach. Ich bin übermüdet, frustriert und ungewaschen. Nach dem Bad bin ich zwar sauber, aber das heiße Wasser konnte nichts gegen den Rest ausrichten.

Ich gehe ins Zimmer und sage: »Was für ein Arsch!« und meine den Hotelangestellten.
R grinst.
Warum grinst der? Der soll aufhören zu grinsen.
Er beginnt jetzt aufzuzählen, was SEINE Probleme sind. Die Übernachtung für morgen sei nicht organisiert, er würde so gern eine Papier- und eine Schwerterfabrik besuchen, aber lei-

der liegen beide nicht direkt auf dem Pilgerweg. Das Trommelspiel in der Arkade hätte auch nicht so viel Spaß gemacht wie sonst. Dann erklärt er mir, dass ich, wenn ich mich so über den schreienden Typen aufrege, einen psychischen Knacks hätte. Ich denke ›Was für ein Arsch!‹ und meine R.

Der scheint meine Gedanken zu lesen und sagt, immer noch mit dem fetten Grinsen im Gesicht: »Möchtest du mir jetzt eine reinhauen?« Ich muss sagen, Lotusmatsch habe ich mir insgesamt nahrhafter und weniger eskalierend vorgestellt.

Weil immer noch ein Rest Selbstbeherrschung in mir steckt, kneife ich ihn stattdessen in die Schulter. Es ist das erste Mal, dass wir uns berühren, und meine Wut ist ziemlich bald davon abgelenkt, dass ich davon überrascht bin, dass meine Finger ziemlich weit einsinken, so fleischig ist seine Schulter.

Ich bin derart fasziniert, dass mir ein »Wie weich ist das denn?« rausrutscht.

»Fick dich!«, sagt R, wohl jetzt auch noch in seiner männlichen Ehre gekränkt.

Ich bin sprachlos. Wie konnten wir in so kurzer Zeit derart vom Pilgerweg abkommen? Liegt es an dem Hin- und Hergefahre zwischendrin? Oder daran, dass die roten Pfeile im Stadttrubel untergehen? Ist Kochi einfach Teufelsland? Ich möchte jetzt bitte ganz schnell wieder eine Prise buddhahafte Gelassenheit und dazu jeweils eine Portion Lotusblüte und Vollmond.

17

»No reason why the nothing. Kein Grund für das Nichts.«

(T-Shirt, Kochi-Stadt)

Die Nacht ist kurz und die Luft dick. Meine Stimmung ändert sich schlagartig, als ich um fünf Uhr morgens aufstehe, um im *Combini* Frühstück zu kaufen. Der Verkäufer ist ein Goldstück mit freundlichen Augen und vertreibt all den Mist des gestrigen Abends mit einem Wimpernschlag. Zurück im Hotel hat R bereits gepackt, er wirkt genervt und fahrig. Zum Abschied umarme ich ihn trotzdem und gebe ihm das siebenfarbige Armband.

»Guck, ich habe auch eines«, sage ich und halte ihm mein Handgelenk hin.

»Hast du das vielleicht auch meterweise? Ich würde mich gerne ganz in Schutzfolie einwickeln ...«, sagt R.

»Nein! Damit bist du ausreichend geschützt.« Ich lächle.

»Du bist wirklich was Besonderes.« Er lächelt.

Wir drücken uns noch mal, R zieht die Tür hinter sich zu, und ich atme aus. Ich lasse ihm eine gute Stunde Vorsprung, frühstücke und gehe zum Bahnhof, um Richtung Westen zu fahren, in die Nähe von dort, wo wir gestern vom Pfad abkamen. In einem Schaufenster sehe ich ein T-Shirt mit der Aufschrift »No reason why the nothing«, »Kein Grund für das Nichts«. Will das Shirt mir sagen, dass ich auf dem Holzweg bin? Dass ich das Nichts nicht zu suchen brauche? Und was soll dieses Nichts überhaupt sein? Existiert das Nichts? Oder nur alles andere drum rum? In der Uni im Seminar »Politische Theorie« habe ich Hegel gelesen. Der hat auch über das Nichts nachgedacht. »Alles Nichts ist das Nichts dessen, woraus es resultiert.« Ich interpretiere das jetzt mal so: Wenn ich das Nichts suche, muss davor etwas da gewesen sein. No reason why the nothing: Kein Grund, sich aufzuregen. Weitergehen!

Obwohl die Stadt dieselbe ist, ist heute alles anders. Die Fassaden glänzen golden im Morgenlicht. Passanten grüßen und fragen, ob sie mir die Hand schütteln dürfen. Eine Omi sagt: »Du bist eine schöne Frau!« Je mehr ich lächle, desto mehr lächeln die, umso mehr lächle ich.

Ich möchte heute gemütlich *chokochoko* Richtung Tempel fünfunddreißig flanieren, meinen Weg wiederfinden und dort auch direkt schlafen. Den Tempel habe ich auf meiner Offline-Karte im Handy markiert. Ich steige aus dem Zug und laufe durch ein Wohngebiet.

»Pilger!«, ruft eine Frau, »bist du ein *maigo*, ein verloren gegangenes Kind?«

»Nein, keine Sorge.«

»Aber hier ist nicht der Pilgerweg …«

»Ja, aber ich kenne die Richtung«, sage ich und deute nach Nordwesten.

»Soso! Warte mal«, sagt sie, läuft zu einem Transporter und kommt mit Tomaten zurück. »Ich baue die selbst an und ich möchte, dass du sie probierst.«

Jetzt gehe ich mit drei losen Tomaten in der einen und dem Stock in der anderen Hand in voller Pilgermontur durchs Wohngebiet der Vorstadt. Setze mich an den Straßenrand und beiße in die roten Früchte. Meine Güte, wie lecker ist das denn? Es ist, als hielte ich eine seltene Kostbarkeit in den Händen. Ich merke jetzt doch, dass ich in den letzten Wochen bis auf die geschenkten Zitrusfrüchte wenig Frisches gegessen habe. Wie ich so auf dem

Randstein sitze, rennt ein barfüßiges Kleinkind laut schreiend und nur mit einer Windel bekleidet auf die Straße. Sein Gesicht offenbart Jähzorn in seiner reinsten Form. ›Bitte renn nicht vor ein Auto!‹, denke ich. Aber als wir uns ansehen, beruhigt es sich. Es weint nicht mehr, sondern guckt. Mit Kleinkindern und Tieren geht mir das oft so. R sagte: »Die akzeptieren dich als Alphatier.« Alphatier zu sein hat mich nie interessiert. Ich selbst dachte, ich hätte vielleicht einfach eine beruhigende Wirkung. Mittlerweile kommt die Mutter um die Ecke geschossen, schreit »Mariko, gefährlich!« und nimmt das Kleine auf den Arm, um es wieder ins Haus zu bringen. Während es davongetragen wird, winken Kind Mariko und ich uns zu.

Je näher ich zum Tempel komme, desto mehr wundert es mich, dass da immer noch keine Pfeile sind, die mir den Weg weisen. Noch zweihundert Meter und kein roter Pfeil. Ich gucke jetzt noch mal nach. Und stelle fest: Ich habe den falschen Tempel markiert. Er gehört zwar auch zu einer Pilgerreise, ist Nummer siebzehn von sechsunddreißig »Heiligen Orten des Fudo«, der Gottheit, die ich auf dem Poster im Grusel-Plumpsklo das erste Mal gesehen habe. Grimmiges Gesicht, Schwert und Flammen – aber er ist kein Teil des *Henro*. An Tempeln mangelt es auf dieser Insel wahrlich nicht. Um zum »richtigen« zu kommen, hätte ich vom Bahnhof nach Südwesten laufen müssen. Stattdessen bin ich zwei Stunden lang Richtung Norden gelaufen. Die Frau mit den Tomaten hatte recht: Ich war ein verloren gegangenes Kind, weitab von seinem Weg. Es sind heute dreißig Grad, mir ist schon wieder schlecht, und ich spüre kaum, dass ich gestern ein paar Gramm nach Tokyo geschickt habe. Auf einer vierspurigen Straße laufe ich jetzt nach Süden. Und trotzdem bin ich von allem begeistert. Da steht zum Beispiel ein Mann mit Pudel im Rucksack und fragt: »Entschuldigung, darf ich ein Foto von dir machen? Du siehst so witzig aus.«

»Klar, wenn ich auch eins von Ihnen mit dem Hund machen darf?«

»Ich finde es großartig, was du machst«, sagt er. »Du sprichst Japanisch, hast eine so weite Reise auf dich genommen, um auf Shikoku rumzulaufen. Und dabei ist hier nicht mal ein Tempel!«

Bei einem Hundert-Yen-Shop hole ich mir UV-Stulpen für die Arme. Die Sonne brennt erbarmungslos runter, und dabei ist es erst neun Uhr morgens. Mein Verständnis für sonnenscheue, vollverschleierte Japanerinnen steigt mit jedem Tag. Ich stelle mich an eine geschlossene Losbude und veranstalte in ihrem Schatten eine private Standing-Sushi-Bar mit abgepacktem Sushi aus dem *Combini*, Milchtee und Schokocroissant zur Nachspeise. Als ich wieder losgehe, joggen zwei Schuljungs an mir vorbei, drehen sich um, bremsen runter und joggen dann mir zugewandt langsam rückwärts.

»Woher kommst du?«

»Aus Deutschland.«

»Wie cool ist das denn? Ich lerne gerade Deutsch! Ab jetzt werde ich mich noch mehr anstrengen. Und pass auf, dass du deinen Körper nicht kaputt machst.«

Nein, Kochi ist definitiv NICHT Teufelsland. Der heutige Vormittag beweist mir eindrücklich, dass die Leute ganz im Gegenteil unfassbar nett zu Pilgern sind. Das gestern war einfach Pech. Und es ist gar nicht so wichtig, ob ich auf DEM Weg laufe oder auf einem anderen. Es ist wirklich einfach nur egal. No reason why the nothing! Weiter! Wieder durch ein Wohngebiet, zwischen zwei Häusern steht ein wuchtig gewachsener Baum, dessen Stamm sich nach unten biegt und durch ein rotes Holzgestell gestützt wird, unter ihm ein kleiner Schrein.

»Waaaaaarte! *Osettai*!«, schreit ein Mann aus einem Fenster. Er rennt aus dem Haus und auf mich zu. Drückt mir ein gekühltes Wasser mit Orangenaroma in die Hand.

»Hier kommen nicht viele Pilger vorbei«, sagt er.

»Hier ist ja auch nicht DER Pilgerweg«, sage ich, zwinkere ihm zu und pfrieme ein *Osamefuda*-Zettelchen aus meiner Bauchtasche.

»Also kipp das runter und weiter geht's!«

Mein Problem ist allerdings relativ schnell, dass mein Darm sehr deutlich auf das Getränk reagiert. Das bedeutet: In dem aromatisierten Wasser war irgendein Diätzucker drin. Und der wirkt bei mir wie Abführmittel. Es gibt an dieser Straße überall Getränkeautomaten, aber kein Klo. Arschbacken zusammen-kneifen im ganz wörtlichen Sinne. Die Rettung liegt ein paar Kilometer weiter, vorbei an der Autobahnauffahrt, ein *Combini*. Und seit der Präfektur Kochi haben die neben Klo und Internet auch oft eine kleine Sitzecke. Dort bleibe ich sicher eine Stunde. Ich esse, ich trinke, ich warte, bis der ganze Süßstoff wieder aus mir draußen ist. Und ich bilde mir ein, dass das jetzt eigentlich perfekt ist, weil ich es ja langsam angehen lassen wollte. Gemüt-lich flanieren, viel ausruhen. Ich betrachte mein weißes Leib-chen. Es ist bereits angegraut, und die Ärmel haben gelbe Rän-der. Man sieht mir an, dass ich kein frischer Pilger bin, dass ich schon einen langen Weg hinter mir habe. Am Ende des Tages werden es dreihundertsechzig Kilometer sein. Das ist weit. Und nicht mal ein Drittel der gesamten Strecke. Und da ist mein neues Beschützer-Armband.

Ich denke an R, diesen eigentlich netten, aber merkwürdig komplizierten Typen. »Wenn wir weiter gemeinsam liefen«, hat er gesagt, »hätte ich das Gefühl, nur deine Freundlichkeit auszu-nutzen.« Das ist idiotisch. Ich bin sicher kein gemeiner Mensch, aber ich mache im Prinzip, was ich will. Ich bin freundlich, wenn ich das möchte, und wenn ich nicht möchte, bin ich es nicht. Ich bin nicht ZU nett. Und ich lasse mich auch nicht aus-nutzen. Außerdem: Ich hatte durch seine Gesellschaft selbst viel bekommen. Bis er diese seltsame Stadtphobie entwickelte, war es witzig mit ihm. Durch sein Interesse für altes Zeug habe ich das kleinste Dorf Shikokus kennengelernt. Wir saßen in dem *soba*-Laden, guckten über das Meer, und ich fühlte mich zu Hause. Ich achte jetzt auf Schmetterlinge und weiß, dass mir die Krankheit meinen übertriebenen Stolz genommen hat. Würde er mich noch mal fragen, was er sich wünschen soll, würde ich sagen: dass du weniger denkst.

Musubi, Knoten, stand neben der Box mit den Beschützer-Armbändern im Tempel geschrieben. Ich kenne den Begriff aus dem Anime »Your Name. Gestern, Heute, Für Immer«. Es geht dabei um die Liebesgeschichte zweier Schüler, die sich über verschiedene Zeiten und Orte hinweg entspinnt. Coming-of-Age, Zeitreise, Naturkatastrophen, alles dabei. Die Beschreibung klingt so kitschig, dass ich ihn erst mal gar nicht sehen wollte. Obwohl er zahlenmäßig damals schon der weltweit erfolgreichste Anime aller Zeiten war. Aber als ich nach der Fuji-Tour mit Fieber flachlag, lieh eine Freundin den Film aus, wir saßen in Tokyo auf der Couch und guckten zu, wie das Mädchen die traditionell japanische Art des Flechtens von seiner Großmutter lernt. Die Großmutter nimmt das Mädchen mit auf eine shinto-istische Wallfahrt, und während sie auf einen Berg steigen, sagt die Großmutter: »*Musubi* ist einen Faden spinnen, die Verbindung von Menschen und der Fluss der Zeit. All das sind Gaben der *kami*, der Götter. Die Garne, die wir flechten (…) verdrehen sich, sie verhaken sich, manchmal lösen sie sich auf, sie brechen und verbinden sich dann wieder. *Musubi*, knoten. Das ist Zeit.« Auch das nicht minder kitschig, aber mittlerweile guckte ich den Film, und mir liefen die Tränen runter. Ich war überrascht, dass mich ein Zeichentrickfilm so mitnehmen konnte, obwohl er gänzlich an meiner Lebensrealität vorbeiführt. Und meinen Freunden ging es genauso. Vielleicht ist es ja wirklich so, dass jede Verbindung ein Faden ist. Nicht jeder führt zwangsläufig irgendwohin, oder vielleicht doch. Jeder und alles kann Meister Kobo sein und einen voranbringen.

Trotzdem: Die Entscheidung, allein weiterzumachen, war richtig.

Nach der Rast gehe ich durch Felder, auf trockenem Gras und Klee. Das ist kein Pilgerweg. Das ist nicht mal EIN Weg. Ich laufe heute meinen eigenen, egal wie falsch er ist, mit dem

Gefühl, schon in die richtige Richtung zu gehen. Wasser plätschert in einem Bewässerungskanälchen, an den Rändern der Felder blüht der Klatschmohn. Ab und zu sehe ich einen Frosch oder eine Libelle. Und gegen vierzehn Uhr den ersten roten Pfeil des Tages. Sogleich kommen mir andere Pilger entgegen, die bereits auf dem Rückweg vom Tempel sind. Die Nonne, die jeden Tag höchstens zwanzig Kilometer geht und heute wieder ohne Gepäck läuft. Und jetzt offenbar vor mir liegt. Sie sagt: »Na, du läufst voller Freude!« Hinter ihr geht R. Wir lächeln, sagen »Hi!« und laufen aneinander vorbei.

Der Weg hoch zum Tempel ist steil und beschwerlich, ein großer schwarzer Schmetterling fliegt mir direkt vors Gesicht. Ich komme durchgeschwitzt und mit Herzrasen am Tempeltor an, das Drachenschnitzereien zieren. Von dort führen Steintreppen weiter nach oben. Links neben der Haupthalle steht eine riesige Statue von Yakushi Nyorai, dem Medizin-Buddha. Er steht in blühendem Lotus und über seinem Haupt schwebt ein Heiligenschein. Ich ziehe mir das Handtuch vom Kopf, wechsle in die Flipflops und setze mich vor die Haupthalle. Vier Pilger stehen dort und beten. Ruhig und sanft, in verschiedenen Tonlagen. Und das klingt wirklich schön. Weil sie blass sind, nehme ich an, dass sie mit dem Auto unterwegs sind. Die Läufer sind immer braun, egal, wie gut sie sich schützen. Einer aus der Gruppe stellt sich vor, einundachtzig sei er und gerade auf der fünfundzwanzigsten Runde um Shikoku. Mit dem Auto, klar. Er gibt mir sein rotes *Osamefuda* und sagt: »Als Nächstes: silbern.« Vor ein paar Tagen sei er einer Deutschen begegnet. Sie sei tätowiert, rauche wie ein Schlot, und auf ihrem *Osamefuda* stehe »Liebe, Gesundheit, Glück«. Es ist schon seltsam, wie viele Leute hier unterwegs sind und wie wenige man davon kennenlernt. Es ist vollkommener Zufall, wem man begegnet und wem nicht. Wer mit einem Tag Unterschied startet, hat wenig Chancen, sich jemals zu treffen. Oder die Geschwindigkeiten sind so unterschiedlich, dass man sich bald wieder verliert.

231

Und je nachdem, welche Begegnungen man hat, verändert sich die Reise. So wie im Leben. Fäden verhaken sich, manchmal lösen sie sich auf, sie brechen und verbinden sich dann wieder. *Musubi.* Knoten. »Bitte pass auf dich auf in der Hitze«, sagen die vier und verabschieden sich. Ich gehe ins Büro. Es ist vollkommen still, und auf einem Schild steht »Bitte warten Sie ruhig, bis jemand kommt«. Das finde ich sympathisch. Oft gibt es eine Glocke und ein »Bitte klingeln«-Schild, aber hier wird den Pilgern Geduld und Ruhe abverlangt. Das passt zu dem ganzen Entschleunigungsding. Obwohl in DER Liste stand, dass man hier nicht immer übernachten kann, führt der Mönch mich in ein Häuschen. Ein langer Tisch, ein Waschbecken, zwei kleine Tatami-Räume. Im hinteren Zimmer reihe ich Sitzkissen aneinander und rolle meinen Schlafsack aus.

Bin gestern vor achtzehn Uhr eingeschlafen. Ich war noch mal rausgegangen aufs Tempelgelände. Unter die Statue führte ein Gang. So eng, dass ich gerade so durchpasste. Nach einem Schritt war ich umschlossen von kühlem Stein und vollkommener Dunkelheit. Ich trippelte voran, der Gang wurde noch enger, von oben drückte die Decke herunter, von unten kam mir der Boden entgegen. Ich ging gebückt und halb seitlich. Es schien wie eine Ewigkeit, dass ich drinsteckte, und obwohl es nur einen Weg gab, habe ich die Orientierung verloren, konnte nicht einschätzen, wie weit es noch bis zum Ende sein könnte. Ein orangefarbenes funzeliges Licht. Aber das war nicht der Ausgang, sondern ein Altar. Künstliche Kerzen, eine Klangschale, goldener Lotus in Vasen. Ich sah ein Gesicht, das ich zuerst für das eines Buddhas hielt, aber das war ich. Mein Spiegelbild guckte mich unverwandt an. Ich trippelte weiter den Gang entlang, und als ich aus diesem klaustrophobischen Etwas wieder in die Realität tauchte und mich das Sonnenlicht blendete, musste ich mich setzen. Ich war aufgewühlt und gleichzeitig leer. Und ich verstand überhaupt nicht, was da passiert ist. Sollte ich den Buddha in mir selbst erkennen? Und mich dabei wiedergeboren fühlen? Und warum fühlt sich das nicht gut an? Ich habe nicht nur keine Ahnung, wie ich diese Fragen beantworten soll, sondern nicht mal Lust, es verstehen zu wollen. Vielleicht ist das das Schöne am Pilgern. Am Ende des Tages geht es nicht um Erleuchtung und hochtrabende Sinnfragen, sondern um Grundbedürfnisse. »No reason why the nothing«. Erst mal schlafen.

Das erste Mal wache ich auf, weil es im Nebenzimmer rumort. Zwei männliche Pilger, einer davon telefoniert auf Japanisch mit seiner Frau und seinen Kindern.

Das zweite Mal wache ich auf, weil ich das Gefühl habe, dass jemand meine Hände und Füße drückt. Japanische Kinder haben sich um mich versammelt und fassen mich an. Ein warmes Gefühl, aber als ich die Augen öffne, ist da niemand. Ich grusele mich und kann schwer wieder einschlafen. Erst Stunden später komme ich zur Ruhe. Dann träume ich noch von einer vergangenen Liebe, überall sind Kirschblüten, und alles ist schön.

Am Tempel übernachten und die Schiebetür öffnen, ist ein bisschen wie im Zelt schlafen und den Reißverschluss aufziehen. Man ist gleich da, muss nicht noch zum See oder Strand runter wie von einem Hotelzimmer aus. Man ist da, wo man ist, genau richtig. Näher am Pilgerweg geht nicht. Ich sehe den Sonnenaufgang zwischen den Hügeln, den kleinen roten Ball neben der Yakushi-Statue und unten im Tal das Wasser der Reisfelder glitzern.

Ich quatsche mit dem Japaner aus dem Nebenzimmer, einem Dicklichen mit Kniemanschette und freundlichem Gesicht. Vor ihm liegt der aufgeschlagene Reiseführer. Er erzählt mir von einer Fähre, die ich morgen nehmen könnte. Alternativ gebe es zwei Strecken. Eine wunderschön, wahnsinnig anstrengend, und es gebe auf dem Weg nichts zu trinken oder essen. Die andere: mittelprächtig. »Ich war in der Gegend oft mit dem Auto unterwegs«, sagt er. »Und ja, der eine Weg ist wirklich schön. Aber ehrlich gesagt: Beim nächsten Tempel ist es AUSREICHEND schön. Meister Kobo hat die Fähre genommen.« Und so würde er es auch halten. »Klingt gut«, sage ich und fotografiere den Fahrplan ab. Ich bin nicht hier, um mich kaputtzulaufen oder mich für irgendetwas zu bestrafen. Ich muss niemandem etwas beweisen. Und ich liebe Bootfahren. Er guckt auf meine Füße, auf die vielen gelb-roten Stellen und sagt: »Und geh bitte ins Krankenhaus! Das sieht entzündet aus.«

Die nächste Klinik gebe es nach der übernächsten Tagesetappe. Ich wickle mir Tape um die Zehen und gehe los. Frühstück beim *Combini*, eine kleine Einkaufsstraße entlang, vorbei an noch geschlossenen Läden, und mein Pilgerhut dotzt hinten immer gegen den Rucksack. Es stimmt, was Brett des Ostens bei Tempel sechsundzwanzig gesagt hat: Er ist unpraktisch und unbequem, aber er gehört irgendwie dazu. Ich binde den Hut an meinen Rucksack und ziehe wieder den Schweißerschild vors Gesicht. Derweil überholt mich ein alter, zäher Typ mit sonnengegerbter Haut, langen weißen Haaren und Bart. Er strahlt Gelassenheit aus und lässt sich ein paar Meter weiter in den Schatten eines Strommastes fallen. Er setzt sich einfach auf den Boden und sagt: »Ich mach alle zwei Stunden Pause. Vor allem, um eine zu rauchen.« Auf die Frage, wohin er heute laufen wolle, antwortet er: »So weit mich meine Füße tragen.«

Es ist der erste Pilger, den ich treffe, der einfach mit dem Flow zu gehen scheint.

Ich gehe auf einer Landstraße Richtung Berg. Vor einer Halle machen LKW-Fahrer Radiogymnastik. Neben Fahrer und Bauer scheint Steinmetz in dieser Gegend ein beliebter Beruf zu sein. Zwischen Straße und Werkstatt stellen sie ihre Arbeiten aus, vor allem massive Buddha-Statuen, aber auch Hello Kitty, Rote-Bohnen-Brot-Mann und Winkekatze.

An der ersten Rasthütte heute sitzt ein japanischer Pilger und stellt die übliche Frage: »Welchen Weg läufst du? Tunnel oder Berg?« Er erzählt von den zwei Pilgern, die gestern mit mir im Tempel übernachtet haben und die bereits vor einer halben Stunde vorbeigekommen seien. Der Japaner mit Kniemanschette habe sich für den Tunnel entschieden. Der Westler, ein Däne mit massivem Gepäck, sei den Bergweg gelaufen. »Ich nehme den Tunnel«, sagt er. »Mir geht es nicht so gut. Ich will zum Zug, und dann fahre ich nach Hause.« »Echt?«, frage ich. »Echt!«, sagt er. Er habe es schon mal versucht mit dem *Henro*. Nach Tempel vierundzwanzig ging nichts mehr. Diesmal sei seine Grenze erreicht. Man könnte ihm jetzt Schwäche unterstellen, aber ich finde: Immer wiederzukommen, um etwas zu versuchen, das man eigentlich nicht packt, zeugt von ziemlicher Hingabe. Und irgendwann wird sich sein Weg vermutlich zu einem vollen Kreis fügen. Ich nehme den Berg.

Ich gehe langsam, Schritt für Schritt, den Waldweg hoch, der steil ist, aber schattig. Bambus, Farne, Zedern. Auch wenn ich schon ein paar Wochen wandere, muss ich immer wieder stehen bleiben, um zu verschnaufen. Oben sitzt der Lässige mit Bart auf einem Stein und raucht. Der Weg teilt sich, der Pilgerweg führt bergab, ein anderer weiter bergauf. »Noch ein paar Meter weiter hoch hast du eine tolle Aussicht, und es gibt Bänke.« Der Lässige läuft den Weg wohl nicht zum ersten Mal. »Aber versprich mir, dass du wieder runterkommst und den Pilgerweg nimmst. Und nicht irgendeinen Weg.« Es klingt wie ein verspäteter Kommentar zu meinem gestrigen Tag. Guckt der Typ in mich rein? »Wenn du dich verläufst, kehr um! Geh auf keinen komischen Wegen.« Ich verspreche es. Vom Rastplatz sehe ich ein Dorf, das Meer und eine Brücke, die zu einer bewaldeten Halbinsel führt. Das ist meine Richtung heute. Dort liegt der nächste Tempel. Ich denke über Meditation nach, die ja auch zum Ziel hat, Abstand zu gewinnen, sich selbst von außen zu betrachten. Negative Gefühle sehen von weiter weg gar nicht so wichtig aus und ziehen vorbei. Vielleicht ist das hier genauso. Auf der Landstraße laufen macht keinen Spaß, aber eigentlich kommt man durch eine schöne Gegend. Und in Momenten wie diesen, in denen man innehält und von oben runterguckt, wird man sich dessen bewusst.

Runter. Überall sind Schilder, die vor *mamushi*, der Giftschlange, warnen. »Vorsicht von April bis Oktober.« Jeder, den ich bisher getroffen habe, hat schon eine gesehen. Ich nicht. Da sind nur Geckos auf dem Boden, die sich sonnen und sofort wegrennen, wenn ich mich nähere. Ich höre Vogelgezwitscher, Insektengesurre und irgendwann wieder die Straße. Seltsame Betongebilde führen plötzlich durch den Wald, vielleicht ehemalige Staudämme, aber Wasser fließt keines. Ich komme an einem Friedhof vorbei, frische Blumen und Opfergaben auf den Grabsteinen. Und später nach einem Mittagessen beim *Combini*, einer riesigen mit Maroni gefüllten Krokette, dazu frittiertes Hühnchen, über die Brücke zur Halbinsel. Bei einer Pilgerherberge lasse ich mein Gepäck zurück und gehe zum nächsten Tempel. *Shoryuji*, den blauen Drachentempel, hat Meister Kobo in Gedenken an seinen chinesischen Meister bauen lassen. Nach mal wieder sehr vielen Stufen zu den Hallen und dem üblichen Prozedere möchte ich noch zum *okunoin*, dem heiligen Hintertempel. Dem steilen, schmalen Weg über Wurzeln und Steine sieht man an, dass ihn nicht viele Pilger gehen. Irgendwann steht da eine Reihe von *torii*-Schreintoren. Sie sind die Schwelle zwischen Alltag und Geisterwelt. Durch sie hindurch komme ich zu einer Stufe. »Ab hier ohne Straßenschuhe«, heißt es auf einem Schild. Links des Steinweges, der zum ebenfalls steinernen Tempel führt, steht ein niedriges Regal mit Gartenschuhen, in die ich nun wechsle. Ich mache langsame Schritte, links und rechts von mir Steinstatuen, gedrungene Körper und runde Gesichter. In den Händen tragen sie Waffen. »Es handelt sich um Kindergötter«, steht da. »Alkohol ist keine geeignete Opfergabe.« Es herrscht eine seltsame Atmosphäre. Verwittert und verlassen, gleichzeitig feierlich. Eine Regentonne, gefüllt mit Wasser für die rituelle Reinigung. Linke Hand. Rechte Hand. Ich zünde eine Kerze an und Räucherstäbchen, reibe die Gebetskette zwischen meinen Händen. Ich spüre mich selbst. Eine Ruhe in mir. Und ganz viel um mich herum. No reason why the nothing.

Vor der Herberge sitzt der lässige Alte beim öffentlichen Fußbad. Ich streife die Schuhe ab, krempel die Leggings hoch und lasse meine Füße ebenfalls ins Bad baumeln. Er zieht seinen Pilgerführer aus dem Rucksack, und dann reden wir aneinander vorbei. Das funktioniert auf Japanisch ziemlich gut, weil Sätze meist ohne Personalpronomen formuliert werden. »*Genki?* Gesund?« heißt normalerweise: »Wie geht es DIR?«, kann aber je nach Kontext genauso gut »Wie geht es Tante Ermelinde?« meinen. »Ich« sagt man in der Regel nicht, es gilt als prahlerisch, das eigene Selbst hervorzuheben. Wenn man es dennoch tut, gibt es diverse Varianten: »*Watashi*« ist neutral, »*atashi*« weiblich, »*boku*« und »*ore*« männlich. Außerdem kann man als Kind oder Frau noch von sich in der dritten Person sprechen, zum Beispiel »Lena mag Fußbäder« statt »Ich mag Fußbäder«. »Du« verwendet man genauso wenig. »*Anata*« heißt zwar »du«, wird aber eher als Kosename synonym zu »Liebling« verwendet. Dann gibt es noch »*kimi*«, was allerdings weniger höflich ist. Noch eine Stufe tiefer »*omae*«. Nach Möglichkeit spricht man die Leute mit ihrem Namen an und fügt je nach Verhältnis noch Zusätze an. Name plus »*sama*« ist sehr höflich, »-*san*« höflich. Mit einem »-*kun*« kann man männliche Gleich- oder Niedriggestellte ansprechen, wohingegen »-*chan*« verniedlichend weiblich und sehr persönlich ist. Ohne Zusatz geht nur bei Familie und Freunden. Der Lässige und ich haben uns noch nicht vorgestellt und vermeiden die direkte Ansprache.

Er sagt also: »Man fragt sich, wo übernachten.«

Und ich: »Na, hier.«

»Das ist teuer«, wirft er ein.

Ich deute auf zwei Punkte auf seiner Karte und sage: »Die zwei Typen, die gestern auch im Tempel übernachtet haben, schlafen heute da und da«, und bilde mir ein, ihm einen guten Tipp gegeben zu haben.

»Ja, da könnte man sich anschließen«, sagt er, und ich nicke. Das Problem ist für mich gelöst. Ich schlafe ohnehin hier, und er hat auch ein paar Hütten zur Auswahl.

Aber als er sagt, »Machen sich die Eltern keine Sorgen? Deswegen überlegt man eben, wo übernachten?«, wird klar, dass es ihm kaum darum geht, dass sich SEINE Eltern um ihn sorgen, wenn er in den Hütten schläft. Von Anfang an war seine Frage, wo ICH schlafe. In dem Moment ruft uns das Herbergspersonal rein, unsere Zimmer seien fertig. Wir gucken uns an, grinsen und sagen: »Hier?«, und damit ist nun alles geklärt.

Die »Pilgerherberge« entpuppt sich als besseres *Onsen*-Hotel. Mit schwefeliger Thermalbadlandschaft und winzigen, aber leckeren Portionen zum Abendessen. Ich gehe vor dem Schlafengehen ganze drei Mal baden und bilde mir ein, dass das Heilwasser meinen Füßen sehr guttut. Vor allem das salzige Becken auf der Terrasse. Außerdem wasche ich einer Meister-Kobo-Statue, die im Innenbecken steht, gemäß einer beiliegenden Anleitung mit einem Plastikbecher die Füße. Als ich das letzte Mal im Schlafwickel Richtung Zimmer schlappe, steht da ein Mann auf dem Gang und lächelt. So einen schönen Mann habe ich seit Wochen nicht gesehen. Er ist der erste auf dem *Henro*, der mir wirklich gefällt. Asiate und sehr elegant in seinem Schlafwickel und den langen schwarzen Haaren, die er zu einem Samurai-Knoten auf den Kopf gedreht hat. Meine Vermutung ist: Das ist ein Japaner, der mit seiner Freundin einen *Onsen*-Entspannungsurlaub gebucht hat. Wir lächeln, nicken uns zu, und ich gehe auf mein Zimmer. Mit Bett, Tisch und Stühlen ungewohnt westlich eingerichtet. Ich schalte das WLAN ein und schreibe meiner Familie und meinen Freunden, wo ich gerade bin. Und ich empfange Nachrichten von ihnen und zum ersten Mal auch von R.

Er schickt mir Bilder von Winkekatzen, die er auf seinem Weg entdeckt hat. Das ist eigentlich ein Insider zwischen meinem Papa und mir. Irgendwann habe ich angefangen, meinem Vater Winkekatzen in allen Größen und Farben zu schenken. Das ist praktisch, man weiß bei Vätern ja nie so genau, was sie eigentlich noch brauchen können. Und weil ich mich selbst selten beherrschen kann, haben wir mittlerweile jeweils eine kleine Sammlung rumstehen. Als ich krank war, schickte er mir Bilder von sich mit seiner größten weißen Katze, und dann freute ich mich. Und immer, wenn ich in Japan bin, schicke ich ihm Bilder von Winkekatzen, und dann freut er sich. Ein sehr personalisierter Newsletter. Ich habe auch schon Katzen mitgebracht von dem Ort, an dem die Geschichte ihren legendären Anfang nahm. Ein Tempel in Tokyo. Dort soll ein armer Mann gelebt haben, dem die Gäste zum Bewirten ausgingen. Er konnte weder sich noch sein Haustier wirklich ernähren und schickte die Katze weg, damit sie die Chance auf eine bessere Zukunft hätte. Die Katze setzte sich allerdings devot an die nächste Kreuzung, und als dort reiche Samurai vorbeiritten, machte sie mit Winken die Herren auf ihr Herrchen aufmerksam. Der arme Mann war nicht mehr arm, und die Katze durfte bleiben. Deshalb steht sie heute oft in Restaurants, um Kundschaft, Reichtum und Glück reinzuwinken.

R ist offenbar aufgefallen, dass ich an keiner Katze vorbeigehe, ohne sie zu fotografieren. Er schickt mir also die Winkekatzen, die er gesehen hat, und entschuldigt sich dafür, dass unser letztes Treffen bei Tempel fünfunddreißig so ungut gewesen sei. Er könne mit solchen Situationen nicht umgehen und hätte sich doof angestellt. Ich denke an das Treffen zurück, wie wir lächelnd aneinander vorbeigingen, und ich kann nichts Ungutes daran erkennen. Ich fand das entspannt. R erzählt, dass er die letzten zwei Tage ständig Leute getroffen habe, die nach mir gefragt oder von mir erzählt haben. Mit den vier Alten, die gerade auf ihrer fünfundzwanzigsten Runde um Shikoku sind und so schön beten, habe er gestern Abend gegessen. »Ah, Lena-san! Das war witzig!«, sagten die und zeigten ihm Fotos von mir. So langsam habe ich doch das Gefühl, hier Teil von »etwas Größerem« zu sein, einer Pilgergemeinschaft. Alle spinnen wir unsere Fäden um Shikoku, irgendwie allein, und dann verflechten wir uns doch miteinander. Alle spinnen wir.

18

> »Die Natur schenkt Leben. Die Natur
> nimmt Leben.
> Unser aller Leben ist begrenzt. Das habe
> ich akzeptiert.«

(Muscheltaucherin, Ise-Halbinsel)

Ich fühle mich ziemlich dekadent, als ich mich nach dem Frühstück vom Hotelwagen zur Fähre bringen lasse. Andererseits: Zweimal die gleiche Strecke hin und zurück laufen ist bei einem Rundweg irgendwie widersinnig. Und die Nonne tut es mir gleich. Auf der Fahrt reden wir über diese Helligkeit, von der wir ständig geblendet sind. »Ich habe jeden Abend knallrote Augen deswegen«, sagt sie. Es ist beruhigend, dass sie immer wieder auftaucht. Sie erinnert mich daran, dass ich es nicht übertreiben soll. Dass Gleichmäßigkeit, Langsamkeit und Stetigkeit zum Ziel führen. »Na, du machst es dir bequem«, sagt hingegen der Lässige, »lässt dich einfach fahren …«, und lacht, als wir am Pier ankommen. Außer uns steigt noch der Japaner mit den Knieproblemen von vorgestern auf das kleine und windige Boot, mit dem sonst nur Schüler zum Unterricht fahren. Ich schaue aus dem Fenster und sehe Fischfarmen auf dem türkisfarbenen Meerarm und wie das Festland auf der einen und die bewaldete Halbinsel auf der anderen Seite vorbeiziehen.

Mein Blick schweift auch zu den anderen Pilgern. Irgendetwas unterscheidet mich von ihnen. Dann fällt es mir auf: Die haben alle einen Stock. Und. Ich. Nicht. Ich halte mir die Hand vor den Mund.

»Bist du seekrank?«, fragt der mit der Kniemanschette.

»Was ist los?«, fragt der Lässige.

»Ich habe meinen Stock vergessen.«

Mir ist nicht aufgefallen, dass er fehlte, weil ich nicht zur Fähre gelaufen bin. Weil ich ihn nicht brauchte. Die Sache mit dem Stab ist, weil man den Heiligen darin transportiert, eine sensible Angelegenheit. In Foren werden Fragen diskutiert wie: Darf man auch mit normalen, modernen Wanderstöcken gehen? Hilft es, die Sinnsprüche, die auf den klassischen Stock gedruckt sind, »You'll never walk alone«, »Meister Kobo wird uns alle retten« und so weiter, auf einen beliebigen Stock zu schreiben? Und hält man sich unabhängig von der Art des Stocks an die Brückenregel? Oder ist im Gegenteil die Anhaftung an den Stock das, wovon sich die Pilger eigentlich freimachen müssen?

Kniemanschette jedenfalls meint: »Perfekte Gelegenheit, das Loslassen zu üben.« Würde ich umkehren und zurückfahren, würde ich es heute nicht mehr zum Krankenhaus schaffen. Ich hätte einen Tag verloren. »Vielleicht kannst du beim nächsten Tempel einen Stock nehmen, den jemand anderes dort vergessen hat?« Das Ding ist: Abgesehen davon, dass Meister Kobo vielleicht in dem Stock steckt, weiß ich nicht, ob ich ohne überhaupt laufen kann. Bis zum nächsten Tempel sind es knapp sechzig Kilometer. Die Fähre erspart mir zehn davon. Bis zum Krankenhaus muss ich in jedem Fall noch zehn Kilometer laufen. »Morgen und übermorgen ist übrigens Regen vorhergesagt«, sagt Kniemanschette.

Gestern dachte ich, ich hätte es jetzt raus mit meinem Weg hier. Hätte nicht nur beten gelernt, sondern auch, wie viele Kilometer ich laufen kann und wie ich meine Kraft einteilen muss. Aber jeder Tag stellt neue Herausforderungen. Heute also: Loslassen?

Wir steigen vom Boot über eine schmale Holzplanke hoch

zur Straße. Kniemanschette ist als einziger mit zwei Stöcken unterwegs, einem traditionellen Pilgerstab und einem Wanderstab. Die anderen benutzen ihre Stöcke gar nicht. Sie schultern sie oder tragen sie einfach in der Hand. Schnell falle ich zurück. Statt des gewohnten Tockerns höre ich nur mehr das Tapptapp meiner platt gedrückten Füße. Ich habe Angst, auf die Straße zu taumeln, weil das mit der Balance und dem Rucksack immer noch nicht so ganz hinhaut. Und ich frage mich, ob ich gar nichts gelernt habe, seit ich mit neunzehn Jahren mit dem viel zu schweren Rucksack durch Neuseeland gereist bin. Ich hasse schleppen, das war doch schon immer so. Ich habe zwar nur ein Drittel des Gewichts von damals dabei, aber es ist immer noch zu viel. Warum trage ich zum Beispiel immer noch die Spiegelreflexkamera mit mir rum, obwohl sie seit dem Pausentag im Sand kaum mehr funktioniert? Warum packe ich nicht ultraleicht? Nach einer Stunde raste ich an einer Hütte und halte mir die Knie. Ohne Stock kann ich keinen Meter mehr gehen. Und da entdecke ich am Straßenrand einen Bambusstecken. Dürr und lang. Grau und porös, als müsste er jeden Moment zerbröseln. Aber als ich ihn zwischen dem Schmodder und den Kieseln herausziehe und mich auf ihn stütze, merke ich: Er trägt mich. Er ist stabiler, als er aussieht. Vielleicht passen wir gar nicht schlecht zusammen.

Zehn Kilometer später. Krankenhaus. Glänzend gebohnerter PVC-Boden in Parkettoptik. Am Empfang lächeln mir zwei junge Damen mit weißen Hauben auf den Köpfen entgegen. »Ich bin Pilger mit Fußproblemen«, sage ich. Sie nicken und bitten mich, Platz zu nehmen. Zwei Stuhlreihen mit vielleicht fünfzehn zumeist recht alten Menschen. Drei sitzen in Rollstühlen, weitere fünf direkt auf ihren Rollatoren. Die Atmosphäre erinnert weniger an eine Notfallambulanz als an das Wartezimmer einer Hausarztpraxis. Nach einer halben Stunde werde ich in Behandlungszimmer elf gerufen und präsentiere dem Arzt meine Füße. Er schickt mich zum antibiotischen Fußbad zwei Zimmer weiter. Dort lässt mir eine Schwester Wasser in eine Aluminiumwanne einlaufen und gießt Flüssigkeit aus einer dieser dunkelbraunen Apothekerflaschen dazu. Ich soll fünf Minuten warten und dann die Zehen abrubbeln.

Zurück im ärztlichen Behandlungszimmer. Mittlerweile bin ich in der Horizontalen auf einer Liege. Der Arzt drückt auf den Blasen rum, fragt: »Tut das weh?« Ja, das tut weh.

»Also, wenn ich mir das so ansehe«, sagt der Arzt, während er weiter auf meinen Zehen rumdrückt und ich das Gesicht verziehe, »muss ich sagen, ich kann eigentlich nichts für Sie tun.«

»Oha.«

»Sie haben Blasen.«

Scharfe Diagnose.

»Ich werde jetzt Pflaster anbringen.«

Er schneidet mithilfe einer Schwester zwanzig Pflasterstreifen von einer Rolle und umwickelt meine Zehen.

»Bitte einmal auf den Bauch drehen.«

Nun kleben sie Pflaster auf meine Fersen.

»So, das war's.«

»Öhm, und wie soll ich jetzt weitermachen?«

»Am besten gar nicht.«

Oha.

»Oder Sie kaufen neue Schuhe.« Weil die Füße anschwellen, wenn man so lange laufe, brauche man mit so viel Gewicht auf dem Rücken andere Schuhe. »Zwei Nummern größer als normal«, sagt der Arzt. »Aber natürlich könnten Sie mit neuen, uneingelaufenen Schuhen neue Probleme haben.«

»Wo bekomme ich neue Schuhe her?«

»Na, spätestens in Matsuyama.« Die Stadt liegt zwar auf dem Pilgerweg, allerdings in dreihundert Kilometern Entfernung.

»Und das mit den Flipflops lassen Sie bitte in Zukunft.«

»Okay.«

»Und wenn die Zehen lila werden, gehen Sie bitte wieder ins Krankenhaus. Okay?«

»Okay.«

»Alles Gute Ihnen!«

Ich schaue auf meine Füße, professionell verpflastert, mit handelsüblichen Pflastern. Bei den zwei lächelnden Damen mit den Hauben zahle ich noch dreißig Euro für den Tipp, »am besten gar nicht« weiterzumachen. Wandercoach Steffi hat letztes Mal im Chat geschrieben, ich solle die Blasen akzeptieren und »durch den Schmerz laufen«. Das werde ich dann morgen mal probieren.

Am nächsten Morgen regnet es. Ich habe in der Nähe des Krankenhauses in einer Herberge übernachtet, die vollkommen aus der Zeit gefallen schien. Waschrinne, Hockklo, abgeschlagene Fliesen in der Dusche. Alles fleckig, auch die Bettwäsche. Von meinem Zimmer aus hörte ich das monotone Rumoren einer Zementfabrik, an der ich zuvor vorbeigelaufen war. Wahrscheinlich lag es an ihr, dass mir die Augen brannten, als ich das Fenster öffnete. Ich werfe den Poncho über, schnappe mir meinen neuen, schäbigen Stock und laufe los. Es pladdert so richtig runter. Und von meinem Beschützer-Armband tropft die Farbe. Das erinnert mich an ein anderes Armband, das ich mal hatte.

Ich hatte es aus Brasilien mitgebracht, wo ich drei Monate lebte. Man macht drei Knoten, wünscht sich drei Dinge, und wenn das Armband abgeht, gehen die Wünsche in Erfüllung. Glauben und Aberglauben. Und das wiederum erinnert mich an eine Geschichte, die ich mal recherchiert habe. Über einen japanischen Schönheitschirurgen, der zusätzliche Handlinien einlaserte, um seinen Patienten Glück zu verschaffen. Eigentlich war er Spezialist für Brustvergrößerungen, sagte: »Bust up! Das mag ich am liebsten.« Aber eine langjährige Kundin fragte ihn nach den Handlinien, und er tat ihr den Gefallen. Schnitt mit dem elektrischen Skalpell unter Vollnarkose in ihren Handteller.

Weil das im Fernsehen ausgestrahlt wurde, kamen immer mehr, die Glück wollten statt Lifting.

Die meisten Frauen wünschten sich mehr Liebeslinien. Die meisten Männer mehr Geld oder Erfolg. Mit der Zeit stieg er auf Laser um, weniger invasiv, weniger Schmerzen. Ich war bei einer OP dabei und traf danach eine freiberufliche Tai-Chi-Lehrerin. An ihrem Handgelenk klimperten die Heilsteine aneinander, und von ihrem Handy baumelte ein achteckiger Spiegel, der Schlechtes in Gutes verwandeln sollte. Es war klar: Diese Frau glaubt. Von den neuen Handlinien, die sie ein Jahr zuvor hat schneiden lassen, versprach sie sich Erfolg. Ihr Einkommen hätte sich seither verdoppelt, sagte sie. »Ich habe jetzt einfach Glück. Es passieren immer gute Dinge.« Zum Beispiel habe sie neulich wider Erwarten nicht die Bahn verpasst. Reicht der Glaube an ein paar neue Linien für ein glückliches Leben? Ist der Unterschied zwischen Pechvögeln und Glücksschweinchen einfach Einbildung? Die Antwort lieferte mir der Chirurg. Er sagte, er glaube selbst nicht an Handlinien, aber ja, es funktioniere. Die Leute seien positiver und selbstbewusster und die eingefrästen Linien nichts anderes als eine Botschaft an sich selbst. Sie erinnern die Patienten ständig an ihre Wünsche. »Dann kümmern die sich auch darum, dass sie in Erfüllung gehen.« Vielleicht ist es mit dem Glauben so einfach. Einfach daran glauben.

Deswegen glaube ich jetzt mal, dass das Armband seine beschützende Wirkung auch entfaltet, wenn es mir nicht rot und lila in den Ärmel tropft, sondern wenn ich es augenblicklich abnehme und in meinen Geldbeutel stecke.

Ich gehe an einer Straße am Meer entlang. Direkt oberhalb der Klippen. Bei hohem Meeresstand wäre sie nicht zu passieren. Die hohen Wellen würden sie überspülen. Weiße Nebelschwaden liegen auf dem Wasser, dem Himmel und der mit Pfützen übersäten Straße, die sich an der Küste entlangschlängelt. Immer wieder passiere ich Tunnel, aber sie sind nicht wie üblich schwarz und massiv. Auf der Meerseite eine Aneinanderreihung von Betonpfählen, durchlässig für Licht und Laute. Auf der Bergseite eine durchgängige Betonwand, von der das Getöse der Wellen abprallt und sich vervielfacht. Menschen- und Naturgewalt vermischen sich zu einem eindrucksvollen, dröhnenden Konzert. In Ermangelung an Bänken setze ich mich nach drei Stunden in einen der Tunnel auf die Leitplanke, Füße und Blick Richtung Meer, und packe meinen Proviant aus. Nach weiteren zehn Kilometern, mittlerweile bin ich komplett durchnässt, komme ich durch ein Dorf, das gleichzeitig von Meer und Bergen eingeschlossen zu sein scheint. Ein kleiner Hafen mit rostigen Fischerbooten, niedrige Häuser, aus deren Mitte ein Tsunami-Evakuierungsturm hinaufragt.

Bei diesem Wetter dreißig Kilometer laufen. Das ist irgendwie Unsinn. Zwar ist das Laufen im Regen viel weniger anstrengend als in der prallen Sonne, aber bei Regen kann ich nicht ausreichend pausieren. Bei gutem Wetter kann ich mich einfach auf die Straße setzen, wenn ich nicht mehr kann. Jetzt ist alles nass. Deswegen steige ich für zwei Stationen in den Zug, weil er durch die Berge fährt, über die ich als Nächstes stiefeln müsste. Außer mir sitzt da lediglich ein anderer Fahrgast im Waggon. Ein Pilger. Er richtet den Blick zu Boden. Sein Hut verdeckt sein Gesicht. Schämt er sich? Wir fahren fast ausschließlich durch Tunnel, ich spare knapp zehn Kilometer und habe, als ich aussteige, noch weitere sechs zu wandern. Der starke Wind verweht meinen Poncho und bläst mir schwere Regentropfen ins Gesicht. Die Straße führt an einem Flusstal entlang. Ich gehe an einer Plastiktüte vorbei, in der ein toter Hund liegt. Die Tüte und der Hund sind aufgerissen, auf die Gedärme pladdert der Regen. Der Tag wird nicht weniger trist, als ich mich an die Außenwand eines *Combini* lehne, um meinen Rücken kurz zu entlasten, während die anderen in ihren Autos sitzen und snacken.

Ich komme an Tempel siebenunddreißig an, und der gesamte Himmel scheint sich über mir zu ergießen. Den Rucksack stelle ich unter ein Vordach vor das Tempelbüro und versuche zu beten. Ich stehe im Poncho, der überhaupt keine Funktion mehr zu erfüllen scheint, vor den Hallen, pfriemle meine Kerzen und Räucherstäbchen aus meiner Pilgerplastiktüte. Anzünden funktioniert eher mittel. Hinter dem Tresen des Büros sitzt eine winzige Nonne mit kleinem Kopf und runder Brille. Sie erinnert mich an eine Schildkröte. Die uralte Morla aus der *Unendlichen Geschichte.*

Ich reiche ihr mein Buch. Sie schlägt die nächste Seite auf, aber statt zu kalligrafieren, schüttelt sie den Kopf. Nicht ablehnend, eher mütterlich besorgt. Sie kneift die Augen zusammen und fragt: »Alles in Ordnung?«

»Ja, alles in Ordnung.« Ich zittere in den nassen Kleidern und komme deswegen wenig überzeugend rüber.

»Sicher?«, fragt sie noch mal, während sie mich mit ihren zusammengekniffenen Augen fixiert. Ich versuche, mit dem Zittern aufzuhören, und scheitere.

Sie legt den Pinsel, den sie immer noch nicht benutzt hat, aus der Hand, murmelt »Hm, hm, hm, hm« und zieht diverse Schubladen auf.

Mit einem »Da!« streckt sie mir ein Fieberthermometer entgegen. »Steck dir das unter die Achsel!«

Sie kalligrafiert jetzt zwar, unterbricht aber immer wieder, um mich zu mustern. Ich warte. Es piept.

»36,5«, sage ich. »Alles in Ordnung.«

»Nichts ist in Ordnung!«, ruft sie und drückt die Stempel auf die Buchseite. »Das ist absolut grenzwertig!«

Ich habe schon mal gehört, dass die Durchschnittstemperatur von Japanern tendenziell niedriger ist. Aber bei uns spricht man erst bei 38,5 Grad von Fieber, oder? Ich fühle mich auch nicht heiß. Bei mir ist also, auch wenn ich nass und durchgefroren bin, alles in Ordnung. Ich muss versuchen, diese besorgte Frau zu beruhigen, die in sich hineinnuschelt: »Das arme Mädchen, vollkommen durchnässt … 36,5 Grad«.

»Keine Sorge, das ist wirklich bei mir normal«, sage ich, doch sie schüttelt weiter den Kopf. »Aber … Könnte ich hier vielleicht übernachten?«

Ja, das geht.

Als ich mich zum Innenhof umdrehe, steht da wieder der schöne Mann im Schlafwickel mit dem Samurai-Knoten und lächelt. Ist er vielleicht doch nicht mit seiner Freundin auf *Onsen*-Entspannungsurlaub? Ist der Pilger? Die uralte Morla schaut immer noch nicht ganz zufrieden, aber nachdem ich ihr noch fünf weitere Male versichert habe, dass wirklich alles in Ordnung sei, führt sie mich zu einem kleinen mit Tatami-Matten ausgelegten Gebetsraum, der frei auf dem Tempelgelände steht. Sie schiebt die papierbespannte Tür auf, und der Duft von Räucherstäbchen und frischem Holz strömt mir entgegen. Sie schlüpft aus den Gartensandalen, faltet die Hände und murmelt ein Gebet. Sie spricht eigentlich ununterbrochen in sich hinein, und ich weiß nie genau, ob sie gerade mit mir, sich selbst oder den Göttern redet. Ich könne die Meditationskissen als Polster verwenden, sagt sie. »Und bitte zieh dich schnell um, damit du dich nicht erkältest.«

Ich breite meine nassen Sachen aus, schlüpfe stattdessen in Fleece, Daunenjacke und Schlafsack. Auf das Dach des Raums prasselt der Regen. Obwohl es erst vier Uhr nachmittags ist, nicke ich direkt ein. Zwei Stunden später schiebt die Nonne die Tür wieder auf.

»Hast du schon geschlafen? Du bist doch krank, oder?«

»Nein, es ist wirklich alles in Ordnung.«

Sie reicht mir zwei kleine Plastiktüten, die ich morgen zwischen Socken und Schuhen tragen kann, damit meine Füße trocken bleiben. »Deine Schuhe sind ja sicher klatschnass, oder?«

Da hat sie recht. Als sie die Tür wieder zuschiebt, schließen sich auch meine Augen wieder, und ich sinke in einen tiefen Schlaf. Ich glaube, das liegt nicht ausschließlich an der Erschöpfung nach diesem ungemütlich nassen Tag. Ich fühle mich in der

Nähe dieser Nonne, auf diesem Tempelgelände und in diesem Gebetsraum einfach richtig gut aufgehoben und vollkommen geborgen. Wenn es hier Geister gibt, sind es sanftmütige.

Das Ding mit den Geistern ist: In Deutschland glaube ich überhaupt nicht an sie, aber in Japan irgendwie schon. In fast jedem Haus gibt es eine sogenannte Schmucknische, in der an Minialtären der Ahnen gedacht wird. Und es herrscht der Glaube, dass die Ahnen grimmig werden, wenn man sich nicht ordentlich um sie kümmert. Das war auch in dem Haus so, in dem ich ein Jahr lang mit meinem Exfreund gelebt habe. Fotos seiner Großeltern, Räucherstäbchen, Glöckchen. Allein habe ich mich dort oft gegruselt. Es gab mal eine kalte Winternacht, in der ich zwischen Heizdecke und Wärmflasche lag. Als das Wasser abkühlte, schmiss ich die Wärmflasche aus dem Bett. Als ich aufwachte, war sie aber wieder drin. Ich hatte sie nicht zurückgeholt. Aber wer sonst? Der längst verstorbene Großvater? Meinen Frieden mit den Hausgeistern machte ich erst, als ich tatsächlich einen ganzen Monat lang allein in dem engen, knarzigen Holzhaus übernachtete. Ich dachte: Gegen Aberglauben hilft nur Aberglaube. Also zündete ich brav Räucherstäbchen an und bedankte mich regelmäßig bei den umherschwirrenden Geistern für ihre Gastfreundschaft. Seitdem wurden keine kalten Wärmflaschen mehr zurück ins Bett gebracht, und ich fürchtete mich dort nie wieder.

Die Ahnenverehrung in Japan führt nicht nur zur irrationalen Furcht vor Wärmflaschen, sondern auch regelmäßig zu weltpolitischen Zerwürfnissen. Wenn japanische Politiker den *Yasukuni Jinja*, den Schrein des friedlichen Landes, in Tokyo besuchen, löst das in China, Korea und Taiwan regelmäßig heftige Proteste aus. Denn an diesem Schrein wird gefallener Militärangehöriger gedacht, darunter auch zum Tode verurteilte Kriegsverbrecher der Klasse A, Verbrechen gegen die Menschlichkeit. Überdies sind auch die Seelen von zwangsrekrutierten, gefallenen Koreanern und Taiwanesen eingeschreint, und das gegen den Willen ihrer Angehörigen. Daher die Empörung der Nachbarländer. Konservative und rechte Kreise hingegen argumentieren, der Schrein sei kein Heldendenkmal. Man müsse die Seelen der Verstorbenen besänftigen, egal, wer sie zu Lebzeiten gewesen seien. Mit Politik habe das nichts zu tun. Als ich einmal dort war, um mir anzusehen, worum sich dieser Streit dreht, standen vor dem Eingang schwarze Minibusse der Ultranationalisten. Aus Lautsprechern dröhnte Marschmusik, auf den Trucks wehte die Kriegsflagge Japans. Nach einer unpolitischen, religiösen Besänftigung der Seelen hörte sich die Dauerbeschallung wirklich nicht an. Geister der Vergangenheit mitten in der Tokioter Gegenwart. Vielleicht sind das die schauerlichsten von allen.

Von einem derartigen Lärm ist in meinem Tempel im Süden Shikokus nichts zu spüren. Die einzigen Geräusche waren nachts die Regentropfen auf dem Dach. Ich packe meine Sachen zusammen, vieles ist noch klamm. Ich schlüpfe mit Socken und Plastiktüten in die Schuhe, hänge die nassen Socken von gestern mit Sicherheitsnadeln an meinen Rucksack und bin um sechs Uhr morgens wieder auf der Straße. Es hat aufgeklart. Hellblauer Himmel mit schnell ziehenden weißen Wolken, die durch die aufgehende Sonne gelblich und rosa leuchten. Die Luft ist kühl und frisch, wie man das nach Regentagen kennt. Ich lasse ein *Osamefuda* auf dem Stapel Gebetskissen, zünde vor dem Raum noch ein Räucherstäbchen an und laufe los. Hundert Meter vor mir läuft der schöne Mann mit dem Haarknoten in kurzen Wanderhosen. Er dreht sich um, grinst, winkt mit seinem Wanderstab. Tatsächlich, der Typ ist nicht auf *Onsen*-Erholungsurlaub, sondern ein Pilger. Noch dazu ein junger, laufender. An seiner Seite geht ein Westler mit weißen Stoppelhaaren und kugeligem Bauch. Aber die zwei haben ein ziemliches Tempo drauf, und ich verliere sie bald aus den Augen. Einen

Kilometer weiter setze ich mich auf ein Steinmäuerchen vor einen *Combini* und zapfe das WLAN an. Ich möchte für heute Nacht ein *Henro House* reservieren, das in knapp dreißig Kilometern Entfernung liegt. Und während ich so sitze, passieren mich bekannte Gesichter. Der Heilige in Weiß mit dem offenen Lächeln. Es ist schön, dass er, wie die Nonne, immer wieder kurz auftaucht. Auch Kniemanschette und sein dänischer Wandergefährte mit dem riesigen Rucksack kommen vorbei. Die zwei können sich nicht verständigen, aber reisen dennoch zusammen. »Ach, weißt du, unsere Welt ist ja nicht besonders kompliziert«, sagt Kniemanschette. »Wir müssen irgendwo hinlaufen, irgendwo essen, irgendwo schlafen. Da brauchen wir kaum Worte.« Die zwei haben auch im Tempel übernachtet, allerdings nicht in einem wohlriechenden Gebetsraum, sondern in einer ollen Garage. Ich zeige ihm Bilder von meinem behaglichen Kissenlager. »Manchmal wäre ich gern eine Frau«, sagt er. Es stimmt schon. Nur ein Bruchteil will einem an die Wäsche. Die allermeisten wollen einer alleinreisenden Frau helfen.

Mein Weg führt heute vor allem wieder an großen Straßen entlang, von den Bergen kommt der gestrige Regen in Sturzbächen herunter. Später gehe ich verkehrsberuhigt von der Hauptstraße ab und an einem Fluss entlang. Geckos wuseln auf dem Boden, eine riesige blaue Libelle mit orangefarbenen Flügeln zieht über den absinthfarbenen, klaren Strom. Über mir kreisen Greifvögel. Der Fluss ist lediglich einseitig einbetoniert, und ich denke über das seltsame Verhältnis der Japaner zur Natur nach. Woher kommt es, dass hier kaum etwas wirklich naturbelassen ist? Dass die Berghänge ebenso in Beton gegossen sind wie die Flüsse, wie die Küste? Zunächst ist das natürlich ein wirtschaftliches Phänomen. Mit großen Bauvorhaben hofften Politiker ab den Fünfzigerjahren, die Wirtschaft anzukurbeln und Wahlen zu gewinnen. Teilweise hat das funktioniert. Aber es gibt auch eine kulturelle Komponente. Sind das Blumenstecken Ikebana, die Bonsai-Bäume und die sorgsam gerechten Steingärten nicht dasselbe in Zen? Das ist kein Einklang mit der Natur. Sondern eine Unterwerfung der Natur durch die Kultur. Im Kleinen mag das funktionieren. Man kann den Sand so rechen, wie man ihn haben möchte, und am Ende noch ein Blatt drauflegen, um dem Ganzen eine besondere Note zu verleihen. Im Großen funktioniert das nicht immer. Die Tsunamiwand wird überflutet, weil die Welle doch höher ist. Durch den Beton in den Bergen lassen sich Erdrutsche nicht verhindern. Die Natur behält die Oberhand. Und die Menschen müssen lernen, mit ihr und nicht gegen sie zu leben.

Letztes Jahr habe ich eine Apnoe-Taucherin getroffen. Auf dem Rückweg von Shikoku. Sie war sechsundachtzig und galt als die beste Muscheltaucherin weit und breit. Ich fragte sie, ob sie nicht auch manchmal Angst vor dem Meer habe. Sie sagte: »Angst? Nein! Das Meer ist mein Leben.« Und was ist mit Tsunamis und all so was? »Die Natur schenkt Leben. Die Natur nimmt Leben. Unser aller Leben ist begrenzt. Das habe ich akzeptiert.« Natürlich hat sie recht. Trotzdem strebt der Mensch nach Kontrolle. Ignoriert die eigene Machtlosigkeit, solange er kann. Meine Krankheit ist wahrscheinlich mein persönlicher Tsunami, dachte ich damals. Genauso wenig wie das Meer kann ich meinen Körper dazu zwingen zu tun, was ich will. Ich muss nicht nur die Lebenskraft in mir akzeptieren, sondern auch die zerstörerische Kraft, die immer wieder aufbrechen kann und eine Spur der Verwüstung hinterlässt. Kontrolle ist eine Illusion.

Ich höre das *gerogero* der Frösche und das Lärmen von Holzsägen. Es ist wahnsinnig windig. Mit einer Hand halte ich meinen Sonnenschild fest, damit er mir nicht vom Kopf weht. In der anderen den neuen Stock. Ich frage mich, ob der Fuji-Stab noch vor dem *Onsen*-Hotel im Stockhalter steckt. Noch habe ich nicht meinen Frieden damit gemacht, dass er weg ist.

Als ich nach knapp dreißig Kilometern in dem Dorf ankomme, in dem das *Henro House* sein soll, irre ich eine Weile durch die kleinen Straßen. Da ist nichts. Ich laufe die Straße zurück, da gab es einen kleinen Laden. Dort zeige ich den Prospekt, frage, ob der alte Mann hinter der Kasse weiß, was ich suche. »*Henro House?* Nie gehört.« Ich rufe von seinem Telefon aus die Organisation an und höre: »Was? Das kannst du gar nicht reserviert haben. Das ist gerade außer Betrieb.«

»Du bist sicher, dass das hier im Dorf ist?«, fragt der Alte.

Ja, da bin ich sicher.

»Meinst du vielleicht rund?«

Rund?

»Kein *minshuku*, sondern ein privates Gästehaus?«

Vielleicht.

Er greift zum Telefon. Stellt mich seinem Gesprächspartner wie üblich als verlorenes Problemkind vor, das nicht weiterkann und eine Unterkunft sucht.

»Sie kommt dich holen«, sagt er schließlich.

Wer?

»Na, rund.«

Wenig später hält ein Auto vor dem Laden, und eine fröhliche Frau springt raus. »Steig ein!«, ruft sie. »Ich kann dich ins *minshuku* bringen, da gibt es andere Menschen«, sagt sie, als wir fahren. »Oder du schläfst bei mir. Ich habe Platz genug, drei freie Zimmer, aber ich und mein Mann, wir arbeiten bis spätabends im *minshuku*, also bist du lange allein.«

»Ich würde gern mit zu dir«, sage ich, und wir fahren in etwa dorthin, wo ich vorher rumgeirrt bin.

Kontrolle ist wirklich eine Illusion, denke ich, als ich wenig später frisch geduscht auf dem Futon liege. Das Leben lässt sich nicht planen. Manchmal reserviert man geschlossene Gästehäuser. Und kann dann trotzdem in ihren Zimmern schlafen.

19

»Wir sind jetzt hier, und wir sind jetzt hier richtig.«

(Fabio, Shimanto-gawa)

Als das Ehepaar gestern Nacht nach Hause kam, habe ich schon geschlafen. Ich bin davon aufgewacht, weil die zwei so herzlich und warm und laut gelacht haben. Das war ansteckend, sodass ich im Halbschlaf direkt mitgekichert habe. Obwohl ich also eigentlich gut geschlafen habe, will ich heute nicht aufstehen. Ich. Fühle. Mich. Gerädert. Auch nach vier Wochen fast täglichen Laufens, knapp dreißig Kilometer, das sind zu viele für einen Tag. Immer noch. Leider. Ab Kilometer zehn beginnen als Erstes die Blasen in den Schuhen zu pulsieren, die ich täglich aufsteche und verpflastere, die aber dennoch bleiben. Ich hinke und versuche den Schmerz zu ignorieren. Ab Kilometer zwanzig wird das Weiterlaufen mühsam, ich schleppe mich voran. Wenn es über fünfundzwanzig werden, schmerzt der gesamte Körper. Und jeden weiteren Kilometer spüre ich am nächsten Tag. Sie sind die ein, zwei Gläschen zu viel, die die Tage danach ruinieren. Was heißt es jetzt also, wenn ich meine eigene Begrenztheit akzeptieren möchte? Ganz klar: Ich sollte nach Möglichkeit nicht mehr als fünfundzwanzig Kilometer laufen. Um mich heute daran zu halten, muss ich eine Station Zug fahren. Ich spare vier Kilometer und respektiere damit meine persönliche Schmerzgrenze. Am Bahnsteig höre ich die Frösche und sehe das Meer, das ruhig daliegt wie in Pastelltönen gemalt. Und als ich nach wenigen Minuten aussteige und bereits eine Strecke zurückgelegt habe, für die ich normalerweise zu Fuß mehr als eine Stunde brauche, rufe ich das *Onsen*-Hotel an. Ich frage nach meinem Stab.

Ist er noch da?

Ja, er ist noch da, und sie könnten ihn mir schicken. Wo ich übermorgen übernachte, wollen sie wissen.

Ich weiß es nicht.

Du musst dich entscheiden, und dann kommt der Stab zu dir.

Heute schlafe ich in einem Gästehaus, das R für mich reserviert hat. Wir haben gestern gechattet, er hat davon geschwärmt, und heute gab es noch Platz. Zwischen dem letzten und dem nächsten Tempel liegen fast neunzig Kilometer, mindestens drei Tagesetappen. Die erste davon habe ich schon hinter mir. Der Tempel, auf den ich zulaufe, liegt an dem zweiten Kap der Insel, das sich wie ein Reißzahn in den Pazifik bohrt. Wenn ich heute die nächsten dreißig Kilometer mache, würde ich ihn übermorgen erreichen. Ich brauche also eine Unterkunft in der Nähe des Tempels. Hatte R da nicht auch etwas erwähnt? Eine Jugendherberge oder so? Ich stehe in der Telefonzelle und werfe meine Münzen ein, die ich eigentlich sammle, um die Tempelstempel passend zu zahlen. Reserviere bei der Herberge. Rufe wieder beim *Onsen*-Hotel an.

Schön, dass du reserviert hast, sagt der Mann, und jetzt rufst du noch mal an und fragst, ob wir den Stock auch wirklich dorthin schicken dürfen.

Manchmal, denke ich, sind Japaner ziemlich kompliziert. Aber drei Telefonate später habe ich nicht nur die Unterkunft fix gemacht, sondern weiß, dass mich am Kap auch mein Stab erwarten wird.

Habe ich damit die Gelegenheit, das Loslassen am Exempel meines Stocks zu üben, verpasst? Mitnichten. Ich finde, dieser

Kult um das Loslassen erreicht eine regelrechte Zwanghaftigkeit. Überstrapaziert. Küchenpsychologisiert. Die Lösung jedes Problems ist, es einfach mal 'ne Runde loszulassen? Nö. Man muss nur Dinge loslassen, die man nicht ändern kann. Und das beginnt auch nicht direkt mit Loslassen, sondern zunächst mal mit Zulassen. Mit Akzeptanz. Um alles andere kann man kämpfen. Meinen Wanderstab, der mich an meine überambitionierte Fuji-Tour erinnert und an meine Wanderführerin, die immer so beruhigend wie motivierend »*Yukkuri*, mit Muße, Lena!« gesagt hat, den muss ich nicht loslassen. Den kann ich mir schicken lassen.

Es gibt heute wieder mehrere Wege. Und ich nehme den weiteren. Den weniger direkten, der an der Küste entlangführt. Es ist wieder sehr schnell sehr heiß geworden. Kein Schatten, keine Bänke. Ich komme an Beauty-Salons vorbei, die es zuverlässig in wirklich jedem Kaff gibt. Dauerwelle und Färben. Das scheint jeder überall zu brauchen. Das Einzige, was es noch überall gibt, sind Friedhöfe.

Ich raste in einer nackt betonierten Bushaltestelle. Kurz schattig und kühl. Kurz sitzen. Da läuft der Westler mit dem runden Bauch vorbei, der gestern mit dem schönen Asiaten gelaufen ist. Heute ist er allein, checkt irgendwas auf dem Handy und scheint mich nicht zu sehen. Die nächste Pause mache ich in einer Strandhütte. »Surfer-Paradies« steht da. Keine Surfer, auch sonst keine Menschen. Ich schaue aufs Meer und weiß, dass ich die richtige Route gewählt habe. Als ich wieder hoch zur Straße gehe, kommt der Westler das zweite Mal an mir vorbei. Und diesmal sieht er mich.

Er war mittlerweile in einem Café.

»Toast und Kaffee«, sagt er. »Ich bin glücklich, solange ich das irgendwo finde.« Seitdem er wisse, dass es auch in den Automaten Kaffee gebe, gehe es ihm noch besser. Auf seinem T-Shirt steht »SOS Villaggi dei bambini«, SOS-Kinderdorf, ein Italiener also. Der kleine kugelige Mann mit den weißen Stoppelhaaren namens Fabio trägt weder Pilgerleibchen noch den offiziellen Pilgerstock noch Kegelhut. Und ohne Kaffee könne er nicht leben. Natürlich, das süße, kalte Zeug aus der Dose sei kein italienischer Espresso. Aber immerhin. Fabio sagt, er habe es bisher etwas übertrieben mit dem Laufen. Ab jetzt möchte er es langsamer angehen lassen. Ich frage ihn, was das bedeutet. Er sagt, na ja, Jakob und er, sie seien jeden Tag mehr als vierzig Kilometer unterwegs gewesen, und jetzt hätten sie beide festgestellt, dass das etwas viel sei. Ich muss grinsen. Mehr als vierzig Kilometer. Jeden Tag. Das ist tatsächlich »etwas viel«. Ich frage: »Jakob?« Der Asiate, dem ich unterstellt habe, ein Japaner auf *Onsen*-Entspannungsurlaub zu sein, heißt Jakob? Oder meint er jemand anderes?

»Na, der Däne.«

Däne?

»Ja, mit koreanischen Vorfahren.«

Die zwei seien quasi seit Beginn zusammen gelaufen. Hätten viel gezeltet. Das *Onsen*-Hotel war eine absolute Ausnahme. »Wir waren total dreckig nach fünf Tagen ohne Dusche.« Ich grinse immer noch, weil ich mich mittlerweile darüber freue, wie sehr der erste Eindruck täuschen kann.

Es ist NICHT Fabios erste Pilgerreise. Er ist den *Camino* in Spanien gelaufen, er ist in Portugal gelaufen, er ist auf verschiedenen Wegen nach Rom gelaufen. Er läuft eigentlich ständig irgendwohin. Hat zwar nicht die *shikoku-byo*, die Shikoku-Krankheit, aber irgendeine Pilgersucht scheint ihn befallen zu haben. Immer möchte er etwas Neues, immer laufen, und da schien bei einer Recherche im Netz Shikoku auf.

Und wie ist Shikoku im Vergleich?

»Du hast dir die beste Pilgerreise von allen ausgesucht.« Denn Shikoku, sagt er, sei sehr, sehr gut. Weil es so besonders sei. Und die Leute so hilfsbereit, obwohl er sie nicht versteht. Der Weg sei nicht überlaufen und wegen des Buddhismus eine ganz neue

Erfahrung. Das Einzige, was ihn störe, sei der Asphalt. Aber den habe es früher auf dem Jakobsweg auch gegeben. Erst seit die UNESCO 1993 kam, sei das anders. Und bei einigen Routen gebe es ihn immer noch. In Europa empfiehlt Fabio Portugal. Es gehe immer am Meer entlang, viel davon im Sand, auf und ab. Ob ich auch als Nächstes irgendwo anders laufen möchte, fragt er. »Ich weiß nicht, ich laufe erst mal hier«, sage ich. Und denke noch ein ›Und mal sehen, wie weit ich es schaffe‹ dazu.

»Sehr richtig«, sagt Fabio. Ein Problem des Menschen sei, dass er achtzig Prozent seines Lebens dafür verwende, über Möglichkeiten nachzudenken oder sich über Fehler der Vergangenheit zu grämen. »Wir sind jetzt hier, und wir sind jetzt hier richtig.« Fabio sagt das wie ein Mantra auf und nickt währenddessen, als müsste er sich selbst noch davon überzeugen. Währenddessen checkt er gleichzeitig ständig auf dem Handy den Weg. Er folgt nicht den roten Pfeilen, sondern Google. Sagt, dass wir links abbiegen müssen, und dann: »Von zehn Wegen sind vielleicht drei gut. Also im Leben. Es ist fast egal, wie man sich entscheidet. Einfach machen.« Dass er dennoch dem einen Weg folgt, der auf dem Handy angezeigt wird, scheint er nicht widersprüchlich zu finden.

Bevor Fabio auf Shikoku ankam, brachte er Tausende Origami-Kraniche nach Hiroshima zum Friedensdenkmal. Er hatte sie mit Kindern aus dem SOS-Kinderdorf gefaltet. »Die Kinder werden uns retten.« Fabio sagt viele solche Sätze, die man sonst nur von Kalendersprüchen kennt.

Wenn er am Strand zeltet, sammelt er dort Müll auf. »Ich fühle mich dann besser«, sagt er.

»Schön!«, sage ich, und er: »Aber gute Taten machen noch keinen guten Menschen.«

Plötzlich fragt er: »Sag mal, kennst du *Kung Fu Panda*?«

Klar, ich mag den Film. Der Panda, zum Kampfsport eigentlich ungeeignet, wird am Ende der Held. »Ich habe selbst einen Kung-Fu-Schwarzgurt«, sagt Fabio, »und ich liebe diesen Film.«

Er habe auf Shikoku das Gefühl, dass er jeden Tag eine Figur aus dem Film kennenlernt. Er selbst sei der Panda, keine Frage. Er habe schon die Tigerin getroffen, die Heuschrecke, den Affen, und nun sei seine Frage: Wer bin ich?

Ich persönlich sehe mich ebenfalls als ungeeigneten Panda, der den Berg nicht hochkommt, der entweder dringend essen muss oder aus der Puste ist. Weil ich gern koche, könnte ich aber genauso gut der Adoptivvater des Pandas sein, ein Ganter, der ein Restaurant betreibt.

Fabio sagt: »Du bist die Schlange, ist doch klar. So lang und dünn, wie du bist.«

Weil ich in Deutschland in der Regel eher als klein und normal beschrieben werde, muss ich lachen. Aber klar, vieles in der Welt ist Ansichtssache. Und Fabio ist nun mal noch kleiner als ich. Ich glaube ehrlich gesagt, dass der Mensch rund ist, so vom Charakter her. Jeder trägt alle Eigenschaften in sich, aber sie sind je nach Person und Situation unterschiedlich ausgeprägt. Und jeder, der auf einen draufguckt, sieht jemand anderes.

Wir kommen an einen Pier. Wir sind am *Shimanto-gawa*, dem einzigen japanischen Fluss, der nicht an der einen oder anderen Stelle gedämmt ist. Vollkommen naturbelassen von seiner Quelle bis hierhin, wo er ins Meer fließt. Man nennt ihn auch: *Nihon no saigo no seiryu*, Japans letzten klaren Strom. Und jetzt? Müssen wir irgendwie ans andere Ufer. Fabio hat im Café die Telefonnummer eines Fährmanns bekommen.

»Wen sucht ihr?«, fragt ein junger Bursche mit orange blondierten Haaren, der den Kopf aus einer Autowerkstatt auf die Straße reckt.

»Den Fährmann.«

»Aoshi?«

»Vielleicht.« Ich halte ihm Fabios Zettel hin. Er telefoniert und bittet uns zu warten.

Ein stämmiger Mann mit Glatze in Arbeitskleidung und

Gummistiefeln fährt vor, nimmt Anlauf und springt auf einen Kutter. Mit einem Haken zieht er das Boot an den Hafen, und wir steigen ein. Aoshi oder wer auch immer gibt uns Rettungswesten und stößt das Boot ab, startet den Motor. Was für ein schöner Tag. Was für ein schöner Fluss. Fünf Minuten später stehen wir an dem schönen Tag auf dem schönen Fluss, vielleicht hundert Meter vom Ufer entfernt, während von unserem Boot schwarzer Rauch aufsteigt. Wir. Stecken. Fest. Hatte ich eigentlich schon erwähnt, dass ich nicht besonders gut schwimmen kann?

»Hast du was zu essen dabei?«, fragt Fabio. »Ich könnte das Zelt an Deck aufbauen, wenn wir noch länger hierbleiben. Oder wir fischen.« Wie um zu beweisen, dass er jetzt hier gerade richtig ist, legt er sich aufs Deck und hält sein Gesicht in die Sonne. »Prinzessin, keine Sorge«, sagt der Fährmann in meine Richtung. Er versucht das Boot wieder zu starten, aber außer dass immer mehr schwarzer Rauch aufsteigt, passiert rein gar nichts. Er telefoniert. »Nur noch kurz warten, Prinzessin«, sagt er. Nach zehn Minuten kommt ein anderes Boot, noch kleiner als das erste. Wir sollen umsteigen. Wenig später klettern wir voll bepackt die Ufermauer hinauf, und Fabio fragt, was Aoshi die ganze Zeit gesagt hat. Eigentlich fast nichts. Keine Sorge, Prinzessin. »Genial!«, ruft Fabio. »Er kennt dich erst fünf Minuten und weiß schon, dass du eine *Principessa* bist.« Von der Kung-Fu-Schlange zur Prinzessin in zehn Minuten. Ja, jeder, der einen ansieht, sieht jemand anderes.

Fabio und ich verabschieden uns, ich möchte ab jetzt den kürzeren Weg laufen.

Eine halbe Stunde später komme ich an einen Tunnel. Tausendsechshundertfünfzig Meter lang. Der längste bisher. Genau dort, wo ich bin, bin ich richtig, oder wie? Ich versuche, mich wie R in dem schwarzen Loch geborgen zu fühlen. Es. Klappt. Nicht. Ich finde Tunnel weiterhin beklemmend und atme, als ich nach knapp einer halben Stunde aus dem dunklen abgasgeschwängerten Schacht auftauche, hörbar auf. Weiter! Ich lege mich in die nächste Rasthütte. Eine halbe Stunde lang? Eine Stunde? Und als ich wieder eine Stunde später in meine heutige Unterkunft hinke, bin ich erledigt, aber glücklich.

Der Wirt guckt auf meine Füße. Er ist ein kleiner, freundlicher Alter, der nuschelt, wenn er spricht.

»Falsche Schuhe!«, sagt er. »Viele Schmerzen!«, sagt er. »Setz dich!«

Ich höre wieder den Tipp mit dem Faden. »Lass ihn auch beim Laufen drin!« Außerdem nimmt er meine Schuhe und zieht die Schnürsenkel raus. »Du brauchst Platz, so viel wie möglich.« Er dreht die Schuhe um und sagt: »Die sind eh durch. Brauchst neue. Und jetzt nimmst du erst mal ein Bad.«

Später stehen der Alte und ich vor seiner Waschmaschine. Toploader ohne Deckel trifft es nicht ganz. Es sind zwei Becken, und vieles funktioniert manuell. Ständig muss man Hebel umlegen, damit irgendetwas passiert. »Ich habe sie seit fünfunddreißig Jahren. Die schnellste und beste.« Er stellt den Hebel auf »Wasser«, und Wasser läuft rein. »Fünf Minuten waschen«, sagt der Alte und schiebt den Hebel eine Markierung weiter. Am Boden des Beckens bewegt sich nun etwas, die Wäsche tanzt müde hin und her. Er schiebt den Hebel weiter. »Ablaufen lassen und das Ganze noch mal.« Das Wasser, das jetzt abläuft, ist zwar schön schwarz, aber ich kann mir nicht vorstellen, dass die Wäsche wirklich sauber ist. Im zweiten Becken wird geschleudert. »Wie gesagt, seit fünfunddreißig Jahren. Und immer noch die beste und die schnellste. Kein einziger Ausfall.« Hightech-Land Japan.

Ich gehe um die Ecke zum *Combini*.

Auf dem Parkplatz steht ein Traktor. Auf dem Fensterbrett sitzt Fabio.

»Hallo Fabio!«

Er braucht eine Weile, um mich in ziviler Kleidung zu erkennen, und ruft dann »*Principessa*!« Er hat ein Hotdog in der Hand, pfriemelt an einem Ketchup-Tütchen rum und spritzt sich sein T-Shirt voll. Ich kaufe ein Eis und setze mich zu ihm. Wie so oft geht sein Blick auf meine Füße.

»Ich kann mir vorstellen, dass du ständig irgendwelche Tipps hörst, aber …«

»Ja?«

»Ich wechsle jede Stunde meine Socken, das hilft.«

»Okay. Läufst du noch weiter?«

»Ja, waren ja erst dreiunddreißig Kilometer heute …«

Wer wie er normalerweise über vierzig Kilometer läuft und jetzt runterbremsen möchte, findet das offenbar wenig. »Okay, alles Gute!«

Zum Abschied drückt er mir eine *hyuganatsu*, eine weitere Pampelmusenart, für die Kochi bekannt ist, in die eine Hand und küsst mir die andere. »Arrivederci, *Principessa*!«

Und so sehe ich auch Fabio sicher nie wieder. Oder doch? Man weiß es nie.

Zurück in der Unterkunft läuft der Fernseher. Es geht um sexuelle Belästigung im Showbusiness. Tatsuya Yamaguchi, Bassist und Sänger der Band »Tokio«, erzählt unter Tränen, wie er sich tagsüber schon betrunken habe und abends eine Oberschülerin vorbeikam, weil sie sich von ihm einen beruflichen Rat erhoffte. Dann sei es »etwas heftig« geworden.

Der Wirt kommentiert: »Dann trink halt nichts, Vollidiot!«

Dass das überhaupt im Fernsehen gezeigt wird, hat mit einem anderen Yamaguchi zu tun. Noriyuki Yamaguchi, hochkarätiger Journalist bei TBS und Biograf des japanischen Premierministers Shinzo Abe. Er hat sich nicht für Aufklärung von Sexualdelikten eingesetzt, sondern eine junge bewusstlose Kollegin vergewaltigt, die zum japanischen Gesicht der #metoo-Bewegung wurde. Shiori Ito, mittlerweile achtundzwanzig Jahre alt. Sie ist eine der wenigen, die öffentlich anklagt. Sie habe sich 2015 mit

Yamaguchi in einem Sushi-Lokal getroffen, um über mögliche Praktikumsstellen zu sprechen. Während des Essens verlor sie das Bewusstsein. Hat der Typ sie unter Drogen gesetzt? Als sie wieder aufwachte, war sie in einem Hotelzimmer, und Yamaguchi vergewaltigte sie. »Du hast den Test bestanden«, soll er danach zu ihr gesagt haben. So steht es zumindest in verschiedenen japanischen Zeitungen wie der *Japan Times*.

Ito ging zur Polizei, kümmerte sich selbst darum, in einem Krankenhaus untersucht zu werden, und hielt die Polizisten an, Überwachungskameras des Hotels auszuwerten. Erst als sie sahen, dass Ito tatsächlich in ein Hotelzimmer gezogen wurde, nahmen sie die Anzeige auf. Auch der Taxifahrer, der die zwei zum Hotel gefahren hatte, bestätigte: Ito war größtenteils bewusstlos gewesen. In lichten Momenten habe sie darum gebeten, nach Hause gefahren zu werden. Verhaftet wurde der Täter nicht. Er selbst sagte, er habe nichts Gesetzwidriges getan. Itos zweite Klage läuft noch. Sie schrieb ein Buch. Erhielt viele positive Reaktionen und noch mehr negative. Sie verhalte sich nicht »japanisch«, schrieben ihr ältere Frauen, und solle in der Pressekonferenz lieber den obersten Knopf ihres Hemdes geschlossen halten. Mittlerweile lebt Ito in London. Der Druck in Japan sei einfach zu hoch. Es reicht nicht, dass sich Gesetze ändern, sagt sie, die Gesellschaft müsse sich ändern. Vielleicht ist dieser Fernsehbericht, den ich im Gasthaus gerade sehe, ein Schritt in diese Richtung. Die Bandkollegen nehmen den anderen Yamaguchi nicht in Schutz, sie wollen, dass er die Gruppe verlässt, einer bezeichnet ihn als »krank«.

Im Anschluss zeigen die Nachrichten, dass ein Kind in Kochi-Stadt von einem LKW überrollt wurde und dass das Maskottchen der Stadt Susaki, wo ich wegen der Blasen beim Arzt war, gerade Geburtstag feiere.

Der Wirt sagt: »So, ich koche jetzt Abendessen.« Und stellt mir wenig später eine Schüssel Nudelsuppe vor die Nase.

»Guck mal, das hat ER dagelassen«, sagt er und holt aus einem Zimmer zwei wasserfeste Säckchen, die ich aus Rs Rucksack kenne. Morgen komme er wieder, und dieselbe Herangehensweise würde er mir auch empfehlen. Morgen am Kap schlafen und übermorgen wieder bei ihm. »Es gab einmal ein Ehepaar«, sagt er. »Die hatten grässliche Probleme mit den Füßen.« Dann erzählte er ihnen von dem Blasentrick und riet ihnen, die Schuhe zu weiten und zu öffnen. Am übernächsten Tag kamen sie erst um sieben Uhr abends wieder. »Ich habe mir entsetzliche Sorgen gemacht.« Aber die zwei hatten sich nur Zeit gelassen. Das erste Mal auf dem Pilgerweg hatten sie keine Schmerzen und konnten sich deswegen tatsächlich die Landschaft ansehen. »Und so wird das morgen und übermorgen bei dir auch sein.«

Am nächsten Morgen um sieben Uhr dreißig bin ich bereits über fünf Kilometer gelaufen und stehe am Strand. Die nächsten zwei Kilometer führen hier entlang. Weißer Sand, friedliche Wellen. Danach geht es wenig befestigt auf schmalen Wegen durch die Büsche. Auf dem Boden Steine, Äste und Erde. Unter meinen Schuhen zerbersten Zweige. Immer wieder weht irgendwoher der Duft einer regionalen Zitrusfruchtblüte, vielleicht *hyuganatsu*. Ich laufe ständig in Spinnweben, die mir anschließend im Gesicht kleben. Ich wedle mit dem Stock in der Luft vor mir her, statt mich auf ihn zu stützen. Trotzdem werde ich die pappigen Fäden nicht los. Es wirkt, als wäre hier seit Ewigkeiten niemand gelaufen. Immer wieder frage ich mich, ob ich überhaupt noch auf dem Pilgerweg laufe oder einfach durch den Wald.

Da steht ein japanischer Rentner mit Pilgerhut im Busch.

Er lässt mich vorbei, und ich sage: »Endlich ist der Weg mal interessant, was?«

Sein Blick zeigt Entsetzen. »Interessant? Das hier ist einfach nur grässlich!«

Ja, jeder erlebt diesen Weg anders.

Als ich später auf der Straße durch ein Dorf gehe, kommt mir das französische Paar entgegen. Sie seien gestern zusammen mit R gelaufen und berichten, dass ein »Schweizer Mädchen« etwa fünf Kilometer vor mir geht. »Ihr könntet ja zusammen laufen?« Stimmt, vielleicht könnte sie meine weibliche Reisegefährtin werden, die ich mir insgeheim immer noch wünsche. Erst mal müsste ich sie einholen.

Egal, wie schön der Weg ist, die letzten fünf Kilometer nerven immer. Ständig checke ich auf der Offline-Karte die Distanz, die nur schleichend kleiner wird. 4,7. 4,3. 4,0...

Nach acht Stunden unterwegs komme ich zu Tempel achtunddreißig. *Kongofukuji,* der Tempel des ewigen Glücks. Es heißt, es habe hier mal einen Novizen gegeben, der sein Essen mit einem Fremden teilte. Sein Obermönch verbot es ihm, doch der Novize ließ sich nicht davon abbringen. Da lud der Fremde ihn ein, ihm zu folgen, und die zwei fuhren vom Kap direkt ins »reine Land«, eine Art buddhistischen Himmel, in den nur die Erleuchteten vorgelassen werden. Der Obermönch sah sie auf dem Boot, bemerkte seinen Fehler und stampfte mit dem Fuß auf den Boden. Kap *Ashizuri* heißt Kap des Fußstampfers. Auf dem ausladenden und gepflegten Tempelgelände gibt es einen Glockenturm, der in ein Häuschen gepackt ist, einen Koi-Karpfen-Teich und eine große steinerne Schildkröte. Hinter der Haupthalle steht eine Armee Buddha-Figuren. Grimmig zu Fratzen verzerrte mit Schwertern, friedlich lächelnde mit Schriftrollen, Medizintöpfen oder Mudras. Ich nehme es heute ernst mit dem Beten, aber muss mich konzentrieren, dass ich keinen Schritt vergesse. Glocke läuten. Hände reinigen. Haupthalle. *Osamefuda*-Zettel. Münzen einwerfen. Kerze anzünden, drei Räucherstäbchen anzünden. Verbeugen. Herz-Sutra. Verbeugen. Meister-Kobo-Halle. Die Kerzen sind alle.

Insgesamt habe ich nun über fünfhundert Kilometer hinter

mir. Von Berlin aus wäre ich bereits bis hinter Regensburg oder Dortmund, Warschau/Polen oder Aarhus/Dänemark gelaufen.

Später gehe ich in den Wald hinein, Richtung Küste. Die Bäume sind hoch, dunkel und knorrig, immer wieder warnen Schilder vor Wildschweinen. Von einer Aussichtsplattform aus schaue ich aufs Meer. Helles Wasser, raue Felsen. Das hier ist der südlichste Punkt Shikokus. Und ein beliebter Selbstmord-Spot, weil manche immer noch glauben, von hier direkt ins »reine Land« kommen zu können. Die Suizidrate ist in Japan hoch, geht aber seit ein paar Jahren leicht zurück, nur bei Kindern und Jugendlichen steigt die Kurve, statt zu fallen. Es gibt mehrere solche »beliebte« Orte in Japan, wie den Wald um den Fuji Aokigahara oder eine andere Küstenregion, die Klippen von Tojinbo. In Tojinbo nahmen sich laut einer Hilfsorganisation in den letzten zehn Jahren etwa hundertfünfzig Menschen das Leben. Aber seit ein ehemaliger Polizist dort patrouilliert, sind es weniger geworden. Er sucht Leute, die aussehen, als wollten sie springen. Er quatscht sie an und überzeugt sie weiterzuleben. Im vergangenen Jahr habe es dort gar keine Toten gegeben. Das liege allerdings nicht an ihm, sagt der ehemalige Polizist, sondern an *Pokémon Go*, einem Handy-Spiel, in dem die Spieler in realer Umgebung virtuelle Wesen fangen. Sie müssen dazu raus aus der Wohnung und kommen auch nach Tojinbo. Sie suchen nicht den Tod, sondern Fabelwesen, die sie anschließend gegen andere virtuelle Fabelwesen kämpfen lassen können. Und das turnt die Selbstmörder ab.

Als ich mich umdrehe, steht da der Heilige in Weiß mit seinem typischen Lächeln. Er wird gerade von einem jungen Touristen angequatscht.

»Wie lange sind Sie schon unterwegs?«

»Wo sind Sie losgelaufen?«

»Wie viele Kilometer laufen Sie am Tag?«

Der Heilige braucht ein bisschen, bis er antwortet.

Man verliert das Zeitgefühl auf so einer Pilgerreise. Ich könnte genauso gut eine Woche oder ein Jahr unterwegs sein, und so geht es dem Heiligen auch. Auch den Wochentag vergesse ich. Nur das Datum weiß ich meistens, weil ich jeden Tag auf die *Osamefuda*-Zettel ein anderes schreibe. Es ist Ende April, und ich bin fast einen Monat unterwegs.

Ich laufe jetzt Richtung Herberge. Da steht der schöne Mann.
Er: »Hallo.«
Ich: »Hallo.«
Er: »Fabio hat mir von dir erzählt.«
Ich: »Fabio hat mir von DIR erzählt.«
Wir lachen.
Er möchte heute zelten, vielleicht noch die zwanzig Kilometer zurück zum Strand.
Ich möchte in den nächsten fünf Minuten in meiner Herberge ankommen und alle viere von mir strecken.
»Alles Gute!«
»Ciao!«
Als ich vor der Herberge ein Fußbad entdecke und meine geschundenen Füße einweichen lasse, bereue ich es ein bisschen, dass ich den schönen Mann nicht aufgehalten habe. Wir könnten hier zusammensitzen und quatschen. Andererseits bin ich ja nicht hier, um schöne Männer kennenzulernen, oder? Und man trifft sich ohnehin immer wieder, oder? Ich bin jetzt hier, und ich bin jetzt hier richtig, oder?

Eine Viertelstunde später halte ich meinen Fuji-Stab wieder in den Händen. Man muss wirklich nicht alles im Leben loslassen.

20

»Ihr habt die Hälfte geschafft! Euer Training ist
vorbei, ab jetzt geht es richtig los.«

(Wirt, nahe des Tempels des strahlenden Lichts)

Als ich am nächsten Morgen nach fast einer Woche den Fuji-
Stab wieder in den Händen halte und loslaufe, bin ich einfach
nur glücklich. Aber mir fällt auch auf, wie schwer er ist, wie
schwer ich im Vergleich mit dem windigen Bambusstecken an
ihm trage. Den Bambusstecken nehme ich auch mit. Mit zwei
Stöcken ist es ein völlig neues Gehgefühl. Viel beschwingter
stoße ich mich jetzt vom Boden ab, viel schneller komme ich
voran. Mittlerweile dringen Steinchen durch meine Schuhsoh-
len. Der Wirt hatte recht, die sind durch. Das komplette Profil
ist abgelaufen. Bis Matsuyama werden sie es wohl nicht schaffen.

»Hei Pilger!«, ruft ein Greis, der mir auf einem rostigen
Damenrad entgegenradelt, »bitte nimm nachher den Tunnel.«

»Tunnel sind ein bisschen …« Ich benutze die Floskel für
»Finde ich so richtig kacke«.

»Dieser ist anders! Er ist wunderschön. Und er erspart dir
einen steilen Anstieg.«

Ich bin skeptisch, aber halte mich an seinen Tipp. Und er
behält recht. Der Tunnel ist zwar einen Kilometer lang, aber hell
erleuchtet, sauber, und ich laufe auf einem sicher zwei Meter
breiten, klar abgetrennten und erhöhten Fußgängerweg. Es
fühlt sich direkt luftig an. Keine Todesängste, keine Beklem-

mung. Der Teil des Weges, den ich in den letzten Tagen zurückgelegt habe, inklusive diverser Bootsfahrten und Strände und Wälder, ist der schönste bisher.

Und schon wieder läuft eine Einheimische auf mich zu. »Pilger! Hast du schon mal gesehen, wie *dashi* hergestellt wird?«

Ich kenne *dashi*, den japanischen Fischsud, aus dem Supermarkt, kleine Tütchen, ähnlich unserer Suppenbrühe. Ich weiß, dass er aus Fischflocken und *kombu*-Seetang gewonnen wird und dass er in fast jedem japanischen Gericht drin ist. Weil sogar solche Basics wie Misosuppe damit versteckt Fisch enthalten, ist es fast unmöglich, sich in Japan vegetarisch zu ernähren. Aus dem *dashi*-Seetang isolierte ein japanischer Forscher Anfang des zwanzigsten Jahrhunderts erstmals Glutaminsäure, die er für den würzigen Geschmack verantwortlich machte und die als Geschmacksverstärker Glutamat später Karriere machte. Nicht salzig, nicht süß, nicht sauer oder bitter. Sondern würzig, *umami*. Und in Kombination mit den in den Fischflocken enthaltenen Ribonukleotiden unschlagbar. Die Geburtsstunde einer eigenen, fünften Geschmacksrichtung, ohne die die japanische Küche, die fast ohne Kräuter und Gewürze auskommt, undenkbar ist.

»Nein, wie *dashi* hergestellt wird, habe ich bisher noch nicht gesehen«, sage ich.

»Dann komm gleich in meine Fabrik! Da unten. Das gelbe Haus. Und guck es dir an.«

Die Fabrik ist ein dunkler Raum, in dem etliche alte Mütterchen in karierten Schürzen und Kopftüchern getrocknete Fische auf Metallgestellen Richtung Räucherraum oder auf die Straße schieben. »*Bonito*«, sagt die Fabrikbesitzerin und deutet auf den Fisch, der verwandt ist mit Makrele und Thunfisch. »Zuerst filetieren und kochen wir ihn sanft. Wir entfernen die Gräten, räuchern ihn zwei Wochen lang und trocknen ihn ein paar Tage in der Sonne.« In den unterschiedlichen Stufen wechselt der Fisch ständig seinen Namen. *Arabushi* heißt der geräucherte, *hada-*

kabushi der getrocknete. Der *bonito* habe nun noch einen Wasseranteil von gut zwanzig Prozent, sagt die Frau. Anschließend wird er abwechselnd mithilfe eines Schimmelpilzes fermentiert und an die Sonne gelegt, um den Pilz wieder abzutöten. Keine Ahnung, wie jemand irgendwann auf diese Idee gekommen ist. Die Frau drückt mir ein hellbraunes Stück Holz in die Hand, in das sich der Fisch verwandelt hat. Nur mit einem Hobel kann er nun wieder zerkleinert werden. Die daraus resultierenden Fischflocken haben wieder einen anderen Namen, *katsuobushi*, und wenn man sie mit den Algen einkocht, erhält man irgendwann *dashi* und *umami* pur. Ein ziemlich langer Weg vom Fisch zum Fischsud. »*Dashi* wird in Europa einen riesigen Boom erleben. So wie Sushi«, sagt die Business-Lady. Ich klopfe auf das Stück Holz, das mal ein Fisch war, und bin mir da nicht so sicher. Mit einem geräucherten Fisch in der Hand stehe ich bald wieder auf der Straße.

Ich laufe durch ein Dörfchen, das gerade von seinen Senioren schick gemacht wird. Sie fegen die Straße, sie rupfen das Unkraut, und dabei quatschen und lachen sie. Dort setze ich mich auf eine Bank und esse meinen doch ziemlich trockenen Fisch. Der Weg führt später teils an der Straße, teils über wilde, steile Waldwege, die von Brennnesseln und Farnen komplett überwuchert sind. Ich klopfe jetzt mit dem einen Stecken auf den Boden und wehre mit dem anderen die Spinnweben ab. Als ich an der Abzweigung ankomme, ab der der Weg der gleiche wie gestern wäre, steige ich in den Bus. Wieder spare ich mir ein paar Kilometer. Ich habe gestern einen Rentner aus Osaka getroffen, der den *Henro* zwar schon sechs Mal gelaufen ist, der auch die Strecke zum Kap stets hinunterläuft, aber dann nachmittags gleich mit dem Bus zurück Richtung Norden fährt. »Zwei Mal die gleiche Strecke laufen, das ist bei einem Rundweg Unsinn«, sagte er, und ich verkniff mir den Kommentar, dass er, wenn er den *Henro* wirklich bereits sechs Mal gelaufen sei, bereits einiges

an Strecke mehr als einmal zurückgelegt habe. Aus dem Bus-
fenster sehe ich Kniemanschette, der sich mit seinen zwei Stecken in der Mittagshitze langsam, aber wacker voranquält. Es
gilt weiterhin, dass auf diesem Pilgerweg alles erlaubt ist. Jeder
soll machen dürfen, was er will. Und jeder muss seinen eigenen
Umgang mit dem Weg finden.

Wieder bei der Unterkunft von vorgestern angekommen,
erwartet mich der Wirt mit einem Grinsen. Er bringt mich zu
meinem heutigen Zimmer, öffnet die Tür und sagt: »Da ist ein
Geschenk für dich. Von IHM.« Auf dem kleinen Tischchen
im Zimmer liegt eine kleine Packung Kaubonbons mit Sauer-
pflaumegeschmack, eingewickelt in ein Zettelchen mit der Aufschrift: »Bis bald!!!! R.«

Vor mir steht bald darauf wieder eine Nudelsuppe, und im
Fernsehen läuft Detektiv Conan, eine Anime-Serie, in der ein
Sechzehnjähriger im Körper eines Grundschülers Kriminalfälle
löst. Andere Gäste betreten den Raum. Einer zieht den Rotz
hoch und bekommt Reisporridge, das in Japan bei Krankheit
verabreicht wird, ähnlich der Hühnersuppe in Deutschland.
Eine Sache, an die ich mich in Japan in all den Jahren bisher
nicht gewöhnen konnte, ist das Geschniefe und Hochgeziehe
bei Erkältungen. Weil es als ekelig gilt, sich zu schnäuzen, geht
man dazu aufs Klo. Japaner wollen ihren Dreck lieber für sich
behalten und ziehen den Rotz deshalb konsequent hoch. Dieses
feuchtsaugende Geräusch vermischt sich mit dem Geschlonze,
das der wässrige Reisbrei verursacht. Ein anderer, der guckt wie
ein Honigkuchenpferd, möchte mir ein Bier ausgeben und ist
enttäuscht, als ich ablehne. »Sie ist eine echte Pilgerin«, kommentiert der Wirt. Das Honigkuchenpferd kenne ich indirekt
aus den Erzählungen von R. Er pilgert mit zwei Tempelbüchern,
eines für sich und eines für seine Frau. Vielleicht, sagte R, sei sie
krank oder tot. Er, Tanaka, hat eine sehr warme Ausstrahlung.
Ein bisschen erinnert er mich an den Heiligen in Weiß, wobei
der Heilige eher in sich ruhend nach innen strahlt und Tanaka

eher nach außen. Der Schniefende möchte krankheitsbedingt eine längere Pause einlegen. Und Tanaka sagt, er habe ebenfalls bereits eine große, große Pilgerpause eingelegt. Vier Tage lang sei er einfach auf andere Berge gestiegen, die nicht auf dem offiziellen Weg lagen. Der Kranke und ich schütteln leicht die Köpfe. Wir scheinen uns einig zu sein, dass das keine Pause war, sondern vielmehr eine Fleißarbeit.

»Gestern«, sagt ein Mitarbeiter des Wirts mit der Ausstrahlung eines Türstehers, »habe ich für deinen Ehemann reserviert.«

»Meinen Ehemann?«

»Na, dein ER.«

R? *Kare*, er, und *kanojo*, sie, benutzt man in Japan auch als Synonym für fester Freund und feste Freundin. Wieder so etwas, wo man sich leicht missverstehen kann. Vor allem, weil sie seinen Namen noch weniger aussprechen können als ich.

»Mein Kumpel? Der Franzose?«

»Ach, ihr seid gar nicht verheiratet?«

Weil ich das mittlerweile schon so oft gehört habe, möchte ich fast mit einem entschiedenen »Nein, immer noch nicht!« antworten, doch der Türsteher wechselt schnell das Thema.

»Guck mal, was ich mir heute gekauft habe«, sagt er, und der ausgewachsene Mann hält mir eine etwa dreißig Zentimeter große Anime-Figur hin. Eine fast nackte Frau mit riesigen Brüsten, Katzenohren, Katzenschwanz und einer massiven schwarzen *Virtual-Reality*-Brille vor der Stupsnase.

»Aha?«

»Kennst du die nicht? Die Katzenmädels kämpfen in VR.«

Ich habe keine Ahnung, von was er redet, und schüttle nur den Kopf.

»Ach so, entschuldige, ich dachte, jeder Ausländer, der sich für Japan interessiert, ist ein Anime-Nerd.«

Als ich am nächsten Morgen um fünf aufstehe, ist der Wirt bereits wach.

»Ich wollte dir noch sagen«, sagt er, »ich weiß nicht, wo ER heute schläft. Ich weiß nur, wo er gestern geschlafen hat. Ich hoffe, ihr seht euch wieder!« Langsam wird es gruselig, dass uns alle Bewohner Shikokus eine Heirat oder zumindest eine Liebschaft unterstellen oder wünschen. »Hast du sein Geschenk eingepackt?« Ich nicke. Und ich weiß, wo R heute schläft. Er hat es mir geschrieben.

Erst als ich wieder auf der Straße bin, fällt mir auf, dass ich die letzten Tage gar keine Reisfelder gesehen habe. Heute sind sie wieder da, die kleinen grünen Setzlinge, die spiegelnden Wasseroberflächen, das *gerogero* der Frösche. Bald führt der Weg mich an einem petrolfarbenen, klaren Fluss entlang. Es ist nicht die kürzeste Strecke, aber auch nicht die längste. Sie ist schattig und menschenleer. Um acht Uhr morgens bin ich bereits neun Kilometer gelaufen. Es sind noch vierundzwanzig bis zum Tempel. Ich komme an eine Hütte. Da sitzt ein älterer Mann und fragt: »Lust auf Ramen?« Er hat außer Tütensuppe auch Tee und Kaffee als Gaben für die Pilger im Angebot. *Osettai.*

»Machen Sie das schon lange?«

»Jupp.«

»Haben sich die Pilger verändert seitdem?«

Ja, sagt er, sehr. Früher, da wären auch junge Japaner unterwegs gewesen. Aber die Jungen kommen nicht mehr. Die haben Angst, nach der Pause keinen neuen Job zu finden. Und keine Kohle, um einfach so zu pausieren. Es gebe nur wenige, die aus dem Raster fallen.

Das stimmt, aber nachdem ich mich vor allem für die Aussteiger interessiere, kenne ich ein paar Ausnahmen. Auf der Fuji-Hütte habe ich ein Ehepaar kennengelernt, das um die Welt reist und nur nach Japan zurückkommt, um ein paar Jobs zu machen und Geld für den nächsten Trip anzusparen. Ich habe auch junge Ingenieure kennengelernt, die aufs Land gezogen sind, um sich dem Stress der Großstädte zu entziehen, die Teilzeit arbeiten, weil sie nicht ihr komplettes Leben mit Malochen verbringen wollen. Es gibt auch zunehmend junge Leute, die gar nichts mehr machen. NEET nennt man sie. Kurz für *Not in Employment, Education or Training.* Weder in Anstellung noch Ausbildung. Oft wohnen sie bei ihren Eltern, deswegen ist *parasite single*, Parasiten-Ledige, ein weiterer Begriff, mit dem sie umschrieben werden. Auch mit diesen Faulenzern habe ich gequatscht. Damals hatten sie gerade eine Firma gegründet. Sie wollten dort einer Arbeit nachgehen, die sie nicht vom Spaßhaben abhält. Manche zeichnen, andere entwickeln Videospiele oder Apps, wieder andere können Tarotkarten legen. Nicht die gesamte japanische Gesellschaft ist arbeitswütig bis zum Tod durch Überarbeitung, für den es in Japan tatsächlich ein Wort gibt: *karoshi.*

Früher, sagt der Mann, sei das Pilgern auch ein Heiratsmarkt für die Jungen aus Shikoku gewesen. Sie kannten sonst ja nur ihr Dorf. Es war normal, nach der Ausbildung um die Insel zu ziehen oder auch nur durch die eigene Präfektur. Pilgern war früher so etwas wie Onlinedating. Die Möglichkeit, mehr potenzielle Partner kennenzulernen. Aber die Jungen kommen nicht mehr. Sie ziehen in die Städte, um dort zu leben wie alle, sagt der Mann. Er zeigt mir das *Osamefuda* eines älteren Mannes. Er sei auf seiner zehnten Runde und eine halbe Stunde vor mir vorbeigekommen.

»Ich kann mir nicht vorstellen, das öfter zu machen«, sage ich.

Ach, sagt der Mann, wenn ich erst bei Tempel sechzig oder achtzig ankomme, würde ich anders darüber denken. Ich weiß nicht, ob es wirklich leichter wird. Bisher habe ich nicht das Gefühl. Es ist bisher einfach jeden Tag unfassbar anstrengend.

Die Straße führt weiter am Fluss entlang, mal auf der einen, mal auf der anderen Seite.

Da kommt mir ein bekanntes Gesicht entgegen, der Lässige mit den langen weißen Haaren. Das letzte Mal haben wir uns auf der Fähre gesehen, als ich meinen Stock vergessen hatte.

»Oh«, sagt er deswegen gleich, tippt auf den Stock, »du hast ihn wieder. Sehr, sehr schön! Und die Füße?«

»Ich brauche neue Schuhe. Weißt du da was?«

»Bis Uwajima wirst du durchhalten müssen.« Uwajima ist nicht wie Matsuyama zweihundert, sondern lediglich hundert Kilometer entfernt.

Um kurz vor zwölf komme ich am ersten Laden vorbei, daran angeschlossen gibt es ein Café. Ich pausiere ausgiebig mit Bentobox und Süßigkeiten. Da sind einige Einheimische, Frauen im Kimono, ältere Männer in Arbeitskleidung, dazu zwei junge Pilger, ein Pärchen. Sie sehen superfrisch aus und haben winzige Rucksäcke. Ferienpilger, denke ich. Denn gerade hat die *Golden Week*, die goldene Woche, begonnen. Eine Reihe von Feiertagen sorgt dafür, dass alle Japaner freihaben, und auf dem *Henro* heißt das eine Woche lang überfüllte Herbergen. Bisher weiß ich noch nicht, wo ich heute schlafen kann. Die Unterkünfte in Tempelnähe waren zumindest bereits voll.

Später nehme ich einen Weg an einem Staudamm entlang und mache auf einer Bank die Packung Kaubonbons von R auf. Da ist ein Anime-Mädchen im Kimono draufgemalt, das sagt: »Ich möchte dich so bald als möglich wiedersehen.« Ich muss laut lachen. R versteht ja nicht, was da steht. Als ich es ihm später übersetze, reagiert er mit einem: »Exzellent! Ich hätte es nicht besser sagen können.« Er sei am Kap zweimal denselben Weg gelaufen, weil er hoffte, dass wir uns immerhin kurz begegnen würden. Währenddessen saß ich im Bus. Ist das jetzt Zufall oder Schicksal?

Ein Münztelefon, bei dem ich versuche, eine Unterkunft zu reservieren, schluckt einfach nur meine Münzen. Ich laufe an Feldern vorbei, durch die ein Mann mit einer Tonne auf dem Rücken und einem Schlauch in der Hand läuft. Er versprüht da irgendwas. Weil auf der Straße viele tote Schmetterlinge liegen, tippe ich auf Pestizide. Es fühlt sich jetzt alles wieder urbaner an. Nach über dreißig Kilometern schleppe ich mich um halb vier vollkommen geschwächt durchs Tempeltor von Nummer neununddreißig, dem letzten der Präfektur Kochi. Zwei alte Autopilger quatschen mich an. Woher kommst du? Warum kannst du Japanisch? Die übliche Leier. Die zwei jungen Ferienpilger sind auch wieder da und kommentieren mein Ankommen mit einem abfälligen »Da ist sie ja endlich«. Diese zwei werden mir immer unsympathischer. Sie unterhalten sich mit einem Fahrradpilger, der fragt, wie lange sie planen, unterwegs zu sein. Er sagt: »Hätte ich DIE nicht dabei, würde ich fünfunddreißig Tage rechnen. MIT ihr fünfundvierzig.« Sie guckt ihn irritiert an, und er sagt nur: »Na, ist doch so.« Ich würde ihr gern eine Trennung ans Herz legen. Und als jetzt noch ein bekanntes Gesicht näherkommt, Brett des Ostens, der immer sagte, er wolle sterben, freue ich mich, dass ich nun mit ihm quatschen kann und nicht mehr die Unterhaltungen der anderen belauschen muss.

Er hat seinerseits mein Gespräch mit den zwei Alten beobachtet und sagt mit einem fetten Grinsen im Gesicht: »Du bist echt beliebt bei den Senioren …«

»Kann man so sagen …«

»Die haben sonst keine Gelegenheit, mit jungen Frauen zu sprechen, und mit Ausländerinnen noch weniger …«, sagt er. »Aber ganz ehrlich, an deiner Stelle würde ich die knallhart ignorieren. Ist doch nervig.«

Brett des Ostens sagt jetzt nicht mehr, dass er sterben will. Brett des Ostens sagt, es gehe ihm gut. Richtig gut. Er habe den weiten Weg entlang der Küste genommen, wo es kaum Einkaufsmöglichkeiten oder Unterkünfte gegeben hatte.

Mir hingegen fehlt heute die Kraft, das Herz-Sutra aufzusagen. Dafür sehe ich, dass eine alte Frau eine steinerne Schildkröte streichelt. Die Legende besagt, dass so ein Tier die Tempelglocke hierhergebracht hat.

»Warum machen Sie das?«

»Die Schildkröte steht für ein langes und glückliches Leben. Das will ich auch haben.«

277

»Wie alt sind Sie?«

»Sechsundneunzig.«

Ihre Technik scheint zu funktionieren. Deswegen streichle ich jetzt auch die Schildkröte. Dann reserviere ich mir endlich eine Unterkunft. Es ist bereits sechzehn Uhr, und ich werde nochmals sieben Kilometer machen müssen. Noch nie bin ich an einem Tag so weit gelaufen. Ich hebe den Kopf. Lese »Keep your balance« auf einem Schild. Bewahre die Balance. Wenn das nur immer so einfach wäre …

Als ich um kurz vor sechs ankomme, bin ich seit über zwölf Stunden auf den Beinen. Alles tut weh, Schultern, Füße, Sehnen. Die Muskeln zucken, eine neue Blase hat sich gefüllt. Bewahre die Balance. Immer wieder werde ich durch die äußeren Umstände, die vollen Unterkünfte, die langen Strecken, aus meinem persönlichen Rhythmus gebracht. Ich muss lernen, dennoch mein Gleichgewicht zu bewahren. Außer mir übernachtet noch der Radpilger hier. Ich habe überhaupt keinen Appetit, aber der Wirt sagt, ich solle noch mal rauskommen aus dem Bett. Er habe etwas gekocht. *Osettai.* Reis, Nudeln und Misosuppe. Er selbst sei vor ein paar Jahren mit dem Fahrrad gepilgert und habe dort die Eingebung gehabt, eine Pilgerherberge aufzumachen. »Meister Kobo hat mir das aufgetragen.« Er sagt, wir sollen unsere Pilgerreise genießen. Nächstes Mal würden wir den Weg schon kennen, uns würde die Landschaft nicht mehr so beeindrucken. Wieso geht jeder davon aus, dass eine Runde um die Insel nicht genug ist?

»So, jetzt stoßen wir an«, sagt er. »Ihr habt die Hälfte geschafft! Euer Training ist vorbei, ab jetzt geht es richtig los.«

Als ich wenig später im Bett liege, frage ich mich, was er damit meint. Morgen geht es in die nächste Präfektur, nach Ehime, die für Erleuchtung steht. In Kochi habe ich bewiesen, dass ich trotz Blasen und ständiger Schmerzen durchhalten kann. Kommt jetzt wirklich die große Erleuchtung? Oder nur die große Langeweile? Wird Meister Kobo mir auch irgendetwas einflüstern? Ich werde jedenfalls an der Westküste entlang Richtung Norden laufen. Bisher habe ich mich immer nur weiter entfernt von Tempel Nummer eins. Ab morgen nähere ich mich ihm wieder. Mit jedem Schritt.

III

菩提

(*bodai*, Erleuchtung, Präfektur Ehime)

21

»Leben ist das, was passiert, wenn du gerade andere Pläne machst.«

(Ladenbesitzer und Bekannter von John Lennon, Uwajima)

Schon lange habe ich nicht mehr gebadet, und das spüre ich oder besser gesagt: meine Muskeln. Nach einem Bad am Abend hätten sie sich bis heute Morgen vielleicht erholt. Vielleicht waren es auch die unglaublich vielen Kilometer, jedenfalls tut um vier Uhr dreißig immer noch alles weh. Trotzdem will ich weiter, endlich raus aus dieser ewig langen Präfektur. Eine halbe Stunde später verlasse ich die Unterkunft auf der Suche nach den roten Pfeilen. Ich finde sie, und bald führt der Weg wieder in den Wald und einen Berghang hoch. Ich schwitze wie ein Schwein, obwohl es erst kurz vor sieben ist und ich im Schatten laufe. Nach zwei Stunden bin ich immer noch in Kochi. Noch 1,4 Kilometer bis zur Grenze. Noch vierhundert Meter. Dann bin ich da. In der nächsten Präfektur. Ehime. Geschrieben mit den Zeichen für »Liebesprinzessin«. Was für ein abgefahrener Name. Kochi heißt »Hohes Wissen«. Ich sitze auf einer Bank, wische mir den Schweiß von Gesicht und Brust und feiere den Gipfel und den gleichzeitigen Grenzübertritt mit Ionenzufuhr-Limonade und einer Tüte Mineralstoffe. Ich bin nun also in der Präfektur, die laut der Pilgereinteilung die Erleuchtung bringen soll. »Diese Reise wird dein Leben verändern«, sagte der Einheimische, als ich noch durch Tokushima lief. Das ist lange her.

Werde ich diesen Weg wirklich zu Ende laufen? Und wenn ja, wird er mein Leben verändern? Wird es jetzt emotionaler oder gar romantischer, wie der Name der Präfektur andeutet? Und was hat der Typ gestern gemeint, als er sagte: »Ab jetzt geht es richtig los«?

Ab jetzt sind die Wege zumindest plötzlich gepflegter. Breit führen sie zunächst durch einen Bambuswald. Der Boden ist komplett mit Blättern bedeckt, die mit meinen Schritten und dem Wind sanft rascheln. Der Weg hinunter ist steil, aber auch er ist aufgeräumt und sogar mit einem Geländer vom Hang abgetrennt. In einem Dorf finde ich später eine Telefonzelle. Ich reserviere eine Nacht im nächsten Tempel und rufe den alten Trinker an, den ich am Anfang meiner Reise kennenlernte. Ich habe oft an ihn gedacht. Ich würde ihn gerne wiedertreffen. Wo mag er sein? Wieso sind wir uns nicht mehr begegnet, obwohl er doch konsequent fünfundzwanzig Kilometer am Tag machen wollte? Das entsprach doch in etwa meinem eigenen Tempo.

»Ich bin bei Tempel fünfundfünfzig«, tönt es aus der Hörmuschel.

Bitte was? Wie kann er so weit vor mir liegen?

»Ja, ich bin Hybrid-*Henro*.«

Was soll das sein?

»Bei langen und langweiligen Strecken nehme ich den Zug.«

Smart. Und kein Wunder, dass er etwa eine Woche vor mir liegt. Wir wünschen uns alles Gute für unsere Reise. Und so lasse ich jetzt den Gedanken los, ihm wieder zu begegnen. Irgendwie ist das beruhigend, Sachen abzuhaken, die Hoffnung auf ein Wiedersehen aufzugeben.

Bei einem *Combini* schreibe ich R. »Heute Nacht schlafe ich in Tempel vierzig.« »Vielleicht«, hatte er zuvor geschrieben, »mache ich heute einen Pausentag.« Dann müsste er noch in der Gegend sein.

Einen Pausentag könnte ich auch gebrauchen. Sobald ich wieder auf Asphalt laufe, werde ich unglaublich müde. Es beginnt

zu regnen. Wieso bin ich so dumm? Wieso mache ich so viele
Kilometer? Es sind noch sechs Kilometer bis zum Tempel, und
ich bin fertig. Ich packe mich ins Regencape. Plötzlich bin ich in
einem Städtchen. Der Geruch frisch gewaschener Wäsche weht
aus den Häusern. Die Bänke, die für die Pilger aufgestellt sind,
sind teilweise mit Planen verhangen, sodass sie nach Regen immer
noch benutzbar sind. Ehime, die Liebesprinzessin, wirkt so viel
reicher und aufgeräumter als Kochi. Die letzten Kilometer führen an einem Fluss entlang. Ein Mann mit Metalldetektor sucht
dort nach Gold. »Hab schon mal ein paar Krümelchen gefunden«, sagt er. Um Punkt zwölf komme ich bei Tempel Nummer
vierzig an. Sieben Stunden bin ich heute gelaufen. Ich habe mir
mal wieder zu viel zugemutet. Ich halte kurz bei der Haupthalle
inne, aber bin zu erschöpft für beide Hallen, geschweige denn
das Herz-Sutra.

Eine aufgeweckte, dürre Frau tänzelt bald darauf durch die
Gänge der Tempelunterkunft. Badewanne. Waschmaschine.
Trockner. In meinem Tatami-Zimmer stehen ein Fernseher, eine
Kanne *genmaicha*, Grüntee mit geröstetem Reis, und Kekse.

»Später kommt noch ein Ausländer«, sagt sie.

Als ich aus der Dusche komme, sehe ich, wer: R sitzt bei offener
Tür zwei Zimmer weiter.

»Ich habe mich hier eingebucht, damit wir rumhängen können«, sagt R mit einem dicken Grinsen. Er sieht ganz anders aus
als in meiner Erinnerung. Viel gesünder. Vielleicht glücklicher.
Fast gutaussehend. Wir drücken uns fest. Er fühlt sich vertraut
an, warm und gut. Die vielen Winkekatzenfotos und die locke-
ren Chats, die wir in den letzten Wochen ausgetauscht haben,
haben das unrühmliche Ende unseres letzten Treffens vollkommen überlagert.

Wir sitzen erst mal ewig in seinem Zimmer und quatschen.
Wie geht es allen, und wer hat wen getroffen? Das französische

ältere Pärchen hat ihm gerade eine Excel-Liste geschickt, in der sie ihre Reise durchgeplant haben. Er kann jetzt verfolgen, wie viele Kilometer sie an den jeweiligen Tagen machen und wo sie übernachten. R erzählt von dem »Schweizer Mädchen«. Er sei mit ihr gelaufen, ich hatte es nicht geschafft, sie am Kap einzuholen. Das »Mädchen« stellt sich als über fünfzigjährige, gestandene Pilgerin heraus. Sie läuft mit Zelt und auch wenn es regnet. »Die ist taff«, kommentiert R. Und sagt: »Momentchen mal, du bist gestern zehn Kilometer hinter den Tempel gelaufen und heute bis hierher.«

Ich sage: »Ja, bisschen viel.« Ich denke an die Nonne, mit der ich mir die Badewanne teilte und die meinte: Mach nicht zu viel, nur weil du jung bist. Da machst du dich kaputt. Und an das Schild gestern: »Keep your balance.« Bewahre dein Gleichgewicht.

Er schlägt in seiner Karte nach. »Weißt du, wie viele Kilometer du in zwei Tagen gemacht hast? Siebzig! Du kannst also laufen.«

So fühle ich mich gerade nicht. Ich bin fertig. Meine Fußsohlen brennen auch ohne Bodenkontakt. Müsste ich nicht längst viel fitter sein? Ich frage mich, ob ich R immer dann treffe, wenn ich nicht mehr kann. Und wenn ja, warum? Weil er der erklärte Krankenpfleger des Weges ist?

Ich kann kaum aufstehen, aber wir gehen um die Ecke zu einem Restaurant, bekommen eine eigene Nische, ein Vorhang wird geschlossen. Wir essen ein »*Henro*-Menü« mit Sashimi, Udon-Nudeln und frittiertem Fisch. R sagt: »Das ist so großartig gerade. Ich habe beschlossen, nie wieder alleine nach Japan zu fahren. Es macht einfach keinen Spaß.«

Allein sein hat mich in Japan nie gestört. Andererseits: Ich war selten wirklich allein hier. Ich hatte meistens einen vollen Terminkalender. Arbeit, Interviews und Recherchen. Und nach den Terminen warteten in Tokyo, Osaka und anderswo meine Freunde. Aber vielleicht weiß ich trotzdem, was R meint. Wären wir jeweils allein hier, würden wir nicht ins Restaurant gehen. Es fällt leichter, die Zähne zusammenzubeißen, wenn man allein ist. Und es fällt leichter zu genießen, wenn man zu mehreren ist.

Wir sprechen darüber, was wir aus Japan mit in unser normales Leben nehmen. In meiner Wohnung gibt es vieles, was ich von meinen Reisen mitgebracht habe. Teeschalen, Reisschalen, Stäbchen. Bücher, Winkekatzen, Kissenbezüge, die aus alten *obi*, Kimonogürteln, genäht sind.

»Hast du nichts Verrücktes?«, fragt R. Er zeigt mir jetzt Bilder von seiner Wohnung. Sie ist voll mit Zeug. Da liegen japanische Dachziegel in einem Regal, das ansonsten mit Mangas vollgestopft ist, und neben dem Schreibtisch steht ein riesiges pinkes Telefon, das in Europa natürlich nicht funktioniert. Wenn er zurückkommt, wird sich noch mehr in diesem Zimmer sammeln. Das Holzkästchen und die Schildkrötenbackform aus dem Antiquitätengeschäft zum Beispiel. Er scheint gerne Dinge zu besitzen, die keine Funktion erfüllen.

Ich zeige ihm Bilder von meiner Wohnung. Beim Anblick ist er ähnlich erstaunt wie ich vorhin. »Wann bist du eingezogen?« Die Frage höre ich öfter. Offenbar sieht meine Wohnung so aus, als müsste da noch was dazukommen, als wäre sie noch nicht fertig. »Vor zweieinhalb Jahren.« »Wow, du bist eine geborene Minimalistin! In deinem Kopf ist es sicher sehr aufgeräumt.« Wenn seine Gleichung stimmt, herrscht in seinem Kopf ein ziemlicher Wirrwarr. Jedenfalls scheint er ein totaler Japan-Freak zu sein.

Diese Sorte kenne ich. Achtzig Prozent der Japanologie-Studenten im ersten Semester sind irgendwelche extremen Fans. Anime, Karate, japanische Frauen. Die meisten von ihnen brechen allerdings bald ab, weil sie eben nicht »Manga« studieren, sondern auch die Anfänge der japanischen Literatur kennenlernen müssen, um die Zwischenprüfung zu bestehen.

»Bist du ein *otaku*?«, frage ich. Für mich ist das Wort synonym für Geek mit Japanbezug.

»Nee, das wird anders definiert«, sagt er. Mein Grinsen wird breiter.

Otaku heißt »ehrenwertes Haus«, steht also ursprünglich für Leute, die ausschließlich zu Hause sitzen und da ihren Hobbys nachgehen. Es muss eine extreme Fixierung vorliegen. Zeichentrick-*otakus*, Videospiel-*otakus*, Uniform-*otakus*. Hauptsache Hardcore-Fan. R geht aus dem Haus, aber bei seinen Japanreisen fuhr er an die Orte, die in seinen Lieblingszeichentrickserien vorkommen.

»Ich interessiere mich ja nicht NUR für Anime«, beschwichtigt er, »sondern für vieles.« Stimmt, er erzählt auch begeistert über japanische Dachziegel.

»Okay, du bist also kein *otaku* ... Aber ein Geek?«

»Ja, darauf können wir uns einigen.«

Meine Fußsohlen brennen immer noch. »Ich möchte morgen nicht laufen«, sage ich.

»Ich auch nicht, ich werde den Bus nehmen.« Es gebe da eine Burg, die er sehen will in Uwajima, der nächsten Stadt, und einen Zengarten. Abends könnten wir im nächsten *Henro House* übernachten. Und in Uwajima, meinte doch der Lässige mit dem weißen Bart, könnte ich Schuhe kaufen. Mittlerweile sind die Sohlen so durchlässig, dass ich sie eigentlich direkt wegwerfen möchte. Alternativ könnte ich hier morgen pausieren.

Als wir zurück zum Tempel laufen, geht der Mond rot und riesig über den Dächern der Kleinstadt auf. In der entgegengesetzten Himmelsrichtung funkelt der Abendstern.

Ein heißes Bad. Und später ein seltsamer Traum: Mit einem Panzer fahre ich von einem Tempel zum nächsten. Heißt das, dass ich jetzt stabiler werde? Oder rücksichtsloser?

Um fünf Uhr morgens bin ich wieder auf den Beinen. Ich gehe aufs Tempelgelände und bete noch mal ordentlich. Herz-Sutra

In den Wanderstöcken verbirgt sich der Schutzheilige der Pilger, Kobo Daishi.

Der traditionelle, spitze Hut ist wahnsinnig unbequem, schwer und sperrig, aber er schützt vor Sonne und gehört irgendwie dazu.

Zwischen Tempel elf und zwölf überquert man den Fluss Yoshino-gawa.

Friseursalons (und Friedhöfe) gibt es überall auf dem Weg.

Der pazifische Ozean ist wild …

… und die eindringliche Warnung vor hohen Wellen ist auch ohne Japanischkenntnisse zu verstehen.

Auf Shikoku gibt es viele Tempel, aber noch mehr Zitrusfrüchte. Und in jedem Dorf eine andere. Hier sieht man eine *Sudachi*, eine japanische Limette, aus der Präfektur Tokushima.

Übersetzt heißt Shikoku »vier Länder«, weil die Insel seit je her aus vier Präfekturen bestand. Ihr Spitzname allerdings lautet »blaues Land«. Vielleicht wegen Tümpeln wie diesem hier.

In den Wasserfällen der Insel kann man sich in religiöser Praxis üben.
Was das heißt? »Drunter stehen und meditieren«, erklärt mir ein Mönch.
»Einfach springen!«, sagt eine dänische Pilgerin.

Der Weg zum höchsten Punkt der Insel führt
über endlose Stufen immer weiter hinauf.

Der Gipfel des Ishizuchi-san, Steinhammer-Bergs,
liegt auf knapp zweitausend Metern …

… und ist kein Teil des buddhistischen *Henro*. Stattdessen
beherbergt er einen shintoistischen Schrein.

1 Beim Pilgern begegnet man sich selbst. Aber wer ist das? Ich bin die, die immer ein Handtuch auf dem Kopf trägt …
2 … die Fußbäder nimmt, wann immer es geht…
3 … oder auch mal die Fähre …

4 … die ständig pausiert und isst …
5 … die in rosa Schuhen und Regenponcho durch den Wald läuft …
6 … die irgendwann anfängt, sich die Gebetskerzen wie Zigaretten in den Mund zu stecken …

7 … die am glücklichsten dreinschaut, wenn sie abends im *onemaki*, dem »ehrenwerten Schlafwickel«, entspannt …
8 … die auf den letzten Kilometern richtig euphorisch wird …
9 … und die schließlich tiefenentspannt im Boot zurück nach Tokyo sitzt.

an beiden Hallen. Nichts ist unrein, nichts ist rein. Neue Kerzen habe ich gestern im Supermarkt gekauft. Ein verlotterter Sicherheitsmann betet ebenfalls. Inbrünstig. An jeder Statue des Geländes. Mit einem Stab fuchtelt er derweil in der Luft herum. Es gibt kleine Statuen, die man mit Wasser übergießen kann. Wie auf dem heiligen Berg Koya-san. Ich übergieße den Medizin-Buddha. Es gibt außerdem steinerne Frösche. *Kaeru* heißt Frosch, aber auch zurückkommen. Der Frosch steht dafür, dass das Gute zurückkommt.

Später frühstücken wir in meinem Zimmer. R mischt Cornflakes in einen kleinen Tetrapack Milch. Ich gieße heißes Wasser über meine Instant-Nudelsuppe. Es fühlt sich gut an, wieder zusammen zu sein. Wir stellen uns an die Bushaltestelle. Ich wäre wirklich nicht gewillt, heute weit zu laufen. Ich trage mal wieder Flipflops. Die Schuhe baumeln von meinem Rucksack. Ich möchte sie nie wieder anziehen. Ein anderer Pilger steht auch dort und guckt sich verstohlen um. Schämt der sich? R und ich müssen lachen. Ist doch alles erlaubt hier. Nichts ist unrein, nichts ist rein, und Erreichen gibt es eh nicht.

Als wir am Bahnhof Uwajima ankommen, ist es noch früh, und die Burg öffnet erst in zwei Stunden. Wir setzen uns in das Café eines Bahnhofshotels. Und ich bestelle ein zweites Frühstück.

»Und der werte Herr Ehemann?«, fragt mich die Bedienung.

»Was willst du, R?« Ich bin es mittlerweile müde, unsere nicht vorhandene Ehe zu leugnen. Und in dem Fall liegt die Ansprache mal wieder an den mangelnden Personalpronomen der japanischen Sprache.

»Eine heiße Schokolade«, sagt er.

»Das Kindergetränk?«, fragt mich die Bedienung.

Ich lache und sage: »Genau, das Kindergetränk.«

»Was hat sie gesagt?«, fragt R.

»Sie wollte nur sichergehen, dass ›mein Ehemann‹ wirklich ›ein Kindergetränk‹ will.« Auf seinem Gesicht breitet sich ein dickes Grinsen aus. »Ach, Japan ...«, sagt er.

Ich schreibe Tagebuch und R seine übrigen *Osamefuda*-Zettel voll. Später laufen wir durch eine Einkaufspassage zum Schloss. Burgen liegen in Japan ebenso wie die Tempel auf Hügeln, und ich kämpfe mich Schritt für Schritt und laut jammernd die Stufen nach oben. Das Schloss ist dann winzig. Davor sitzen Grüppchen von Grundschülern auf Picknickdecken. Mit ihren gelben Kappen sieht man sie von Weitem. Während R ins Schloss reingeht, warte ich davor mit unseren Rucksäcken und beobachte die Kinder, die schreien und lachen. So viel Lebendigkeit habe ich auf dieser Rentnerinsel lange nicht gesehen. Seit einem Monat bin ich fast nur von Senioren umgeben. Als R wiederkommt, wagt sich eine Gruppe Jungs vor, und ein kleiner Dicker spricht mich an.

»Du läufst hier rum? Und bist ein Mädchen?«, fragt er. »Und woher kommst du?«

»Aus Deutschland.«

»Wow! Und wo bist du losgelaufen?«

»In Tokushima.«

»O mein Gott, das ist ja der Hammer. Du bist ein Mädchen und bist von Tokushima hergelaufen. Von Tokushima! Und das in Sandalen! Du musst ein Monster sein!«

»Hat der Kleine dich wirklich gerade *bakemono* genannt?«, fragt R. Das Wort für Monster kennt er offensichtlich aus seinen Mangas. Wir lachen. Die Jungs um den Dicken gehen in die erste Klasse und bleiben in unserer Nähe, tuscheln und beobachten, was wir machen.

»Sie isst was«, sagt einer. »Ja, Gummibärchen«, sagt der andere. »Ich will auch mit ihr reden«, sagt ein kleines Mädchen, das sich derweil hinter dem Rücken eines der Jungs versteckt.

Und R: »Ich glaube, du hast neue Fans.«

»Es gibt hier übrigens einen Penisschrein«, sage ich zu R, »Willst du dir den angucken?«

»Ja, warum nicht.«

Es gibt sicher nicht viele Typen, mit denen man so etwas einfach machen kann. Den schönen Mann würde ich niemals fragen, ob er sich mit mir einen Penisschrein ansehen möchte. Mit meinem Nichtehemann geht das. Weil es keine Spannung zwischen uns gibt. Weil wir Freunde sind.

Da stehen Steinfiguren, die von der Vorderseite wie betende Menschchen mit Mützen auf dem Kopf aussehen und von der Rückseite wie Penisse. Es gibt auch eindeutigere Phalli dort. Aus Stein, aus Holz, mit dicken Adern, der größte sicherlich vier Meter lang. Angeschlossen an den Schrein gibt es ein »Museum«. Dort ausgestellt ist Schweinekram aus der ganzen Welt. Ein privater Sammler hat ihn auf Reisen gekauft und hergebracht. Von afrikanischen Fruchtbarkeitsstatuen über deutsches Sadomaso-Zubehör über *shunga*, die ersten japanischen Pornobildchen. Die meisten davon sind Farbholzschnitte, *ukiyoe*, und zeigen überdimensionierte Geschlechtsteile in expliziter Aktion, inklusive Gruppensex und Sex mit Tieren. Japan gilt als sexuell aufgeschlossen, weil der moralisch verbietende Überbau durch den Katholizismus fehlt. Das stimmt nur halb. Zwar hat Japan eine der größten Pornoindustrien der Welt, aber die Geschlechtsteile werden verpixelt.

Eine Künstlerin musste einmal sogar fast ins Gefängnis, weil sie »Muschi-Kunst« produziert. Megumi Igarashi heißt sie, und ich habe sie vor Jahren in Tokyo getroffen. Die Frau mit dem blondierten Bob mit Pony ist 45 Jahre alt und wirkt dennoch mädchenhaft. Ursprünglich war sie Manga-Zeichnerin. Sie malte eine Geschichte über ihre Schamlippenverkleinerung. Das verkaufte sich gut. Der Verleger verlangte nach einer Fortsetzung. Da Igarashi ihre neue Vulva kennenlernen wollte, machte sie einen Abdruck mit einer Paste, mit der Zahnärzte normalerweise die Gebissabdrücke machen. Der Abdruck habe aber »langweilig und einsam« ausgesehen. Deswegen klebte sie Glitzersteinchen drauf. Sie fabrizierte immer mehr Variationen und irgendwann komplette Landschaften. Mal rutschen Schulmädchen den Schlitz entlang, mal robben Soldaten über die Klitoris, mal versuchen AKW-Arbeiter im Schutzanzug, den blauen Ausfluss aufzuhalten. Sie wurde angefeindet und beschimpft und dachte sich: Jetzt erst recht. Sie entwarf eine Klitoris-Leuchte, ferngesteuerte Roboter-Vulven, die in der Gegend herumsausen, Kronleuchter, an denen gläserne Vulven baumeln, einen Vulva-Ganzkörperanzug aus rosafarbenem Teddystoff, ein Computerspiel, bei dem man Vaginas füttert und sie in Folge immer größer werden. »Ich möchte eigentlich nur, dass die Leute Spaß haben mit der Muschi, dass es kein so großes Tabu mehr ist.« Sie sei schließlich ein ganz normales Körperteil, »wie ein Ellenbogen«. Dass Igarashi schließlich verhaftet wurde, hat mit einem Crowdfunding zu tun, das sie startete, um ihre Vulva in 3-D und meterlang zu drucken. Sie baute aus dem Druck einen Kajakaufsatz und paddelte darin auf dem Fluss Tamagawa in Tokyo. Als Give-away versandte Igarashi die 3-D-Daten ihrer Muschi. Für diese »Verbreitung von obszönem Material« musste sie schließlich über dreitausend Euro Strafe zahlen.

Nicht nur auf Shikoku, auch in der Nähe von Tokyo gibt es einen Penisschrein. Einmal im Jahr findet dort ein Fest statt, das einen stählernen Penis ehrt. Auch dort habe ich für meinen Artikel über Igarashi recherchiert. Ein pinkfarbener Phallus auf einem Altar wurde durch die Menge gehievt, und Familien ließen sich mit ihm fotografieren. Eine Frau trug zu schwarzem Lack und Leder einen roten Strap-on-Dildo. Fast jeder Besucher leckte an einem der Schwanzlutscher, die für fünf Euro das Stück verkauft wurden und für die man etwa eine Stunde anstehen musste. Ich sah dort Kinder und Omis gemeinsam gebratene Nudeln essen und zu Holzpenissen beten. Der Sage nach lebte einmal eine Frau, deren Vagina von einem Dämon besessen war. Dieser Dämon biss alle Penisse ab, die sich der Frau näherten. In ihrer Verzweiflung darüber, einen potenziellen Liebhaber nach dem anderen zu verlieren, suchte die Frau einen Schmied auf. Ein Stahlpenis sollte Abhilfe schaffen. Der Schmied machte sich an die Arbeit und penetrierte die Frau mit dem stählernen Penis. Als der Dämon wie üblich zubiss, fielen ihm die Zähne aus, und er entfloh der Vagina. Die Frau war nun endlich »frei« und heiratete gleich den Schmied. Einmal im Jahr wird zu Ehren der Dämonenbefreiung also dieses Fest veranstaltet. Wenn gerade keines stattfindet, wird der Schrein vor allem von Prostituierten besucht, die dort gegen Geschlechtskrankheiten anbeten. Die Einnahmen des Festes gehen an die Medikamentenforschung.

An dem Schrein in Uwajima beten Paare und einzelne Besucher seelenruhig wie an jedem anderen Schrein in Japan. Rituelle Reinigung. Zweimal klatschen, damit die Götter zuhören. Verbeugen. Beten. Noch einmal klatschen.

Als wir wieder draußen sind und an einem Fluss entlanggehen, der mit Pollern abgegrenzt ist, sagt R: »Meine Güte, ich sehe überall nur noch Penisse.«

Er hat recht, aber ich bin mal wieder von meinen schmerzenden Füßen abgelenkt und muss mich langsam auf die Suche nach neuen Schuhen konzentrieren. R hat ein Geschäft rausgesucht, das in der Nähe einer Bahnstation liegt, von der wir zum *Henro House* fahren können. Vorher bleibt er wieder in einem Antique-Shop hängen. Ich setze mich davor auf einen Hocker und warte.

»Komm mal«, sagt der Ladenbesitzer zu mir.

Er deutet auf ein Bild, eine Gruppe Judo-Schwarzgurtträger. Und zwei davon: John Lennon und Yoko Ono!

»Kennst du die?«, fragt er.

»Na, klar! Aber die Frage ist wohl eher: Kennst DU die? Hast du mit denen trainiert?«

»O ja, das daneben bin ich.«

Ein bisschen ist das, wie als ich R das erste Mal getroffen habe und Momoka uns ihr Dorf zeigte. Man weiß nie, was man in der Provinz findet. Manchmal sogar Ladenbesitzer, die wissen, wie John Lennon aussieht, wenn er im Judoanzug auf dem Boden liegt. »Leben ist das, was passiert, wenn du gerade andere

Pläne machst«, zitiert der jetzt seinen früheren Trainingskollegen. Das stimmt. Ich suche Schuhe und finde einen Bekannten von John Lennon.

Der Schuhladen, den R rausgesucht hat, hat ohnehin geschlossen.

»Okay«, sage ich, »dann Donuts!« Neben dem Bahnhof gibt es wieder ein kleines Shoppingcenter. »Ich liebe deine Einstellung«, sagt R, »du bist so positiv!«

Ich finde dann doch noch Schuhe. In einer kleinen Ecke des kleinen Einkaufszentrums. Quasi im Supermarkt. Die paar Frauenwanderschuhe sind alle pastellfarben, und ich entscheide mich für ein Modell in Altrosa. Sie haben viel mehr Profil als meine Laufschuhe, sind nicht nur größer, sondern auch wesentlich breiter, und ich fühle mich beim Reinschlüpfen fast, als hätte ich diese riesigen Puschen angezogen, die es wahlweise als Tigerpranken oder Einhornköpfe gibt. Entgegen Rs Rat, die alten Schuhe vorsorglich aufzuheben, haue ich sie direkt in die Tonne. R sitzt auf der Bank zwischen den Schuhregalen, malt in sein Skizzenbuch, und auf uns kommt eine uralte Rollstuhlfahrerin zugerollt.

»Pilger!«, ruft sie. Ich hüpfe zur Seite, denn ich glaube, sie will hier durch. »Nein! Nein! Nicht doch, Pilger«, sagt sie und reicht mir einen winzigen Umschlag mit einem Fünfhundert-Yen-Stück, vier Euro. Man merkt ihr an, dass sie es ernst meint mit der milden Gabe für Meister Kobo, dass sie an die Sache glaubt und wir jetzt ein Stück für sie mitpilgern werden.

In der Nacht haben wir ein Haus für uns. Wir sitzen mit Räucherstäbchen gegen die Mücken auf dem Balkon. R hat mir zwei Schüsseln mit kaltem Wasser für meine Füße gebracht, damit sie abschwellen. Es ist eigentlich ziemlich klar, denke ich, warum ich R immer treffe, wenn ich fertig bin: weil er sich um mich kümmert.

Er sagt: »Ist doch viel schöner als in der Stadt. So idyllisch ist es sonst eigentlich nur im Anime.« In der Stadt hatte er wieder dieses komisch unglücklich verkrampfte Gesicht, das ich schon aus Kochi-Stadt kenne. Seit wir wieder auf dem Land sind, ist die Anspannung aus ihm gewichen. Er wirkt ganz bei sich und irgendwie vollständig.

Mal sehen, wie lange wir es diesmal miteinander aushalten werden.

22

»Ihr könnt ja im Lovehotel übernachten,
wenn ihr sonst keinen Platz findet.«

(Pensionierter Pilger, nach dem Tempel des glänzenden Steins)

Am nächsten Morgen regnet es. Weil ich abends meine Wanderhose draußen auf die Wäschestange gehängt habe und die jetzt
nass ist, muss ich mit den Leggings auskommen.
Tempel einundvierzig. *Ryukoji.* Tempel des Drachenstrahls.
Liegt wenige Kilometer von unserer Unterkunft entfernt. Meister
Kobo hat ihn gegründet, nachdem er hier einen Fuchs in Gestalt
eines alten, weißhaarigen Mannes gesehen hat. Er ist gleichzeitig
ein Schrein, an dem die Fuchsgottheit Inari verehrt wird. Über
den Hügeln hängen die Wolken, und wir laufen an einem Friedhof vorbei in den Wald. Mit den rosa Schuhen und ohne Wanderhose fühle ich mich wie Barbie auf einem Ausflug. Gleichzeitig
bin ich praktischer denn je angezogen, mit den alten Laufschuhen
wäre ich auf dem nassen Waldboden sicher gerutscht.
R erzählt davon, wie er das erste Mal in Japan war.
»Ich hatte Pfeiffersches Drüsenfieber, war recht erschöpft und
konnte deswegen nicht so viel unternehmen, wie ich wollte.«
»Aha?«, sage ich. Dazu wüsste ich ja gerne mehr. »Und dann?«
»Als ich zurückkam, hieß es, meine Leber sei durch das Virus
angegriffen, und ich durfte eine Woche lang keinen Alkohol
trinken.«
Soll das ein Witz sein? Er war zwei Wochen müde und durfte

danach eine Woche nichts trinken? Und erzählt das, als wäre es eine dramatische Leidensgeschichte? Was für ein Weichei, denke ich und sage: »Aha.«

Meine eigene Krankheit erwähne ich nicht. Irgendwie ist sie das Intimste, was ich habe. Ich möchte mich nicht über die Krankheit definieren lassen. Ich habe das Gefühl, das muss ich erst mal für mich alleine klarkriegen. Erst mal selbst mit der Bestie klarkommen, bevor ich sie anderen vorstellen kann.

»Warum erzählst du eigentlich nie was über dich?«, fragt er.

»Wusstest du«, sage ich, »dass Leute schon dann ›immer‹ oder ›nie‹ sagen, wenn etwas dreimal passiert? Drei Wiederholungen reichen bereits aus, ist das nicht unglaublich?«

Er bleibt stehen, rollt mit den Augen und sagt: »Du verstehst, was ich meine, oder?«

Ich schweige. Wir laufen. Reisfelder längs der Straße. Da vorn eine Gruppe Schulkinder mit gelben Regenschirmen, die über die Straße gelotst werden.

»Dass ich nichts über mich erzähle, ist doch vollkommener Quatsch!«, sage ich. »Wir haben über meine Kindheit gesprochen, meine Familie, meinen Alltag, meine Exfreunde, meine Arbeit … Was willst du noch?«

»Ja, aber als ich gesagt habe, dass du im echten Leben sicher total viele abgefahrene Muster trägst, hast du nichts gesagt.«

»Na ja, das war ein Halbsatz eines längeren Gesprächs und keine wirkliche Frage …«

»Eben … Wenn ich nicht frage, sagst du es nicht …«

»So ein Bullshit … Aber wenn dich was interessiert, frag halt!«

Was für eine seltsame Diskussion. Hängt der Typ sich jetzt ernsthaft daran auf, dass er nicht weiß, was ich in meinem Alltag für Klamotten trage? Obwohl er mein ziviles After-Pilgeroutfit – schwarze Leggings, schwarzes Kleid, gemusterter Schal – kennt? Und ist es nicht, wenn man hier seit einem Monat täglich das gleiche dämliche Pilgeroutfit trägt, ohnehin völlig egal, was man zu Hause anzieht?

»Wenn das für dich wirklich wichtig ist zu wissen: Ich habe ein paar gemusterte Sachen und viele schwarze. Geht es dir jetzt besser?«

»Ich komme mir nur doof vor, weil ich die ganze Zeit über mich erzähle«, sagt R.

Vielleicht ist fast jeder im Vergleich zu R reserviert, dessen zweiter Satz »Ich bin übrigens hypersensibel« war. Am dritten Tag hatten wir bereits abgehandelt, dass er ein Vertrauensproblem hat und dass das mit seinen Eltern zusammenhängt. Dass er deshalb auf dem Pilgerweg so riesige Probleme hat, Leute einfach ziehen zu lassen.

»Du musst dir nicht doof vorkommen.«

»Du bist geheimnisvoll«, sagt er.

Ich habe das schon oft gehört. Dass Leute mich nicht einschätzen können. Mich nervt das. Am bescheuertsten finde ich es, wenn sie dazu noch so was sagen wie: »Du bist Sternzeichen Fische. IHR seid so.« Weiß überhaupt irgendjemand irgendwann, wer irgendjemand anderes WIRKLICH ist? Weiß irgendjemand überhaupt, wer er selbst ist? Und verändert man sich nicht ohnehin die ganze Zeit? Ich bin ich, wo ist das Problem? Das Bedürfnis, Leute mit Etiketten auf der Stirn in Schubladen zu stecken, finde ich befremdlich. Und es nimmt den anderen die Möglichkeit der Entwicklung. Schränkt sie ein, verschiedene Facetten auszuprobieren. Diese Schubladen sind im Endeffekt einengende Tunnel. Das ist wohl der Hauptunterschied zwischen R und mir. Während mich das beklemmt, fühlt er sich in Enge geborgen. Er braucht klare Labels, um sich zu orientieren. Und um mich in eine Schublade zu stecken, offensichtlich das Wissen über meine alltägliche Klamottenauswahl.

»Geheimnisvoll, geheimnisvoll. Ich komme mir auch doof vor, wenn du mir das jeden Tag sagst«, sage ich.

»Dann haben wir uns gerade wohl ein bisschen besser kennengelernt«, sagt er.

»Jeder, den du triffst, ist Meister Kobo«, sage ich. Und dann lachen wir.

Tempel zweiundvierzig. *Butsumokuji*, der Tempel von Buddhas Baum. An der Rückseite der Haupthalle ist ein Mülleimer voll mit vergessenen Wanderstäben und daneben Plastiktüten voller *Osamefuda*-Zettel. Werden die am Ende einfach weggeschmissen? Oder hier lediglich für eine rituelle Verbrennung zwischengelagert?

Ich habe gelesen, dass es in der Nähe ein *zenkonyado* gibt. Eine Umsonstunterkunft, die Einheimische organisieren. »Leider nicht mehr«, sagt der Mönch vom Stempelbüro. »Der Mann, der das gemacht hat, ist alt und schwer krank.« Der Mönch empfiehlt, beim nächsten Tempel nach weiteren Unterkünften zu fragen. Dann müssen wir wohl noch mindestens fünfzehn weitere Kilometer im Regen rumlaufen.

Aber zunächst schenken uns Einheimische eine Packung Erdbeeren.

»Na, pack die mal ein«, sage ich zu R.

»Bin ich jetzt dein Sherpa?«

»Ja, warum nicht? Hast du nicht heute Morgen erst erzählt, wie leicht sich dein Rucksack mittlerweile anfühlt? Dass du jeden Tag stärker wirst?«

Ich grinse. Er kneift die Augen zusammen.

Wir testen hier gerade Grenzen aus.

»Unabhängige Frau, was?«

»Ich glaube«, sage ich, »wirklich starke Frauen haben kein Problem damit, wenn ein Mann ein paar Erdbeeren für sie trägt.«

Er packt sie ein.

Die Strecke ist ein Mischmasch aus Waldweg und Straße. Wir müssen aufpassen, nicht auf die vielen kleinen Krabben zu treten, die unseren Weg kreuzen. Vor uns hüpfen die Frösche davon. Teilweise sind die Wege wegen Erdrutschen gesperrt. Es ist windig und nass. Die ganze Landschaft liegt im dichten

Nebel. Doch das schlechte Wetter steht der Insel. Die bewaldeten Hügel sehen dann blau aus. Ein bisschen wie in einer chinesischen Tuschezeichnung, bei der man eher eine Ahnung der Landschaft hat, als sie wirklich zu sehen. Wie üblich warte ich auf R, wenn es bergab geht. Obwohl er so vorsichtig bei den Abstiegen ist, höre ich hinter mir einen lauten Schlag, und er sitzt fluchend auf seinem Hintern. Außer uns läuft da nur ein einziger anderer Pilger. Ein *Golden Week-Henro.* Seit fünf Jahren macht er das: einmal im Jahr eine Woche lang pilgern. »Ich habe jetzt die Hälfte«, sagt er. »In fünf Jahren bin ich durch.« Ich würde niemals zehn Jahre in Folge meine einzige freie Woche des Jahres auf Shikoku verbringen. Allein zu wissen, dass man das zehn Jahre lang macht, wäre für mich ein Albtraum. Vielleicht ist Pilgern besonders geeignet für Leute, die im Grunde keinen Urlaub wollen. Die Beschäftigung brauchen, weil sie sonst durchdrehen würden. Die einen roten Pfeil brauchen, um zu wissen, wo es langgeht.

Kurz vor Tempel dreiundvierzig bin ich mal wieder kurz vor dem Umkippen. Wie weit ist das bitte? Und muss wirklich jeder dieser Tempel auf einem Berg liegen?

Der Tempel hat was, aber ich habe keine Kraft, ihn mir näher anzusehen, dazu der ganze Regen. Aber da war ein Paar, das in einem sehr coolen Flow gebetet hat. Dass mir so etwas auffällt, heißt wohl, dass ich mich mittlerweile zu einer Art Herz-Sutra-Nerd entwickelt habe. Ich hingegen bete halbherzig und sitze fünf Minuten später vor einer dampfenden Schüssel Udon und grinse über beide Ohren. Draußen regnet es immer stärker.

Udon, die dicken weißen Nudeln, gibt es zwar in ganz Japan, aber Shikoku ist für sie berühmt. Udon aß man im vierzehnten Jahrhundert bereits in Tempeln. Den wirklichen Durchbruch schafften sie, wie alle japanischen Weizengerichte, allerdings erst nach dem Zweiten Weltkrieg. Wie die BRD sollte Japan als Bollwerk gegen den Kommunismus wiederaufgebaut werden, und wie in Deutschland mangelte es dazu an ausreichend ernährten Leuten. Die USA sandten ihr überschüssiges Mehl, und die japanische Ernährung, deren Basis immer Reis gewesen war, musste auf Brot, Pfannkuchen, Teigtaschen und Nudeln umschwenken. Das damalige Gesundheitsministerium und Wissenschaftler förderten die Ernährungsumstellung auf ihre Weise und verbreiteten fragwürdige Theorien: Reis mache dumm, Reisesser seien grundsätzlich passive Menschen. Sie empfahlen sogar, nur noch Weizen zu essen, der angeblich aktiv, stark und schlau mache. Heute isst man wieder ausgewogener. Ohne Reis ist die japanische Küche undenkbar, aber ebenso ohne Nudeln.

Die Wirtin organisiert uns eine Unterkunft samt Verpflegung für die Nacht. Weil es wegen des Regens Absagen gab, hat sie ein Zimmer frei. Das übliche Gespräch am Telefon: »Seid ihr verheiratet?« »Nein.« »Könnt ihr euch trotzdem ein Zimmer teilen?« »Ja, wir sind Freunde.«

Fünf Kilometer später kommen wir klitschnass dort an. Eine zierliche, alte Wirtin kniet auf der Stufe des Eingangsbereichs. Sie reicht uns Handtücher und nimmt uns die Stöcke ab, um sie zu waschen und sie später in der Schmucknische unseres Zimmers zu drapieren. Sie stellt Wäschekörbe bereit, in die wir unsere Schmutzwäsche legen können. Sie wird alles waschen, und das Badewasser sei auch schon bereit. Es fühlt sich an wie bei Oma zu Hause.

Oma will R am nächsten Tag auch ein Hotelzimmer reservieren, aber wegen der Goldenen Woche klappt das nicht. Alles ist voll. Ich möchte in einem *bangai*-Tempel im *tsuyado* schlafen, in einem dieser Umsonsträume für Pilger. Nun wird sich R anschließen müssen. In einer Rasthütte treffen wir später einen alten Pilger, der gestern auch bei Oma geschlafen hat. Er hat die Reise seit Monaten geplant und daher keine Probleme mit der Reservierung.

Er guckt auf meine Essenstüte, lacht los und sagt: »Meine Güte, was hast du denn da alles dabei?«

»Ja, ich bin nicht so stabil«, sage ich und beiße in ein Sahnebrötchen. »Wenn ich nicht ständig esse, kippe ich um.«

Und R: »Sie transportiert einen kompletten *Combini* im Rucksack.«

»Gummibärchen?«, frage ich und halte die Tüte in die Runde. Die zwei Männer schütteln die Köpfe und grinsen.

Die Berge komme ich immer noch nicht besser hoch. Jeder Schritt eine Qual. Dafür renne ich sie runter, bremsen wäre mit dem Rucksack und der Schwerkraft einfach viel zu anstrengend, und der alte Mann ruft, als ich ihn überhole: »Du bist also doch eine wahre Deutsche.« Etwas Idiotischeres habe ich selten gehört.

Nach dem ermüdenden Bergweg führt die Straße durch ein noch ermüdenderes Industriegebiet. Eine absurde Ansammlung von Geschäften. Ein Lovehotel. »Da könntet ihr übernachten, wenn es im *tsuyado* keinen Platz mehr gibt«, hatte der alte Mann in der Hütte noch gesagt. Man würde es stundenweise zahlen. Wie die Katzen- und Ziegencafés sind Lovehotels, oder japanisch abgekürzt *rabuho*, eine Auslagerung der Freizeit aus den eigenen vier Wänden. Die Badewannen haben Whirlpool-Funktion, der Fernseher Pornokanäle, die Lichtanlagen Dimmer. Kondome gibt es aufs Haus. Freundschaft hin oder her: Es wäre seltsam, mit meinem Nichtehemann während einer Pilgerreise in so einem Zimmer zu übernachten.

Da R mal wieder bei einem Geschäft für alten Plunder hängen bleibt, trennen wir uns. Er wird mich ohnehin einholen, sagt er. Aber er holt mich nicht ein. Beim nächsten *Combini*-WLAN schreibe ich ihm, dass ich ins *Onsen* gehe und wir uns danach beim Tempel treffen können.

Als wir uns ein paar Stunden später wiedersehen, sagt R: »Ich habe mir solche Sorgen gemacht, dass wir uns nicht wiederfinden.«

»Aber ich hatte dir doch geschrieben.«

»Ja, ich weiß.«

Der Typ hat wirklich ein Vertrauensproblem.

Im staubigen Tatami-Zimmer des *Tsuyado* rollen wir bald darauf die Futons aus.

Ich glaube immer noch, dass allein laufen eigentlich besser ist. Dass man dann mehr »da ist«. Im Moment und in der Umgebung. Und bei sich selbst. Gleichzeitig würde ich in solchen Räumen wie heute niemals so ruhig schlafen, wenn R nicht da wäre. Außer uns haben noch zwei ältere männliche Pilger, die ich nicht kenne, Futons ausgerollt. Wenn R nicht neben mir läge, würde ich mir vermutlich jetzt keine Ohropax reinstecken und auch nicht innerhalb von fünf Minuten einschlafen. Ich müsste wachsamer sein.

Morgen möchte ich wieder zu einer Umsonstunterkunft. Einen *daishido*. Einen »Raum des Meisters«. Es gibt einige dieser Räume auf Shikoku. Sie sind nicht an Tempel angegliedert, aber in früheren Zeiten extra für die wandernden Pilger gebaut worden. R hat schlechte Laune, weil er nicht weiß, wie er weitermachen möchte. Er würde gern einen Zug oder Bus nehmen, sagt er, aber die Verbindungen seien schlecht und Unterkünfte weiter rar gesät.

»Ich muss mich offensichtlich entscheiden, ob ich deine Gesellschaft noch etwas länger genießen will«, sagt er.

Als ich am nächsten Morgen aufwache, sind die zwei älteren Pilger bereits weg. R schnarcht leise neben mir.

»Na, gut geschlafen?«, fragt er später.

»Ja.«

»Ich gar nicht.«

»Och, als ich aufgewacht bin, hast du friedlich geschlummert.«

»Ehrlich gesagt … Die zwei Typen haben derart laut ge-

schnarcht, dass ich, bis die aufgestanden sind, kein Auge zuge-
drückt habe.«

Zum Glück habe ich R und die Ohropax dabei, sonst wäre
es mir sicher ähnlich ergangen. Meister Kobo konnte hier im
Übrigen auch nicht schlafen. Das ist die Legende des Ortes. Er
klopfte an diverse Türen, aber keiner ließ ihn rein, weshalb er
sich schließlich unter eine Brücke legte, wo er erbärmlich fror.
»Sie helfen keinem Reisenden in Schwierigkeiten – diese Nacht
wirkt wie zehn«, dichtete er. Da stehe ich jetzt im Morgenlicht
unter zwei übereinander verlaufenden, sich kreuzenden Schnell-
straßen an einem Fluss und gucke mir eine liegende Steinstatue
von Kobo an. Er ist warm eingepackt in diverse bunte Decken.
Und wegen dieser einen Legende, dieser einen schlaflosen Nacht
unter dieser einen Brücke, dürfen Pilger auf sämtlichen Brücken Shikokus nicht mit dem Stock tockern, damit sie Kobo
nicht aufwecken. Dabei sitzt der Heilige doch ohnehin in ewiger Meditation auf dem Koya-san und ist gleichzeitig bei allen
Pilgern im Stock dabei. Das nenne ich Multitasking. Und weil
R wie Kobo wieder keine Unterkunft gefunden hat, kommt er
weiter mit mir mit.

Es wird ein langer Tag. Seit Tempel dreiundvierzig laufen wir
nach Osten. Tempel vierundvierzig liegt mehr als siebzig Kilometer entfernt, und wir werden ihn voraussichtlich morgen
erreichen. Wir entfernen uns mehr und mehr von der Küste
und laufen immer tiefer in die Berge, um bei Tempel fünfundvierzig einen Bogen zu schlagen, Richtung Norden, Richtung
Küste.

Mittlerweile erkennt R vor mir, wenn ich eine Pause brauche. Ich muss teilweise gar nichts mehr sagen, werde immer
langsamer und immer blässer, und bevor ich selbst auf die Idee
komme, sagt er: »Komm, setzen wir uns.« Er sagt auch: »Ich
mach dir jetzt ein Sandwich.« Und zwei Minuten später halte
ich ein Käsebrot in den Händen.

So geht das heute dreißig Kilometer und mehr als zehn Stunden lang.

Meine Schultern schmerzen, meine Füße schmerzen, und aus den Boxen tönt »How deep is your love« von den Bee Gees, als wir um kurz vor fünf und nach dreißig Kilometern die Tür eines Udon-Restaurants öffnen. Dort sollen wir laut DER Liste den Schlüssel zum *daishido* bekommen. Und weil das gleichzeitig der einzige Ort zu sein scheint, an dem wir etwas zu essen bekommen können, bestellen wir Udon. Seit Tagen gibt es überall nur mehr Udon. Die Spezialität des Hauses: *Tarai Udon.*

»Entschuldigung, was ist das?«, frage ich die Bedienung.

»Da geht es um Liebe und *Fudo-myo.*«

Bitte was? *Fudo-myo* ist dieser grimmig dreinblickende Schwerthalter mit den Flammen hinter sich, der mir seit dem gruseligen Plumpsklo immer wieder begegnet. Was hat der mit Liebe zu tun? Und was mit Nudeln?

»*Tarai Udon* ist kurz für *Rensei Tarai Udon* und heißt ›Udon der erfüllten Liebe‹.«

»Ach so«, sage ich und verstehe weiter gar nichts.

»Manche sagen auch, es steht für ›Waschschüssel‹. Na ja, du wirst sehen.«

Erfüllte Liebe oder Waschschüssel. Das finde ich beides prinzipiell nicht schlecht. Ich nicke.

»Was ist das also?«, fragt mich R.

»Nudeln«, sage ich. Er nickt, und ich sage: »Okay, zwei Mal bitte.«

Wir haben heute schon genug über Liebe gesprochen. Ich habe Sätze gesagt wie: »Liebe ist das Wichtigste, das wir haben im Leben.« Ich erzählte davon, wie ich das letzte Mal verliebt war. Wie ich mich ein Jahr lang um ein Stipendium bemühte, um diesen tollen Mann zu besuchen, der in zehntausend Kilometern Entfernung lebte und den ich davor nur einmal getroffen hatte. Einfach um zu sehen, was das ist und was das werden kann. Wie es mit uns schließlich trotzdem nicht geklappt hat. Und dass ich gar nichts bereue, weil ich finde, in der Liebe kann man keine Kompromisse machen. Man muss es versuchen, man muss aufs Ganze gehen, sonst hat man schon verloren.

Derweil hat R Sätze gesagt wie: »O mein Gott, das erinnert mich daran, wie ich früher war.« Wegen einer Frau ist er vor zehn Jahren nach Brüssel gezogen. Das wurde nichts, und auch sonst sei es immer »kompliziert«. Er gebe sich schnell selbst auf und werde dann »ungut«. Keine Ahnung, was er damit genau meint. Er sagt immer viel, aber gleichzeitig wenig. Jedenfalls möchte er sich in Zukunft nicht mehr so reinstürzen in diese Sachen. Stabiler sein. Seine nüchterne Rede endete er mit: »Mittlerweile glaube ich an Vernunft.«

Der letzte Akkord von »How deep is your love« klingt passenderweise gerade aus, und »Let it be« von den Beatles beginnt, als die Bedienung mit den Nudeln kommt. Tatsächlich stellt sie vor jeden von uns eine massive hölzerne Waschschüssel. Die Udon schwimmen dort im Wasser. Wir fischen die glitschigen Nudeln mit den Stäbchen heraus und ziehen sie zu »Bridge over troubled water« von Simon & Garfunkel durch eine würzige, dickflüssige, dunkelbraune Brühe.

Daishido. Eine alte Halle, mit einem Vorhängeschloss versperrt. Ein kleiner Gebetsraum. Eine kleine Küchennische. Eine Ebene mit alten Tatamis, die mit verschiedenen fleckigen Teppichen bedeckt sind. Modrige, mit Räucherstäbchendunst geschwängerte Luft. An der Wand stapelweise Futons und Decken. Wieder eine Nacht, in der ich ohne R vermutlich kaum schlafen würde. Auch mit ihm hat der Ort eine sonderbare und unruhige Atmosphäre. Ich träume, dass in dem Stapel Futons Schlangen wuseln, und krieche im Laufe der Nacht selbst immer weiter von dem Stapel weg, bis ich nicht mehr auf meinem Futon, sondern auf dem nackten Boden liege. Da stecke ich fest. Ich wache vollkommen verstört auf. Alles in dem Raum ist über Nacht nass und kalt geworden, und ich möchte einfach nur noch weg.

Während ich missmutig dreinschaue, schneidet sich R eine Banane ins Müsli und grinst mich an. Es ist derselbe Blick, den er hatte, als ich mich in Kochi-Stadt über den Hotelangestellten aufgeregt habe und R anschließend fast eine reingehauen hätte. Zu allem Überfluss macht er auch noch ein Foto von mir. Findet er schlechte Laune erheiternd? Wir packen schweigend zusammen. Er weiter grinsend, ich immer wütender. Als wir auf der Straße stehen und er immer noch grinst, sage ich: »Dein Gesichtsausdruck macht mich vollkommen fertig.«

»Aber ich gucke doch freundlich.«

»Ich finde, eher bösartig.«

»O Gott.«

»Warum grinst du denn so, wenn ich mich aufrege?«

»Na ja, ich weiß nicht, was ich tun soll, wenn du schlechte Laune hast.«

»Hm.«

»Ich bin überfordert.«

»Hm.«

»Und dann gucke ich fröhlich, weil ich denke, ich mache es damit besser.«

»Tust du nicht.«

»Okay, tut mir leid.«

»Tut mir auch leid!«

»Komm her«, sagt er und drückt mich.

23

»Was einen nicht umbringt, macht einen
nicht stärker.
Sondern bringt einen einfach nicht um.«

(R, zwischen dem Tempel des großen Schatzes und dem
Tempel der Felshöhle)

Es ist gar nicht so leicht, sich zu drücken, wenn man so
schwer bepackt ist. Ich fahre mit den Fingern unter den Tra-
gegurt seines Rucksacks, halte seine Schulterblätter, drücke
meinen Kopf an seine Brust. Er umfasst mich samt Rucksack.
Ich könnte ewig so stehen, aber irgendwann klopft er mir auf
mein Gepäck, wie man das so macht, wenn man genug hat.
»Na, geht's wieder?« Ich sage: »Nein, noch nicht.« Er lacht leise
und hält mich noch ein bisschen weiter. Und ich lasse mich
halten.

Ich laufe jetzt schon fast siebenhundert Kilometer um Shikoku.
Das ist mehr, als Hape Kerkeling insgesamt durch Spanien lief.
Und der hatte nach der Hälfte bereits Gott getroffen. Ich habe
mich im Plumpsklo gegruselt und war nach einem buddhisti-
schen Geburtskanal benommen. Ob da noch mehr kommt?
Und wann, wenn nicht jetzt? Schließlich bin ich gerade in der
Erleuchtungspräfektur.

»R, möchtest du eigentlich mit Gott sprechen, während du
hier bist?«

»Auf keinen Fall.« Die Entrüstung steht ihm ins Gesicht geschrieben.

»Warum nicht?«

»Na ja, der einzige, den ich getroffen habe und der angeblich Gott getroffen hat, war ein japanischer Mönch«, setzt R an. »Gott, Buddha oder wer auch immer habe ihm gesagt, er soll vierzig Jahre um Shikoku reisen.« Vierzig Jahre! »Er hatte dreißig Kilo Gepäck dabei, inklusive Minialtar, und dazu ein Waschbärfell auf den Rücken geschnallt. Bisher hatte er zwanzig Jahre geschafft. Ich möchte WIRKLICH NICHT vierzig Jahre hier rumlaufen müssen.«

»Verstehe.«

»Darauf kann ich echt verzichten.«

»Okay. Und was möchtest du stattdessen tun?«

»Wenn ich zurück in Brüssel bin, möchte ich weiter an meinem *Lightsaber* bauen.«

Ich lache los. Bitte was? R baut Lichtschwerter?

»Aber nicht, dass du mich falsch verstehst: Ich bin kein ›Star Wars‹-Fan«, sagt er.

Das macht das Ganze noch absurder.

»Also ich finde«, sage ich, »die alten ›Star Wars‹-Teile sind die besten Filme aller Zeiten.«

»Ach ...«, sagt er.

Wir setzen uns an einen Schrein auf die Straße, ich esse, und er zeigt mir Bilder von seiner Handwerkskunst.

»Es sind wahnsinnig viele Details und Einzelteile nötig, um das originalgetreu nachzubauen. Guck, das Gewinde hier zum Beispiel. Und wir reden noch nicht über die Elektronik.« Auf die Spitze treibt es R mit folgendem Satz: »Da siehst du Philippe, den König der Belgier, der gerade in unserer Werkstatt vorbeikommt und mich fragt, an was ich so arbeite.«

Ich kriege mich kaum mehr ein vor Lachen und wische mir die Tränen aus den Augen.

»Und guck hier«, sagt er und klickt weiter. Bilder von Indiana Jones' Peitsche. Auch die hat R in Kleinstarbeit Schicht für Schicht nachgeflochten. Ich liebe es, wenn Leute derartig begeisterungsfähig sind. Jemand, der so etwas durchzieht, muss eine Engelsgeduld aufbringen. R ist ein absoluter Knüller, so viel ist klar. Und diese Knalltüte mag ich mittlerweile richtig gerne.

Zehn Meter weiter zieht Rauch über die Straße. Was ist da los? Offene Feuer. Riesige Kessel. Und Einheimische, die jetzt auf die Straße laufen und sich gegenseitig »Pilger! Pilger! Pilger!« zuschreien, als wäre es eine Warnung. Sie wirken alarmiert, und ich frage mich kurz, ob sie etwas zu verbergen haben. Ist das eine illegale Drogenküche? Oder warten die auf uns, um uns in ihre Töpfe zu werfen?

»Setzt euch! Setzt euch!«, ruft einer und stellt uns, nachdem wir uns auf eine Bank haben fallen lassen, jeweils eine Dose Bier samt Plastikbecher hin. »Lasst uns anstoßen. Gleich gibt es Udon!«

Fantastisch.

Ich hebe den gefüllten Becher, rufe »*Kampai*! Prost!« und trinke nicht. Ich trinke ja nicht.

Der Mann ist zu beschäftigt damit, zwei Packungen Nudeln ins kochende Wasser zu werfen und mit überdimensionierten Stäbchen in dem überdimensionierten Topf umzurühren, als es zu bemerken.

Aber R guckt mich mit großen Augen an. »Sag mal, bist du eigentlich schwanger?«

Ich lache los. »Wie kommst du denn darauf?«

»Na ja, du trinkst nichts, und dein Körper ist irgendwie komisch. Bei manchen Frauen sieht man das ja nicht. Ich würde dir glatt zutrauen, dass du auf eine dramatische Geburt bei Tempel achtundachtzig hinarbeitest.«

Meine Güte, der Typ findet mich offenbar wirklich geheimnisvoll. So geheimnisvoll, dass er sich absurdeste Theorien zurechtlegt, um mein Verhalten zu erklären.

»Nee, das wirklich nicht«, sage ich, immer noch laut lachend, und tausche sein mittlerweile leeres Glas mit meinem immer noch vollen. »Du kannst noch, oder?«

»Ja, aber ich meine das ernst.«

»Ja, ich auch. Ich bin nicht schwanger«, sage ich. Niemals würde ich mir das hier im schwangeren Zustand geben. Niemals wäre ein Ziel von mir, bei Tempel achtundachtzig nach einem Aufstieg auf achthundert Höhenmeter zu gebären.

»Zumindest wirkst du wie jemand, der Unsinn anstellt, weil ihm das Leben sonst zu langweilig ist.« Für R scheine ich keine *Principessa* zu sein, sondern eher Pippi Langstrumpf.

Rs Theorien zu hören ist zwar recht unterhaltsam, aber vielleicht ist es langsam an der Zeit, ihn mit meiner Bestie bekannt zu machen. Vielleicht muss ich das gar nicht für mich selbst klarkriegen, bevor ich darüber spreche. Vielleicht kann er mir dabei helfen, sie zu verstehen.

Aber gerade unterbricht der Udon-Hobbykoch unser seltsames Gespräch mit einem: »Ach, du lachst aber schön.« Und erzählt, dass die Schweizerin gestern hier übernachtet habe. Die ist also noch zehn Kilometer mehr gelaufen als wir. Wie R sagte: Die ist taff. Und auch bei mir hat er ja nicht ganz unrecht, mein Körper ist wirklich komisch, und heute nach der unruhigen kalten Albtraumnacht bin ich absolut nicht auf der Höhe. Dafür liegt der Tempel, an dem wir gleich vorbeimüssen, direkt hinter einem Berg von siebenhundert Metern Höhe. Der Anstieg macht mir wie üblich zu schaffen. Wir rasten ein, zwei, drei Mal. Und ich denke, ich kann einfach nicht mehr weiterlaufen. Ich kann auch nicht mal mehr denken. Und dann kommt wieder ein Einheimischer und will quatschen. Schlapphut auf dem Kopf. Buschmesser am Gürtel. Auch das noch. Er drückt mir eine Flasche eiskaltes Wasser in die Hand. »Das ist Quellwasser«, sagt er. »Das wird dir guttun.«

Ich nicke nur und trinke und sage nichts, als R eine der wenigen Fragen beantwortet, die er versteht: Woher kommst du? Frankreich. »Ah Frankreich. Eiffelturm ... Baguette ...« Der Einheimische quasselt los. R schaut mich Hilfe suchend an. Ich habe das Wasser mittlerweile ausgetrunken. In meinem Kopf ist immer noch Watte, aber so ganz abschalten kann ich ohnehin nicht, weil der Einheimische keine Ruhe gibt. »Kommt mit! Kommt mit!« Er wedelt mit den Armen.

»Wohin denn?«

»Ich will dir mein *irori* zeigen.«

»Nicht *iroha*, sondern *irori*?«, frage ich. *Iroha* wäre ein berühmtes Gedicht.

Er lacht. »Ich sehe, wir verstehen uns.«

»Eben nicht! Ich kenne nur *iroiro*.« Das würde »Verschiedenes« bedeuten. Macht mich völlige Erschöpfung am Ende vollkommen albern?

»Na, komm mit«, sagt er.

Weil ich noch nicht wieder aufstehen kann, frage ich erst mal R, ob er weiß, was ein *irori* ist. Das Lustige an ihm ist unter anderem, dass er zwar kein Japanisch spricht, aber, weil er ein absoluter Nerd ist, manche Fachwörter dann doch kennt. Zum Beispiel das Wort für ein hohles Keramikschwein, in dem man Räucherstäbchen gegen die Mücken abbrennt. Er sagt dann Sätze wie: »Ach, ich liebe *katori senko buta*.« Aber R schüttelt den Kopf.

»Er möchte uns was zeigen«, sage ich. »Lass mal gucken, was es ist.«

Ich hoffe, dass der Mann uns nicht mit seinem Buschmesser abschlachten möchte, und wir folgen ihm einen schmalen Weg einen Hügel hoch zu einer Hütte. »Die habe ich selbst gebaut.«

»Sind Sie Zimmermann?«

»Nicht doch! Ich war Postbote.«

Stark. Drei Jahre hat er dafür gebraucht.

»Jetzt trinken wir eine schöne Kanne Tee.«

»Und das *irori*?«

Er deutet auf ein Loch im Holzboden, eine mit Sand gefüllte

Feuerstelle mitten im Zimmer, von der Decke baumelt ein Wasserkessel. Das Wasser kocht Buschmesser allerdings auf einem Gasofen, der danebensteht. Er wirft Teeblätter in eine Kanne und schenkt uns ein, begleitet von den Worten »Mit sehr gutem Wasser wird es auch sehr guter Tee«. Auf meiner Tasse steht ein Gedicht: Heute ist es lustig, morgen ist es lustiger. Und Rs Tasse besagt: Die Pilgerreise, Schritt um Schritt hin zu Buddha.

»Sind das Haiku?«

»O ja, ich bin ein großer Poet.«

Auch das noch. Jeden Tag schreibt er ein Kurzgedicht. Er holt Bücher hervor, in denen seine Verse abgedruckt sind, weil er mit seiner Dichtkunst bereits Wettbewerbe gewonnen hat.

»Joar, ich bin ziemlich bekannt und ziemlich gut«, sagt er, die Bescheidenheit in Person, und hält mir eine Zeitschrift mit einem Interview hin. Was für ein Angeber. »Guck, das bin ich.« Er redet und redet. Es besteht kein Zweifel, dass das, was dieser ehemalige Postbote so macht, beachtenswert ist. Aber auch, dass er ein wahnsinniges Geltungsbedürfnis hat und dass er uns gerade benutzt, um dieses Bedürfnis zu stillen. Er erinnert mich an die alte Frau, die für ihre selbst genähten Mikrotäschchen »berühmt« war, und auch an die Zahnlose, die auf der Brücke saß und auf Pilger wartete, weil sonst niemand mit ihr sprach.

Plötzlich sagt er: »So, ihr müsst jetzt weiter« und gibt uns je ein Bändchen mit einem Fünf-Yen-Stück. »Wenn euch mal das Geld ausgeht, benutzt ihr einfach das.« Wir sind nun etwa drei Cent reicher.

Um das zu verstehen, muss man wissen, dass das japanische Wort für fünf Yen, *goen*, mit anderen Zeichen geschrieben auch »ehrenwerte Chance« bedeutet. Manche sammeln deswegen Fünf-Yen-Stücke, um Glücks- und Karmapunkte anzuhäufen. Auch in die Bänder der Tempelglocken sind diese Geldstücke oft eingearbeitet. Es ist fraglich, ob uns der Betrag wirklich über eine finanzielle Pleite hinwegtragen wird. Andererseits: Was ist schon wertvoller als Glück?

Nach dem Tee fühle ich mich kurz belebt, aber nach ein paar Minuten lässt mich der lange Aufstieg wieder erbärmlich kriechen. Und mir fällt auf, dass mein Bambusstab viel weniger griffig ist als zuvor. Die Oma von der Unterkunft neulich hat offenbar seine spitzen Enden abgeschnitten. Müssen die hier eigentlich alle so bevormundend sein?

Die Legende besagt, dass in dieser Gegend früher nur eine einzige Frau wohnte, weil auf dem hiesigen Boden nichts wuchs. Meister Kobo änderte, nachdem er sich ihre Klage angehört hatte, flugs den Lauf eines Flusses, das Land wurde fruchtbar, und die Bauern kamen zuhauf zurück. Nach dem Berg von siebenhundert Höhenmetern queren wir ein Tal, und am Fuße des nächsten Berges, über den wir heute auch noch rüber müssen, steht endlich Tempel Nummer vierundvierzig. *Taihoji*, der Tempel des großen Schatzes. Ich glaube, er ist ganz schön. An seinem Tor lehnen riesige Strohsandalen, ansonsten kriege ich wenig mit. Ich bin heute einfach nicht ganz da, sondern im Dauerdämmerzustand. Wieder in den Kiefernwald den Berg hoch. Wieder runter. Unterkunft.

R hat uns einen Bungalow gemietet. Wir liegen im Dunkeln nebeneinander auf den Futons. Ich sage: »So, ich erzähle dir jetzt was über mich.« Und dann spreche ich das erste Mal überhaupt auf dieser Reise von der Krankheit und dem komischen Körper. Ich steige ein mit: »So wie du dich zwei Wochen nach dem Drüsenfieber gefühlt hast, fühle ich mich seit eineinhalb Jahren.« Ich erzähle, wie frustrierend das ist, ständig gegen eine Wand zu rennen, und wie scheiße es sich anfühlt, wenn einen täglich Rentner mit Rollatoren überholen. Wie ich nach dem ersten Berg gekotzt habe und jeden Tag fast umkippe.

»Heilige Scheiße, Lena!«, sagt R, »glaubst du nicht, dein Körper will dir sagen, du sollst aufhören?«

»Wahrscheinlich, aber der soll nicht aufhören, der soll stärker werden. Warum gibt es keinen Trainingseffekt? Warum werde ich nicht stärker?«

»Ich glaube nicht daran, dass einen stärker macht, was einen nicht umbringt. Es bringt einen einfach nicht um.« R atmet hörbar aus. »Und vielleicht bringt einen die gleiche Aktion beim nächsten Mal um.«

»Kann ich eine Hand haben?« Ohne Körperkontakt geht es gerade einfach nicht. Da ist jetzt eine geistige Nähe, die wie ein Magnet eine körperliche Nähe an sich zieht.

Sofort schnellt Rs Hand in die Mitte zwischen unsere Matratzen.

Ich nehme sie. Ich halte Rs Hand. Sie ist groß, stark und warm. Ich bin in Sicherheit.

Er sagt: »Du Monster!«

Ich kann hören, dass er dabei lächelt.

Lang liege ich wach in dieser Nacht und lasse das Gespräch nachhallen. Die Hand lasse ich irgendwann wieder los, als ich höre, dass R eingeschlafen ist. Eine Laufmaschine bin ich bisher keine geworden. Es ist unnötig, dass ich mich immer noch über diesen Körper aufrege, aber ich tue es trotzdem immer wieder. Ich habe hier ständig den Vergleich mit allen, denen alles so viel leichter fällt. Sogar Brett des Ostens sagt nicht mehr, dass er sterben will, sondern dass es ihm »richtig gut« geht. In Blogs schreiben Läufer von einer unsichtbaren Kraft, die sie ziehe. Sie laufen eigentlich gar nicht mehr selbst, schreiben sie, sondern schweben nach einer kurzen Einlaufphase auf einem meditativen Regenbogen.

Die Logik meines Körpers verstehe ich immer noch nicht. Diva? Ich horche in mich rein. Welche Sprache sprichst du? Stille.

Die Bestie ist in mir. Vielleicht ist es gar nicht der Körper, der nicht ausreichend viel leistet, sondern der Geist, der damit nicht zufrieden ist. Die Bestie bin ich.

Plötzlich denke ich: Eigentlich ist es der absolute Wahnsinn, was ich hier tue. Was mein Körper hier hinkriegt. Vielleicht bin ich schwächlich, aber na und? Verglichen damit, dass ich es vor einem Jahr nicht mal geschafft habe, das Wohnzimmer zu saugen, ist das hier der absolute Oberhammer. Ich bin zwar schwach, verglichen damit, wie ich vor der Krankheit war, aber stark, verglichen damit, wie ich vor einem Jahr war. Vielleicht muss ich keine Laufmaschine werden. Ich muss überhaupt nichts.

Weil wir bei Tempel Nummer fünfundvierzig einen Haken schlagen werden, können wir zwei Nächte in dem Bungalow schlafen und unser Gepäck auch direkt dort lassen. R packt seinen Rucksack um und sagt: »Schmeiß einfach alles, was du für den Tag brauchst, hier rein.« Ich reagiere mit einem Zitat und einem doofen Grinsen: »Ich möchte deine Freundlichkeit nicht ausnutzen ...« Das hatte er mir ja gesagt, bevor wir uns in Kochi-Stadt getrennt haben. Wir lachen. Wie ohnehin meistens.

Ohne Gewicht ist, was wenig überraschend ist, alles leichter. Ich nehme auch nur den ollen Bambusstecken und nicht noch den schweren Fuji-Stock.

Es gibt heute eine Abkürzung, über die allerdings in Rs Reiseführer steht, dass man sich dort leicht verläuft. »Wir haben also keine Wahl«, sagt er. Ich denke: ›Ja, wir nehmen den kürzeren Weg und passen auf, dass wir uns nicht verlaufen.‹ Und er fährt fort: »Wir müssen den längeren Weg nehmen.« Wir denken komplett unterschiedlich, egal wie lange wir miteinander laufen. Wir sind ein seltsames Gespann. Er, wie er die Berge hochrennt, und ich, wie ich sie runterrenne. Und das passt bei aller Andersartigkeit erstaunlich gut zusammen. Ganz offensichtlich ist Harmonie nicht unsere Stärke. Es ist auch nicht so, dass wir uns à la »Gegensätze ziehen sich an« vom ersten Moment an die Kleider vom Leib reißen und übereinander herfallen wollten. Aber wir sind ein Team geworden, das sich ergänzt. Partner, die einander vertrauen und einander besser machen. Ist es am Ende so, wie das Orakel in dem Antiquitätengeschäft meinte? »Ihr solltet heiraten. Das passt perfekt! Ich schwöre es dir.«

R stößt gegen meinen Wanderstock, und das Bersten des Holzes reißt mich aus den Gedanken. Das war es wohl mit meinem ollen Bambusstecken, der so porös aussah und mich trotzdem hunderte Kilometer getragen hat.

Ich: »Kein Problem.«

Er: »Doch, das ist ein Problem.«

Und so geht das sicher eine Stunde lang. Immer wieder sagt R, wie leid ihm das tue. Er wisse ja, wie sehr ich den Stock brauche, und er sei nun schuld daran, dass ich noch schlechter laufen könnte, wo ich es doch ohnehin schon so schwer habe.

Ich hingegen sage, dass sich alles irgendwie fügen wird. Dass ich irgendwo einen anderen Stock finden werde, so wie ich eben auch diesen, nun kaputten Stock gefunden habe, als ich ihn brauchte.

Passt das jetzt überhaupt nicht zusammen?

Oder passt das perfekt?

Zumindest ist der Weg heute einfach nur fantastisch. Wir laufen auf schmalen Waldwegen zwischen riesigen Kiefern und Felsen. Flankiert von den üblichen Schildchen:

Jeder, den du triffst, ist Meister Kobo.

Der Pilgerweg, der das Herz wäscht und poliert.

Durch die Begegnung mit anderen begegnest du dir selbst.

Und neu: Ein unerschütterliches Herz trifft die Entscheidung.

Soll das so was heißen wie: Nur wenn ein Herz nicht mehr ins Wanken gerät, trifft man schlaue Entscheidungen? Oder: Hör auf dein Bauchgefühl? Ich habe heute viele Fragen und kaum Antworten.

Unerschütterlich ist mein Herz wahrlich nicht. Gewaschen schon eher, aber poliert? Irgendwas hat sich verändert bei R und mir. Klar, wir sind Leidensgenossen auf diesem verdammt schwierigen Weg. Aber da ist jetzt ein Prickeln. Ich würde gerne seine Hand halten, so wie gestern Nacht. Diese große, starke, warme Hand. Ich schaue in seine Augen und sehe, dass sie gar nicht wirklich braun sind. Er hat einen dunklen Kreis um eine bernsteinfarben und dunkelgrün gescheckte Regenbogenhaut. Wie abgefahren ist das denn? Und vor allem: Sie schauen mich voller Liebe an. Und ich schaue voller Liebe zurück.

Wir sind zusammen in diesem Wahnsinnswald, der den 1,90 Meter hohen R wie einen Zwerg aussehen lässt. Und es geht wieder runter. Endlich.

In einen dunklen Fels gehauen steht unter einem Dächlein eine knallrote Statue. *Fudo-myo* mit seinem furchterregenden Gesicht, den Flammen und dem Schwert. Mittlerweile ein alter Bekannter, aber es läuft mir kalt den Rücken runter. Was, bitte, hat es mit dieser Gottheit auf sich? War das doch kein Zufall, dass das Klo so gruselig war? Dass ich aus Versehen zu einem Tempel der *Fudo-myo*-Pilgerreise ging, dass ich vorgestern die *Fudo-myo*-Waschschüssel-Liebesnudeln gegessen habe? Soll das irgendeinen logischen Sinn ergeben? Oder bin ich einfach nur dünnhäutig, weil ich zu wenig geschlafen habe? Von der Statue oder dem Ort, auf dem sie steht, geht eine ungeheure Kraft aus. Diese Kraft beantwortet meine Fragen zwar nicht, aber pustet sie weg wie der Wind dunkle Wolken. Mein Magen zieht sich zusammen. Und aus der Ferne höre ich traditionell japanische Musik. *Shamisen*, die dreisaitige Langhalslaute.

Wir stolpern durch den Hintereingang in das Tempelgelände. Die Musik wird immer lauter, und dann stehen wir vor einer kleinen Bühne. »*Manzai*-Tanz der *Myo*-Gottheit« steht da, und auf der Bühne sind sechs Tänzer. Sorgsam choreografiert bewegen sie sich zu dem Zupfen der *shamisen* aus dem Lautsprecher. Lilafarbene lange Röcke, bunte Blousons, auf Zentimeter genaue Schrittchen und Fächer, die sich zu Formationen fügen. Derweil tanzt einer komödiantisch inszeniert aus der Reihe. Er lässt die übrigen Tänzer noch perfekter aussehen und lockert das Ganze gleichzeitig auf. Die Zuschauer des Spektakels lachen und klatschen, und R guckt beinahe so begeistert wie gestern, als er mir das Foto des Lichtschwerts unter die Nase hielt.

Neben der Haupthalle lehnt eine schwere Holzleiter. Sie führt sicher zehn Meter den Fels hinauf zu einer Ausbuchtung.

Ich zupfe an Rs Pilgerleibchen. »Lass uns da hochklettern! Lass uns da hochklettern!«

»Bist du sicher, dass man das darf?«

»Na klar, wozu sonst die Leiter?«

Ein paar Minuten später stehen wir quasi im Felsen und gucken auf grüne Hügel, grüne Hügel und noch mehr grüne Hügel.

»Ich hab übrigens Höhenangst«, sagt R.

»Warum bist du dann mit hoch?«

»Tja …« Auch bei R scheint es heute keine Antworten zu geben.

Die Leiter ist zwar massiv, aber die Sprossen wahnsinnig heruntergetreten. Als ich hinunterkraxle, muss ich mich sehr konzentrieren, um in den tiefen aalglatten Einmuldungen nicht abzurutschen.

»Entschuldigung«, sagt ein altes Mütterchen, »ich beobachte dich schon lange. Ich würde so gerne deine Hand berühren. Darf ich?«

Ich gebe der Frau meine Hand, die sie mit beiden Händen greift und schüttelt und nicht mehr loslässt. »Du bist wundervoll«, sagt sie, als würde sie gerade einer Heiligen begegnen. »Du bist wundervoll, und ich wollte dich so gerne kennenlernen. Ich wünsche dir alles erdenklich Gute.«

Als sie mich gehen lässt, stehe ich verdattert da.

R fragt: »Was war das denn?«

»Das frage ich mich auch. Sie wollte meine Hand halten.«

»Wow.«

»Hm.«

»Ich habe es dir schon mal gesagt: Du hast einen guten Vibe.«
R sagt jetzt, dass er denkt, ich habe mit Reporterin den perfekten Beruf gefunden. Egal, wo ich hinkomme, die Leute wollen reden. Sie erzählen ihre Lebensgeschichten, ihre Sorgen, ihre Träume. »Man erzählt dir sofort alles. Und du stehst zwischen den Kulturen, du kannst vermitteln.« So habe ich das noch nicht gesehen. Ich empfinde es teilweise als aufdringlich, wenn ich einfach so Fremde zu ihrem Leben befrage, die ich davor und danach nie wiedersehe (»Entschuldigung, wie war das noch mal mit deiner Schamlippen-Operation?«).

»Ich sehe mich ja eher als Einzelgänger ...«

»Nein, das ist Bullshit. Du bist ein Möchtegerneinzelgänger. Du hast vielleicht ein Problem mit Autorität, weil du die Freiheit so liebst. ›Free spirit‹ blabla. Aber im Grunde bist du ein Magnet. Das solltest du annehmen.«

Zurück im Bungalow. Wir sind im strömenden Regen gelaufen. Da es keinen Laden gab, essen wir unsere Reste auf. Gut, dass ich noch ein paar Packungen Instant-Nudeln mitschleppe. Ramen, Udon, noch mehr Ramen. Durch R habe ich außerdem in den letzten Tagen Obst für mich entdeckt. Weil es viel wiegt, habe ich fast keines gegessen, bis wir die Erdbeeren geschenkt bekommen haben. Aber R hatte immer noch zwanzig Mandarinen im Rucksack, drei Grapefruits oder vier Äpfel, und das hat mich inspiriert. Mittlerweile esse ich nicht mehr nur sein Obst, sondern kaufe mir auch selbst welches. Gerade beiße ich in eine unfassbar saftige Orange.

Wir schalten den Ölofen an und sprechen darüber, wie es weitergeht.

Morgen soll es weiterregnen. Es wären zunächst wieder drei Gipfel zu überqueren. Ich überlege, entweder trotzdem zu laufen oder noch eine Nacht hierzubleiben und endlich mal wieder einen Pausentag einzulegen. *Gorogoro*. Seit dem Surfer-Ressort habe ich schließlich keinen Tag mehr ausgesetzt. Hang loose.

»Ich möchte den Bus nehmen«, sagt R.

Das ist verführerisch. Andererseits habe ich nur den Bus genommen, wenn es nicht anders ging. Weil ich zur Apotheke musste oder in den Schuhladen.

Ich kann jetzt laufen.

Ich habe Schuhe, die eine vollständige Sohle haben und die sogar passen.

Also laufe ich.

»Meinst du, wir müssen uns bald wieder trennen?«, frage ich.

»Wahrscheinlich … Wenn du bis zur nächsten Stadt wartest, wirst du nichts bereuen.« Stimmt ja, der Typ ist ja nicht nur kompliziert, sondern auch Stadt-depri. Und wenn wir morgen liefen, wäre es auch schon so weit. Matsuyama. Mit fünfhunderttausend Einwohnern sogar die größte Stadt Shikokus.

»Ach, wir schauen einfach, wie es morgen Früh ist!«

In der Nacht friere ich. Ich beginne richtiggehend zu schlottern und klappere derbe mit den Zähnen. Als R das mitkriegt, umarmt er mich, bis es wieder geht.

Vielleicht habe ich noch nie einen so tollen Mann kennengelernt.

24

»Ein unerschütterliches Herz trifft die Entscheidung.«

(Meister Kobos Lehre)

Als ich morgens aufwache, weiß ich immer noch nicht, was ich tun soll. Wäre es nicht wahnsinnig gemütlich, den Regentag hier in den Bergen zu vertrödeln? R geht zur Rezeption und fragt nach den Bussen.

Die sagen: »Die Busverbindung ist richtig schlecht.«

Die sagen: »Ein wahrer Pilger läuft.«

Die sagen: »Genieß den Regen.«

Als R zurückkommt, sagt er: »Fickt euch doch alle.«

»Ich laufe«, sage ich. Und R: »Okay, dann laufen wir.«

Wir laufen also durch den Wald, es regnet leicht, alles liegt im Nebel. Fast hat das etwas Mystisches. Der Boden ist weich und feucht, und wir sinken bei jedem Schritt ein. Es macht total Spaß, hier so zusammen zu laufen. Wir queren einen schmalen Bach. R braucht dazu mit seinen langen Beinen nur einen großen Schritt. Dann streckt er mir seinen Arm entgegen und zieht mich rüber.

Irgendwie haben wir uns ziemlich schnell verlaufen. Wir stehen an einem Campingplatz, auf dem niemand zeltet, aber es gibt Toiletten, einen Wasserhahn und überdachte Bänke. Ich esse Kekse, sonst habe ich keine Vorräte mehr. Der Regen wird stärker, R flucht. »Genieß den Regen ... Ihr könnt mich alle ...« R hat eine Regenjacke und eine Rucksackhülle, aber er und seine Sachen werden trotzdem ziemlich nass. Ich bin mir mittlerweile sicher, dass die Entscheidung, diesen riesigen Poncho mitzunehmen, unter den auch mein Rucksack passt, richtig war. Andere schleppen noch eine Regenhose mit. Ich trage nur ein Teil und schütze damit alles. Wir warten sicher eine halbe Stunde, aber der Regen wird nicht schwächer, sondern weiter stärker. Dazu sind wir im absoluten Nirgendwo. »Ich wünschte, ich hätte einen Regenschirm«, sagt er.

Und dann. Sehe ich. Einen Regenschirm. Er lehnt an der Bank. »Na dann, nimm doch den.«

Er grinst, spannt ihn auf, wir laufen weiter, finden wieder den Pilgerweg, die roten Pfeile und Poesiealbumsprüche im Wald. Ein unerschütterliches Herz trifft die Entscheidung. Der Pfad ist mittlerweile ein Bach geworden und meine Schuhe Swimmingpools, die bei jedem Schritt laut schmatzen. Wir steigen über umgefallene Bäume.

Ich sage: »Trotz allem ist das gerade ziemlich cool.«

Er sagt: »Ja. Ohne Regenschirm wäre es anders. Aber so. Ja. Ziemlich cool!«

»Genieß den Regen«, sage ich. Er zieht eine Grimasse.

Eine Rasthütte. Ich leere das Wasser aus meinen Schuhen, als wären es Teetassen, und krame nach den kleinen Plastiktüten, die mir die Schildkröten-Nonne gegeben hatte. Auch wenn gleich wieder alles nass ist, das System mit den Plastiktüten in den Schuhen hält die Füße warm. Der Regen pladdert ohne Unterlass, trommelt auf die Hütte, als wollte der Himmel jetzt mal alles verfügbare Nass der Erde loswerden. Ich gucke in meine Provianttüte, und außer einem Energieriegel und ein paar Bonbons ist da nichts mehr drin. Wir sind seit knapp drei

Stunden unterwegs, und laut Rs Karte haben wir nicht mal drei Kilometer geschafft.

Ein älterer Mann kommt angelaufen.

»Wollt ihr eine Orange?«

»Ja, gerne!«

»Und vielleicht auch einen Kaffee oder Tee? Ich habe ein Café und heute Ruhetag, aber kommt mal mit.«

Ein kleiner Raum mit einer Theke und ein paar Tischchen. Der Mann schaltet den Ölofen an.

»Warum tust du dir das an?«, fragt er mich. »Diese Pilgerei, meine ich.«

Ich nenne meine Standardantwort, dass ich hier bin, um über einen Roman nachzudenken, den ich gern schreiben würde.

»Aha, und warum schreibst du keinen Roman über den Pilgerweg?«

»Na, das wäre eher ein Sachbuch.«

R sitzt still daneben. Er kann nicht in die Unterhaltung einsteigen und sagen: Ja, das habe ich ihr auch schon gesagt, dass sie über den Pilgerweg schreiben soll. Er versteht ja nichts.

Der Mann guckt R an, guckt mich an, sagt: »Nee, das musst du fiktionalisieren.«

»Wie kommen Sie darauf?«

»Na ja, eure Geschichte.«

»Unsere Geschichte? Wir sind Freunde.«

»Klar … Freunde … Ja, wie soll ich sagen … In der Fiktion könntet ihr ein richtig schönes Happy End haben.« O Gott, denke ich, schon wieder eines dieser Heiratsorakel. »In der Realität bin ich mir nicht so sicher. Der Typ ist anständig, sicher. Ein guter Mann.« Ich denke: Ja, da kann ich nur zustimmen. »Aber … Er ist verkorkst. Vor allem ist er zu kompliziert und zu schüchtern.« Eine Psychoanalyse in zwei Minuten. Stark. »Ich weiß ja nicht, wie offensiv du bist«, fährt er fort, »aber ich glaube, das könnte schwierig werden. Er müsste sich trauen, über seinen Schatten zu springen, und ich bin mir eben nicht sicher, ob er das in der Realität hinkriegt. Deswegen meine ich: In der Fiktion wäre es easy mit euch.«

Ich schaue den Mann an, schaue R an und frage: »Warum sagst du eigentlich nichts?«

Und R: »Ich schäme mich, vor dir zu sprechen. Du machst mich schüchtern.«

Der Mann grinst und sagt: »Siehste!« Und erzählt jetzt davon, wie er selbst den *Camino* in Spanien gelaufen ist, und von einer Holländerin, die er auf dem Weg kennenlernte. »Die hatte so schöne Brüste«, schwärmt er, und ich muss loslachen. »Das ist Jahre her, aber ich denke immer noch an sie.« An die Frau oder die Brüste? Projiziert der japanische Don Juan vielleicht einfach seine eigene Pilgerromanze auf uns?

Mir ist das hier alles grad ein bisschen viel. Ich gehe raus, kurz allein sein. Es hat aufgeklart. Zwar hängen immer noch die Wolken über den Berghängen, aber es hat aufgehört zu regnen. Wir laufen weiter.

Ich weiß nicht, ob das schlau ist, aber ich erzähle R die Kurzversion von dem, was mir der Mann gesagt hat. Er denkt, ich solle aus unserer Geschichte einen Liebesroman basteln, und in der Realität werde es eventuell nichts, weil R zu schüchtern sei. Im Endeffekt will ich vermutlich eine Reaktion hervorrufen, vielleicht sogar beweisen, dass der Typ unrecht hat.

R reagiert mit einem lauten »Ich bin geschockt!«, und dann schimpft er eine Weile darüber, dass er natürlich schüchtern sei. Sei doch kein Wunder in diesem fremden Land, dessen Sprache er nicht spreche. »Kommt ihr mal alle nach Frankreich, dann zeige ich euch, wer hier eigentlich schüchtern ist.« Ich sage, na ja, ob der Typ im Ausland wirklich schüchterner ist, bezweifle ich … Er war in Spanien auf dem *Camino* und schwärmt immer noch von den Brüsten einer Holländerin, die er dort getroffen hat … Und dann lachen wir.

Die Wege sind mittlerweile reiner Matsch, im ganzen Wald

steht das Wasser, es ist wahnsinnig rutschig, und meine altrosa Supermarktschuhe sind dunkelbraun eingefärbt und schmatzen weiter bei jedem Schritt, überzeugen mich aber immer noch mit ihrem robusten Profil. Obwohl ich nicht mal besonders vorsichtig gehe, bin ich noch kein einziges Mal hingefallen. Wir stoßen auf eine Straße, auf der wir ab jetzt mehr oder weniger geradeaus Richtung Stadt laufen müssen. Auch die ist überflutet. Lastwagen brausen vorbei und spritzen uns dabei noch nässer, als wir sowieso schon sind.

Ich habe so einen Hunger. Ich fühle mich total schwach. Es ist mittags, und ich habe nichts mehr zu essen. Und gestern gab es ja auch nur Instant-Nudeln. Wir setzen uns unter Rs Regenschirm auf eine Bank, essen die Orange von Orakel Nummer zwei, und ich ziehe mir noch einen überzuckerten Milchkaffee aus einem der spärlich gesäten Automaten. Es ist der erste, den ich heute sehe. Wir laufen an einem Restaurant vorbei, das allerdings Ruhetag hat. Ist das trist ... Wir sind dermaßen in der Pampa hier. Kurz vorm Umkippen taucht ein Häuschen auf. Ist das ein Laden? Tatsächlich. Es gibt dort nicht besonders viel, aber ein paar Knabbereien. Ich kaufe alles, was ich kriegen kann: Cracker, Chips, Nüsse.

»Es ist so schön, dass Sie diesen Laden hier betreiben«, sage ich der greisen Verkäuferin.

»Ehrlich gesagt ... Es lohnt sich überhaupt nicht. Bin nicht sicher, ob ich das noch viel länger machen kann ...« Klar, mit ein paar halbverhungerten Pilgern kann man kein großes Geld verdienen, aber für mich ist sie eine wahre Lichtgestalt.

Als wir aus dem Laden kommen, regnet es allerdings noch stärker als vorher. Ein Eimer nach dem anderen scheint sich über uns zu ergießen. Ich glaube, dass ich noch nie in meinem Leben einen solchen Regen gesehen habe. Wir stellen uns unter ein Vordach, essen unsere Einkäufe und kämpfen uns dann noch zur nächsten Rasthütte, wo es endlich auch mal wieder eine Toilette gibt.

»Wir könnten«, sagt R mit Blick in seinen Reiseführer, »den Bus in die Stadt nehmen und morgen den Weg zurücklaufen.« Wie in den meisten Städten auf dieser Insel liegen die nächsten Tempel wieder nah beisammen. Bis in die Stadt sind es sechs Stück. Jetzt zu fahren und morgen zurückzulaufen, das ist keine schlechte Idee. Wir sparen uns kaum Fußweg, aber viel Unbequemlichkeit. Wer weiß, ob wir es überhaupt bis Stempelschluss zum nächsten Tempel schaffen würden.

Bis der nächste Bus kommt, müssen wir mehr als eine Stunde warten, deswegen machen wir es uns, nachdem ich in der Telefonzelle in der städtischen Jugendherberge reserviert habe, in der Hütte bequem. So bequem es eben geht, wenn man komplett durchnässt in einer offenen Hütte sitzt, bei der es auf einer Seite reinregnet und der Wind gnadenlos durchpfeift.

»Im normalen Leben bin ich nicht so glücklich«, sagt R. »Ich habe eine so gute Zeit hier! Und wenn wir uns trennen, weiß ich auch nicht, ob ich dann so glücklich sein werde.«

Ich denke: Ich mag diesen Typen. Ich mag ihn wirklich.

»Weißt du was, das hier ist wie im Ghibli-Film«, sagt er. Studio Ghibli ist ein japanisches Zeichentrickfilmstudio. »Kannst du ein Foto von mir an der Bushaltestelle machen? Das erinnert mich an ›Mein Nachbar Totoro‹.« In dem Film verschwindet ein kleines Mädchen, und ihre Schwester wird dann im strömenden Regen von einem Katzenbus abgeholt, also von einer Katze mit einem breiten Grinsen und wahnsinnig vielen Beinen, die gleichzeitig ein Bus ist. Auf der Stirn der Katze steht als Fahrziel der Name des kleinen Mädchens: Mei. Die große Schwester findet sie, und alles ist gut.

Gibt es das Happy End wirklich nur im Märchen?

R steht also da mit seinem gefundenen Regenschirm, ich fotografiere ihn, und ein ganz normaler Bus fährt ein, Fahrziel »Matsuyama-Bahnhof«. Wir steigen ein. Fahren durch Wolkenfelder und über Serpentinen. »Wie bei ›Das Schloss im Himmel‹«, zitiert R einen weiteren Ghibli-Film. »Und wusstest du, dass das berühmte *Dogo Onsen* in Matsuyama die Vorlage für das *Onsen* in ›Chihiros Reise ins Zauberland‹ war?« Er ist und bleibt ein Hardcore-Nerd. Aber vielleicht sind wir ja tatsächlich in einer Ghibli-Kulisse gelandet, auch wenn wir plötzlich wieder durch Industriegebiet fahren. Pachinko-Hallen, Yamaha-Mega-Shop und der restliche Wahnsinn des ganz normalen Vorstadtlebens.

Am Bahnhof steigen wir in eine Trambahn um, in der ein öffentliches WLAN davon zeugt, dass wir tatsächlich gerade in einer richtigen Stadt sind. Ich war seit Tagen nicht mehr im Internet. Meine Freundin Laura schreibt: »Wer ist der Typ?« Und ich denke: ›Hä?‹ Ich habe niemandem von R erzählt. Und dieser Freundin schicke ich wie meinem Vater einen personalisierten Newsletter. Immer wenn etwas auf Deutsch dasteht (Japaner lieben die deutsche Sprache, aber meist macht das, was sie schreiben, keinen Sinn), bekommt Laura ein Bild davon. Egal, ob auf einem T-Shirt steht »Ich bin in Magenta gewesen« oder ob ein Pasta-Restaurant »Faust« heißt. Oder eben wie das letzte Bild, ein Café namens »Dorf«. Ich schaue das Foto noch mal an. Und da spiegelt sich R in der Scheibe.

Was für eine scharfe Beobachtungsgabe, denke ich laut.

»Hm?«, fragt R.

»Eine Freundin hat deine Spiegelung in einem Bild entdeckt und fragt jetzt, wer du bist.«

»Was? Du hast niemandem von mir erzählt?«

Nee, hab ich nicht, weil ich keinen Bock auf die Kommentare habe.

»Was soll ich schreiben? Nur ein französischer Künstler, der mich nachts warmhält?«

R und ich grinsen jetzt wieder.

Er: »Das ist so klischeehaft! Unfassbar.«

Er denkt kurz nach und sagt dann: »Ich sehe mich ja eher als Handwerker und nicht als Künstler.« Die anderen vollkommen stillen Fahrgäste gucken uns verwundert an und dann betreten weg, weil ich schon wieder lospruste. Genau … Das ist die Hauptfrage hier. Ist R ein Handwerker oder ein Künstler? Die Situation könnte sonderbar sein und krampfig, aber wird durch diesen Kommentar auf verschrobene Weise witzig. Dass R kauzig ist, wie mir Orakel Nummer zwei bestätigte, hat eben nicht nur Nachteile.

Die Jugendherberge liegt versteckt hinter einem Schrein auf einem Hügel. Ich wickle die nassen Schuhe in Zeitungspapier. Auf der Treppe winkt ein Mann. Was winkt der so? »Huhu!!!!«, ruft er jetzt auch noch. Sollte ich den kennen? Tatsächlich! Brett des Ostens! Ich freue mich wahnsinnig, ihn wiederzusehen. Der Pilgerweg verschluckt so viele Leute, dass es umso schöner ist, wenn manche davon wieder auftauchen.

Die Frau an der Rezeption gibt uns zwei Schlüssel. Zwei. Schlüssel. Haben wir das erste Mal seit über einer Woche wieder getrennte Zimmer? Tatsächlich. Ich öffne die Tür zu meinem. Ich schließe sie hinter mir, und mich überkommt eine krasse Traurigkeit. Es ist ein ganz normales Tatami-Zimmer. Und es ist das kühlste und gemeinste und grauenhafteste Zimmer, in dem ich je stand. Als würde mir die Einsamkeit persönlich die Tatami-Matte unter den Füßen wegziehen. Was ist denn hier los? Ich hatte doch bisher nie ein Problem damit, allein zu sein. Ich erinnere mich gar nicht, wann ich mich das letzte Mal überhaupt einsam gefühlt habe. Oft genug habe ich mir auch in den letzten Tagen Momente herbeigesehnt, in denen ich allein wäre. Fast täglich habe ich gedacht, dass allein laufen eigentlich besser wäre. Und jetzt stehe ich hier, das erste Mal seit dem Wiedersehen mit R wirklich allein. Und fühle mich hundsmiserabel.

Fünfzehn Minuten später.

R und ich gehen noch mal raus, wir wollen essen und baden, und er sagt: »Die Jugendherberge ist ja fantastisch.«

Das trifft mich fast noch heftiger als die Einsamkeit in meinem Zimmer. Ich bin den Tränen nah, als ich sage, überhaupt nichts ist fantastisch, es ist total traurig. Getrennte Zimmer, das ist einfach nur scheiße.

Und er sagt, puh, so gehe es ihm eigentlich auch. Er habe keine schlechte Stimmung verbreiten wollen, aber eigentlich habe er gedacht: ›Oh, so wird das ab jetzt also ... Wie ätzend ist das denn!‹

Denn eigentlich wissen wir beide, dass unsere Gemeinschaft ein Ablaufdatum hat. Er muss ja immer noch schneller fertig werden als ich. Ich hingegen möchte und kann mich nicht hetzen lassen. Ich brauche einen Pausentag. Oder mehrere. Und vor allem in Matsuyama möchte ich eine Weile bleiben. Es ist der einzige Ort auf Shikoku, an dem ich bereits vor fünfzehn Jahren gewesen bin, und ich will wissen, wie es sich anfühlt, zurück zu sein. Ich stand damals ganz am Anfang einer Begegnung mit diesem Land. Wenn man so möchte: am Anfang einer Liebe. Damals war ich fasziniert von einer Fremde, die mir heute eine zweite Heimat geworden ist. Mit welchen Augen werde ich auf diese Stadt schauen? Was ist in der Zwischenzeit aus der Stadt geworden? Und was aus mir?

Im Grunde möchte ich das hier, diese Pilgerreise, immer noch allein machen. Denn ich kann diese Fragen und alle anderen Fragen, mit denen ich hierhergekommen bin, nicht beantworten, wenn er bei mir ist. Und je mehr Zeit wir miteinander ~~verbringen~~, je enger unser Verhältnis wird, desto mehr lenkt er

Oder ist es, wie John Lennons Kumpel meinte: Leben ist das, was passiert, wenn du gerade andere Pläne machst? Ist es nicht eigentlich wirklich immer so, dass alles anders kommt als erwartet?

Muss ich meine Fragen überhaupt beantworten? Muss ich loslassen?

Matsuyama rund ums *Dogo Onsen*, das ist eine traditionell aufgeputschte Touristenfalle. Die Lädchen reihen sich aneinander. Einer verkauft Handtücher, der nächste Bambuskäfige für Grillen, der nächste Ghibli-Fanartikel. Japanische Touristen flanieren zum Badehaus, eingepackt in ehrenwerteste Schlafwickel und in den Händen Bambuskörbchen und Bambusschirmchen. Eine Filmkulisse. Wir setzen uns in einen Edel-*Izakaya*, es ist wahnsinnig lecker, und R strahlt mich über den Tisch hinweg an. Es fühlt sich alles überhaupt nicht mehr real an. Mein Herz flattert. Und ich schaue in diese bernsteinfarben-dunkelgrünen, verliebten Augen, sehe nur mehr das Gute in ihnen.

Ihr solltet heiraten! Das passt perfekt! Ich schwöre es dir!

Und ich glaube, dass sie recht hat. Ich habe das Gefühl, gerade meinem Seelenverwandten gegenüberzusitzen.

»Hey!«, ruft R. Er wedelt mir vor dem Gesicht rum. »Wohin bist du denn abgedriftet?«

»Ach, ich habe daran gedacht, wie wir uns kennengelernt haben.«

»Wie ich gedacht habe: So eine Tussi! Und du: Was für ein Idiot?«

»Nee, wie wir in dem Antiquitätenladen waren. Weißt du, was die Frau des Besitzers damals zu mir gesagt hat? Dass wir heiraten sollen. Dass das perfekt passt. Sie hat es sogar geschworen.«

»Das hat sie wirklich gesagt?«

»Ja.«

»Wow.«

Dogo Onsen. Bin immer noch total aufgewühlt. Sitze zwischen nackten alten Frauen im *kami no yu*, dem Bad der Götter. Ein ovales Becken, das Wasser ist unfassbar heiß und fließt aus einem großen Stein, der in der Mitte emporragt. Auf dem Stein sitzen zwei Götter. Eine Alte rutscht näher und fasst meinen Arm: »Du musst die Götter waschen, wenn du ein Problem hast.« Sie stellt sich ins Wasser und reibt dem einen Gott die Hüfte. »Deswegen kann ich noch laufen …« Eine andere Frau versucht vergebens den Kopf zu erreichen, aber sie ist zu klein. Sie hüpft auf und ab und kriegt schließlich doch eine kurze Berührung hin. Die Alte kommentiert: »Gut gemacht! *Sayonara*, Migräne.« Ich frage mich, wo ich die Götter streicheln soll. Ich weiß nicht, wo mein Problem lokalisiert ist, und entscheide mich erst mal für die Füße, die sind die Basis von allem und müssen mich noch eine Weile tragen, und streichle dann doch einmal kurz alles. Schaden kann es ja nicht. Aber ich stehe immer noch neben mir. Bin restlos verwirrt und schaffe es gerade so, mich an alle *Onsen*-Regeln zu halten und mir schlussendlich auch alle Klamotten in der richtigen Reihenfolge wieder anzuziehen. Die Alte ruft mir hinterher: »Ich hoffe, wir sehen uns wieder!«

Ein unerschütterliches Herz trifft die Entscheidung. Aber welche?

Als R und ich zurück zur Jugendherberge laufen, regnet es wieder. Ich schlüpfe unter seinen Schirm, hake mich bei ihm unter, drücke mich, so fest ich kann, seitlich an ihn.

R bleibt stehen und ruft in den Himmel: »Meister Kobo! Was hast du nur mit uns gemacht?«

25

*»Der Held wartet auf eine Zauberkraft.
Aber er hat schon alles, was er braucht.«*

(Rs Notizbuch, Matsuyama)

Ich bin immer noch völlig neben der Rolle, als ich um kurz vor fünf Uhr morgens vor dem antiquierten Hostel-Computer sitze und versuche, Bilder zu übertragen. Mein Handy hat schon wieder ein Speicherproblem. Ich glaube, auf meinem Rechner zu Hause wäre das Ganze in einer Viertelstunde erledigt, aber nach einer Stunde habe ich hier gerade mal einhundertsiebenundfünfzig Fotos übertragen. Neben dem Nachspüren meiner ganzen Fragen werde ich in Matsuyama wohl auch ein paar Stunden in einem Internetcafé abhängen müssen.

Um sechs Uhr steht Brett des Ostens am Ausgang. Er ist gestern im Regen tatsächlich alle Tempel abgelaufen – »war ja eh schon nass ...« – und ist heute bereits auf dem Weg zu Nummer zweiundfünfzig.

»Und du so? Machst heute fein Sightseeing mit DIESEM Typen?«

»Nee, ich muss die ganzen Tempel noch rückwärts ablaufen. Und ich bleibe eine Weile in der Stadt. Brett des Ostens ... Wir werden uns wahrscheinlich nicht mehr begegnen ...«

Er schreibt mir einen *Osamefuda*-Zettel.

»Also pass auf. Das ist meine Adresse. Wenn du in der Nähe von Kyoto bist nach der Tour oder irgendwann mal, komm vorbei! Mütterchen ist auch da, aber die ist auch ganz nett.«

Verheiratete Paare in Japan nennen sich oft gegenseitig »Väterchen« und »Mütterchen«, deswegen ist nicht klar, ob Brett des Ostens tatsächlich mit seiner Mutter oder doch eher mit seiner Ehefrau zusammenlebt. Jedenfalls freue ich mich über die Einladung. Die Fäden, die man auf dem Pilgerweg spinnt, müssen nicht mit der Begegnung auf dem Pilgerweg enden.

R und ich frühstücken in einem Café. Ich blättere durch sein Notizbuch, voll mit Skizzen und kurzen Kommentaren. »Was heißt das?«, frage ich und deute wahllos auf einen Absatz.

»Der Held wartet auf eine Zauberkraft. Aber er hat schon alles, was er braucht.«

»Das ist schön«, sage ich. Wirklich schön.

Wir gehen zu Tempel einundfünfzig, und mir ist total übel. Ist das das ungewohnt reichhaltige Frühstück? Ein buddhistischer Geisterzauber? Oder meine sich wandelnden Gefühle für R? Ich weiß nicht, ob verliebt sein wirklich das schönste Gefühl der Welt ist und ob das gerade Verliebtheit ist, aber ich finde alles verwirrend, alles doof, alles traurig. Ich schaffe es nicht mal, das Herz-Sutra zu lesen. Die Zeilen verschwimmen vor meinen Augen, ich drifte ab und muss immer wieder neu ansetzen.

»Du bist heute ›under the weather‹, was? Nicht ganz auf der Höhe?«, sagt R.

So kann man das sagen.

»Ja, ich muss heute wahrscheinlich das mit dem *ichi go, ichi e* üben. Eine Zeit, ein Treffen. Den Moment genießen. Und loslassen. Meister Kobo. Blabla«, sage ich und grinse dabei dämlich, um meine Trauer darüber zu überspielen.

»Ich hab dir ja gesagt, loslassen ist schwierig. Und du hast mir nicht geglaubt.«

Im Laufe des Tages wird es durch das viele Beten und die konkreten Ziele, die wir nacheinander abgehen, etwas besser.

Tempel fünfzig.

Tempel neunundvierzig.

Die ziehen so vorbei.

Es regnet auch wieder.

Tempel achtundvierzig. *Sairinji.* Tempel des westlichen Waldes. Die meisten liegen höher als die Umgebung, aber dieser liegt tiefer und wird deshalb auch *mugen jigoku* genannt. Und *jigoku,* das ist »Hölle«. Statt ins »reine Land« spaziert man hier direkt hinab in die Hölle. Mittlerweile weiß ich, dass es im Buddhismus nicht nur eine Hölle gibt, sondern gleich neunzehn. Acht, die einen verbrennen, acht, die einen einfrieren, und drei, die einen isolieren. Und die Hieronymus-Bosch-Bilder, die ich unter der Pagode von Tempel dreiundzwanzig gesehen habe, gehörten zu einer extra »Vorhölle«, ähnlich dem Jüngsten Gericht. Dass man in den Tempel und damit direkt in die Hölle spaziert, soll ein Witz sein, sagt der Mönch vom Tempelbüro, aber für gute Laune sorgt das jetzt auch nicht.

Die nächsten beiden Tempel sind von einer Busgruppe verstopft, die mit Regenschirmen noch mehr Raum einnimmt als sonst. Es gibt nicht mal mehr Platz, um unsere brennenden Kerzen auf den Metallspitzen vor den Hallen zu platzieren. Aber mittlerweile hat sich so was wie ein normaler Pilgertag eingegrooved. Im Stempelbüro bestelle ich ein Taxi zurück zum Hostel. Das ist vielleicht dekadent, aber die Busverbindung ist miserabel, das Wetter ohnehin, und wir müssen diesen Tag nicht schwieriger machen, als er sowieso schon ist.

»Weißt du«, sagt R, als wir nebeneinander auf der Rückbank sitzen, »ich finde, wir haben ein Wahnsinnsglück. Dass wir die Chance haben, so viel Zeit miteinander zu verbringen.«

Dogo Onsen. Schon wieder. Es ist eines der ältesten Badehäuser Japans. Bereits im Jahre 759 wurde es im *Man'yoshu* erwähnt, der Sammlung der zehntausend Blätter, der ältesten Gedichtsammlung des Landes. Und es sieht mit seinen drei Stockwerken aus Holz und traditionellen Ziegeldächern inmitten von modernen

Hochhäusern auch aus wie ein Relikt aus einer alten Zeit. Auf einem Türmchen steht die Figur eines weißen Reihers. Um ihn kreist eine der Legenden. Verletzt habe er das *Onsen* angeflogen und jeden Tag den wunden Flügel reingehalten, bis er, natürlich geheilt, wieder wegflog. Das sprach sich rum, bis das Badehaus so beliebt wurde, dass es heute zu einem Touri-Ort verkommen ist. Wir entscheiden uns für *tama no yu*, das Bad der Geister. Es gilt als die Luxusvariante, weil man einen trockenen Keks dazu bekommt, aber der Raum und das Becken sind klein, und Götter kann man auch keine streicheln, damit es einem besser geht. Ziemlich schnell kommt eine Angestellte in den Baderaum und schreit: »Die Zeit ist um!« Immerhin bekommen wir danach noch eine Führung durch museale Baderäume, die allein den alten Kaisern vorbehalten waren. In der gesamten Geschichte des Badehauses gab es nur fünf kaiserliche Besuche. Unser Guide zeigt auf ein Hockklo mitten in einem Tatami-Zimmer und sagt: »Wenn der Kaiser hier war, war auch immer ein Doktor zugegen, um im Falle des Falles die Kacke zu analysieren. Aber er musste nie groß …« Das *Onsen*-Emblem sieht ohnehin aus wie ein Kackehaufen. Ich hatte schon bessere Abende.

Später sitzen wir in Rs Zimmer, und wir drücken uns, als er sagt: »Pass auf, hier wird nichts laufen.« Es ist der Beginn eines relativ langen Monologs.

Er sagt Sätze wie: »Wenn wir jetzt was miteinander haben und uns morgen trennen, das würde mich komplett zerstören.«

Oder: »Und was wäre das dann? Ein Flirt? Und daran habe ich kein Interesse. Ich will eine Beziehung.«

Oder: »Ich mag dich sehr.«

Oder: »Würden wir noch länger miteinander laufen, wäre die Sache klar.«

Oder: »Ich habe so etwas noch nie erlebt.«

Oder: »Und ich will keine Fernbeziehung. Nicht mal für einen Monat.«

Oder: »Ich möchte nicht schon wieder für eine Frau umziehen.«

Oder: »Ich habe ein sehr warmes Gefühl.«

Oder: »Das hier ist nicht das reale Leben.«

Und ich sage: »Na ja, dann treffen wir uns mal im realen Leben.«
Oder: »Ich weiß nicht, wieso, aber ich bin sicher, dass es funktionieren kann.«
Und er: »Du kannst natürlich immer nach Brüssel kommen. Auch länger. Und dort schreiben.«

Wir drücken uns lange an diesem Abend. Das Ganze hat etwas Bittersüßes. Aber es ist nicht so, dass wirklich etwas fehlt. Dass wir miteinander schlafen müssten, um zu beweisen, dass wir uns mögen. Seine warme Umarmung und seine Augen sagen mir alles, was ich wissen muss. Dennoch bin ich froh, jetzt in dieses leere Zimmer gehen und dort allein sein zu können. Ich bin aufgewühlt und weiß nicht, was ich will.

Mitten in der Nacht wache ich auf. Vollkommen verschwitzt. Und verfluche R. Ich wollte diesen Weg allein laufen. Und er hat sich an mich drangehängt. Und damit alles durcheinandergebracht. Ich weiß nicht, ob er wirklich zu schüchtern ist. Ich würde das eher feige nennen. Zu sagen »So etwas habe ich noch nie erlebt« und ein »Aber ich habe keinen Bock, es auszuprobieren« mitschwingen zu lassen, das ist nicht zu kompliziert, sondern zu bescheuert. »Mittlerweile glaube ich an Vernunft.« Was für ein Idiot! »Ich will nicht schon wieder für eine Frau umziehen.« Dabei haben wir uns nicht mal geküsst. Und ist es nicht total ungerecht, mir als einzige Wahl zu lassen, unverbindlich nach Brüssel zu gehen? Nicht einfach mal zu Besuch, sondern »länger«. Sagt er das, weil er insgeheim davon ausgeht, das mache ich eh nicht? Ich erinnere mich an eine Begegnung, die wir vor ein paar Tagen hatten. Ich habe einen Vorgarten

337

betrachtet, und als die Hausbesitzerin rauskam, gesagt: »Schöne Tomaten!« Darauf sie: »Bis zum nächsten Tempel ist es noch weit.« Und R, nachdem ich es für ihn übersetzt habe: »Das ist die höflichste Form, ›Verpisst euch!‹ zu sagen, die ich je gehört habe.« War sein Monolog vorhin so etwas Ähnliches? Oder wie soll ich das verstehen? Gestern hat er mir noch ein Handtuch vom *Dogo Onsen* geschenkt, als Erinnerung. Es ist ja nicht so, dass ich an Gedächtnisschwund leide. Und ich will gar keine extra Erinnerungshilfe für diesen Abend. Was für ein Idiot! Ich bin kurz davor, zu seinem Zimmer zu poltern und ihm das Handtuch um die Ohren zu pfeffern.

Als ich das nächste Mal aufwache, denke ich: Ich werde den Weg allein zu Ende laufen. Ich mache erst mal mein Ding. Die Zukunft ist die Zukunft. Und jetzt ist jetzt. Der Sturm, der in der Nacht in mir wütete, ist verflogen. In mir ist eine Ruhe. Und das fühlt sich erstaunlich gut an.

R und ich gehen frühstücken. Die Sängerin von The xx säuselt »I like you just the way you are« aus den Lautsprechern, und wir schütteln die Köpfe. Weil ohnehin schon alles schnulzig und überemotionalisiert ist, setze ich jetzt zu einer Rede an. Ich bedanke mich bei R, dass er abgebremst hat, um bei mir zu sein. Seine Augen werden feucht. Weint der jetzt wirklich? Ich sage ihm, dass ich niemand bin, der ihn von Dingen abhalten wird. Dass er meinetwegen im Regen über Berge gelaufen ist, statt den Bus zu nehmen. Und dass die Aussicht von der Felshöhle doch auch ganz nett gewesen sei. Dass ich ihn vielleicht wirklich in Brüssel besuchen werde und dass ich gespannt darauf bin, wer wir am Ende dieser Reise jeweils geworden sind. »Oder um es mit den Worten des eingebildeten Poeten zu sagen: Heute ist es lustig. Morgen ist es lustiger.« Als ich fertig bin, wischt R sich die Tränen aus den Augen, und gleichzeitig lacht er.

Alles ist aufgegessen. Alles ist ausgetrunken. Alles ist gesagt. Wir stehen vor dem Café und umarmen uns. R drückt mir einen Schmatz auf die Wange. Wir halten uns an den Armen. An den Händen. Lassen los.

Die Sonne scheint, und ich schaue nicht zurück.

Das ändert sich eine halbe Stunde später, als ich in einem dunklen Kabuff sitze und die Bilder des letzten Monats auf dem Bildschirm an mir vorbeiziehen. Internetcafé heißt in Japan: Man läuft vorbei an Regalen mit Comicheften, an einer Theke mit Softdrinks zur freien Entnahme, an den Duschräumen, und setzt sich in eine kleine düstere Kabine mit Computer und Bürostuhl, die man stundenweise mietet. Diese *mangakissa*, Manga-Cafés, können alles sein: Bücherei, Wartezimmer, billiges Hotel. Manche Leute wohnen allerdings auch hier. In Statistiken der Tokioter Regierung heißt es, dass von fünfzehntausend Befragten, die im *mangakissa* übernachteten, etwa viertausend gar keine andere Schlafstätte haben. Die Kabine ist ihre Schutzhütte, ihr Lebensraum. Fast alle diese »Cyber-Obdachlosen« sind zwischen dreißig und fünfzig Jahre alt und haben keine feste Anstellung. Wohngemeinschaften oder Zwischenmiete gibt es in Japan so gut wie nicht. Stattdessen zusätzlich zu Kaution und Maklergebühr ein »Schlüsselgeld« in Höhe von etwa zwei Monatsmieten, das dem Hausbesitzer als Dankeschön bezahlt werden muss und nicht rückerstattet wird. Die meisten Mietverträge laufen über mehrere Jahre. Ohne feste Anstellung ist es daher fast unmöglich, eine Wohnung zu bekommen. Leute, die aus dem Raster fallen, landen deswegen an Orten wie diesem. Für fünf Stunden zahle ich nicht mal zehn Euro.

In der Kabine neben meiner schnarcht einer. An ihm ziehen vielleicht irgendwelche skurrilen Träume vorbei und an mir die Vergangenheit. Bei der Schildkröten-Nonne übernachten. Kniemanschette. Brett des Ostens. Die zwei Kilometer des Weges, die wir am Strand entlanglaufen. Als ich meinen Fuji-Stab wiederbekam. Das zweite Treffen mit R. Der Computer schaltet sich ab. Was soll das jetzt? Weigert er sich ernsthaft, die Fotos unserer gemeinsamen Zeit zu übertragen? Soll das ein Witz sein? Man muss nicht alles im Leben loslassen, aber muss ich diese Bilder wirklich weiter auf meinem Handy haben? Ich versuche es noch mal. Wieder schaltet sich der Computer ab.

Meine Güte, dann hab halt deinen Willen, Maschine, denke ich und übertrage stattdessen die älteren Bilder. Tempel zwölf mit seinen drei Gipfeln. Wie ich die Füße ins Meer stecke. Die erste Blase. Die Nonne und der Heilige in Weiß. Das erste Mal der Trick mit dem Faden. Das erste Treffen mit R. Das »No need for the nothing«-Shirt.

Es klappt, aber immer wieder merkt der Computer an, dass einzelne Daten nicht übertragen wurden. Zuerst ist das ein mulmiges Gefühl, aber dann denke ich: Egal! Weg mit dem alten Zeug. Ich drücke auf »Löschen«. Und denke an die alte Frau aus dem *Onsen* bei Tempel zwölf: »Das Geheimnis des zufriedenen Lebens? Ist ein achtzig Prozent voller Magen.« Vielleicht reichen achtzig Prozent gesicherte Erinnerung. Meine Pilgerpause in Matsuyama zwingt mich nicht nur, R loszulassen. Sondern auch alle anderen, denen ich bisher begegnet bin und die anders als ich stoisch ohne größere Unterbrechungen weiterlaufen.

Als ich am nächsten Morgen wieder im Hostel-Zimmer aufwache, habe ich ganze elf Stunden durchgeschlafen und reserviere eine weitere Nacht. Weil es sich vorgestern dort so sonderbar angefühlt hat, möchte ich als Nächstes zurück zu Tempel einundfünfzig. Als ich auf dem Weg dorthin im *Combini* meine tägliche Vitamin- und Mineraldosis abhole, läuft mal wieder der reine Schnulz. »Open Arms« von Journey. »We sailed on together. We drifted apart.« Ganz Shikoku scheint von sentimentaler Musik besessen zu sein. »Living without you, living alone. This empty house seems so cold.« Ihr wollt mich doch alle verarschen. Ich reiche dem Verkäufer meine Einkäufe. »But now that you've come back. Turned night into day. I need you to stay. Open arms.« Ich nehme mein Rückgeld und stürme aus dem Laden, mit dem Gefühl, gerade noch mal davongekommen zu sein.

Tempel einundfünfzig. *Ishiteji*, Steinhand-Tempel. Es ist der, den die wohlhabende Wiedergeburt von Emon Saburo bauen ließ, nachdem Meister Kobo im vorherigen Leben alle seine Söhne getötet hatte und die zwei bei Tempel zwölf ihren versöhnlichen Showdown hatten. Sobald ich das Tempelgelände betrete, ist mir wieder übel. Ich werde drei Stunden an diesem seltsamen Ort verbringen, durch ein unterirdisches Mandala laufen, diverse Steine berühren und seltsame Empfindungen haben. Als ich das Gelände verlasse, schlottere ich vor Kälte, obwohl es angenehm warm ist und die Sonne scheint.

Ich stehe also ziemlich verloren da, möchte zurück in die echte Welt und fahre mit der Trambahn zur »Vereinigung zur Bewahrung des Pilgerwegs«. Dieser sperrige Name stand auf fast allen Schildern, denen ich von Tokushima hierher gefolgt bin. Ich möchte wissen, wer oder was dahintersteckt. Ich betrete ein geschniegeltes Bürogebäude mit Empfangsdamen.

»Öhm, ich bin Pilgerin, und ich würde gern mit den Leuten von dieser Vereinigung reden.« »Klar, kleinen Moment, bitte.«

Ein paar Minuten später kommt eine sympathische Frau in die Lobby und sagt: »Du willst quatschen? Kein Problem, ich nehme mir gern Zeit.« Und zu den Empfangsdamen: »Welcher Konferenzraum ist frei?« Damit habe ich nicht gerechnet. Ich dachte, ich bedanke mich artig, verbeuge mich ein paar Mal und bin wieder draußen. Aber schon sitzen wir in einem kleinen Zimmerchen auf Bürostühlen, und die sympathische Frau breitet eine Karte Shikokus auf dem Tisch aus.

»Wir sind hier«, sagt sie und deutet auf Matsuyama. Sie nickt mir bedeutungsschwanger zu. »Bald hast du es geschafft.«

Tatsächlich. Mir ist es nicht aufgefallen, weil ich immer nur von Etappenziel zu Etappenziel gelaufen bin. Tag für Tag. Schritt für Schritt. Aber die Frau hat recht, vor mir liegt nur noch ein gutes Viertel der Strecke. Ich schlage mir die Hand vor den Mund.

»Mit welcher Karte läufst du denn? Mit der japanischen oder der englischen Version?«

»Ehrlich gesagt: Ich laufe nur den Schildern hinterher. Ich habe keine Karte.«

»Ist das dein Ernst? Das ist ja der Wahnsinn!«

»Ja, und auf den Schildern stand immer der Name von Ihrer Vereinigung. Deswegen wollte ich mich bedanken.«

Die Frau schüttelt verzückt den Kopf. »Und, hast du dich nicht schon total verlaufen?«

»Eigentlich nicht, nein.«

»Und hast du viele Schlangen getroffen?«

»Keine einzige bisher.«

»Und hattest du mal richtig Pech mit einer Unterkunft?«

»Eigentlich auch nicht.«

Sie guckt mich lange verdutzt an und sagt: »Lena, du wirst beschützt!« Und ich glaube, dass sie recht hat.

»Mein größtes Problem waren meine Füße«, sage ich. »Ich hatte zu kleine Schuhe und entzündete Blasen.«

»Und du bist trotzdem weitergelaufen? Hat dir denn niemand gesagt, dass du größere Schuhe brauchst?«

»Doch, in Susaki hat mir das ein Arzt gesagt.«

»Und wann hast du neue Schuhe gekauft?«

»Zweihundert Kilometer später in Uwajima …«

»Wow, du bist mehr als die Hälfte der Strecke mit falschen Schuhen gelaufen … Unglaublich!«

»Ja, ziemlich dumm von mir.«

»Also, ich finde es stark! Dass du nicht abgebrochen hast … Dass du trotzdem weitergemacht hast …«

Ich muss sagen, diese Frau tut mir einfach nur gut. Sie gibt

mir das Gefühl, dass ich irgendwie alles richtig gemacht habe.
Ich bin gleichzeitig ständig am Lachen und den Tränen nah.
Als Nächstes stellt sie mir die klassischste aller Fragen auf diesem Weg: Warum pilgerst du überhaupt? Und weil das hier kein
Ort für Bullshit ist, packe ich alles auf den Tisch. Ich war lange
krank. Ein halbes Jahr im Bett und danach auch nicht richtig
gesund. Und weil ich nicht wusste, was ich sonst machen soll,
bin ich hier.

Sie fährt auf der Karte langsam die Strecke mit dem Finger
nach, die ich Kilometer für Kilometer abgelaufen bin, und sagt:
»Und jetzt guck dir an, was du alles geschafft hast!«

Ich schaue sie mit feuchten Augen an und nicke langsam.

»Und weißt du was, der Gründer dieser Vereinigung ist aus
genau demselben Grund losgelaufen. Er war krank und wollte
wieder gesund werden. Genau wie du!«

Der ehemalige Polizist, erzählt sie jetzt, stammte aus Matsuyama und begann in den Achtzigerjahren, um Shikoku zu laufen. Und er hat sich richtig schlimm verlaufen. Ständig. Es gab
damals noch keine Karte, kein Internet, kein Google Maps. Und
keine Schilder. Nur ein paar Steinpoller. Er hörte trotzdem nicht
auf, um Shikoku zu kreisen, und packte Schilder und Wegweiser in den Rucksack, um sie nach und nach anzubringen. Und
irgendwas musste er da draufschreiben. Sein eigener Name kam
ihm eitel vor (»Er war ein so bescheidener Mensch«), also gründete er seine Ein-Mann-Vereinigung zur Bewahrung des Pilgerwegs. Während des Laufens maß er die Distanzen. »Deshalb
stimmen die nicht immer.« Die sympathische Frau schmunzelt.
Er zeichnete die Karten. Gab die Unterkünfte an, in denen er
übernachtete. Begann, das Buch zu verlegen. Seine gesamte Zeit
und seine gesamten Ersparnisse steckte er in den Pilgerweg. Ich
fasse es nicht. Hinter jedem Schild, dem ich gefolgt bin, steckt
ursprünglich dieser eine Typ. Ich bin völlig von den Socken.
Laufe ich hier am Ende gar keinem heiligen Meister Kobo hinterher, sondern einem pilgersüchtigen, pensionierten Polizisten?

»Und … na ja …« Die sympathische Frau stockt. »2017 kam er von einer Wanderung nicht zurück. Wir haben ihn monatelang gesucht.« Sie weint jetzt. Ich kämpfe ohnehin schon unser gesamtes Gespräch lang mit den Tränen. »Wir wissen nicht, ob er einen Unfall hatte oder was genau passiert ist. Irgendwann haben wir akzeptiert, dass er gestorben sein muss.«

Ich bin sprachlos.

Sie sagt, wieder gefasster: »Hast du noch Fragen?«

Nach einer kurzen Pause sage ich: »Ja! Ich habe gehört, die Giftschlangen bringen Glück, und ich habe noch keine gesehen. Kann ich noch eine treffen?« Es ist einfach so, dass JEDER, den ich treffe, schon welche gesehen hat. Einer sagte sogar, im Schnitt sehe er fünf pro Tag.

Die Frau lacht los. »Lena! Kann ich noch eine treffen … Aber ja, kannst du. Kommen ja noch einige Bergtempel.« Zum Beispiel der höchstgelegene Tempel der Strecke, bei dem es auf tausend Höhenmeter hinaufgeht. »Aber versteif dich nicht auf diese Glückssache. Ich glaube: Wenn du keine siehst, ist das ehrlich gesagt das größere Glück!«

»Okay … Und kann ich bei Ihnen eine Karte kaufen?«

Wieder stutzt sie: »Du, ganz ehrlich, du bist bis hierher gekommen. Du brauchst keine …«

Sie lacht mich an, drückt mir ihre Visitenkarte in die Hände und sagt, dass ich sie immer anrufen könnte, wenn ich noch Fragen hätte oder nicht weiterwüsste. »Aber vielleicht rufe ich eher dich an. Du scheinst hier alles absolut richtig zu machen.«

Vielleicht ist es wie in Rs Notizbuch: Man wartet auf eine Zauberkraft, aber hat schon alles, was man braucht. Aber natürlich wird nicht alles so einfach, wie es sich in diesem einen Moment in Matsuyama anfühlt.

26

»Heute ist es lustig. Morgen ist es lustiger.«

(Bergpoet)

Gestern war ich noch in einem Museum. Über Shiki Masaoka, einen Poeten. Es heißt, er hat der Haiku-Dichtung einen modernen Spin gegeben. Ursprünglich hieß er Noboru und nicht Shiki, er nannte sich nur so, weil er wegen Tuberkulose ständig Blut spuckte und ihn das an einen Vogel mit roter Kehle erinnerte, den Gackelkuckuck. Der Poeten-Vogel liebte Baseball – der zweite Nationalsport neben Sumo und vielleicht der wichtigere – und übersetzte die Regeln ins Japanische. Mit dreißig Jahren war er komplett bettlägerig, aber schrieb umso mehr. Ich stehe vor einem Schaukasten und schaue auf all seine Bücher. Meterweise Lyrik. Zehntausende Gedichte. Drei autobiografische Werke. Ich sehe mir ein zehn Minuten langes Video darüber an, was Shiki gern gegessen hat. Er liebte Obst. Manchmal, sagt der Sprecher mit ernster Stimme, aß er sogar zwanzig Mandarinen an einem Tag. So etwas ist nur in Japan möglich. Oder heißt es im Goethe-Museum: »Butterbrot zum Frühstück, das mochte er am liebsten«? Shiki starb früh, mit vierunddreißig. Dass ich heute ein ähnliches Alter wie er damals habe, berührt mich. Ich denke: ›Man muss was aus seinem Leben machen. Es ist zu kurz für halbgare Scheiße‹.

Shikis letztes Gedicht lautet: »Der Schwammkürbis blüht, und ich werde zu Buddha, dem der Auswurf den Atem nahm.«

Schön finde ich das nicht, aber ich bin seltsam inspiriert, als ich mir im Museumsshop ein leeres Heft kaufe. Ein Haiku-Übungsheft. So was wie »Heute ist es lustig. Morgen ist es lustiger« könnte ich vielleicht auch hinkriegen.

Ich denke oft an R.

Dass er wirklich nicht mehr da ist, fällt mir erst auf, als ich am nächsten Tag wieder laufe. Es ist ungewohnt, niemanden an meiner Seite zu wissen. Auch all die anderen Pilgerbekanntschaften sind mittlerweile sicher sonst wo. Ich muss den Weg wieder allein finden. Wieder genau auf die Aufkleber achten. Die Pfeile am Wegrand. Ich kann niemanden fragen, wie weit es noch bis zum nächsten Klo ist. Und ich kann nicht einfach France Gall singen und damit jemanden zum Lachen bringen.

Es riecht nach Zitrusblüte und Meerwasser. Und weil sonst niemand da ist, scherze ich am nächsten Tempel mit einer Gruppe Omis, die einer »Matsuyama-Wandervereinigung« angehören. Und sie schenken mir viele Bonbons, die ich eigentlich nicht gebrauchen kann. Körperlich fühle ich mich schwach. Nach mehr als fünfundzwanzig Kilometern komme ich ziemlich gebeutelt in meiner Unterkunft an.

Irgendwie will nichts so richtig passen. Ich gehe ins *Onsen*, aber mich nerven die Leute dort. In meiner Herberge bekomme ich etwas Leckeres zu essen, aber die Leute dort nerven mich auch. Einer dieser pensionierten Pilger, der jedes Jahr einen Abschnitt des Weges läuft, nennt mich »Lenchen«, während er sich selbst nur mit Nachnamen vorstellt: »Hallo Lenchen, ich heiße Herr Yamamoto.« Geht's noch? Die patriarchische Gesellschaft zeigt sich an vielem, aber an solchen Kleinigkeiten besonders. Als ich in Japan gearbeitet habe, war es genauso. Normalerweise verabschiedet man einen Kollegen, der vor einem geht, mit einem »*Otsukare-sama*«, wörtlich »werter Herr/werte Frau Erschöpft«, aber zu mir sagten sie »*Otsukare-chan*«, »wertes Erschöpftchen«. Mit Mitte zwanzig fand ich das noch okay, aber mit Mitte dreißig, sorry, die Zeiten sind vorbei. Ich fange also beim Abendessen einen Streit mit Herrn Yamamoto an, der stellvertretend ein Streit mit der hierarchischen japanischen Gesellschaft ist.

Ich: »Ich bin nicht Lenchen für Sie. Das ist respektlos. Wenn Sie für mich Herr Yamamoto heißen, dann heiße ich für Sie Frau Schnabl.«

Er: »Das kann ich nicht aussprechen.«

Ich: »Soll ich es für Sie buchstabieren? Shu-na-bu-ru auf Japanisch ...«

Er: »Ich kann es nicht ...«

Er versucht es nicht mal.

Ich: »Okay, dann machen wir einen Deal. Ich bin von mir aus Lena-chan. Dann bist DU Yama-chan, der kleine Berg.«

Der kleine Berg schaut ziemlich empört drein, aber der Wirt findet das Ganze zum Schreien komisch und haut mit der Faust immer wieder auf die Theke, während er laut lacht. »Lenchen und Bergchen ... Wunderbar! Ich glaube, ihr werdet dicke Kumpels. Will noch wer Nachschlag?«

Am Abend sitze ich auf der Tsunami-Schutzwand, schaue in den Abendhimmel über das Meer und weine. Ich bin total durcheinander. Habe ich schon wieder den Pilger in mir verloren?

Am nächsten Tag fühle ich mich erst mal gar nicht schlecht auf der Straße, aber dann wird es immer schlimmer.

Ich verfluche all die Orakel.

Den Autor in Berlin, der sagte, das Glück zu finden ist unmöglich, ohne dass man Liebe findet.

Die Frau auf der Müllhalde, die sagte, R und ich sollten heiraten.

Den Wirt von der letzten Unterkunft der Disziplin-Präfektur Kochi, der sagte: Jetzt geht es erst richtig los.

Irgendwann freue ich mich tatsächlich über eine neue Blase, die sich zwischen mich und die Gedanken stellt. Der brennende Schmerz zieht sich durch mein gesamtes linkes Bein. Ich setze mich an den Straßenrand, verarzte das Ganze sofort und bin froh, dass ich nicht mehr am Anfang dieser Reise stehe, als ich noch keine Ahnung hatte, was zu tun ist. Ich bin jetzt eine erfahrene Pilgerin, die sich, ohne groß zu überlegen, eine Nadel samt Faden in die frische Blase treibt. Die die Füße bei jeder Pause dehnt. Die die Socken bei jeder Pause wechselt. Zumindest in der Hinsicht habe ich auf den Hunderten Kilometern etwas gelernt.

Immer wieder laufe ich heute mit geschlossenen Augen. Man spürt dann wirklich seinen Körper. Merkt, dass man vielleicht flach atmet oder dass man die Schultern hochzieht oder dass irgendetwas schief ist. Wenn ich nichts sehe, richte ich mich sofort aus und fühle mich leicht. Der Weg ist ohnehin nicht sehenswert heute und führt unter anderem an einer petrochemischen Riesenfabrik vorbei. Außerdem ist es wieder superheiß. Die meiste Zeit gehe ich nicht frohen Mutes und aufrecht mit geschlossen Augen, sondern schleppe mich mühsam voran, und vor Tempel vierundfünfzig ist mir wieder so schlecht, dass ich mich fast übergeben muss. Kurz vor Büroschluss erreiche ich Tempel sechsundfünfzig, wo ich übernachten kann. Das *tsuyado* ist ein kleiner Schlauch mit einem Stockbett, das mit Tatami-Matten ausgelegt ist. Es ist sauber, und heute ist niemand da, der nervt.

Zum ersten Mal lese ich das Herz-Sutra jeweils dreimal an beiden Hallen. Es bringt mich zur Ruhe und belebt mich gleichzeitig. Ich stolpere immer an der gleichen Stelle, an der es heißt, dass der Bodhisattva nichts begehrt und fern von allen Illusionen und Träumen das Nirwana meistert.

Heißt Erleuchtung die Befreiung von Wunschdenken? Erkennen, wie es wirklich ist? Und damit klarkommen?

Ich liege auf der Tatami-Matte und schaue an die Decke. Draußen heult ein Wolf, und irgendwer übt Klavier.

Am nächsten Morgen regnet es. Dass es hier immer gleich so doll regnen muss ... Es scheint, als gäbe es in Japan keinen Nieselregen. Entweder brennt die Sonne erbarmungslos und es ist zu heiß, oder es pladdert runter wie wild. Deswegen ist mein Plan heute wenig ambitioniert. Ich muss noch zu Tempel fünfundfünfzig zurück, weil ich das gestern nicht geschafft habe, dann will ich auf einer Brücke spazieren, die Shikoku mit der japanischen Hauptinsel Honshu verbindet, dann zu Tempel siebenundfünfzig und achtundfünfzig und dort dann hoffentlich wieder im *tsuyado* unterkommen. Und so mache ich es. Das schlechte Wetter scheint meine schlechte Stimmung perfekt zu spiegeln. Ich stehe wie ein Häufchen Elend im übergroßen Poncho im Starkregen auf dieser Brücke, die eine architektonische Meisterleistung sein soll und von der aus man kleine Inselchen im absinthfarbenen Meer sehen könnte, wäre das Wetter besser. Aber ich sehe gar nichts. Alles liegt in den Wolken.

Ich fühle mich wie eine Zwiebel. Schicht für Schicht schäle ich mich. Ich komme dem Kern meines Selbst immer näher, aber entferne mich gleichzeitig immer mehr von einer buddhahaften Gelassenheit. Ich bin die reine Emotion. Gestern Wut, heute Trauer.

Außerdem vergesse ich neuerdings ständig meinen Wanderstab. Einerseits heißt das natürlich, dass ich wahnsinnig zerstreut bin. Andererseits aber auch, dass ich körperlich stabiler bin. Ich kann mich auch allein auf den Beinen halten. Ich BRAUCHE diesen Stab nicht mehr IMMER und UNBEDINGT. Ich bin stärker geworden.

Bei Tempel fünfundfünfzig treffe ich einen verwirrten alten und tätowierten Italiener, der mit sich selbst spricht und den ich gern ein andermal näher kennenlernen würde. Und bei Nummer siebenundfünfzig einen Mann aus Nagasaki, der mir sein Brokat-*Osamefuda* schenkt. Von allen *Osamefuda*-Zetteln bringt es das meiste Glück. Und Brokat heißt: Mehr als hun-

349

dert Mal ist er bereits um Shikoku gefahren. »Ich bete für die Lebenskraft«, sagt er und deutet auf seinen Kopf. »Gehirntumor … Ich hatte eine OP und hoffe, dass ich jetzt gesund bleibe.« Das wünsche ich ihm auch. Der Weg hoch zu Tempel achtundfünfzig, dem *Senyuji*, Tempel der eremitischen Abgeschiedenheit, führt steil in den Wald, durch Matsch. Die Wege sind Bäche, die Straßen Flüsse. Leicht größenwahnsinnig denke ich, plötzlich gar nicht mehr traurig: Ja! Ich kann auch über Wasser laufen! Das letzte Stück ziehe ich mich am Geländer einer steilen Steintreppe Stufe für Stufe nach oben. Und da oben im Nebel erscheint langsam, erst verschwommen, dann klarer, eine Figur aus Stein. Meister Kobo. Ich habe mich selten so gefreut, ihn zu sehen.

Und ich darf auch wieder im *tsuyado* übernachten, einer muffeligen Garage unter den Toiletten. Ich hänge meine nassen Klamotten auf, bezweifle allerdings, dass sie hier bis morgen trocknen. Ich sollte Wäsche waschen, aber bin insgesamt zu fertig, um mich aufzuraffen. Die eremitische Abgeschiedenheit dieses Tempels finde ich auf jeden Fall sehr angenehm. Deswegen denke ich ›Ach, menno …‹, als später noch ein dänisches Paar in die Garage kommt. Aber die zwei strahlen etwas ungemein Warmes aus. Und obwohl sie nicht mal viel älter sind als ich, fühle ich mich nach zwei Minuten, als hätten sie mich direkt adoptiert. Sie setzen sich auf meinen Schlafplatz, und wir quatschen. Vielleicht bin ich ja wirklich nicht so ein Einzelgänger, wie ich immer denke. Meine Adoptivmama ist Physiotherapeutin und möchte den Menschen beibringen, ihre Körper besser zu behandeln, »ihnen zeigen, wie sie sich bewegen müssen, damit keine Verletzungen entstehen«. Sie erzählt mir, dass sie und ihr Freund vor sechs Jahren und dann noch mal vor einem Jahr den *Camino* gelaufen sind. Auf dem *Camino* sei so einiges anders. Man müsse nicht immer so weit laufen. Die Herbergen seien zahlreich, dazu günstig oder gleich umsonst. Ich habe mal gelesen, dass es früher auf Shikoku auch so war. Bevor die Busreisen groß wurden und der Lebensstandard hoch. 1931 veröffentlichte der Schweizer Missionarssohn Alfred Bohner ein Buch über den *Henro*: »Wallfahrt zu zweien.« Seit 1922 arbeitete er als Lehrer in Matsuyama. Damals konnten die Pilger in einem Viertel der Tempel übernachten. Heute sind es wesentlich weniger. Dazu gab es »Holzgeld«-Herbergen. Die Pilger trugen Reis- oder Gerstenkörner mit sich und bezahlten in diesen Unterkünften lediglich Geld für das Feuerholz, das die Wirte brauchten, um zu kochen. Die Übernachtung war umsonst. Die Futons dort nennt Bohner *sembei*-Futon, Cracker-Matratze, so dünn waren sie durch die vielen Schläfer geworden. Öfen gab es keine. Die Massen an Läufern, die es damals gegeben haben muss, heizten den Raum auf. Und das Ungeziefer gab es umsonst dazu. Als *osettai*, schreibt Bohner. Diese wilden, verlausten Pilger hatten damals schlechte Chancen, in richtigen *minshuku* aufgenommen zu werden.

Das Pärchen wäscht, und so raffe ich mich schließlich auch noch dazu auf. Was diese zwei machen, kann nicht verkehrt sein. Die Sachen sind ohnehin nass, und wer weiß, wann es den nächsten Trockner geben wird. Während die Gäste der Bezahlunterkunft abend essen, werden wir zum Bad geholt. Das ist noch nie passiert. Normalerweise heißt *tsuyado*: Katzenwäsche am öffentlichen Waschbecken.

»Sag mal«, setze ich an, als ich mit meiner Adoptivmama in der Badewanne sitze, »wie viele Schlangen habt ihr schon gesehen?«

»Wir zählen mittlerweile gar nicht mehr. Wir hatten ein Rennen mit toten und lebenden Schlangen, aber bei zwanzig Stück jeweils haben wir aufgehört.«

Dass hier auch wirklich jeder unfassbar viele Schlangen sieht außer mir ... Ich versuche es zu interpretieren wie die sympathische Frau von der Pilgerweg-Bewahrungsvereinigung. Es ist das größere Glück, keine zu sehen. Ich bin beschützt. Aber so ganz klappt das nicht. Auch wenn es bescheuert ist: Egal, was nach meiner Rückkehr passieren wird, ich glaube, jedes Unglück

351

würde ich postwendend auf die mangelnde Konfrontation mit Giftschlangen schieben.

Später erzählen mir die zwei noch vom höchsten Berg der Insel, *Ishizuchi-san*, zweitausend Höhenmeter, wie üblich geht es etwa auf Höhe des Meeresspiegels los. Er gehört nicht zum Pilgerweg, aber sie wollen unbedingt rauf. Die simple Begründung:»Soll schön sein.« Bei Tempel sechzig könnte man übernachten und danach einfach weiterlaufen. Was diese zwei machen, kann nicht verkehrt sein. Wäre das nicht verdammt cool? Kann ich das auch schaffen? Würde ich nicht, wenn ich das schaffen würde, ALLES im Leben schaffen? Mit den Bildern von diesem superhohen Berg im Kopf schlafe ich wohlig ein.

Die Morgenstunden an Tempeln liebe ich. Im ersten Tageslicht laufe ich über das Gelände. Der Regen ist vorübergezogen, und Sonnenstrahlen bahnen sich ihren Weg auf die Meister-Kobo-Statue, die gestern im tiefen Nebel lag.

Ich betrete den Gebetsraum. Von der Decke baumelt allerhand goldener Klimbim. An der Wand eine ockerfarbene Buddha-Statue. Eine stehende mit unzähligen Armen, vier Hände vor der Brust zu Mudren geformt. Der Obermönch trägt ein langes lilafarbenes Gewand, darum ist ein orangefarbenes Tuch gewickelt. Er sieht aus wie die japanische Version des Dalai Lama und sitzt mittig im Raum, am Rand ein junger Mönch an einer großen Trommel und ein älterer Mann, der in seinem fleckigen Arbeitsoverall aussieht wie ein Gärtner, mit Schellen in der Hand. Sie singen die Gebete mehrstimmig, untermalt von ihren Instrumenten. Die anderen Pilger schreien nicht wie bei meiner letzten Messe. Sie haben Ehrfurcht. Das erste Mal überhaupt singe ich das Herz-Sutra in einer Gruppe. Es fühlt sich fast berauschend an, mein Kopf wird heiß und mein Herz rast. Danach treten alle Pilger der Reihe nach zu einer kleinen Räucherschale. Verbeugen sich und führen die Krümel eines spirituellen Irgendwas an die Stirn.

Die bisherigen Messen endeten immer hier. »Schön, dass ihr da wart, tschüss.« Aber der Dalai-Lama beginnt jetzt zu sprechen. Lange und ruhig. Seit vierzig Jahren führt er diesen Tempel. Aufgewachsen während des Vietnamkriegs. Pazifist. Amerika-Hasser. Er hörte deshalb nicht die Beatles, trank keine Cola. Und Englisch lernte er auch nicht. Dafür Esperanto. »Aber ich war jung und dumm. Heute weiß ich: Mit nur einer Sprache ist Weltfrieden unmöglich.« Es macht ihn sympathisch und nahbar, dass er die eigene Fehlbarkeit predigt.

Dann dreht er sich zu uns Ausländern. Er erzählt davon, wie er mit *Henro*-Aufklebern den *Camino* in Spanien ablief. »Ich habe die überall hingeklebt, und immer, wenn heute einer aus Übersee herkommt, denke ich: ›Ich habe es geschafft!‹ Und es werden immer mehr.« Die Teilnehmer der Busreisegruppe lachen, und er sagt in ihre Richtung: »Ich weiß nicht, wie viele von euch den Weg laufen, aber die Ausländer, die laufen zu hundert Prozent! Hundert Prozent … Sie sitzen hier, die meisten verstehen kein Wort, und sie hören trotzdem stundenlang aufmerksam zu. Und es sind junge Leute.«

Der Dalai-Lama und seine Frau haben hier alles aufgebaut: die Straßen, die Tempelunterkunft, das *Onsen*. Neben dem Altar steht das Bild der Frau. Sie starb vor vier Jahren. »Jeden Tag erzähle ich ihr, wer alles hier war und sie besucht hat. Außer dass sie einen Idioten wie mich geheiratet hat, war sie perfekt.« Immer offen, immer freundlich, selbst einen Yakuza, einen Mafioso, dem die Fingerglieder fehlten, habe sie im Tempel herzlich willkommen geheißen. »Seid gut zu euren Partnern, sie sind eure Meister Kobo. Ihr mögt jetzt denken: Was redet der Typ, Meister Kobo und meine Frau sind beide tot. Aber sie sind deswegen nicht weniger da.«

Dieser Mann IST Liebe. Das Gefühl füllt den gesamten Raum aus. Als er endet, scharen sich die Pilger um ihn, um ihn noch etwas zu fragen oder um sich zu bedanken. Auch ich stelle mich an.

»Woher kommst du?«, fragt er mich.

»Aus Deutschland.« Er erzählt jetzt eine Anekdote, wie er, nebenbei Karatemeister, mal eine deutsche Mannschaft dahatte. Er hatte sich eine kleine Sightseeing-Tour überlegt, wollte ihnen seine Insel zeigen. Aber die Deutschen weigerten sich, sie waren ja zum Trainieren da. Wir lachen.

»Und wo aus Deutschland?«, fragt er.

»Ich lebe in Berlin.«

Der Dalai-Lama guckt mich an, als hätte ich Grothusenkoog gesagt oder gleich Mogadischu. Als wäre meine Antwort vollkommen abwegig, als hätte er den Namen noch nie gehört, als läge das vielleicht gar nicht in Deutschland.

»Berlin ...«, wiederholt er langsam und sagt dann ganz schnell: »Entschuldigung, aber das sehe ich nicht. Also: gar nicht. Wirst du bald umziehen?«

Ich frage es mehr, als ich es sage: »Vielleicht?«

Und er: »Bald. Für das Herz wäre es gesünder.«

In diesem Moment bin ich sicher, dass er recht hat. Dass Berlin Vergangenheit ist. Und weil er das mit dem Herz gesagt hat, denke ich auch: Warum nicht einfach nach Belgien ziehen? Zu R. Ich bin frei, ich kann das.

Ich verlasse den Tempel wie auf Drogen. Das dänische Paar hat mir Geborgenheit gegeben, der japanische Dalai-Lama Ausgeglichenheit und Wärme. Ich bekomme sogar noch einen neuen, knallgrünen, starken Bambusstecken. Alles, was die Sache mit R vielleicht angeknackst hat, wird hier wieder zusammengeflickt.

Die Antwort auf alle Fragen ist Liebe. Ich habe das Universum verstanden. Endlich.

Buddha sagt, dass Glück nur einen wahnsinnig kleinen Prozentsatz des Lebens ausmacht. Aber in diesem Moment ist – bis auf die immer noch komplett nassen Schuhe, in denen ich wieder in Plastiktüten stecke – alles in Ordnung.

Ein Waldweg. Ein Dorfweg. Ein Tempel. Ein Paar steigt aus seinem Auto. Allseits Guten Tag.

»Ach, Fukushima«, sage ich mit Blick auf ihr Nummernschild, »da war ich schon.«

»Echt?«, fragen die zwei erstaunt, »was wolltest du denn da?«

Ja, was wollte ich eigentlich in Fukushima? Ich bin 2014 eine Woche lang mit einer Gruppe Lastwagenfahrer durch Tohoku, die 2011 vom Tsunami zerstörte Region, gefahren, in der auch das havarierte AKW Fukushima Daiichi liegt. Die Lastwagenfahrer demonstrierten gegen Atomkraft, und ich begleitete sie dabei. Wir standen am Zaun zur No-go-Zone, und die Geigerzähler fiepten. Diesseits des Zauns: verlassene Häuser mit vergilbter Wäsche auf der Leine. Jenseits des Zauns: ein ehemaliges Einkaufszentrum, aus dessen Lautsprechern immer noch Durchsagen kamen wie diese: »Bitte vergewissern Sie sich, dass Sie keine Wertsachen, wie etwa Ihre Schlüssel, vergessen.« Einer der Lastwagenfahrer war bereits 2011 dort gewesen, um einen Freund aus dem Katastrophengebiet abzuholen, und sagte, seit dem Unfall habe sich kaum etwas verändert. Es habe 2011 schlimm gestunken wegen des Mülls, und überall liefen die Haustiere frei herum. Sonst sei es ganz genauso gewesen. Von Wiederaufbau keine Spur.

Wir trafen auch einen, der die Region dekontaminierte, damit die Leute irgendwann zurückkommen könnten. Er brauche das Geld, und andere Jobs gebe es nicht. Der Mann sprach komplett maskiert mit uns. Nicht wegen der Strahlung, sondern weil er anonym bleiben wollte. Er hatte Angst, diese Arbeit zu verlieren, die daraus bestand, für umgerechnet achtzig Euro pro Tag verstrahlte Erde etwa fünf Zentimeter tief abzutragen und Äste und Gräser zu schneiden. »Dann geht die Strahlung von 1 auf 0,2 Mikrosievert runter. Aber wenn es regnet, ist wieder alles beim Alten. Man müsste dann eigentlich noch mal dekontaminieren. Machen wir aber nicht.« Wir blickten über ein Tal, sanfte grüne Hügel und Felder aus schwarzen Müllsäcken, in denen das verseuchte Material lagerte. Es war meine bis dato verstörendste Recherche.

»Ach, ich bin Journalistin«, antworte ich jetzt dem Mann beim Tempel.

»Ihr Deutschen macht das schon richtig. Ihr schaltet das Zeug ab. Aber solange eure Nachbarn das nicht genauso machen, kann euch alles genauso um die Ohren fliegen ...«

»Ja«, sage ich und denke daran, wie wir Kinder nach Tschernobyl Jodtabletten mit Schokogeschmack lutschten und wie mein Vater mit dem Geigerzähler über der Sandkiste meines Kindergartens kniete.

Der Tag ist schwül und lang, und ich muss aufpassen, nicht umzukippen. Ich laufe am Meer entlang und auf der Schnellstraße, sehe fliegende Fische, goldene Weizenfelder und dunkle Berge. Die Farben, das Licht, das haut mich heute komplett um. Wie wahnsinnig schön das ist. Und ich probiere eine neue Technik aus, um mit dem Asphalt umzugehen. Weil der offensichtlich, egal wie doll ich drauftrete, nicht nachgibt, federe ich mit den Beinen nach. »Du musst laufen wie die Massai«, hat mir irgendjemand auf den letzten achthundert Kilometern gesagt. Ob die Massai wirklich so laufen, weiß ich nicht, jedenfalls haben sie einen berühmten Sprungtanz und trinken Rinderblut direkt aus der Halsvene der Tiere. Die Lauftechnik ist gut. Zumindest für die Füße. Für die Beinmuskulatur ist es wesentlich anstrengender. Wenn ich so wippe, fühle ich mich allerdings nicht wie eine starke Nomadin, sondern wie Balu, der Bär aus dem Dschungelbuch. Aber nachdem ich anfangs eine Kriechschnecke war, ist ein gemütlicher Bär schon mal nicht schlecht.

Ich komme in der Unterkunft an. Es sind eher aneinandergestapelte Container als ein tatsächliches Haus. Davor blinkt ein Schild: Karaoke. Eine alte Frau läuft auf mich zu. »Lena???« Sie sieht unglaublich verlebt aus, hat schiefe, belegte Zähne, fahle Haut und eine graue fettige Kurzhaarfrisur. Absurderweise erinnert sie mich sofort an meine vierjährige Nichte. Sie ist unmittelbar und irgendwie ungeschliffen. Da ist keine falsche Bescheidenheit, keine antrainierte Zurückhaltung.

»Ich will jetzt erst mal Geld sehen, und dann wüsste ich gern: Was brauchst du heute noch?« Ich lege Geldscheine auf die Theke und sage ebenso unverblümt wie sie: »Ein Supermarkt-Abendessen, einen Hundert-Yen-Shop und *Onsen*.« Und sie: »Passt. Leg den Rucksack ab und spring ins Auto.« Das siebzigjährige Kleinkind ist unkompliziert und ungeniert, und das mag ich. Das Auto ist vollgemüllt und stinkt. Sie fährt verballert, wechselt die Spur, ohne in den Rückspiegel zu schauen oder zu blinken, und sagt dann so was wie »Huppsi«. Ich muss einiges kaufen, Essen für mindestens zwei Tage, wenn ich morgen in der Hütte schlafen will, von der das dänische Paar erzählt hatte. Und als ich mit vollen Tüten dastehe, sagt sie: »Scherzkeks, das ist doch kein ›Abendessen‹, das ist ein Wocheneinkauf.« Beim Hundert-Yen-Shop will ich eine dieser reflektierenden Notfalldecken kaufen. Ich habe auf Shikoku schon zu viel gefroren. Sie: »Jetzt mache ich mir ein bisschen Sorgen, wo du morgen übernachten willst …« Und als ich ein Feuerzeug aus dem Regal ziehe, nimmt sie es mir weg: »Was willst du damit??? Rauchst du??? Das macht Falten! Lena, Lena … Das geht gar nicht!« Erst als ich sage, dass ich das doch zum Beten brauche, um Kerzen und Räucherstäbchen anzuzünden, blabla, bekomme ich es wieder. »Zum Beten, klar …«, sagt sie und zwinkert mir zu. Wir lachen viel. Sie leiht mir ihr klappriges, verrostetes Damenrad, um später zum *Onsen* zu fahren. Ich trete in die Pedale, als gäbe es kein Morgen. Es ist der reinste Geschwindigkeitsrausch. Bei geschätzten fünfzehn Kilometern pro Stunde. Mit dem kühlen Fahrtwind im Gesicht schreie ich »Woohoo!« und »Jippie« und ähnlichen Nonsens.

Die Sonne geht über den Weizenfeldern unter.

Dass nicht nur meine Gastgeberin ungeschliffen ist, wird klar, als mir im *Onsen* eine Frau ungefragt eröffnet: »Du, das Bad dahinten mit den Kräutern würde ich dir nicht empfehlen. Brennt echt krass in der Muschi.« Die Leute hier ticken einfach anders. Die Tokioter Künstlerin, die Vulva-Landschaften baut, würde hier niemanden schockieren.

Ich schaue sie verdutzt an, und ihre Freundin sagt: »Das ist eine Ausländerin, wahrscheinlich kennt sie das Wort nicht …«

Die erste Frau sagt jetzt betont langsam: »Muschi! Aua!«, spreizt leicht die Beine, wackelt mit den Hüften und deutet auf ihren imposanten Busch.

»Ah, danke für den Tipp«, sage ich verhalten, und die zwei beginnen laut zu glucksen: »Ist DIE höööflich …« »Richtig süüüüß!« »Ja, RICHTIG süß!« In Japan fühle ich mich oft etwas sperrig oder laut, aber hier sitzen die Frauen breitbeinig am Beckenrand oder liegen raumgreifend im Wasser, ratschen und gackern. Sie sind viel lauter und viel sperriger als ich. Sie sind derbe und das macht sie erfrischend und wunderbar.

Ich schaue an meinem Körper runter. Ich bin massiver geworden. Ich sehe Muskeln, die ich zuvor noch nie gesehen habe, zum Beispiel seitlich an den Oberschenkeln. Vielleicht habe ich durch diese neue Körpermasse jetzt die nötige Stabilität, um diese Reise tatsächlich durchzustehen. Und vielleicht habe ich das auch R zu verdanken. Unsere gemeinsame Zeit hat mich genährt. Die Käsebrote waren Ausdruck dessen, dass er vielleicht wirklich der Lotusmatsch ist, auf dem ich kräftiger werden konnte.

Nach mehreren Stunden im Bad setze ich mich aufs Fahrrad und düse zurück zum Karaoke-Container. »Lena!«, schreit meine Gastgeberin mir entgegen: »Wo bleibst du denn so lange? Immer. Muss. Ich. Mir. Sorgen. Um. Dich. Machen. Gehst du morgen auf den Berg? Zu Nummer sechzig?«

»Ja, ich glaube, das wird ein bisschen anstrengend.« Der Aufstieg soll sehr lang und ziemlich steil sein, und das Ganze ist mal wieder ein körperlicher und spiritueller Prüfpunkt.

»Ein bisschen anstrengend … Nein, Lena! Hör mir zu: Morgen, das wird ABARTIG anstrengend! Abartig! Verstehst du? Ich hoffe, du schaffst es.«

27

»Das Beste liegt vor dir, also freu dich.«

(Dänisches Paar, hinter dem Tempel seitlich des Gipfels)

Ich liege auf dem Futon und stecke mir frittierte Tintenfischringe in den Mund, die ich vorab in Mayonnaise tunke. Frühstück. Um sechs Uhr verabschiede ich mich von der Karaoke-Wirtin. »Komm bitte wieder! Versprochen?«, sagt sie, hebt den Zeigefinger und verzieht das Gesicht so, wie meine Nichte das beim Abschied auch macht, und auch ihre Aussage ist dieselbe. »Es war so lustig mit dir!« Sie drückt mich. Auch das passt. Das siebzigjährige Kleinkind ist so unjapanisch, wie man nur sein kann.

Der Weg zu Tempel sechzig ist wirklich richtig lang. »Abartig anstrengend«, hieß es ja gestern Abend. Das stimmt auch. Ich fühle mich ein bisschen wie bei Tempel zwölf damals, als ich ewig lange auf diese Bergkette zulief. Man sieht schon Stunden vorher, was einen erwartet. Mein Rucksack ist, obwohl ich in Matsuyama noch mal ein paar Sachen nach Tokyo geschickt habe, darunter das Haiku-Übungsheft und das dämliche Erinnerungshandtuch, so schwer wie nie. Das ganze Essen, dazu zwei Liter Wasser. Aber ich habe das Gefühl, dass ich die Bestie, die in mir wohnt und die ich hierhergeschleppt habe, jetzt nicht mehr hinter mir herziehe. Dass sie mich nicht mehr so stark runterbremst, weil ich sie eben mitschleifen muss, sondern dass sie neben mir läuft. Ich trage mich selbst. Und sonst nichts. Es ist wahnsinnig schwül und riecht nach Tannennadeln.

Auf dem Boden ein eingetrockneter Regenwurm. Erst geht es relativ sanft, aber stetig eine Asphaltstraße hinauf – verfallene Häuser und Abwasserrohre, die direkt in einen Bach führen –, dann geht es in den Wald, steil und auch das stetig. Jede Buddha-Statue, die am Wegrand steht, benutze ich dazu, kurz zu pausieren. Ich bete nicht wirklich, aber bleibe stehen, atme tief und schließe die Augen. Und da stehen viele dieser Statuen. Alle hundert Meter. Ein Japaner im Anzug läuft an mir vorbei und sagt: »Bonsoir.« Ich öffne die Augen, sehe ihn davonlaufen. Wieso spricht der französisch mit mir? Wieso wünscht er mir vormittags einen guten Abend? Und wieso läuft der hier überhaupt im Anzug rum? Bevor ich nachfragen kann, ist er längst um die nächste Kurve. Dafür sage ich jetzt *konnichiha*, Guten Tag, zu jeder Statue. Vielleicht drehe ich jetzt langsam vollkommen durch. War da überhaupt ein Japaner im Anzug, der einen intensiven Waschmittelgeruch verströmte? Mein Herz rast und mich schwindelt. Und es geht immer weiter hoch. Mal ist der Weg von einem Bach überströmt, mal laufe ich auf Matsch, mal über Äste. Es sind noch fünfhundert Meter, und ich setze mich auf eine Bank. Werfe den Rucksack ab, wechsle die Socken. Mücken umkreisen meine Sachen, aber stechen mich nicht. Das ist neu. Die stechen mich doch eigentlich immer. Vielleicht habe ich meinen Körpergeruch auf dem Pilgerweg verloren. Ein Frosch sitzt unter einem Stein, sein Hals vibriert im Rhythmus seines Herzens. Dann stehe ich vor dem Tor.

Acht Stunden habe ich bis hierher gebraucht. Die Torwächter haben goldene Augen. Eine Wanderin mit Tagesrucksack betrachtet die beiden lange und genau. Ich tue es ihr gleich. Vor allem, um wieder zu Atem zu kommen. Bevor ich beten gehe, sitze ich sicher eine Stunde in der Hütte, von der es heißt, dass man dort übernachten kann. Sie ist neu und verströmt den Geruch von frischem Holz. Die Frau mit Tagesrucksack setzt sich zu mir. Sie sieht so aus, als würde sie sich in der Gegend auskennen, und ich frage sie, wie weit es von hier bis zu diesem höchsten Berg Shikokus ist. Kann ich da jetzt noch schnell hoch?

Sie guckt lange auf ihre Uhr.

»Fünfzehn Uhr … Es ist zu spät heute. Mach das morgen.«

Ob es sehr schwierig ist, möchte ich jetzt wissen. Ist das ein Tagesausflug von hier?

»Unmöglich ist es nicht, würde ich sagen. Es ist nicht direkt gefährlich. Du kannst auch oben übernachten …«

Sie schaut wieder auf die Uhr. »Aber mach das bitte morgen!«

Ich habe das Gefühl, dass ich auf diesem Weg immer wieder die gleichen Typen Mensch treffe. Brett des Ostens und Kniemanschette hatten eine ähnliche Ausstrahlung, genauso der Trinker und der Lässige. Und diese Frau fühlt sich genauso an wie die, die mir meinen Rucksack richtig eingestellt hat. Ich glaube, sie schon zu kennen. Sie ist eine zupackende Person, die weiß, wo es langgeht, und die gute Tipps für mich parat hat.

Ich sage das Herz-Sutra an beiden Hallen auf.

In der Leere existiert keine Form, kein Fühlen, Wahrnehmen, Wollen oder Denken. Nicht Alter und Tod noch die Aufhebung von Alter und Tod. Kein Leiden, kein Entstehen, kein Vergehen, kein Weg. Weder Erkennen noch Erlangen. Bodhisattva begehrt nichts. Ist ohne Furcht. Fern von allen Illusionen und Träumen meistert er das Nirwana.

In der Leere ist das Nichts.

Stempelbüro. »Na, als Nächstes Tempel einundsechzig?« Der Mönch lächelt mich breit an. »Oder vielleicht der Berg …«

»Was?« »Ich habe gehört, heute ist es schon etwas …« »Also, wenn du heute in der Hütte …«

Solche japanischen Unterhaltungen liebe ich. Man sagt eigentlich nichts und versteht sich trotzdem.

Als ich zur Hütte zurückgehe, sitzt da der tätowierte, alte Italiener, den ich von seinen Selbstgesprächen an einem anderen Tempel bereits kenne, und raucht. Meine dänischen Adoptiveltern sind nicht da. Es wäre schön, wenn sie noch kämen, aber sie sind wohl schon weiter. Ich setze mich zum Italiener, beide haben wir eine Bentobox auf den Knien, die wir den Berg hochgeschleppt haben. Ich sage »Buon appetito«, und damit ist mein Italienisch so gut wie erschöpft. Mit ihm fühle ich mich jetzt, wie sich die meisten ausländischen Pilger hier die ganze Zeit fühlen müssen. Ich verstehe fast nichts. Aber trotzdem redet und redet er. Seine Stimme klingt ein bisschen verzweifelt. Er steht auf, haut gegen den Getränkeautomaten und ruft: »Birra!!!« Offensichtlich hätte er gerne ein Bier. Ich glaube, dass wir außerdem so was sagen wie: Ich schlafe in der Ecke. Und du? In der anderen. Okay? Aber wirklich sicher bin ich mir nicht. Als der Tempel um siebzehn Uhr schließt, baue ich mir aus zwei Holzbänken ein Bett. Der Italiener legt seinen Schlafsack direkt auf den Boden. Seine Zehennägel sind lang, gelb und verwachsen. Er trägt ein Armband »Senioren auf dem Camino de Santiago« und zwei Eheringe am Ringfinger. Wieder so ein Pilgersüchtiger? Oder ist er nur den Aufklebern gefolgt, die der japanische Dalai-Lama von Tempel achtundfünfzig in Spanien gestreut hat? Ich unterstelle dem Italiener wegen der zwei Ringe, dass seine Frau gestorben ist und er deswegen hier rumläuft. Vielleicht erzählt er es mir, vielleicht berichtet er auch von anderen Weisheiten. Aber ich verstehe eben nichts.

Er wedelt sich mit dem englischen Reiseführer Luft zu, und ich frage: »Darf ich kurz?« »Certo.«

Ich suche die Seite mit diesem hohen Berg, diesem *Ishizuchisan*, zu dem ich ab hier ja angeblich weiterlaufen kann. Das stimmt schon mal. Ich sehe die Schriftzeichen des Bergs. *Ishizuchi* heißt »Steinhammer«. Etwas einschüchternd. Es gibt auch Zeitangaben, und da steht: acht Stunden für den Aufstieg. Das ist wirklich weit. Das ist wirklich hoch. Das liegt überhaupt nicht auf dem Pilgerweg. Quasi zwei Tage Umweg.

Ich deute auf die Seite, der Italiener guckt und ruft: »No!« Dann guckt er noch mal hin, sieht offenbar ein *Onsen*-Symbol irgendwo in der Ecke der Buchseite und sagt: »*Onsen*? Benissimo.«

Ich deute auf den Gipfel, und er ruft wieder: »No!«

Ich klappe den Reiseführer zu. Auf seiner Rückseite steht eine Liste mit Geschenken, die nichts kosten und die man anderen machen solle. Nummer fünf: Schenke anderen dein Herz. Die Notfalldecke wickle ich um den Schlafsack, und sie knistert grässlich. Bei jeder winzigen Bewegung schlägt sie Alarm. Ich denke immer noch ständig an R. Wir hatten erst mal noch viel Kontakt. Sprachnachrichten jeden Tag. Immer wenn ich kurz Internet hatte. Haben Bilder hin- und hergeschickt. Aber jede Nachricht machte mich trauriger. Weil sie die Distanz zementierte. Völlig fertig machte mich der meist banale Inhalt, dass diese oder jene Unterkunft ganz nett sei, dass das französische Pärchen an der einen oder anderen Stelle den Bus genommen hatte, dass er Brett des Ostens und den Heiligen in Weiß wieder getroffen hätte oder dass der Weg echt hässlich sei und R deswegen mit dem Zug fahre. Ich will eigentlich gar nicht so genau wissen, wie hässlich der Weg sein wird oder welche Unterkunft empfehlenswert ist. Und welche Leute ich alles NICHT treffen werde. Ich hatte das Gefühl, dass R mir dadurch meine Reise wegnimmt. Ich kann nicht hier sein und in Gedanken bei ihm oder dem Weg von morgen und übermorgen. Vorgestern habe ich ihm deshalb geschrieben, dass ich den Kontakt nicht packe und das hier allein fertiglaufen möchte. Seitdem: Stille. Vielleicht, dachte ich, kann ich dadurch etwas zur Ruhe kommen. Aber natürlich ist er trotzdem da. Vielleicht haben meine Adoptiveltern deswegen mit ihren »Soll schön sein auf dem Steinhammer« etwas in mir ausgelöst. Vielleicht möchte ich deswegen auf diesen furchtbar hohen Berg. Ich möchte irgendwohin, wo R nicht war. Ich möchte ein bisschen Abstand. Von oben runtergucken und klarsehen. Schenke anderen dein Herz? Ist die Antwort auf alle Fragen wirklich Liebe? Nur ein Franzose, der mich nachts warmhält? Zumindest friere ich nicht. Ich habe jetzt die Notfalldecke. Sie knistert furchtbar. Mir läuft eine Träne über die Wange.

Heute besteige ich den höchsten Berg Shikokus. Das zumindest ist der Plan. Es ist vier Uhr morgens, ich frühstücke vor der Hütte. Ich habe schon so viel meines vorgestrigen »Wocheneinkaufs« aufgegessen, dass mein Rucksack verhältnismäßig leicht ist. Das heißt auch: Wenn es heute nirgends etwas zu essen gibt, habe ich ein großes Problem. Aber daran ist nichts mehr zu ändern. Los geht's.

Zunächst durch den Wald, und zwar erst mal: bergab. Damit ich später wieder raufsteigen kann. Der Weg ist überwuchert und wahnsinnig steil, wechselt plötzlich seine Richtung. Ich stolpere über Äste. Bleibe hängen. Ich rutsche. Erde rieselt die Böschung runter. Scheiße, ist das gefährlich. Nach zwei Stunden komme ich an einen Bach. Laut der Karte des Italieners habe ich die Hälfte, zumindest nach unten, geschafft. Ein Stein, auf den ich mich stelle, rollt weg, ich schlittere und knalle auf den Hintern. Ich sitze kurz verdattert da. Schüttle den Kopf. Weiter! Kontrolle ist eine Illusion. Ich überquere den Bach. Da steht eine einsame Palme zwischen den Zedern. Die Steine sind superrutschig. Und irgendwie alle rosa. Ein rosa Meer aus Felsen. Schenke anderen dein Herz. Wieso verbindet man eigentlich Farben mit einem Gefühl? Durch den Sturz ist irgendwas in mir passiert. Ich habe Angst, dass es die Bestie ist, die mir gleich eine schallert. Aber es fühlt sich anders an. Als hätte ich die Bestie aufgeweckt, die gestern friedlich neben mir hertrottete. Aber sie will mir keine reinhauen, sondern hebt mich auf ihre breiten Schultern. Rennt laut schreiend mit mir obendrauf durch den Wald. Oder bin ich das? Sie hat jetzt eine Form, ist nicht mehr ein unscharfes Irgendwas, sondern sieht aus wie die Viecher im Bilderbuch »Wo die wilden Kerle wohnen«. Riesig, massiv und trotzdem liebenswürdig.

Eine Straße. Ein paar Häuser. Ich bin jetzt unten, setze mich auf ein Mäuerchen. Ich wechsle die Socken, trockne die Schuhe kurz in der Sonne und schlüpfe in die Flipflops. Esse. Die Bestie hat sich wieder hingelegt. Und ich lasse sie schlafen. Ich bin wieder allein.

Ich laufe einen schmalen Weg bergauf. Immer weiter bergauf. Ich höre meinen Atem und meinen Herzschlag. Das Tocktock meiner Stöcke. Überall sind jetzt kleine Fliegen. Ich presse die Lippen zusammen, wedle vor meinen Augen rum. Sie sind ein bisschen wie meine Gedanken an R. Nervig, überall und nicht loszukriegen.

Der Weg quert eine Straße, und ich lehne mich an eine verbeulte Leitplanke. Ich bin vollkommen überhitzt. Auf dem gesamten Weg habe ich noch nie so geschwitzt. Vielleicht auch noch nie in meinem ganzen Leben. Selbst von meinem Handrücken tropft der Schweiß auf den Boden. Ich habe viel zu wenig Wasser dabei, schalte in den Kriechmodus, in dem ich langsam Schritt für Schritt setze, mich auf die Stöcke stütze wie eine alte buckelige Frau. Alle paar Meter brauche ich eine Pause. Ich komme kaum voran. Irgendwie ist die Energie alle. Wieso möchte ich, die ich es ohnehin kaum schaffe, diesen Pilgerweg zu gehen, jetzt auch noch auf den höchsten Berg der Insel … Bin ich eigentlich völlig bescheuert? Wieso sollte ich das schaffen? Vielleicht sollte ich umkehren.

»Hi!«, ruft eine bekannte Stimme. Meine dänischen Adoptiveltern!

»Hi! Kommt ihr gerade wieder runter?«

Die zwei erzählen, dass das, was mich da oben erwartet, einfach nur fantastisch ist. Es sei wirklich anstrengend und wirklich hoch und wirklich steil, vor allem der letzte Teil, aber die Mühe absolut wert. Ich sage, ich weiß nicht, ob ich das schaffe.

Vielleicht immerhin zur Seilbahnstation, wo es Hotels gibt, und dann morgen weiter auf den Gipfel …

»Nein, das schaffst du. Du kannst doch langsam gehen.« Sagen sie. »Auf dem Gipfel kannst du auch übernachten.« Sagen sie. »Bei der Seilbahnstation ist es echt hässlich.« Sagen sie. »Das Beste liegt vor dir, also freu dich.« Und es ist wieder so wie vor ein paar Tagen beim Tempel. Ich glaube ihnen jedes Wort. Ich freue mich jetzt. Und basta.

Als ich Stunden später die Seilbahn kreuze, freue ich mich nicht mehr so doll, aber ich sehe, was sie meinen. Es sieht aus wie ein Skigebiet im Sommer. Wiese. Geröll. Sonst nichts. Es gibt Läden, aber die haben die Rollläden unten. Es gibt Getränkeautomaten, aber von zwanzig Stück funktioniert nur einer.

Ich setze mich in den Schatten eines geschlossenen Geschäfts und lasse zwei Liter kaltes Nass in mich reinlaufen. Zumindest meine Körpertemperatur fühlt sich nach einer halben Stunde wieder normaler an. Da steht ein Shinto-Schrein, und die Priester reservieren mir die Unterkunft auf dem Gipfel. Dort werde ich auch etwas zu essen bekommen. Hätte das nicht geklappt, wäre ich jetzt ziemlich aufgeschmissen.

Das heißt auch: Jetzt muss ich also wirklich hoch.

Immer noch sind überall und ständig diese Fliegen. Immer noch sind überall und ständig diese Gedanken an R.

Im Shinto-Glauben legt man Steine auf heilige Stätten, wenn man einen Wunsch hat. Auf dem Weg vor mir liegt ein hohler riesiger Baumstamm voll mit Steinen. Ich lege einen dazu und wünsche mir etwas bescheuert Romantisches. Die Landschaft ist karger geworden, der Boden felsiger.

Eine Gruppe von zwanzig Schülern kommt mir entgegengelaufen.

»Bitte halte durch!«, rufen sie mir zu. »Fight!« »Wir feuern dich an!«

Eine davon trägt ein ›Star Wars‹-Shirt. Ach, kommt, Leute, jetzt auch noch Star Wars? Es ist seltsam, dass einen alles an eine

Person erinnert, wenn man nicht an sie denken will. Einmal hatten R und ich darüber geredet, wer wir wären, wenn wir eine ›Star Wars‹-Figur wären. R sagte: »Ich sehe dich eher so als Meister Yoda.« Ich habe mich darüber gefreut, weil ich finde, Meister Yoda ist die coolste Figur überhaupt. Jetzt denke ich: ›Der lebt allein auf einer düsteren, sumpfigen Insel. Und das ist nicht die Zukunft, die ich haben will.‹

Überall sind Gruppen oder Paare, und zu allem Überfluss stehen überall auch noch Schilder, auf denen es heißt: »Geh nicht allein in die Berge, das ist sehr gefährlich.« Fast möchte ich die Schilder anschreien: Ich bin nun mal allein hier! Leckt mich am Arsch!

Der Weg besteht jetzt fast ausschließlich aus Treppen und Felsen. Ockerfarben. Trocken. Teilweise habe ich auch die Wahl, an schweren Eisenketten nach oben zu klettern. Natürlich entscheide ich mich dagegen. Mit den Stöcken, mit meinem ganzen Gepäck wäre Klettern unmöglich. Ich bin nicht so cool, wie ich gern wäre. Die Treppen sind auch nicht ohne. Teilweise sind die Stufen aus morschem Holz. Teilweise aus rostigem Metall. Sie sind schräg, kurz oder fehlen ganz. Vor allem scheinen sie kein Ende zu nehmen.

Manchmal lenkt mich R von diesem verdammt schwierigen Weg ab, manchmal lenkt mich dieser verdammt schwierige Weg von R ab. Ich weiß nicht, was mir lieber ist. Und überall sind diese Fliegen. Ich bin müde. Das ist doch scheiße.

Ein älteres Ehepaar setzt sich zu mir auf die Bank, als ich verschnaufe und vermutlich ziemlich bedröppelt dreinschaue.

»Bist du Japanerin?«, fragt der Mann.

Ich schüttle den Kopf.

»*Hafu*?«, fragt er. Der Begriff kommt vom englischen *half*, halb, »Halbjapanerin?«

Obwohl ich überhaupt nicht japanisch aussehe, passiert mir das öfter. Während meines Auslandsstudiums sagte einer: »Du musst Halbjapanerin sein, denn du bist süß.« Deutsche seien groß, blond und dick. Und offensichtlich nicht »*kawaii*«, nicht süß. Auch auf Shikoku sagten Schulkinder: »Eine ausländische Japanerin.« Oder ein Mann in einer Unterkunft: »Du bist japanischer als Japaner.« Ich habe keine Ahnung, was das eigentlich bedeuten soll. Wahrscheinlich, dass ich wirklich ein bisschen zwischen den Welten stehe. Vielleicht auch nur, dass ich weiß, dass man Kloschlappen im Klo lässt.

Ich schüttle wieder den Kopf, und der Mann sagt: »Jetzt hab ich's! Du bist Französin!«

Ihr könnt mich alle mal am Arsch lecken!

Die Buddhisten haben vielleicht doch recht, Leiden entsteht durch Anhaftung. Aber an nichts und niemandem anhaften, will man das wirklich? Würde das nicht wirklich einen Meister-Yoda-Einsiedler aus einem machen?

Ich beschließe, auf die Frage »Woher kommst du?« einfach mit »Tokushima« zu antworten. Schließlich bin ich dort losgelaufen.

Der Mann nickt. »Läufst du allein?«, fragt er.

Und ich sage: »Nö, Meister Kobo läuft mit mir.« You'll never walk alone.

Das fühle ich gerade überhaupt nicht, aber ich habe keine Lust mehr auf die ewig gleichen Fragen.

Weiter. Wann bin ich endlich da?

Der Weg flacht ab und führt über einen Bergkamm. Auf den letzten paar hundert Metern geht es nun noch mal vierhundert Höhenmeter nach oben. Ich klettere einen Fels hinauf und steige weiter Stufen, die jetzt noch steiler sind als zuvor. Ich blicke bis zum Horizont über bewaldete Hügel, bin bereits höher als sie alle. Eisentreppen flankieren den Fels, Geröll, Steintreppen, Holztreppen. Vereinzelt stehen da Bäume, die jetzt, im Mai, erst austreiben. Endlich ein Haus. Dahinter ein kleiner Schrein. Ich bin oben. Und während es den ganzen Tag sonnig und heiß war, haben sich hier oben die Wolken wie eine wabernde Decke um den Gipfel gelegt. Ich bin zweitausend Höhenmeter einen Berg hinaufgestiegen. Der nicht mal auf dem Pilgerweg liegt. Ich dachte, wenn ich das schaffe, kann ich ALLES schaffen. Zwölf Stunden war ich dafür unterwegs, während der Reiseführer des Italieners acht vorgesehen hat. Alles, weil ich Klarsicht wollte. Und jetzt bin ich hier, und außer dem Weiß dieser Wolken sehe ich absolut gar nichts.

In der Herberge ist es warm und riecht nach Kiefer. Ich rubble mich mit einem in Regenwasser getauchten Handtuch ab und ziehe mich um. Außer mir sind im Schlafsaal noch zwei ältere Paare. Vor dem Abendessen werden wir zu einer Shinto-Messe gerufen. Der Priester trägt einen lilafarbenen Rock, eine gelbe Joppe und eine schwarze Haube auf dem Kopf. Wir stehen vor einem kleinen Schrein, während der Priester in ihm hin und her läuft. Er schlägt eine Trommel und wedelt mit einem Stab herum, an dem weißes gefaltetes Papier angebracht ist. Er teilt ein laminiertes Gebet aus. Wir sollen gemeinsam mit ihm beten, und wir stottern alle durcheinander. Außer dem Priester scheint keiner von uns den Text schon mal gesehen zu haben. Berge, Flüsse, Götter, irgendwie so. Ich verstehe gar nichts.

Und dieses Gefühl des absoluten Nichtverstehens erinnert mich an meine erste buddhistische Messe bei Tempel Nummer sechs. Wie viel ich gelernt habe seitdem. Wie routiniert ich die ganze Tempelroutine hinkriege. Wie lässig ich das Herz-Sutra bei der letzten Messe mitbeten konnte. Ich bin wirklich weit gekommen. Gestern zu Tempel Nummer sechzig, heute auf den höchsten Berg Shikokus.

»Verbeugt euch«, sagt der Priester, »schließt die Augen.« Dem Geräusch nach zu urteilen, wedelt er mit dem papierbehangenen Stab über unsere Rücken. »Ihr könnt euch erheben.« Ich öffne meine Augen. Ich bin wach.

Nach der Messe sitze ich auf einem Bänkchen und schaue über die Wolken. Ich bin viel ruhiger als vorher. Und die Wolken sind auch nicht mehr ein wabernder Nebelbrei, der mich einhüllt. Sie haben absurde Formen angenommen. Sie liegen friedlich da. Die Sonne geht in ihrem Meer unter, färbt alles in Sonnenuntergangsfarben, wie man sie sonst nur auf Karibik-Postkarten findet. Vielleicht geht das ja doch mit dem *ichi go, ichi e*, mit dem Loslassen.

Später sitze ich mit dem Priester in der Hütte. Er mit einer Flasche Schnaps, ich mit einem Glas Wasser. Er trägt einen Jogginganzug statt des Priestergewands und erzählt, dass Shikoku und seine achtundachtzig Tempel ein Mandala formen, das die Pilger ablaufen. Eine geballte Ladung Powerspots. Wir gehen auf den Energieadern der Erde. »Wenn man es zulässt, kann man diese Kraft verinnerlichen.« Er sagt auch, dass wir in diesem Haus heute gemeinsam mit den Göttern schlafen.

Ich wache auf, es ist mitten in der Nacht, und mein Gesicht ist klatschnass. Was ist das? Hat mich einer der Götter angepinkelt? Die anderen im Schlafsaal atmen ruhig. Ich auch, aber es wird immer nässer. Mir rinnen Tränenbäche über die Backen. Was ist denn hier los? Sie sind nicht zu stoppen. Und deswegen lasse ich sie laufen. Der Wind klackert am Dach. Ich nicke wieder weg.

Sonnenaufgang. Ich stehe auf dem Felsen und schaue Richtung Osten. Ich weine schon wieder oder immer noch. Ich glaube, bei meiner emotionalen Zwiebelschälerei bin ich jetzt fast am Kern angekommen. Ich sehe schon den grünen Spross in der Mitte, aber eine Schicht liegt noch um ihn rum. Die soll gehen, ich ziehe an ihr, aber sie bewegt sich nicht. Stattdessen brennt sie in den Augen. Deswegen wahrscheinlich die ganze Heulerei. Wir klatschen nach Shinto-Ritus zweimal in die Hände und verbeugen uns vor dem Sonnenaufgang. Als ich die Augen öffne, ziehen wieder weiße Nebelschwaden über mich hinweg und bedecken den gesamten Himmel. Alles ist weiß, ich sehe keinen Meter weit. Klarsicht, wo bist du?

Messe. Schon wieder. Der Priester trägt dasselbe Outfit wie gestern minus die schwarze Haube. Er trommelt, er betet, wir senken die Köpfe, wir beten. Ich komme überhaupt nicht mit. Dann öffnet er die hintere Wand des Schreins. Wir sehen drei Götterstatuen, die dort gewöhnlich versteckt sind. Er erklärt sie alle, aber ich habe nur Augen für eine davon. Es ist *Fudo-myo*, der grimmige Typ mit dem Feuer hinter sich. Der Typ, vor dem ich mich die letzten Wochen immer wieder gruselt habe. Was für eine Kraft der hat und was für eine Wut. Der Priester sagt: »Wie ihr seht, hat er ein Schwert. Damit zerschneidet er die Probleme.« Wir müssen aufpassen, sagt er, bei welchem Gott wir uns was wünschen. Es bringt nichts, beim Medizingott um Liebe zu bitten oder beim Weisheitsgott um Reichtum. Der Priester überreicht uns kleine Zweige, die wir den Göttern darbieten. Er schlägt auf die Trommel, und nacheinander betreten wir den Schrein, berühren die Statuen und beten. Ich bete also. Bei Meditation und Gebet ist man angeblich auf derselben Frequenz unterwegs. Beides sind Gespräche mit »dem Höheren«. Nur ist man bei Meditation auf Empfang und bei Gebet auf Senden gestellt. Ich sende jetzt also tatsächlich an Gott oder die Götter oder das Universum oder diese drei Statuen, die dafür stehen. »*Fudo-myo*«, sage ich innerlich, als ich bei dem grimmigen Feuertyp ankomme. »Ich dachte immer, du bist ein bisschen gruselig, aber vielleicht habe ich mich getäuscht. Bitte räume meine Probleme auf der Reise aus dem Weg und hilf mir, sie sicher zu Ende zu bringen.« Wir stehen wieder vor dem Schrein, verbeugen uns, und das priesterliche Papier rauscht über unsere Köpfe. Erhebt euch. Ich öffne die Augen. Die Wolken sind weg und alle Gedanken mit ihnen. Ich sehe klar. Die letzte Zwiebelschicht ist ab.

28

»Ich laufe langsam. Aber niemals rückwärts.«

(Tasche eines Schulmädchens)

Mit dem Gesang des Priesters im Ohr steige ich den Berg hinunter. Wieder sind da ein paar Fliegen und ein paar Gedanken an R. Aber andere, weniger nervige. Ich glaube, bei der Liebe ist es am wichtigsten, mit jemandem zu sein, der einem guttut. Der zulässt, dass man die beste Version seinerselbst ist. Nicht die Version, die alles richtig macht. Sondern die, mit der man sich am wohlsten fühlt. Mit R habe ich mich mir selbst sehr nah gefühlt. Ich konnte schwach sein und mich trotzdem stark fühlen. Aber das verliere ich nicht, nur weil er nicht da ist. Im Gegenteil: Mit niemandem kann ich so sehr ich selbst sein wie mit mir selbst.

Ich bin aufgeputscht, wach und glücklich, und der Tag vergeht ein bisschen wie im Rausch. Als ich wieder auf einer Hauptstraße gelandet bin, überholt mich ein Schulmädchen in Uniform. Auf ihrer Jutetasche steht: »I walk slow. But I never walk backwards.« Ich laufe langsam. Aber niemals rückwärts. Das ordne ich gleich als Zeichen des Universums ein. Genau, das Leben geht nach vorn. Eine andere Richtung gibt es nicht. Egal wie langsam. Hauptsache weiter. Dass es gleichzeitig ein bisschen ironisch ist, dass ich die nächsten Tempel, dreiundsechzig bis einundsechzig, rückwärts ablaufe, weil ich mich von einer anderen Seite den Berg runtergearbeitet habe, fällt mir erst später auf.

373

Aber weil ich in umgekehrter Richtung unterwegs bin, bekomme ich einen Zwiestreit der Tempel nicht mit, der viele Pilger an dieser Stelle sonst irritiert. Ursache des Problems: Tempel zweiundsechzig hat keinen Parkplatz und kann deswegen keine Buspilger aufnehmen. Dadurch geht dem Tempel eine Haupteinnahmequelle verloren. Tempel einundsechzig stempelt hingegen die Bücher der Pilger ungefragt zweimal, verdient also doppelt. Tempel zweiundsechzig hat deswegen für die wenigen Pilger, die ihn tatsächlich besuchen, im Gegenzug den Preis verdoppelt und sich selbst aus den offiziellen Dos and Don'ts des Achtundachtzig-Tempel-Verbunds ausgeschlossen. Nächster Schritt des Streits wird es wohl sein, einen neuen offiziellen Tempel zweiundsechzig zu benennen. Was kein Problem sein wird, weil auf Shikoku noch etliche nicht nummerierte Tempel zur freien Verfügung stehen. Aber das alles geht an mir vorbei, weil ich zuerst Tempel zweiundsechzig besuche, den Mönchen dort einfach die üblichen Münzen in die Hand drücke und sie zu höflich sind, um mich zu korrigieren. Tempel einundsechzig wiederum kann nicht doppelt stempeln, weil der Platz in meinem Tempelbuch ja bereits gefüllt ist. Religion ist nie nur Erleuchtungssuche und Spiritualität, sondern immer auch Moneten und Infrastruktur.

Ich spüre heute eine unglaubliche Kraft in mir. Ich bin nicht zu stoppen. Das letzte Mal habe ich mich so vor zwei Jahren gefühlt. Als ich im Sommerlehrgang meines Taekwondo-Vereins ein Brett durchgetreten habe.

Kampfsport ist ein Hobby, das ich nach langer Pause wiederentdeckt hatte. Als Teenager war ich jeden Tag mehrere Stunden im Training. In dieser stickigen Halle mit Holzboden. Die Wand komplett verspiegelt, damit man seine Haltung korrigieren kann. Auf der anderen Seite eine Fensterfront mit beschlagenen Scheiben wegen der ganzen schwitzenden Körper im Raum. Alle standen in ihren weißen, schweren Leinenanzügen mit Blick Richtung Spiegel. Die Aufstellung hierarchisch:

Je weiter vorne und je näher an der koreanischen Flagge, desto höher der Grad. Vorne stand der Meister und gab Anweisungen. Wir durchliefen verschiedene feste Abläufe, übten Kicks und Schläge. Traten in die Luft oder in Partnerübungen gegen Targets, quasi mobile Boxsäcke, vorzugsweise in Kopfhöhe. Immer wieder die gleichen Bewegungen, bis sie saßen. Der Meister ließ uns Dehnübungen machen, bis wir noch höher kickten. Wenn alle am Ende waren, ließ er uns Kicks in der Luft halten und ging dann reihum, schlug auf unsere Beine. Lachte, wenn jemand einknickte. Oder er setzte sich beim Liegestützenmachen auf unsere Rücken. Wenn jemand rummaulte, sagte er Sätze wie »Mund zu, Bein hoch«. Oder gleich: »Ich muss eure Persönlichkeiten zerschlagen, damit euer wahres, besseres Ich zum Vorschein kommt.«

Es ist ein Einzelsport, aber man hat eine starke Gemeinschaft. Trainingspartner, die einen anstacheln, noch öfter und noch mehr zu trainieren. Gemeinsam waren wir auf blaue Flecke stolz und bewunderten uns gegenseitig für den Spagat, den wir langsam raushatten. Verstand sonst ja keiner. In einer Silvesternacht standen wir im Englischen Garten in München und liefen um Mitternacht Formen, statt mit Sekt anzustoßen. Am nächsten Morgen gingen wir gemeinsam ins Training. Bei Geburtstagspartys brachten die ranghöheren Jungs Bretter zum Durchhauen mit. Das war nicht ganz in Ordnung, macht man eigentlich nur bei Gürtelprüfungen oder Lehrgängen unter Aufsicht des Meisters, aber na ja, man muss sich als Jugendlicher ja nicht immer an jede Anweisung halten. Weitergekommen bin ich ziemlich schnell, hatte innerhalb weniger Jahre einen blauroten Gurt um den Bauch. Danach kommen farbtechnisch nur noch Rot und Schwarz. Ich konnte mir vorstellen, das zu meinem Leben zu machen, selbst Meister zu werden, mein eigenes Studio aufzumachen. Aber dann kam das Studium dazwischen.

Jetzt dachte ich nicht mehr an die coolste Art zu kicken und die nächste Gürtelprüfung, sondern an japanische Vokabeln,

Politische Theorie und die Zwischenprüfung. Außerdem dachte ich: ›Meister? Was soll das überhaupt sein? Mund zu, Bein hoch? Was'n Quatsch! Persönlichkeit zerschlagen? Geht's noch?! Das ist doch total albern. Fast wie bei einer Sekte. Und warum verstehen die anderen nicht, dass ich gestern nicht im Training war, weil ich lieber rumknutschen wollte?‹ Es heißt, Blaugurte sind sporttechnisch in der Pubertät. Auf dieser Stufe hören die meisten auf. Ich auch.

Zehn Jahre lang hatte ich kein Studio mehr betreten. Aber als ich nach Berlin zog, Freiberuflerin und Arbeiten von zu Hause, da ist mir der Sport wieder eingefallen. Die Struktur, die er meinem Leben gegeben hatte und die mir jetzt komplett fehlte. Die Gemeinschaft, die mich gehalten und angetrieben hatte und die mir jetzt auch fehlte. Und so zog ich wenig später diesen alten weißen Leinenanzug aus einem Karton bei meinen Eltern. Daneben lagen meine farbigen Gurte und die Medaillen und Pokale von früher. Und daneben, total drollig, das aufzuheben, aufgestapelt die durchschlagenen Bretter. Die Bretter verbrannte ich, die Auszeichnungen packte ich wieder in den Karton, und den weißen Anzug mit den gelben Schweißrändern, die man auch in Kochwäsche nicht mehr rausbekommt, brachte ich mit nach Berlin. Dort stand ich wieder in einer muffeligen Halle, kickte wieder in die Luft. Und ich fing wieder von vorn an, mit Weißgurt um den Bauch. Und ehrgeizig war ich auch wieder. Ich dachte: In diesem Jahr hole ich den Blaugurt zurück, in einem Jahr mache ich Rotgurt, in zwei Schwarzgurt. Ich wusste ja, wie schnell ich vorankommen konnte, wenn ich nur wollte. Und die Bewegungen merkt sich der Körper.

Klar war ich nicht mehr so durchtrainiert wie früher, aber kicken in Kopfhöhe ging schon noch. Ich radelte high vom Training zurück. Dieses Auspowern, bei dem dann von irgendwo ein Ersatzstrom angeschlossen wird und auf wundersame Weise neue Energie in einen reinschießt, ist einfach der Hammer. Und negative Gefühle konnte ich auch direkt wegkicken und weg-

schreien. Beim Sommerlehrgang schlug ich das erste Mal wieder
ein Brett durch. Videos davon schickte ich an meine Freunde.
Aber ich versuchte eine Balance zu finden, wollte auch zum
Yoga und zum Klettern und mit Freunden abhängen. Ich ging
deshalb lediglich jeden zweiten Tag ins Training, und mehrere
Stunden nacheinander machte ich auch eher selten. Die Reaktionen der anderen waren wie früher. »Wo warst'n gestern?«
»Was? Du gehst schon?« »Wann kommst du wieder? Morgen?«
In diesen putzigen Fanatikern sah ich mein früheres Ich. Und
auch wenn ich nicht in ihrer Liga kickte, ich war wieder eine
von ihnen. Ich kickte wieder. Nach dem Drüsenfieber habe ich
es zweimal versucht, wieder zu trainieren. Nach zehn Minuten
kippte ich um und legte meinen Vertrag auf Eis.

Es ist heute also der erste Tag nach zwei Jahren Krankheit, an
dem ich mich wieder »fit« fühle. Ein unglaubliches Gefühl.
  Deswegen ende ich nicht bei Tempel einundsechzig, sondern gehe sogar noch mal ein Stück zurück den Berg hoch, auf
dem Tempel sechzig lag, um zu einem heiligen Hintertempel
zu kommen, an dem man Wasserfalltraining machen kann. Die
Vorstellung, dass ich das während meiner Pilgerreise machen
möchte, hat sich in den letzten Tagen in mir festgesetzt. Ich
stelle mir vor, wie ich unter dem Strahl stehe und dabei zu
völliger Klarheit finde. Das hatte ich meiner dänischen Adoptivmama erzählt, als wir gemeinsam in der Badewanne saßen.
Auch dass ich nicht weiß, wie das genau geht und ob man die
Anleitung eines Mönches dazu braucht. Was heißt »Training«?
Meditation? Oder irgendwelche speziellen Übungen? Ich habe
keine Ahnung. Sie sagte: »Du weißt nicht, wie das geht? Du
springst einfach rein. Wenn du dich traust.« Und ich dachte, sie
hat recht. Dass ich vielleicht zu viel Zeit mit R verbracht habe
und die Dinge jetzt unnötig verkompliziere. Einfach springen!
  Ich frage also bei Tempel einundsechzig, der architektonisch
vollkommen aus der Reihe tanzt und wie ein sowjetischer Protz-

bau daherkommt. Das heißt, er ist einfach ein riesiger Klotz Beton. Ein Protzklotz. »Wie läuft das nun mit dem Wasserfalltraining? Gibt es da Öffnungszeiten?«, frage ich, und der Mönch sagt eigentlich dasselbe wie meine Adoptivmama: einfach rein, einfach meditieren. Der Mönch, der mich dort betreuen könnte, hat für heute jedenfalls schon Feierabend.

Ich laufe also den Berg hoch, um zu dem Wasserfall des heiligen Hintertempels zu kommen. Stehe wenig später dort, und er pladdert geordnet über eine angelegte steinerne Wasserfall-Landschaft hinunter, und ein Steg führt hinein. Ich sitze lange im Schneidersitz auf dem Steg und schaue ihn an. Aber das fühlt sich überhaupt nicht richtig an. Das ist nicht mein Wasserfall.

Nach dem Pilgerrausch und den Tagen in den Bergen erwischt mich der Rausch der urbanen Vorstadt mit voller Wucht. Internet. Chats. Fotos. E-Mails. Als ich mich hinlege, um zu schlafen, stehen meine Freunde in Deutschland gerade auf. »Hey, wo bist du, lange nichts gehört …« »Bist du schon erleuchtet, oder was?« Ich komme nicht zur Ruhe. Bin superaufgeputscht. In meiner Pilgergruppe auf Facebook blinkt ein neuer Post auf. Ich klicke drauf. »Zwischen Tempel sechzig und dem *Ishizuchi-san*«, dem Berg, von dem ich heute Morgen erst runtergeklettert bin, »ist eine Pilgerin tödlich verunglückt. Vorsicht, Leute!«

Sie muss abgerutscht sein.

Ich schalte auf Flugmodus.

Ich schlafe unruhig und träume absurderweise von einer Höhle, in der ich friedlich schlafe. Sicher und geborgen an einem offenen Lagerfeuer. Ein Medizinmann in voller Montur, mit Fellen und Ketten, an die Zähne aufgefädelt sind, beugt sich über mich, legt die Hand auf meine Stirn und sagt: »Und jetzt wach auf!«

Der nächste Tag wird heiß und schwül, ich fühle mich wieder gebeutelt und schwach. Die Bestie lässt sich wieder mitschleifen. Kriechschnecke-Lena ist zurück. Keine Spur von der wippenden Massai oder Balu, dem Bären. Der Weg entlang der Straße macht müde, und all die Abgase brennen in meinen Augen. War das gestern einfach Glück, dass ich mich das erste Mal nach zwei Jahren mal wieder fit gefühlt habe? Seit ich in der Liebesprinzessin-Präfektur bin, gibt es viel weniger Bänke zum Ausruhen. Ich hocke mich also auf den Parkplatz eines *Combini*, ziehe die Schuhe aus und schlüpfe in die Flipflops, mampfe. Da kommt ein anderer Pilger vorbei. Ein mittelalter, sehniger Japaner mit rasiertem Schädel, der in fransig abgeschnittenen Jeans-Hotpants läuft. Kein Leibchen, kein Hütchen. So einen habe ich hier noch nie gesehen. Statt eines Rucksacks trägt er einen Mülleimer auf einem Eisengestell, das er an seinen Rücken geschnallt hat, daran befestigt ein getupfter, aufgespannter Regenschirm. Eine sonderbare Mischung aus Meister Proper und überzeichneter, filmischer Darstellung eines Psychiatriebewohners.

Und dieser Typ sagt jetzt zu mir: »Wow, du hast eine echt wilde Ausstrahlung.«

Was für ein Satz aus dem Mund von jemandem, der selbst einen Mülleimer auf dem Rücken trägt. Und noch seltsamer, dass es sich für mich wie ein Kompliment anhört. Deswegen sage ich zuerst schulterzuckend: »Na ja, was will man machen, gibt ja keine Bänke hier ...« Und dann: »Danke.« Und er, nun offensichtlich im Zugzwang, sich erklären zu müssen: »Wie du deine Kerze anzündest und so.« Er muss mich bei Tempel vierundsechzig heute Morgen beobachtet haben. Ich stecke mir mittlerweile die Gebetskerzen wie Kippen zwischen die Lippen, während ich die Räucherstäbchen aus meiner Plastiktüte pfriemle. Habe ich mich von der *Principessa*-Pilgerin zum *Badass-Buddhisten* entwickelt? Vielleicht. Und vielleicht gefällt mir das. Ich zucke mit den Schultern und lache. Ich mag Meister Proper. Gucke für ihn noch das Wetter nach. Er zeltet, und da ist schlechtes Wetter ein Problem. »Ich schlafe, bis es aufhört zu regnen«, sagt er. Aber es soll nur heute Nacht gießen, und er guckt zu gleichen Teilen beruhigt und enttäuscht.

»Bald«, sagt er, das angespannte Gesicht Richtung Himmel gewendet, »geht die Regenzeit los.«

Stimmt, die habe ich ganz vergessen. Dann wird es jeden Tag regnen wie aus Kübeln.

»Besonders kurz bevor es losgeht«, sagt er, »ist es schwül und heiß. So wie jetzt.«

Ich frage mich, ob ich es, bevor »es losgeht«, schaffe, den *Henro* zu Ende zu laufen.

Meister Proper murmelt »Noch ein bisschen …« und geht weiter.

Meine neue Wildheit zeigt sich auch, als die Wirtin meiner heutigen Unterkunft auf Hausschuhen besteht und ich darauf, keine anzuziehen. Nach dem ganzen Tag in geschlossenen Schuhen würde ich einfach gern mal barfuß sein dürfen. Ich verstehe, dass man nicht mit Straßenschuhen ins Haus rennen sollte, aber darf man nicht EINMAL keine Schuhe anziehen, wenn man den EINEN Meter vom Tatami-Zimmer zur Küche geht? Und ist es nicht auch total unhygienisch, wenn man den ganzen Tag in Wanderschuhen geschwitzt hat und diese Füße danach in Hausschuhe steckt, vor allem, wenn es jeden Tag andere Stinkefüße sind? Mir geht dieses steife Gehabe, diese strikte Reglementiertheit langsam auf die Nerven.

Sie schreit also: »Slipper!«

Und ich nicke, aber ändere nichts an dem nackten Zustand meiner Füße. Fülle meine Wasserflasche am Hahn auf.

Ein so entsetztes und angewidertes Gesicht wie ihres, das meine hausschuhfreien, frisch gebadeten Füße betrachtet, habe ich in den letzten fünfzehn Jahren in Japan noch nie gesehen.

»Slipper!«, wiederholt sie streng und richtet einen ausgefahrenen Zeigefinger auf meine unsittlichen Füße.

Ich nicke wieder, aber statt in Slipper wechsle ich in eine zwangsweise hausschuhfreie Zone: mein Tatami-Zimmer für die Nacht. Ich schließe die Schiebetür hinter mir. Draußen entlädt sich die Schwüle des Tages in Donnern und Blitzen. Diese Wildheit, so neu ist sie nicht. Diese Frau ist autoritär, und mit diesem Charakterzug hatte ich schon immer ein Problem. »Free spirit«, Freigeist, hat R mich genannt. Und das stimmt. Ich hasse es, wenn Leute denken, mir irgendetwas vorschreiben zu müssen. Ich glaube einfach, dass sich mit Druck gar nichts erreichen lässt. Dass jeder am besten ist, wenn er sich frei entfalten kann. Ich glaube auch, dass ich deswegen in der Selbstständigkeit besser aufgehoben bin als in der Angestelltenwelt. Ich möchte mich keiner Hausschuh-Diktatorin unterordnen, keinem Herrn Yamamoto, der sich einbildet, mich duzen zu müssen, und keinem Ogawa, der denkt, für mich sprechen zu müssen.

Ich stehe um drei Uhr auf, draußen ist es pechschwarz. Es regnet immer noch. Ich laufe los. Ich will weiter. Bis zu meiner nächsten Unterkunft sind es mehr als dreißig Kilometer. Die vorbeibrausenden Lastwagen sind meine einzigen Begleiter an diesem Morgen. Ich laufe gegen die Gischt an, die sie mir entgegenschleudern, und den Wind, den sie aufwirbeln. Als ich das Nass nicht mehr als »erfrischend«, sondern als »wirklich nass« empfinde, werfe ich mir den Poncho über. Es dämmert. Und wird trotzdem nicht hell. Nebel überall. Am Rand der Straße Reisfelder und eine Baustelle mit der Aufschrift: »Der Traum wird bald wahr.« Was heißt das für mich? Was ist denn nun »mein Traum«? Wie soll es weitergehen? Und wo? Zumindest bin ich mir sicher, dass es mit der Festanstellung und mir in nächster Zeit weiterhin nichts wird. Sonst bin ich immer noch nicht wirklich zum Nachdenken gekommen. Erleuchtungspräfektur ... Übermorgen laufe ich nach Kagawa und damit ins Nirwana ein ... Ich sehe in Ehime ziemlich viele Solarstromanlagen, und vielleicht ist auch einfach das die wahre Bedeutung der Erleuchtung in dieser Präfektur.

Mir kommt eine alte Frau entgegen, die einen Regenschirm über sich hält und sich auf einen anderen stützt. »Willst du einen?«, fragt sie, und ich schüttle den Kopf. Das Konzept *Trail Magic* funktioniert wirklich. Im Zweifelsfall ist da immer jemand, der auf einen aufpasst, der zwei Regenschirme dabeihat, wenn es regnet, und einen davon gern abgibt.

Ich bin erst zweieinhalb Stunden unterwegs und bereits unglaubliche dreizehn Kilometer gelaufen. Ich sehe das Meer, ein silbriger Streifen, eingerahmt von dunklen Hügeln. Der Weitblick erinnert mich an das Tempelhofer Feld in Berlin. Ich gehe dort oft spazieren. Ist Berlin wirklich Vergangenheit? Werde ich wirklich bald umziehen? Und wenn ja, wohin? Ich rieche die Zitrusfruchtblüten und lege wieder Wolfmother ein. Zum ersten Mal fällt mir der Text auf, den ich da höre: Say goodbye to your sorrow, And hello to tomorrow. Sage dem Kummer auf Wiedersehen, Und dem Morgen Hallo. Und genauso fühle ich mich. Die Bestie und ich, wir laufen wieder Seite an Seite.

Erst mittags sehe ich die erste Rasthütte des Tages. Vom Feld nebenan kommt ein Bauer in dreckigen Arbeitshosen angelaufen, sein Gesicht ist halbseitig gelähmt, wie man das nach Schlaganfällen kennt. »Ruhst du dich noch etwas aus?« »Ja.« Er nickt und geht, aber kommt nach fünf Minuten mit zwei Packungen Instant-Nudeln wieder. »Die meisten schenken Pilgern ja Bonbons ...«, sagt er, »aber ich bin den Weg selbst gelaufen und weiß, dass man Bonbons überhaupt nicht gebrauchen kann.« Er hat recht. Bonbons sind lange haltbar und einfach zu transportieren. Dadurch auch leicht zu verschenken. Kein Tag vergeht, ohne dass irgendwer einem feierlich eine Handvoll Bonbons überreicht. Mein Bonbonfach am Pilgerleibchen war teilweise so prall gefüllt, dass ich gar nicht mehr wusste, wohin mit dem Zeug. Als es in einer Unterkunft eine Schale mit Bonbons gab – »Bitte, Pilger, bedient euch!« –, habe ich den Reißverschluss meines Leibchens aufgezogen und all den Süßkram, den ich angesammelt hatte, einfach in die Schale geleert. Und jetzt bekomme ich stattdessen Instant-Nudeln. Und sogar eine Sorte, gegen die ich nicht allergisch bin. Besser kann es doch nicht laufen.

Ich blättere in dem Notizheft, das gewöhnlich in solchen Hütten liegt. Es macht Spaß zu sehen, wer sonst noch so hier vorbeigekommen ist. Ein Eintrag vom letzten Oktober: »Es ist drei Tage her, dass ich einen anderen laufenden Pilger gesehen habe. Also saß ich hier und habe zu Mittag gegessen, allein mit meinen Gedanken. Sie machen mich etwas verrückt.« Wäre ich letzten Herbst weitergelaufen, wäre ich dem vielleicht begegnet. September: »Ich bin so zufrieden. Pilgern ist das Beste. Danke, Meister Kobo, für diese wundervolle Erfahrung!« Neben: »Liebe Pilger, bitte nehmt euren Müll wieder mit!« Juli: »Nach einem langen Tag habe ich hier übernachtet. Viel Glück an alle: Wir haben es fast geschafft.«

Am nächsten Morgen kreisen die Krähen über mir, und ich arbeite mich in Trippelschritten einen Hang nach oben. Der Wald, der mich umgibt, hat etwas Düsteres, und es passt, dass der Berg, auf dem sich der nächste Tempel auf vierhundertfünfzig Höhenmetern befindet, *Yurei-san*, Geisterberg, heißt. Der Legende nach hat Meister Kobo den Geist, der in der Gegend früher Probleme machte, mit einem Feuerritual und einem Dreiecksaltar besiegt. Daher der Name *Sankakuji*, Dreieckstempel. Nach den dreißig Kilometern gestern wollte ich es heute gemütlich machen. Nach dem Tempelbesuch wollte ich direkt zur nächsten Unterkunft. Kraft sparen für den morgigen »schwierigen Ort« in Form des höchstgelegenen Tempels überhaupt auf dem Pilgerweg: Nummer sechsundsechzig. Aber im Stempelbüro sehe ich auf einer Umgebungskarte das Wasserfallsymbol. Das wollte ich doch unbedingt noch machen, und wäre das nicht perfekt am letzten Tag, bevor ich in die Nirwana-Präfektur einlaufe?

»Entschuldigung«, sage ich also nach dem Beten zu den zwei Damen, die im Büro die Pilgerbücher vollstempeln. »Wie komme ich dahin?«

Die zwei Damen schauen sich an, schauen mich an und sagen leise: »Dieser Ort ist ein bisschen ...« Keine Ahnung, was sie meinen, hätten sie Klartext gesprochen, hätten sie lediglich gesagt: »Da solltest du besser nicht hin.« Aber warum?

»Was meinen Sie damit?«

»Na ja, also, du kannst dort schon hin, wenn du auf der Autostraße gehst und nicht im Wald.«

»Ist der Waldweg gesperrt?«

»Nein, direkt gesperrt ist er nicht ...«

Was drucksen die zwei so rum?

»Aber?«

Wieder schauen die zwei sich lange an. »Willst du es ihr sagen, oder soll ich?«

Stille.

»Mir was sagen?«

»Der Weg ist nicht gut.«

»Nicht gut?«

»Na, nicht gut eben!« Wieder schauen die zwei sich an. »Wanderer fallen dort runter.«

»Ach so, ›Orte, wo der Pilger fällt‹?« Immer wieder gab es solche Schilder bei den Bergtempeln. Das kenne ich ja.

»Nein, du verstehst es immer noch nicht ...«, springt die andere jetzt ein. »Die Pilger, die dort fallen, sind gestorben. Der Weg ist nicht gut ... Wenn du hinmusst, okay ... Aber bitte, wenn du irgendwie kannst, nimm die Autostraße.«

Ziemlich verdattert sitze ich die nächsten zehn Minuten vor dem Büro auf einer Bank und überlege, was tun. Ich könnte jetzt zur Unterkunft gehen und abchillen. Wäre doch ganz nett. Aber irgendwas zieht mich weiter. Ich laufe auf der Autostraße, die sich immer tiefer in die Berge schlängelt. Ich bin vollkommen allein. Ich folge den Pilgerwegschildern, und sie führen in den Wald. Habe ich den gefährlichen Teil erfolgreich umgangen? Oder mache ich jetzt hier gerade den schlimmsten Fehler meines Lebens? Es ist ohnehin ziemlich kühl gerade, ob es da wirklich schlau ist, in einen Wasserfall zu springen? Der Weg ist schwierig zu laufen, erfordert meine ganze Konzentration. Immer wieder bleibe ich stehen, drehe mich im Kreis, bis ich irgendwo einen roten Pfeil entdecke. Es scheint keinen Pfad zu geben, es geht einfach durch den Wald. Zwischen den Bäumen raschelt es. Ich fahre zusammen. »Der Weg ist nicht gut«, hallt es in mir nach. Ich tockere mit den Stöcken vor meinen Füßen rum. Bleibe wieder stehen. Suche einen Pfeil. Er zeigt auf einen schmalen Pfad. Er windet sich in einer Spirale nach unten. Ich habe das Gefühl, ich komme kein bisschen voran, als würde ich mich einfach im Kreis drehen. Ich höre Wasser. Und bald sehe ich es auch.

Auf den ersten Blick ein Teich. Aber eigentlich ein Durchgangsbecken. Die Sonne scheint zwischen den Bäumen direkt auf einen breiten Wasserfall, dessen Wasser über verschiedene Buchten strömt, dann senkrecht abfällt und zu einem reißenden Bach wird. Zuerst denke ich, da sitzt jemand auf dem Stein, auf den das Wasser als Erstes auftrifft, aber es ist nur die Sonne, die die Wassertropfen in klarstem Hell erstrahlen lässt. Ich ziehe meine Schuhe und Socken aus, lege den Rucksack ab, und es ist klar: Ich muss da hin. Ich muss da rein. Durch die zwei Becken, hoch zu diesem Wasserfall. Ich steige ins Wasser, sinke sofort hüfthoch ein und wate. Ich ziehe mich an glitschigen Felsen hoch, laufe sie langsam entlang wie eine Katze auf der Jagd nach Mäusen. Füße und Hände auf den bemoosten Steinen, Blick auf den Wasserfall. Ich pirsche mich näher. Felsen um Felsen, Zentimeter um Zentimeter. Ich setze mich in den Schneidersitz, in die Sonne auf einen der Steine. Ich bin noch nicht unter dem Strahl, aber schon sprüht er mir ins Gesicht, schon bin ich komplett durchnässt. Schließlich setze ich mich auf den Stein, auf den er mit voller Wucht aufschlägt. Er ergießt sich über mich. Es ist, als hätte mich ein riesiges Tier verschlungen. Was für eine Kraft. Was für eine Gewalt. Wahrscheinlich sind nur wenige Sekunden vergangen, als ich meinen Kopf wieder aus dem Strahl ziehe. Das riesige Tier hat mich wieder ausgespuckt. Es ist das Gegenteil von dem, was ich erwartet hatte.

Unter dem Strahl stehen und zu völliger Klarheit finden? Da war eine derartige Kraft, dass an Stehen gar nicht zu denken war. Und Klarheit? Ich glaube, verwirrter als nach dieser Aktion war ich noch nie in meinem Leben.

Ich schaue den Strahl an, schaue an mir runter. Ich zittere. Habe Probleme, den Weg zurück zum Ufer zu finden. Ich rutsche aus. Rutsche von einem der bemoosten Felsen runter ins Wasser, in eine Ansammlung glitschiger Blätter, die sich auf dem Boden des Beckens gesammelt haben. Versuche im hüfthohen Wasser zu laufen. Voranzukommen. Schließlich ziehe ich mich wieder die Böschung hoch zu meinem Rucksack und meinen Schuhen. Ich ziehe das Pilgerleibchen aus und Bikinioberteil und Fleece-Pulli an, die nasse Hose behalte ich an. Ich schlüpfe in die Schuhe und versuche, mich zu sammeln. Blicke noch mal auf den Wasserfall. Meinen Wasserfall. Das riesige Tier, das mich kurz in seinem Magen hatte.

Weiter. Ich bin immer noch zittrig, und der Weg ist weiter schwierig. Steinstufen, bedeckt mit Blättern. Mein Fuji-Stab rutscht ab und knallt die Böschung hinunter. Ich schreie: »Meister Kobo, NEIN!«, so wie andere einen Hund anherrschen, der nicht tut, was sie wollen. Er prallt von einem Stein ab und landet ein Stück weiter mit einem dumpfen »Tock!« unten wieder auf dem Weg. Der scheint sich immer noch ausschließlich im Kreis zu drehen. Ich springe von Stein zu Stein über einen Bach. Stolpere voran. Rutsche aus und knalle auf den Hintern. Sage jetzt laut zu mir: »Lena, mit Muße.« Ich schaue den Abgrund runter. Was für ein seltsamer Weg.

Eine Steintreppe noch. Dann stehe ich vor dem Tempel, der zum Wasserfall gehört. Er liegt in einer Felsenkluft und in Dunkelheit, obwohl es mitten am Tag ist.

Senryuji, Einsiedlerdrachentempel. Wahlweise auch der heilige Hintertempel von Nummer fünfundsechzig oder *Bangai*außerhalb-der-Reihe-Tempel Nummer dreizehn. Er soll einer hinduistischen Eremitin gehört haben, und als Meister Kobo vorbeikam, übergab sie ihm all ihren Besitz. Kobo machte ein Feuerritual und eliminierte Insekten und bösartige Würmer. Ein anderer Name des Tempels ist »Frauen-Koya-san«, weil der heilige Berg für Frauen ja lange verboten war. Die Frauen kamen stattdessen hierher. Ein ungewöhnlicher Ort. Ich wasche mir die Hände rituell und läute die Glocke. Ich betrete ein mehrstöckiges Gebäude und ziehe mir auf der Toilette die nassen Sachen aus, packe sie in Plastiktüten. Ich stehe immer noch neben mir. Wo ist denn hier ein Gebetsraum?

Ich brauche lange, um ihn zu finden. Laternen erhellen den düsteren, weihrauchgeschwängerten Raum sanft. An den Wänden Gemälde von Meister Kobos Legenden. Ich zünde Kerze und Räucherstäbchen an, stecke sie mir diesmal nicht wie ein Penner in den Mund, habe eine seltsame Ehrfurcht vor diesem Ort, setze mich auf die Fersen vor den Altar und bete das Herz-Sutra. Danach sitze ich noch ein paar Minuten in Stille und atme. Ich reiche dem Mönch mein Tempelbuch. Er malt eine Kalligrafie, und ich sehe ein Bild dieses gruseligen Feuertypen.

»Ist der hier die Hauptgottheit?«

»Wir haben zwei. Meister Kobo und *Fudo-myo*.«

In zarten roten Umrissen guckt der Feuertyp mich grimmig wie eh und je von dem Reispapier an.

»Ich weiß, er sieht furchterregend aus«, sagt der Mönch. »Aber er zerschneidet die Probleme und lässt niemanden Schlechtes näherkommen.«

»Verstehe«, sage ich und kaufe das Bild.

Ist der vielleicht so was wie meine Bestie? Ist die vielleicht auch nur überfürsorglich, wenn sie mich k.o. schlägt? Und eigentlich eine große Beschützerin?

Eine Weile sitze ich vor dem Tempel. Um mich flattern

Schmetterlinge. Plötzlich riecht es wie früher in meinem Elternhaus. Nach Bio-Waschmittel. Ich glaube, diese Reise ist das Abgefahrenste, das ich jemals gemacht habe. Ich binde die nassen Klamotten an meinen Rucksack und laufe weiter.

Ich habe beschlossen, die Autostraße zu nehmen, stehe aber irgendwann wieder verwirrt im Wald. Trotz Sonne friere ich. Der weiche Boden ist angenehm für die Füße, aber einen Weg sehe ich keinen. Und auch keine roten Pfeile. Ich laufe zwischen den Bäumen, der Boden fällt steil ab, und ich rutsche wieder. Diesmal senkrecht in ein Erdloch. Ob das die Höhle von irgendwelchen Tieren ist? Mein komplettes linkes Bein steckt fest. Ich versuche mich an einem Baumstamm festzuhalten und das Bein wieder rauszuziehen, ohne mit dem Rest meines Körpers in das Loch zu sacken. Alles hier ist morsch und feucht. Eine Stunde irre ich in dem Wald herum, bis ich wieder auf eine Straße stoße. »Der Weg ist nicht gut.« Die zwei Damen hatten recht. Es ist das erste Mal, dass ich wirklich die Orientierung verloren habe. Ich folge stur der Straße den Berg runter. In ewigen steilen Schlangenlinien. Zehn Kilometer Umweg gegenüber dem Waldweg. Das erste Mal auf dem Pilgerweg fühle ich mich wirklich allein. Ich laufe eine Stunde, zwei, drei. Stoße auf eine Siedlung. Auf eine Pilgerhütte. Ich bin fertig.

Ein Einheimischer setzt sich zu mir.

»Na, wo willst du heute noch hin?«

Ich zeige ihm die Adresse, und er sagt: »Aha, die Nachbargemeinde also. Keine Ahnung, wo das genau ist, irgendwas zwischen zwei und zehn Kilometern.« Ich bin seit zehn Stunden unterwegs, in einen Wasserfall gesprungen und in ein Erdloch gefallen und würde sehr gerne darauf verzichten, noch zehn Kilometer zu laufen. Ich habe kaum noch was zu essen, und seit gestern Abend habe ich keinen Laden mehr gesehen. Aber es hilft nichts, weiter! Auf der nächsten Bank wechsle ich meine verschwitzten Socken. Der Mann von vorhin fährt mit dem Auto vorbei, lässt die Fensterscheibe runter und hält. »Ist nicht

mehr weit«, sagt er. »Ich bin die Strecke gerade abgefahren.«
Er hält mir zwei Plastiktüten entgegen. »Guck mal, ich hab dir
Reiskuchen gebraten. *Mochi*. Musst du gleich essen, sonst wer-
den sie zäh. Und das andere sind gefriergetrocknete Kakis vom
letzten Sommer.« Was für ein Engel. *Trail Magic* vom Feinsten.
»Es ist wirklich nur noch ein bisschen! Halte durch!«

IV
涅槃

(*nehan*, Nirwana, Präfektur Kagawa)

29

»Wenn du über Buddhismus lernen willst,
dann bist du auf Shikoku falsch.«

(Meister Proper, hinter dem Mandala-Tempel)

Ich öffne die Vorhänge meines Zimmers und sehe die Sonne
über den Reisterrassen aufgehen. Ich bin allein in einer kleinen
Einliegerwohnung im Nirgendwo, und ohne die Fertignudeln,
die mir vor Tagen geschenkt wurden, hätte ich weder Abendessen noch Frühstück gehabt. Hunger habe ich trotzdem. Der
Besitzer, Typ verrückter Professor, hat mich nur kurz begrüßt,
aber auf dem Tischchen liegen neben Gästebuch und Instant-
kaffee zwei Bücher, die er geschrieben hat: »Ein halbes Leben«,
Teil eins und zwei. Wenn ich das beim Durchblättern richtig
verstehe, beschreibt er darin sein Dasein als Englischlehrer und
seine Reisen ins Ausland. Meine Füße schmerzen immer noch.
Hinter ihnen liegen lange, anstrengende Tage, und heute wird
es auch nicht besser: Bis zur nächsten freien Unterkunft sind es
dreißig Kilometer, und dazwischen liegt der höchste Berg der
Pilgerreise. Ich schnüre meine Schuhe.

Es geht jetzt relativ zaghaft, aber stetig tausend Höhenmeter nach oben. Ich raste bei einer der Bushaltestellen, die stets
zuverlässig Sitzgelegenheiten und Schatten bieten. Gegenüber
eine Absperrung, die übersetzt gleich von drei Bauarbeitern
in neongelben Jacken mit Fähnchen in der Hand bewacht wird.
Einer von ihnen kommt rüber.

»Kannst du japanisch essen?« Interessante Einstiegsfrage.
Als ich bejahe, sagt er »Toll!« und drückt mir drei *onigiri* in
die Hände.

Ich druckse ein bisschen rum, will ihm zwei der Reis-Ecken
zurückgeben, bin aber insgeheim sehr froh, dass er keine Anstalten macht, sie zurückzunehmen. »Es ist weit bis nach oben!«,
sagt er, dreht sich um und geht.

Ich komme mittags bei Tempel Nummer sechsundsechzig an,
dem *Unpenji*, dem von Wolken umgebenen Tempel. Er zählt
bereits zur Nirwana-Präfektur Kagawa, liegt aber eigentlich in
Tokushima. Ein Schild deutet in Englisch auf den »*Henro Way*«,
der vom Berg an Hunderten Steinfiguren vorbei wieder nach
unten führt, und ich frage mich, was das eigentlich ist, der Weg
des Pilgers. Was macht einen wahren Pilger aus? Dass er sich an
alle Regeln hält? Oder dass er seinen eigenen Style findet?

Vielleicht stimmt eine Mischung aus beidem: Durch die vielen Regeln wird man in die richtige Richtung gestupst und kann
irgendwann seinen eigenen Stil finden. Und den muss man dann
radikal durchziehen. Ich denke noch mal an die Erleuchtungspräfektur zurück. Ich hatte dort so viele Erkenntnisse, sie war
derart aufwühlend, dass es sich schwer zusammenfassen lässt.
Passende Schuhe tragen ist schlau. Die Antwort auf alle Fragen
ist Liebe. Manche Kräuterbäder brennen im Intimbereich. Illusionen loslassen tut weh, ist aber wichtig. Wasserfälle sind weniger meditativ, als ich dachte. Die Kraft ist in mir, auch wenn ich
sie nicht immer spüre. Das Leben geht nach vorn.

Hape Kerkeling hat seinen Tagesablauf auf dem Pilgerweg und
den Verlauf der Strecke mit seinem Leben verglichen. Er komme
morgens schwer in die Gänge, aber finde dann, gegen Mittag,
nach zwanzig Milchkaffee, seinen Rhythmus und laufe schließlich frohgemut dem Ende entgegen. Ich bin morgens immer
voll Energie und laufe oft schon in der ersten Dämmerung los.
Wenn ich mich nicht übernehme und abends noch ins *Onsen*
gehe, ist alles gut. Sollte ich also in meinem Leben ein bisschen

zurückschrauben? Ausreichend Pausen einlegen und als Perspektive einen langen Spa-Aufenthalt Richtung Lebensende ins Auge fassen? Wenn ich nicht meinen Tagesablauf, sondern den bisherigen Pilgerweg heranziehe, ergibt sich eine ähnliche Analogie: anfangs energiegeladen, aber planlos. Ab etwa der Mitte läuft es dank gemütlicherer Schuhe und gesammelter Erfahrungen. Das hieße für mich, dass ich mich in meinem Leben jetzt auf die Suche nach gemütlicheren Schuhen machen sollte. Aber für was stehen die? Den Wohnort, die Arbeit, das Privatleben? Und wenn ich die genauso finde wie auf dem Pilgerweg, liegen sie nicht nach guter Planung im Sportgeschäft zur Abholung bereit, sondern unerwartet in der Ecke eines Supermarkts.

Um kurz vor drei Uhr nachmittags laufe ich in sengender Hitze am offiziellen Präfektur-Kagawa-Schild vorbei. Kagawa heißt »duftender Fluss«. Ich bin in einer Siedlung, die wie ausgestorben wirkt, und rufe laut: »Nirwana, ich komme!« Eine alte Frau streckt irritiert den Kopf aus dem Fenster eines Wohnhauses. Die nächsten fünf Kilometer gehe ich mit einem dämlichen Grinsen im Gesicht durch die Gegend. Ich kann es kaum fassen, ich bin in der letzten und kleinsten Präfektur des Weges.

Nachts schlafe ich mal wieder in einem *Homestay*, das Ehepaar kocht für mich, und ich grinse immer noch. Es gibt *oyakodon*, »Eltern-Kind-Schüssel«, etwas makaber aus Hühnchen, den Eltern, und Ei, dem Kind, bestehend. Einen Supermarkt gab es keinen auf dem Weg, meine nicht mehr vorhandenen Vorräte konnte ich also nicht aufstocken. Ohne das geschenkte Essen der letzten Tage wäre ich vollkommen aufgeschmissen. Während ich selig die Misosuppe schlürfe, fragt der Mann mich ernsthaft, ob ich immer so verdammt gute Laune hätte. Ich denke daran, wie wütend und traurig und verwirrt ich vor ein paar Tagen noch war, und sage wahrheitsgemäß: »Nö, aber ich fühle mich hier total wohl.« Darauf er: »Glaub ich nicht. Du mit schlechter Laune, das liegt jenseits meiner Vorstellungskraft.« Und ich augenzwinkernd: »Vielleicht ist es das Nirwana?« Und die Frau:

»Ja, irgendwie sind alle, die bei uns übernachten, unglaublich gut drauf.« Vielleicht hat diese merkwürdige Zufriedenheit ja wirklich mit dem Eintritt ins Nirwana zu tun?

Der nächste Tag wird ein abartiger Tempelmarathon. Zehn Tempel, dreißig Kilometer bis zur nächsten freien Unterkunft, eigentlich nicht zu schaffen. Aber ich habe einen krassen Drang weiterzulaufen. Schneller. Weiter. Und bin um fünf Uhr morgens wieder auf der Straße. Aber relativ schnell wieder relativ schwach – das heißt, mir ist speiübel, und ich muss aufpassen, nicht umzukippen –, und ich bremse runter. Ich habe gehört, dass die Phase solcher Langstreckenwanderungen, in der man eingelaufen ist, zu den gefährlichsten überhaupt gehört. Weil das Selbstbewusstsein höher ist als das eigentliche Vermögen. Man übernimmt und verletzt sich und kegelt sich damit selbst aus dem Rennen. Weil mein Körper zuverlässig sehr schnell Alarm schlägt und insgesamt nur mäßigen Trainingserfolg verzeichnet, muss ich mir zumindest darüber keine Sorgen machen. Mittlerweile rege ich mich nicht mehr darüber auf. Ich passe mich an, habe gelernt, dass ich mit meinem Körper nicht zu diskutieren brauche. Er macht eh, was er will. Und meine Aufgabe ist es, ihm zu geben, was er braucht. Die Bestie und ich, wir sind bisher keine kraftstrotzende Einheit geworden, aber ein Team, das okay funktioniert, solange ich mache, was die Bestie sagt. Manchmal, wie heute Morgen oder neulich im Wald, nimmt sie mich auf die Schultern und rennt los, und manchmal ziehe ich sie hinter mir her und komme kaum voran. Aber meist laufen wir jetzt friedlich nebeneinanderher.

Anstelle der Bestie auf ihren Schultern nimmt mich ein Schnaps ausdünstender Lastwagenfahrer ein paar Kilometer mit. Er hält einfach und ruft, während die Miniaturautos in diversen Rosatönen hinter ihm zu hupen beginnen, aus dem Fenster: »Hey, zum nächsten Tempel ist es weit. Hüpf rein!« Als ich einsteige, drückt er mir eine eiskalte Dose Cola in die Hand, die ich mir eine Weile an die Stirn drücke. Bekommt man hier wirklich immer das, was man gerade braucht? Als er mich an einer Ecke rauslässt, sagt er, hinter uns wieder aufgeregtes Hupkonzert: »Sorry, ist immer noch sackweit für dich, aber ich muss hier abbiegen. Und du wieder ewig den Berg hoch … Aber kleiner Tipp: Das Büro liegt auf halbem Weg. Kannst dir die Hälfte also sparen.« Witziger Typ. Aber Tempel einundsiebzig, der *Yakunidera*, Tempel der acht Länder, und der bereits fünfte Tempel für heute, ist einer der interessantesten der gesamten Strecke. Er heißt so, weil er, wie der Lastwagenfahrer richtig angedeutet hat, auf einem Hügel liegt und man von oben früher »acht Provinzen« sehen konnte. Es führen wahnsinnig viele Stufen nach oben, flankiert von Felsen und Bäumen. Das Gelände ist verwinkelt. Es gibt eine Höhle, in der Meister Kobo als Junge meditiert haben soll, Krücken, die von wundergeheilten Pilgern zurückgelassen wurden, und eine Aussicht über das Tal.

Zwischen Tempel zweiundsiebzig und dreiundsiebzig treffe ich Meister Proper wieder. Er ist der einzige laufende Pilger, den ich in letzter Zeit gesehen habe.

»Sag mal, bist du Buddhistin?«, fängt er eine Unterhaltung an. »Mir ist aufgefallen, dass du es mit dem Herz-Sutra und so weiter ziemlich genau nimmst.«

»Ich bin hier, um über Buddhismus zu lernen …«

»Entschuldigung, aber das ist völliger Quatsch.«

»Wie?«

»Na, wenn du über Buddhismus lernen willst, dann bist du auf Shikoku falsch. Japaner checken es nicht mit dem Buddhismus. Die nutzen ihn, um für die Toten zu beten, aber weißt du, was Buddha über die Toten gesagt hat? ›Die Toten sind belanglos.‹ Das hat Buddha gesagt. Den Japanern ist aber egal, was Buddha sagt, die biegen sich das so hin, wie sie wollen. Wenn du über Buddhismus lernen willst, dann musst du lernen, was Buddha sagt, und nicht, was Meister Kobo sagt.«

»Hm.«

»Versteh mich nicht falsch. Diese Pilgerreise ist okay. Ist ja nicht schlecht, ein bisschen zu laufen. Man wird den Müll im Kopf los, der sich da über Jahre angesammelt hat. Aber Meister Kobo und das Ganze, das ist völliger Quatsch. Mit ›Buddhismus‹ hat das nichts zu tun.«

»Okay …«

»Wenn du wirklich über Buddhismus lernen willst, dann musst du nach Myanmar. Ich habe dort fünf Jahre meditiert.«

»Okay … Und wie oft bist du schon um Shikoku?«

»Keine Ahnung, vielleicht fünfzehn Mal.«

Da hat jemand offensichtlich viel Müll im Kopf, den er loswerden möchte. Oder er möchte einfach nur ein paar tausend Kilometer laufen, das Gefühl kennt man ja. Meister Proper zieht das Tempo an und rauscht davon. Mit der Meister-Kobo-Sache hat er natürlich recht. Diese Heiligengestalt, um die die ganzen historisch nicht gesicherten Legenden kreisen, mit Geistern, bösartigen Würmern und Drachen, ist nicht »der Buddhismus«. Aber ehrlich gesagt: Solange es den Leuten hilft, zu sich selbst oder zu irgendwas Höherem zu finden, ist das doch egal. Und Meister Kobo ist bei Weitem nicht mein einziger Lehrmeister auf diesem Weg. Ich lerne etwas Neues mit jeder Begegnung, jeder zurückgelegten Strecke, jedem Gedicht im Wald. Und wenn Meister Kobo den esoterischen Buddhismus nicht nach Japan gebracht hätte und in Folge diese ganzen Legenden nicht diesen Pilgerweg begründet hätten, wäre ich wahrscheinlich nicht hier. Keine Ahnung, was ich stattdessen machen würde. Fünf Jahre meditieren in Myanmar wäre mir ehrlich gesagt zu hardcore. Also: Zwei Wochen Ayurveda in Indien? Ob das besser oder schlechter wäre, vermag ich nicht zu beurteilen. Und es ist müßig, sich darüber Gedanken zu machen. Da halte ich es mit Pilger Fabio, mit dem ich auf dem einzigen naturbelassenen Fluss Japans festhing: Wir sind jetzt hier, und wir sind jetzt hier richtig.

Und jetzt hier muss ich noch drei weitere Tempel besuchen,

derweil acht Kilometer machen, und es ist schon nach drei Uhr nachmittags. Ein paar mehr Unterkünfte wären wirklich nicht schlecht. Solche Tage, an denen man von einem Tempel zum nächsten hetzt, sind für die ganze Entschleunigung irgendwie kontraproduktiv. Meine Füße bringen mich um. Tempel fünfundsiebzig ist riesig, beeindruckend und voll mit Touristen, aber ich rausche wegen des Zeitmangels nur kurz durch. Tempel sechsundsiebzig stempelt mich um eine Minute vor Büroschluss ab und schließt die Holztüren der Hallen, während ich noch bete. Dann brauche ich noch eine halbe Stunde, um meine Unterkunft zu finden. Eine ältere Frau wartet vor ihrem Haus auf mich und winkt.

»Ich bin total aufgeregt, man weiß nie, wer kommt. Du bist also Lena?« Sie ist alleinstehend und nimmt ausschließlich alleinreisende Pilgerinnen auf. Eine pro Monat circa. »Ihr seid ja nicht so viele.« Als Letztes übernachtete eine taiwanesische Nonne bei ihr, davor eine Holländerin. Und ich habe mal wieder Glück. Sie stellt mir eine dampfende Schüssel Udon vor die Nase, und ich muss nicht noch mal raus zum Supermarkt. Wie bei der Slipper-Diktatorin geht es ziemlich schnell um die Hausschuhfrage. Und ich muss sagen, ich finde meine heutige Gastgeberin so süß, dass ich für sie glatt welche anziehen würde, ohne zu murren oder rumzuzicken. Aber als ich leise frage: »Muss ich?«, lacht sie los, sagt: »Natürlich nicht, ich habe geputzt für dich.«

Aber sie würde gern mit mir reden, sagt sie, weil ihre Tochter in meinem Alter ist und sie mit ihr keinen Kontakt hat. »So kann ich herausfinden, was so junge Frauen denken.« Sie und ihr Mann sind geschieden, die Kinder haben sie aufgeteilt, als sie noch klein waren. Seitdem Funkstille. Das Konzept Patchwork scheint in Japan noch nicht angekommen zu sein.

»Was wollen Sie denn wissen?«

Sie kichert wie ein Schulmädchen, das zum ersten Mal durch die Bravo blättert, und fragt gleich mal: »Hast du 'nen Freund?«

Ich schmunzle. »Nein.«

»Willst du keinen?« Wenn sie spricht, guckt sie immer verschämt weg.

»Ich kenne gerade niemand Passenden.«

»Bist du eine Karrierefrau?«

»Ich glaube nicht.«

»Bist du zu anspruchsvoll?«

»Ich glaube nicht.«

»Wer ist denn dein Typ Mann?«

Das letzte Mal, als ich diese Frage beantwortet habe, habe ich einen Mann dafür bezahlt, sich mit mir zu unterhalten. Eine Recherche im Tokioter Rotlichtviertel. Seit der Geisha, die Sake nachschenkt und auf der Langhalslaute Shamisen zupft, ist das Konzept der bezahlten Unterhaltung in Japan verbreitet. Die Kimono-Geishas wichen Bikini-Hostessen, und 1965 eröffnete der erste Hostclub, wo Frauen für Komplimente zahlen. Es geht bei diesen Clubs nicht um Sex, sondern um Entertainment und Schmeichelei. In dem Hostclub also, schummriges Licht, verspiegelte Wände, bekam ich zunächst ein Büchlein in Spiralbindung in die Hand gedrückt. Ein Menü der Männer. Statt Vorspeise und Hauptgericht standen die Gigolos auf der Karte. Ich blättere durch die Porträtfotos. Ein bisschen wie bei Tinder, wo man munter nach links und rechts wischt, um zu matchen: große Auswahl an Typen, aber fast unmöglich zu beurteilen, wer einem im echten Leben gefällt. Yuki, Spitzname »Pippi«, Rüschenhemd und weiß gefärbtes Haar, ist der beliebteste Host des Hauses und auf Seite eins des Menüs. Besonderheit: »Ernstes Gesicht.« Ich blättere um. Nummer zwei sieht etwas älter aus. Laut Steckbrief Blutgruppe B, eine Angabe, die für Japaner wichtig ist, nicht weil es einen Unfall im Club geben könnte, sondern weil sie an Blutgruppen-Horoskope glauben. B bedeutet: Praktisch veranlagt, leidenschaftlich und zäh. Ich blättere weiter. Vor mir kniet einer und wartet auf meine Bestellung.

»Ich glaube, das dauert noch«, sage ich, und er: »Wer ist dein Typ Mann?«

Es heißt, Japaner hätten das Interesse an der Liebe verloren. Laut einer Studie der Eheberatungsfirma O-Net vom Januar 2017 sind 74,3 Prozent der Japaner in ihren Zwanzigern Singles, 1996 waren es fünfzig Prozent. 2015 besagte eine andere Studie, dass vierzig Prozent der jungen Singles auch nicht auf der Suche nach einer Beziehung seien. »Romantik ist mühsam« oder »Meine Hobbys sind wichtiger« lauteten die Begründungen. Wenn das so ist, sind die Clubs, in denen man für Unterhaltung zahlt, dann die logische Folge? Statt sich mit echten Dates rumzuärgern, Geld für Bestätigung auf den Tisch legen und gut unterhalten sein? Oder zeigt der offenbar große Bedarf nicht eigentlich das Gegenteil? Dass wir doch alle nach der Liebe suchen, auch wenn wir sie nicht immer finden? Und dass manche sogar bereit sind, für ein bisschen Zuspruch zu zahlen?

Jedenfalls antwortete ich damals auf die Frage, wer eigentlich mein Typ Mann sei: schöne Haare, witzig, groß. Natürlich stimmt das irgendwie, oberflächlich betrachtet, aber irgendwie auch gar nicht. Einer meiner Freunde war gerade mal einen Meter siebzig groß. Und mein langweiligstes Rendezvous war mit einem zwei Meter großen professionellen Komiker. Das Wichtige ist doch die Chemie und die Dynamik, die man mit jemandem entwickelt. Man muss nicht nur die andere Person mögen, sondern auch sich selbst mit der Person, die Rolle, die man in dem Gespann einnimmt. Und manchmal, wie bei R, wird man ja auch überrascht. Ich hätte schließlich nie gesagt: Ich stehe auf Anime-Fans, die Lichtschwerter bauen. Ich glaube, das Gute an R war gerade, dass da am Anfang gar nichts war und man sich deshalb einfach kennenlernen konnte. Sich nicht geschämt hat und vermurkst versucht hat, irgendeine Version seiner selbst zu sein. Ich habe R am ersten Tag meine entzündeten Blasen entgegengestreckt. Ich konnte schwach sein. Und er mochte mich trotzdem. Und das ist in einer Welt, in der alles auf selbstoptimierte Selbstdarstellung ausgelegt ist, verdammt viel wert.

»Wer ist dein Typ Mann?«, fragt die Frau gegenüber von mir wieder.

Ich zucke mit den Schultern: »Jemand Nettes?«

»Na, jemand Nettes wirst du ja wohl finden können.«

Wir sagen *yasashii*, und das bedeutet mehr als »nett«. Eine Vielzahl wundervoller Eigenschaften in einem Wort vereint. Alles zwischen anmutig und zuvorkommend: freundlich und fürsorglich. Mitfühlend und milde. Gutmütig und gebend.

Die Frau schenkt Tee nach, und ich frage: »Glauben Sie, Japaner haben das Interesse an der Liebe verloren?«

Sie lacht. »Nein, ich glaube, die Sehnsucht nach Liebe ist menschlich. Daran kann man nicht einfach das Interesse verlieren.«

Ich erzähle ihr jetzt von einer anderen Geschichte, die ich in Japan recherchiert habe. Über das Konzept »Solo-Hochzeit«, also eine Frau, die sich selbst heiratet. Ein Reisebüro in Kyoto bot das an. Ich war dabei, als eine neunundzwanzigjährige Singlefrau Hochzeitskleider anprobierte und sich ihr eigenes Bouquet arrangierte.

Sie stand in einem Tüllmeer mit Glitzerblume an der Taille, in zwölf Zentimeter hohen Pumps und vollgehängt wie ein Weihnachtsbaum mit Schleier, Halskette, Tiara und Ohrringen, vor dem Spiegel des Brautausstatters und fragte verzückt: »Bin das wirklich ich?«

Es gibt ein Sprichwort in Japan: Die Hochzeit ist das Grab des Lebens. Man sei dann auf den Ehepartner festgelegt und könne sein Geld nicht mehr nur für sich ausgeben. Vor allem bei Japanerinnen ändert sich durch die Ehe alles. Die meisten geben ihre Arbeit auf und werden Hausfrau. Idealtypisch stehen sie frühmorgens auf und bereiten dem Ehemann ein Lunchpaket. Die Würstchen werden so aufgeschnitten, dass sie wie Tintenfische aussehen, mit Seetang Gesichter auf den Reis gemalt. Zeichen der Liebe. Haushalt, Kinder, abends ein Ehemann, der betrunken von Arbeitsgelagen heimkehrt. Ab und an eine

Louis-Vuitton-Tasche, und wenn die Kinder aus dem Haus sind, vielleicht eine Teilzeitstelle.

Japan ist in Sachen Gleichberechtigung Entwicklungsland und nahm 2018 im jährlichen, weltweiten Ranking den 110. Platz ein, von insgesamt 149.

Es scheint, als hätten immer mehr Japanerinnen darauf keine Lust. Sie heiraten spät oder gar nicht. 1950 lag das durchschnittliche Heiratsalter bei Frauen bei dreiundzwanzig Jahren, 1990 bei 25,9 und 2012 bei 29,2. Früher nannte man eine unverheiratete Fünfundzwanzigjährige »Weihnachtskuchen«. Den wolle am 25. Dezember keiner mehr essen. Mittlerweile ist daraus ein »Silvesterkuchen« geworden. Einunddreißig gilt als neue Grenze. Aber gleichzeitig gibt es auch einen Trend zu selbstbewussten Singlefrauen. Knapp die Hälfte der Japanerinnen haben laut einer Umfrage keine Beziehung, zehn Prozent mehr als zehn Jahre zuvor. Neunzig Prozent der jungen Frauen, so das japanische Institut für Bevölkerung und Sicherheit, gaben an, sie würden allein bleiben einer Ehe vorziehen. Auch die Neunundzwanzigjährige im Brautkleid sagte, früher musste man heiraten. Jetzt sei es nur eine Möglichkeit von vielen. »Ich möchte einfach für mich leben, so wie es mir gefällt. Ich möchte kein Teil eines anderen sein, an niemandem dranhängen.«

Die Solo-Hochzeit war eine meiner meistverkauften Geschichten. Und wurde danach von etlichen anderen Medien abgeschrieben. Ich glaube, das sagt mehr über die Deutschen aus und darüber, was sie gerne über »die verrückten Japaner« lesen, als über den tatsächlichen Zustand der japanischen Seele.

Meine Gastgeberin jedenfalls sagt: »Sich mal ein hübsches Kleid anziehen, dagegen ist ja nichts zu sagen.« Das ist pragmatisch, und das mag ich an Japan. Nur weil man keine Lust hat zu heiraten oder den passenden Partner dafür bisher nicht gefunden hat, heißt das nicht, dass man kein weißes Rüschenkleid anziehen und Erinnerungsfotos machen kann.

Ich denke an R. Mittlerweile kommt mir die ganze Sache vor wie eine verwaschene Fantasie. Ist das wirklich alles passiert?

Am nächsten Tag regnet es. Ich laufe los. Vier Tempel, zwanzig Kilometer. Neben Tempel achtzig nehme ich ein *minshuku*. Mal wieder packt ein altes Mütterchen meine nassen Schuhe in Zeitungspapier. Mal wieder viele kleine Schälchen zum Abendessen und zwei andere Pilger am Tisch. Er, älterer japanischer Herr, erzählt im weinerlichen Ton, dass er den *Henro* bereits mehrmals abbrechen musste. Das eine Mal habe er sich »nicht so gut gefühlt, also psychisch«, das zweite Mal habe er Blasen an den Füßen gehabt. Aber jetzt kenne er da so einen Trick mit Nadel und Faden … Ich weiß nicht, ob er wirklich denkt, dass das irgendjemanden interessiert, der wie er heute bei Tempel achtzig angekommen ist. Ihm gegenüber sitzt eine junge Japanerin, und das ist prinzipiell ja schon mal interessanter. Sie erzählt davon, dass sie den *Henro* in kleinen Etappen macht, Bergwege hasst und die Asphaltstraßen deswegen gut findet, weil sie auf ihnen irgendeine alte Wut in den Stock kanalisieren kann. Die Pilger sind so unterschiedlich wie die Menschen auf der Welt.

Die meiste Zeit schweigen wir. Jeder ist jetzt bei sich und seinem Weg. Dem, der hinter uns liegt, und dem, der noch vor uns liegt.

Und bezüglich des Weges, der unmittelbar vor uns liegt, erzählt der Wirt, dass sich vor ein paar Tagen ein junger Mann beim Aufstieg zu Tempel einundachtzig die Hüfte gebrochen hat. Auf dem Bergweg abgerutscht, konnte gerade noch zum Handy robben und die Rettung rufen. Dieser Weg ist nicht die Rentnerversion des Pacific Crest Trail, wie ich anfangs gedacht habe. Es ist auch nicht der japanische Jakobsweg. Der *Henro* ist der *Henro*. Und das bedeutet für jeden, der ihn geht, etwas anderes.

Als ich später auf meinem Futon liege, denke ich daran, wie ich mir, seit ich hier angekommen bin, immer wieder gewünscht

habe, eine andere Pilgerin kennenzulernen. Eine coole alleinreisende Frau, mit der ich zusammen Abenteuer erleben kann.
Und wenn ich so auf meine Zeit hier zurückblicke und auf alles,
was ich so durchgestanden und erfahren habe, war die eigentlich
die ganze Zeit bei mir. Die Frau, die ich gesucht habe, das bin
ich selbst.

Wenn ich mir nicht noch die Hüfte breche, vielleicht nähere ich
mich ja wirklich gerade in schnellen Schritten dem Nirwana?

30

»Einfach springen.«

(Dänische Physiotherapeutin)

Ich glaube nicht, dass der Weg das Ziel ist. Der Weg ist der Weg. Und das Ziel ist das Ziel. Der Weg führt zum Ziel. Und »das Ziel« verändert sich vielleicht sogar auf dem Weg. Das konkrete Ziel meiner Reise, Tempel achtundachtzig beziehungsweise eins, ist in greifbare Nähe gerückt. Ich will weiter, endlich ankommen.

Die nächsten zwei Tage ist es wahnsinnig heiß. Ich laufe Berge hoch und runter, durch Matsch, Wiesen und auf Asphalt. Ich breche mir nicht die Hüfte, aber treffe meine erste Giftschlange. Sie verzieht sich schnell in die Gräser und hinterlässt mich mit dem Gefühl, dass meinem Glück jetzt nichts mehr im Weg steht.

Nach Tempel Nummer dreiundachtzig quartiere ich mich in eine Businesshotel-Schuhschachtel ein, nehme ein kaltes Bad und verbringe den Rest des Tages Wasser trinkend unter der Klimaanlage. Ich bin mittlerweile in Takamatsu, der Hauptstadt der Präfektur Kagawa. Vierhunderttausend Einwohner. Am nächsten Morgen klebt der frische Asphalt unter meinen Füßen. Noch auf dem Berg von Tempel vierundachtzig höre ich das Rumoren der Stadt. Der nächste Tempel liegt wenig überraschend auf dem nächsten Berg. Vor der strohgedeckten Meister-Kobo-Halle sitzt ein Ausländer, Blumenhose, orange

blondierte Haare. Und wie sich schnell herausstellt, der erste
Deutsche, den ich auf dem Weg sehe. »Zuerst habe ich gedacht,
ich muss das hier alles laufen«, sagt er. »Aber die Leute haben
gesagt: Man kann das machen, wie man mag. Deswegen trampe
ich. Laufen würde ich nie schaffen, du hast meine volle Bewun-
derung.«

Später komme ich an einem Schrein vorbei, der direkt am
Meer liegt. Wie ich es gelernt habe, streichle ich dort eine stei-
nerne Schildkröte für ein langes, glückliches Leben. Und nach
Tempel sechsundachtzig, der ebenerdig inmitten von riesigen
Bäumen steht, übernachte ich mal wieder in einem leeren Haus.
Schlafsack auf Tatami-Matte. Wenn alles glattläuft, werde ich
es morgen tatsächlich zu Tempel achtundachtzig schaffen. Bis
Tempel eins sind es noch gut sechzig Kilometer.

Ich warte, bis es fast dämmert, und verlasse um kurz nach vier
das Haus. Auf den leeren Straßen höre ich jetzt endlich mal
meine anderen zwei Platten: London Grammar und Bossa
Nova. Bei Tempel siebenundachtzig komme ich pünktlich zur
Büroöffnung um sieben Uhr an. Ich weiß nicht, wie weit ich
heute laufen werde. Ich habe keinen Plan und keine Reservierung. Und es ist mir auch egal. Der Weg hat mir gezeigt,
dass es immer irgendwie passen wird. Es riecht nach Holunder,
und ich laufe an Feldern und Wiesen vorbei. Ich habe auf dem
Weg ein Grundvertrauen wiedergefunden, das ich irgendwo
zwischen Berufseinstieg, ständigem Unterwegssein und Krankheit verloren habe. Ich weiß immer noch nicht, wie es nach
der Pilgerreise weitergehen wird. Ob ich in Berlin bleibe oder
wirklich umziehe. Zum Beispiel nach Hamburg, wo bei einer
Freundin gerade ein Zimmer frei geworden ist. Oder wirklich
nach Brüssel. Ob ich R überhaupt wiedersehen werde. Ob ich
den Roman schreiben werde, über den ich hier überhaupt nicht
nachgedacht habe, obwohl ich das eigentlich vorhatte. Ich habe
keine Ahnung. Und es ist mir egal. Weil ich weiß, dass mein

Bauchgefühl das entscheiden wird, wenn es soweit ist. Und dass ich mich darauf verlassen kann, dass es recht haben wird. Weil man genau da, wo man ist, richtig ist. Und weil man genau so, wie man ist, richtig ist. Pläne machen war nie mein Ding, also warum sollte ich jetzt plötzlich damit anfangen? Und kommt bei Plänen nicht ohnehin immer irgendetwas anderes dazwischen? Also was soll's? Einfach springen.

Vor mir, da läuft jemand, und den kenne ich. Es ist der Heilige in Weiß.

Wie viele Wochen wir uns nicht gesehen haben … Dass ich ihn jetzt wiedertreffe, ist unglaublich. Seine Ausstrahlung ist unverändert wundervoll. Dieser Mann ist Licht. Wir laufen an einem Damm entlang und zu einem Pilgermuseum, das zwischen den zwei letzten Tempeln liegt. Denn hier bekommen wir eine Urkunde, die besagt, dass wir den Pilgerweg gelaufen sind, bevor wir ihn tatsächlich zu Ende gelaufen sind. Dass wir uns überhaupt wiedertreffen, liegt daran, dass der Heilige noch die zwanzig zusätzlichen Tempel und auch oft die gesonderten heiligen Hintertempel abgelaufen ist und deshalb wesentlich länger gebraucht hat als der Rest der Pilgerbande, mit der ich gestartet bin.

Der Heilige und ich, wir wandern ein Stück zusammen durch den Wald, und er sagt: »Was ich dir schon lange sagen wollte … Du bist so … Na ja, ›süß‹ trifft es nicht ganz. Vielleicht ›hell‹? Ja, du bist so hell!«

»Echt? Das denke ich über dich auch!«

Vielleicht spiegelt sich sein Licht in mir? Oder wir haben eine ähnliche Frequenz? Vielleicht ist das aber auch die Helligkeit, die sich nach zwei Monaten auf diesem Pilgerweg wie von selbst in einem einstellt.

»Welcher ist dein Lieblingstempel gewesen?«, fragt er.

Und ich sage, ohne zu zögern: »Der mit dem Wasserfall, *bangai* dreizehn.« Und er, ebenfalls ohne zu zögern: »Meiner auch!«

Der Heilige und ich, wir müssen nicht sprechen, um uns zu verstehen. Ich weiß fast nichts über ihn, außer dass ich immer glücklich bin, ihn zu sehen. Und das ist auch alles, was ich über ihn wissen muss. »Weißt du was?«, sagt er noch, »du bist eine wahre Pilgerin.«

Wie meistens falle ich irgendwann zurück, und der Heilige verschwindet hinter der nächsten Kurve. Es gab mehrere Wege zur Auswahl, um zum letzten Tempel zu kommen, und wir haben uns beide für den Bergweg entschieden. Zuerst hoch und runter durch den Wald, dann der letzte Gipfel, der *Nyotai-san*, Frauenkörper-Berg, heißt. Das klingt weich, sanft und angenehm. Aber das letzte Stück nach oben ist das Gegenteil davon: hart, unbarmherzig und aufreibend. Ausschließlich wild aufeinandergestapelte Felsen, über die man klettern muss und die wirken, als würden sie gleich abbrechen. Der Wind pfeift über mich hinweg, während ich mich Tritt für Tritt nach oben arbeite. Anders als beim Steinhammer gibt es weder Stufen noch Eisenketten. Es scheint, als hätte Meister Kobo am Ende noch mal alles reingepackt, was anstrengend ist an diesem Pilgerweg: Erst mal Asphalt ohne Ende, dann ein supersteiler, schwieriger Bergweg und dazu Hitze.

Tempel achtundachtzig. *Okuboji*. Der Tempel der großen Senke. Meister Kobo hat hier seinen Wanderstab eingeschreint, und außer den üblichen Hallen gibt es einen gläsernen Raum, in dem ich auf hunderte andere Stäbe blicke. Pilger haben sie zurückgelassen als Zeichen, dass ihre Reise hier endet. Der Heilige in Weiß betet an der Haupthalle, und wir machen zusammen Erinnerungsfotos. Er muss weiter. Zu irgendeinem heiligen Hinter- oder Extra-Tempel. Wir tauschen *Osamefuda*-Zettel. Wenn die Zukunft und die Gegenwart sich berühren, stellt sich immer irgendwann die Frage: Und jetzt? Wo soll ich heute schlafen? Ich könnte hier in einen Bus steigen, in einer Stunde zurück zu Tempel eins fahren, und gut ist's. Aber das fühlt sich nicht richtig an. Ideal wäre, es gäbe eine Unterkunft in zehn Kilometern. Das würde ich noch schaffen. Natürlich gibt es keine Unterkunft in zehn Kilometern. Es gibt eine in zwanzig. Und das laufe ich heute sicher nicht mehr. Ich bleibe also hier. In einem *minshuku* neben dem Tempel. Morgen ist morgen, und heute ist heute.

Vierzig Kilometer bis Tempel eins.

Die ersten zwanzig Kilometer führen bergab zu Tempel zehn, die nächsten zwanzig, im Countdown zurück, zu Nummer eins. Ich habe beschlossen, heute so weit zu laufen, wie ich möchte. Ob ich die vierzig Kilometer wirklich in einem Rutsch schaffe? Keine Ahnung. Ob das Tempelbüro dann noch aufhat? Auch egal.

Die ersten fünf Kilometer führen bergab durch den Wald. Ich renne und rufe wie eine Irre: »Ich liebe alle!« Ich glaube, das nennt man Zielrausch.

Ich höre eine Sprachnachricht in meinem Familien-Chat. Mein Bruder gratuliert mir, dass ich ganz allein etwas ganz Tolles geschafft habe. Und ich denke: Momentchen mal, das stimmt doch nicht, ich habe hier überhaupt nichts allein geschafft. Ohne das Zaubersalz der abgerockten Buddhistin, ohne Ogawas Wadentrick, ohne das *hang loose* im Surfer-Ressort, ohne das immer nette Gesicht des Heiligen, ohne die ganzen *Onsen* und *osettai*, ohne die dänischen Adoptiveltern und ohne all die anderen hätte ich das nicht geschafft. Genauso wie im Leben. Ohne meine Familie, meine Freunde, meine Lieben bin ich nichts. Ich kann nur frei sein, nur durch die Welt jetten, weil ich diese Basis habe, die mich hält. Man springt ja auch nicht ohne Fallschirm aus dem Flugzeug. So gesehen hatte der Autor in Berlin recht. Glück finden ist unmöglich ohne Liebe. Und Liebe hat viele Gesichter.

Die nächsten fünfzehn Kilometer begleiten mich das Morgenlicht und eine Horde gelber Schmetterlinge. Um sieben Uhr bin ich wieder in der Präfektur Tokushima, um halb elf laufe ich an dem Schild vorbei, das den Berg hoch zu Tempel Nummer zehn weist. Dorthin, wo ich vor einem halben Jahr beschlossen habe, die Reise erst mal nicht weiterzuführen. Das Schild deutet auch in die entgegengesetzte Richtung, auf die Bergkette, nach deren Überquerung ich mich vor zwei Monaten übergeben habe. Ein Ende, ein Anfang, ein Scheitelpunkt.

Tempel neun, acht, sieben, sechs.

Jetzt kommen mir die frischen Pilger entgegen, die alles noch vor sich haben. Ihre Gesichter sind unsicher und unbedarft. Die Pilgerkleidung blütenweiß, die Gesichter in die Reiseführer gesenkt. Bei den Tempeln bringen sie die Reihenfolge der Rituale durcheinander, verhaspeln sich beim Beten oder beten ohnehin stumm, weil sie sich noch schämen. Oder gar nicht, so wie ich damals. In den frischen Pilgern sieht man sein früheres Selbst. Viele schreiben an dieser Stelle, wie verführerisch der Gedanke ist, einfach weiterzulaufen, immer den roten Pfeilen nach, zweite Runde, dritte Runde. Das Bedürfnis verstehe ich überhaupt nicht. Alle meine Fragen sind beantwortet. Alle meine Fragen sind offen.

Der Weg ist der Weg. Und das Ziel ist das Ziel.

Tempel fünf, vier, drei, zwei.

Natürlich hat sich nicht alles verändert, nur weil ich hier etwa tausendzweihundert Kilometer einmal im Kreis gelaufen bin. Ich hasse schleppen immer noch und freue mich schon, direkt in Tokushima Stadt nach einem ausgiebigen *Onsen*-Besuch in meine zivile Kleidung zu wechseln, meinen Rucksack auf die Theke einer Post zu klatschen und »Einmal nach Tokyo, bitte!« zu sagen. Beinah täglich bin ich auf dieser Reise fast umgekippt. Ich bin keine Laufmaschine geworden. Ich weiß, dass die Bestie immer noch in mir wohnt, aber wir verstehen uns jetzt besser als vor zwei Monaten. Das hier ist nicht die Geschichte von jemandem, der sich gesund läuft oder gar durchs viele Beten wundergeheilt wird. Sondern über jemanden, der seine Schwäche akzeptieren lernt und dann über sich hinauswächst.

Tempel eins.

Und wer ist dieser Jemand? Dieses Ich?

Ich bin die falsche Halbjapanerin, die die Sache mit den Kloschuhen kapiert, und die Deutsche, die weder Bier trinkt noch Würstchen isst. Ich bin *Principessa* und die Wilde. Ich bin die, die sich verliebt und dann trotzdem allein weiterläuft. Ich bin die, die sich nach dem ersten Berg übergibt und ein paar Wochen später auf den höchsten Berg der Insel klettert, obwohl der gar nicht zum Pilgerweg gehört. Ich bin das Monster und Barbie mit den rosa Schuhen.

Ich bin das alles.

Ich bin dieselbe. Und eine andere.

Ich bin eine ganz normale Frau.

Ich bin am Ende am Anfang.

Ich bin da.

DANKE

Dieses Buch wäre nicht möglich gewesen ohne all die Menschen, die mich auf meinem Weg begleitet haben. Meine Eltern, meine Geschwister, meine Freunde. Ich hab euch lieb.

Genauso wenig wäre es entstanden, wenn Japanologie nicht so spannend gewesen wäre und ich nicht bei der Journalistenschule angenommen worden wäre. Kierkegaard hat gesagt, man kann das Leben nur vorwärts leben und rückwärts verstehen. Es ist immer wieder erstaunlich, wie wahr das ist und dass am Ende auch die scheinbar quatschigsten Entscheidungen Sinn ergeben.

Ich bedanke mich bei allen Gegenlesern der diversen Entwürfe und sonstigen Helfern. Friederike für ihren uferlosen Zuspruch, Martin für seine stete und stets konstruktive Kritik, Steffi für ihren offenen Blick, Barbara für ihr Einfühlungsvermögen, und Konni, Dominik, Andreas, Steph, Annika, Sandra und Yoshiko. Ihr seid super.

Meiner Agentin und meiner Lektorin danke ich für das Vertrauen und die Unterstützung.

Nicht zu vergessen, die Begleiter auf dem Weg um Shikoku. Die vielen Namenlosen, die mich auf der Straße gegrüßt haben, all die, die mich durchgefüttert haben, und die, bei denen ich übernachten durfte. Ohne euch wäre ich sicher nicht tausendzweihundert Kilometer um diese Insel gepilgert. Besonderer Dank an Brett des Ostens, den Heiligen, R, meine dänischen Adoptiveltern und den japanischen Dalai-Lama. Ihr wart Konstanten und Wandel. Verwirrer und Wegweiser.

Und ich danke der Bestie in mir, die mich tatsächlich bis ans Ende der Reise wacker begleitet hat und ohne die es dieses Buch nie gegeben hätte.

Unsere Leseempfehlung

448 Seiten
Auch als E-Book
erhältlich

„Die Frau mit dem Loch im Herzen, das war ich." Gerade 26 geworden, hat Cheryl Strayed das Gefühl, alles verloren zu haben. Und so trifft sie die folgenreichste Entscheidung ihres Lebens: die mehr als tausend Meilen des Pacific Crest Trail zu wandern, durch die Wüsten Kaliforniens, über die eisigen Höhen der Sierra Nevada, durch die Wälder Oregons bis zur „Brücke der Götter" im Bundesstaat Washington – allein, ohne Erfahrungen und mit einem Rucksack auf dem Rücken, den sie „Monster" nennt. Diese Reise führt Cheryl Strayed bis an ihre Grenzen und darüber hinaus ...

www.goldmann-verlag.de
www.facebook.com/goldmannverlag

Um die ganze Welt des
GOLDMANN-*Sachbuch*-Programms
kennenzulernen, besuchen Sie uns doch
im Internet unter:

www.goldmann-verlag.de

Dort können Sie
nach weiteren interessanten Büchern *stöbern*,
Näheres über unsere *Autoren* erfahren,
in *Leseproben* blättern, alle *Termine* zu Lesungen und
Events finden und den *Newsletter* mit interessanten
Neuigkeiten, Gewinnspielen etc. abonnieren.

Ein *Gesamtverzeichnis* aller Goldmann Bücher finden
Sie dort ebenfalls.

Sehen Sie sich auch unsere *Videos* auf YouTube an und
werden Sie ein *Facebook*-Fan des Goldmann Verlags!

www.goldmann-verlag.de
www.facebook.com/goldmannverlag